elefante

PAULO FREIRE E A EDUCAÇÃO POPULAR

ESPERANÇAR EM TEMPOS DE BARBÁRIE

ORGANIZAÇÃO

JOANA SALÉM VASCONCELOS

MAÍRA TAVARES MENDES

DANIELA MUSSI

9 APRESENTAÇÃO

11 INTRODUÇÃO
ALIMENTAR A TENSÃO CRIATIVA ENTRE EDUCAÇÃO POPULAR E UNIVERSIDADE
Joana Salém Vasconcelos, Maíra Tavares Mendes & Daniela Mussi

25 ABERTURA
EDUCAÇÃO POPULAR EM TEMPOS DE BARBÁRIE

27 **Paulo Freire em tempos de barbárie**
Fátima Freire

37 **Retomar o sonho interrompido para esperançar e educar em tempos de barbárie**
Moacir Gadotti

59 PARTE I
PAULO FREIRE: PASSADO E PRESENTE

61 **As ideias de Paulo Freire continuam poderosas**
Peter McLaren

75 **Paulo Freire e o golpe de 1964: história, memória e esperança**
Dimas Brasileiro Veras

95 **Paulo Freire e sua ação no Chile**
Jacques Chonchol

107 **São Tomé e Príncipe: diálogos entre Paulo Freire e Alda do Espírito Santo**
Ednéia Gonçalves

125 **Trabalhar com Paulo Freire: um privilégio histórico**
Lisete Arelaro

133 **Freire secretário da Educação de São Paulo: gestão democrática e valorização docente**
Iracema Santos do Nascimento

147 **Rap...ensando a Educação: Paulo Freire e a práxis antirracista**
Cristiane Correia Dias & Eduardo Januário

163 PARTE II
TERRITÓRIOS FREIRIANOS

165 **Aprender a saber, partilhar o saber: algumas ideias como um chão pronto para semear propostas de uma educação ambiental**
Carlos Rodrigues Brandão

183 **Freire, marxismos e feminismos**
Giovanna Marcelino

199 **Paulo, as pedras e as flores do caminho**
Chico Alencar

221 **Territórios freirianos: contribuições de Paulo Freire na luta e na construção da pedagogia do MST**
Alessandro Santos Mariano & Eric de Oliveira

239 **Trajetória de luta do povo Tupinambá de Olivença e Paulo Freire: diálogos no sul da Bahia**
Nathalie le Bouler Pavelic

261 **Constelações freirianas: experiências do Coletivo Meridional e Intercultural de Estudos Latino-Americanos (Comiel)**
Christian A. Cruz Cruz, Daniela M. Flores Reyes, E. Gabriel García Rodríguez, Pavel González Sánchez, Elizabeth Gómez García, Verónica Luna Hernández, Miriam V. Verástegui Juárez & Nancy Zúñiga Acevedo

277 **Educação popular para a formação política: a experiência da Red Nacional de Educadores Populares do INFP/Morena no México**
Cristina Cavalcante

291 **Educação popular e universidade: territórios freirianos**
Maria do Socorro Pereira da Silva

307 **Caminhos teóricos e metodológicos para a práxis a partir das universidades: inspirações freirianas**
Inny Accioly

327 **PARTE III**
O PRISMA EMANCIPA

329 **"Volta pra base e vai procurar saber!": a necessidade estratégica da educação popular contra a barbárie no Brasil**
Maurício Costa de Carvalho

345 **A educação libertadora e a prática da educação popular no Brasil: experiências da Rede Emancipa**
Tatiane Ribeiro

353 **Educação popular na Amazônia: dez anos de Rede Emancipa Belém**
Angélica Tassiane dos Santos Barros, Fabíola Barroso Cabral, Inêz Freitas Medeiros, Jorge Martins Evangelista Junior, Lucia Isabel da Conceição Silva & Paula Maíra Alves Cordeiro

373 **É possível educar para a liberdade em um espaço de privação de liberdade? Considerações sobre educação popular, socioeducação e as lutas pela vida no Rio de Janeiro**
Letícia Santos Pinheiro, Marília Bittencourt Bovolenta & Olga Grichtchouk

389 **Apontamentos desde Guaíba (RS) sobre as percepções do trabalho realizado na Rede Emancipa — Alfabetização**
Líbia Aquino

397 **O pensamento de Paulo Freire como referência para as ações do Cursinho Popular Darcy Ribeiro da Rede Emancipa em Montes Claros (MG)**
Bárbara Figueiredo Souto, Kleber Barbosa Oliva Filho, Maria Alice Mendes Pereira, Mônica Maria Teixeira Amorim & Samira Xavier Machado

415 **A educação popular no ensino de português como língua de acolhimento (PLAc) para imigrantes em São Paulo**
Josefina Lopes Simões

427 **Esperançar em muitas vozes: o trabalho com as camadas populares para o ingresso na pós-graduação**
Tatiana de Souza Montório, Alessandra Garcia Nogueira Lucio, Maria Simone Euclides & Eliane Alves da Silva

445 **Núcleo de Psicologia Emancipa: surgimento, contribuições e atuações**
Ana Carolina Paz, Ângela Bernardes, Paula Figueiredo & Raquel Almeidah

465 **Educação popular anticapacitista: reflexões sobre acessibilidade na Universidade Emancipa**
Jairo Maurano Machado, Adriana da Silva Maria Pereira & Miriam Viridiana Verástegui Juárez

483 **Nô sta djuntu! Estamos juntos! O surgimento do Emancipa Malês**
Emancipa Malês

499 **A celebração do legado de Paulo Freire e a proposta de uma conferência popular na Universidade de Cambridge**
Alexandre da Trindade & Juliana Spadotto

515 **Um novo mundo, uma nova imagem do mundo: Cinemancipa e o audiovisual na educação popular contemporânea**
Thiago B. Mendonça

527 **Como fazer um filme freiriano? Rastros de um processo**
Estela Costa, Letícia Pires & Thiago Rosado

545 ANEXO
PROGRAMA DO CURSO 100 ANOS DE PAULO FREIRE: ESPERANÇAR EM TEMPOS DE BARBÁRIE

556 **SOBRE AS ORGANIZADORAS**

APRESENTAÇÃO

Este livro é baseado no curso 100 Anos de Paulo Freire: Esperançar em Tempos de Barbárie, realizado entre agosto e outubro de 2021, na ocasião do centenário de Paulo Freire, celebrado em 19 de setembro. O curso foi organizado pela Universidade Emancipa (movimento social que compõe a Rede Emancipa de Educação Popular), em parceria de extensão com a Universidade Federal do ABC (UFABC), e contou com mais de 23 mil pessoas inscritas na modalidade on-line. O curso foi apoiado por 25 instituições parceiras nacionais e seis parceiros internacionais.

Os autores deste livro são reconhecidos pesquisadores, ativistas e educadores populares que ministraram aulas no curso, alguns dos quais atuaram junto a Paulo Freire no decorrer da vida. Também são autores os proponentes de Conversas Abertas da Universidade Emancipa e de atividades complementares realizadas no decorrer do curso, em quarenta eventos paralelos ao programa principal de oito aulas. Além desses, diversos ativistas trazem ao livro relatos de experiências de lutas territoriais da Rede Emancipa, de norte a sul do Brasil.

A agenda completa dessa rica experiência do centenário freiriano, que envolveu milhares de pessoas e se tornou a maior comemoração da pedagogia de Paulo Freire em escala mundial, está disponível na seção Anexo (p. 547). Além disso, todas as aulas e atividades gravadas, bem como as demais informações do curso, podem ser acessadas no site emancipapaulofreire.wordpress.com.

INTRODUÇÃO

ALIMENTAR A TENSÃO CRIATIVA ENTRE EDUCAÇÃO POPULAR E UNIVERSIDADE

Joana Salém Vasconcelos
Maíra Tavares Mendes
Daniela Mussi

Atenção! Você está prestes a folhear um material subversivo. Este volume foi preparado com base em experiências político-educativas que atuam para desestabilizar relações de poder, despertar questionamentos, inspirar a organização coletiva, promover o diálogo-luta e o conhecimento crítico compartilhado. Nossa ferramenta de subversão é a Rede Emancipa de Educação Popular. Mas não só. Viemos alimentar a tensão criativa entre a educação popular e a universidade.

Este é um livro-síntese, um objeto político que agrega diversas celebrações. Com ele, comemoramos os quinze anos da Rede Emancipa, os cinco anos da Universidade Emancipa e os cem anos de Paulo Freire, em um único volume. É uma coletânea polifônica, construída por 65 autores que expressam um acúmulo coletivo de pesquisa e ativismo na educação popular e na pedagogia crítica e freiriana, em perspectiva internacional. Não estamos falando de uma "educação popular" obediente e assistencialista, adaptada à subjetividade da cultura neoliberal e à lógica da competição infernal das individualidades. Pelo contrário: caminhamos na contramão do pensamento dominante e encontramos na educação popular uma forma de reerguer vozes silenciadas, conquistar espaços de maneira radicalmente coletiva e movimentar as estruturas. Isso requer uma atitude ao mesmo tempo paciente e dinâmica, programática e esperançosa.

Este volume registra um momento ímpar da nossa trajetória: a realização do curso 100 Anos de Paulo Freire: Esperançar em Tempos de Barbárie, entre agosto e outubro de 2021. O curso foi fruto de uma parceria entre a Universidade Emancipa e a Universidade Federal do ABC (UFABC) e se tornou a maior celebração do centenário freiriano em escala mundial.[1] Contou com mais de 23 mil inscritos e uma equipe de mais de oitenta coordenadores voluntários espalhados pelo Brasil, além de parceiros mexicanos, cabo-verdianos e britânicos. Com essa pequena multidão, desenvolvemos oito aulas principais e 42 eventos complementares, mobilizando milhares de pessoas em meio ao ano mais mortífero da pandemia de covid-19. Para a construção dessa onda freiriana, também contamos com apoio (não financeiro) de 25 instituições parceiras nacionais e seis aliados internacionais.[2] Nossos encontros impulsionaram os mais

1 Todas as oito aulas e mais de quarenta eventos complementares estão registradas no site emancipapaulofreire.wordpress.com. O programa completo se encontra no Anexo (p. 547).

2 O trabalho organizativo foi integralmente voluntário e militante. Nossos apoiadores nos ofereceram ajuda exclusivamente na divulgação do curso. Em âmbito nacional, agradecemos ao Instituto Paulo Freire, Ação Educativa, Faculdade de Educação da Universidade de São Paulo (FE-USP), Faculdade de Educação da Universidade Estadual de Campinas (FE-Unicamp), Universidade Federal de São Paulo (Unifesp), Programa de Pós-Graduação em História Social da Universidade do Estado do Rio de Janeiro

diversos diálogos sobre o legado de Paulo Freire, a luta popular, os desafios políticos do nosso tempo, os caminhos da emancipação social e as dificuldades de *esperançar em tempos de barbárie*.

Para além da comunicação-diálogo entre universidade e movimento, o que buscamos com a celebração do centenário de Freire foi construir um campo de disputa da cultura, um espaço de fronteira entre o dentro e o fora da universidade, em que a produção de conhecimento não se dá de forma impositiva, mas tem como fonte o trabalho nos territórios periféricos. Fomentamos assim a interação entre pesquisa científica e ativismo social, a troca entre saberes acadêmicos e populares.

A parceria entre Rede Emancipa e UFABC, que prontamente aceitou a proposta de realização do curso em um formato pouco convencional para a estrutura universitária, foi imprescindível e decisiva. Os diálogos entre o movimento social e a Pró-Reitoria de Extensão e Cultura da UFABC culminaram em um enorme fórum de criação pedagógica, que conseguiu reverberar

/////

(PPGHS-UERJ), Universidade Federal do Rio de Janeiro (UFRJ), Universidade Federal do Pará (UFPA), Universidade do Estado do Pará (Uepa), Universidade Federal do Sul da Bahia (UFSB), Universidade do Estado da Bahia (Uneb), Universidade Estadual de Montes Claros (Unimontes), Instituto Federal de Educação, Ciência e Tecnologia do Sul de Minas (IF Sul de Minas), Instituto Federal do Norte de Minas (IF Norte de Minas), Universidade Federal de Alfenas (Unifal), Universidade Federal do Oeste do Pará (Ufopa), Universidade Federal de Alagoas (Ufal), Rede Humaniza SUS, Informa-SUS Universidade Federal de São Carlos (UFSCar), Fórum sobre Medicalização da Saúde, Mapa Colaborativo da Universidade Federal do ABC (UFABC) e Conselho Federal de Psicologia. Em âmbito internacional, a Universidad Ibero Mexicana, Wejen Kajen, Comiel, Instituto Nacional de Formación Política (INFP) (no México), além de Cambridge University Brazilian Society (Cubs) e Cambridge Latin American Research in Education Collective (Clarec) (na Inglaterra).

a crítica de Paulo Freire às hierarquias reproduzidas na prática extensionista em seu importante ensaio "Extensão ou comunicação?", de 1968.[3]

O registro da experiência desse curso não é fortuito nem mera formalidade. Para nós, representa o tipo de transformação que desejamos na relação entre universidade e trabalho popular, esforço que temos empreendido desde a criação da Universidade Emancipa, em 2017. Fundada no prédio histórico da Universidade de São Paulo (USP), na Rua Maria Antônia, a Universidade Emancipa tem colaborado para a expansão do caráter estratégico da educação popular em sua relação com a universidade. Entre 2017 e 2019, por meio de cursos e aulas especiais nas escolas públicas em que a Rede Emancipa organiza seus cursinhos populares, a Universidade Emancipa promoveu encontros que aproximaram dezenas de pesquisadores universitários e centenas de estudantes das periferias de São Paulo. Com a pandemia, vivemos um duro processo de desterritorialização das nossas iniciativas, que, no entanto, foi rapidamente contornado pela criação de métodos de educação popular no domínio virtual.

Entre 2020 e 2021, a Universidade Emancipa realizou cinco grandes cursos de extensão on-line em aliança com universidades. O primeiro, em maio de 2020, Entender o Mundo Hoje: Pandemia e Periferias, uma parceria com a Universidade do Estado do

3 Embora o ensaio faça referência ao contexto da reforma agrária no Chile em 1968, à atuação hierárquica do extensionismo rural e ao problema da desvalorização dos saberes camponeses, a crítica de Freire extrapola para outros contextos, sendo plenamente aplicável às modalidades de extensão universitária de tipo unilateral e paternalista que ainda hoje predominam nas universidades brasileiras.

Rio de Janeiro (UERJ), alcançou mais de dezoito mil inscritos. Em agosto do mesmo ano, realizamos o minicurso Democracia É, em parceria com a Universidade Federal de Minas Gerais (UFMG), com mais de quatro mil inscritos. O terceiro curso, Saúde Coletiva e Periferias, em maio de 2021, foi uma aliança com o Informa SUS da Universidade Federal de São Carlos (UFSCar) e obteve mais de catorze mil inscritos. Ao iniciarmos o quarto curso, 100 Anos de Paulo Freire, em parceria com a UFABC, já havíamos acumulado certo aprendizado metodológico, permitindo o recorde de 23 mil inscritos e uma experiência que resultou na publicação deste livro. Por último, o quinto curso, Introdução ao Documentário, uma parceria da recém-criada Cinemancipa (Escola de Cineastas Populares) com o projeto de extensão EduPolítica, da Universidade Federal do Rio de Janeiro (UFRJ), contou com mais de quatro mil inscritos. Essas experiências representaram o amadurecimento de uma luta: o engajamento da educação popular na derrubada dos muros das universidades.

Por incrível que pareça, tais cursos permitiram que a Rede Emancipa crescesse durante a pandemia: novas frentes de cursinhos populares foram criadas no Brasil, por meio de formulários de engajamento e dezenas de reuniões de apresentação do movimento. Além disso, ao atrelarmos a educação popular às práticas de solidariedade ativa, coletando recursos para auxiliar as famílias periféricas com cestas básicas e livros, criamos um circuito dinâmico de disputa contra-hegemônica, das batalhas do conhecimento à luta distributiva do cotidiano.

Na organização dos cursos da Universidade Emancipa em suas múltiplas camadas (da proposição dos temas aos métodos de construção das aulas, passando pelos professores convidados), apostamos na colaboração militante entre universidade e movimento social como caminho para repensar a ideia de extensão universitária, tradicionalmente associada ao modelo linear, unilateral e paternalista do "retorno para a sociedade". Nos engajamos, dessa forma, na abertura de espaços de integração horizontal entre sociedade e universidade, na derrubada dos muros materiais e imateriais que as afastam. Com isso, formulamos a necessidade de substituir a tradicional extensão (e suas hierarquias) pela educação popular (dialógica e comprometida com as realidades periféricas).

A história da instituição universitária no capitalismo dependente, em especial no Brasil — o último país do hemisfério ocidental a abolir a escravidão —, reproduz e materializa a hierarquia entre o trabalho intelectual e o manual, seguindo linhas de classe, raça e gênero. Reproduz, portanto, a lógica colonial. Ao longo dos séculos XIX e XX, as faculdades e universidades brasileiras representaram uma mentalidade elitista e racista de autossuficiência quanto às suas mediações culturais, consolidando uma rigidez de finalidade: formar quadros da elite para governar e, no limite, adestrar a subalternidade de gênero e assegurar as bases da segregação social e racial. Em outras palavras, a universidade brasileira é um dos lugares em que o mito da democracia racial escancara seu caráter ideológico e falacioso.

Até hoje, a expectativa de que os novos estudantes que chegam aos bancos universitários devem simplesmente se adaptar à cultura institucional das universidades é apenas um dos aspectos que demonstram a necessidade de transformar a própria instituição. Entre os maiores benefícios das cotas raciais e sociais na última década está, certamente, o reposicionamento do poder (usualmente discriminatório) dessas universidades na sua relação com as periferias, as classes populares e a negritude. Ainda assim, esse reposicionamento é lento, conservador e insuficiente. Por isso, as cotas precisam ser protegidas e ampliadas como caminho para disputar a lógica interna da universidade.

Segundo nossas experiências, percebemos que a localização "fronteiriça" do movimento social, entre a universidade e as periferias, contém uma capacidade extraordinária de articulação das lutas políticas mais importantes do nosso tempo, alimentando tensões criativas e impulsionando a invenção de horizontes comuns. Buscamos inverter a lógica elitista da universidade brasileira por meio da socialização de saberes científicos e experienciais, que estejam comprometidos com as demandas populares. A Universidade Emancipa atua nessa esquina, buscando explorar, de maneira construtiva, tensões e desconfortos de classe/raça/gênero que surgem da relação entre universidades e periferias. Relação que, afinal, nunca foi harmônica, pois dela emanam hierarquias ocultas, exclusões naturalizadas e incontáveis formas de violência simbólica, típicas do capitalismo dependente.

É dessa tensão criativa que falamos quando pretendemos substituir a "extensão" pela "educação popular". Na fronteira das universidades com as periferias, confrontamos os mecanismos capitalistas de reprodução de desigualdades e opressões, assentados em cinco séculos de exclusão educacional, colonialismo intelectual e religioso. A tensão é ameaçadora para aqueles que querem reproduzir o legado da dominação. Para nós, que, ao contrário, queremos superá-lo, essa tensão é pulsante. Nela apostamos como ponto de partida para um rearranjo completo das relações de poder-conhecimento, necessário à superação das hierarquias entre trabalho manual e intelectual, cuja gênese é a escravidão. Em outras palavras, a Universidade Emancipa trabalha por uma aliança permanentemente autocrítica da intelectualidade universitária com os destinos dos territórios periféricos brasileiros. A periferia é nosso centro. Dessa tensão criativa, quem sabe, podem emergir revoluções.

Como resultado de formulações abertas e experiências práticas de educação popular, este livro é composto por 32 capítulos, escritos por 65 autores e autoras. Está dividido em uma abertura, três partes e um anexo.

Na abertura apresentamos dois capítulos emblemáticos, de autoria de Fátima Freire e Moacir Gadotti, possivelmente os representantes mais encarnados do legado freiriano que podemos encontrar na atualidade. Foram eles os convidados ilustres do encontro inaugural do curso 100 Anos de Paulo Freire, no qual indicaram reflexões estratégicas sobre os significados do legado freiriano e as possibilidades pedagógicas de ressignificá-lo *em tempos de barbárie*. Esses capítulos são balizas teóricas e políticas de grande força para todo o restante do volume.

Na primeira parte, "Paulo Freire: passado e presente", reunimos sete capítulos que narram a trajetória de Paulo Freire em sua vida atribulada, repleta de criações políticas e pedagógicas, exílios, retornos, influências, tensões e deslocamentos. Quase todos os autores dessa parte foram professores das cinco primeiras aulas do curso 100 Anos de Paulo Freire. O educador estadunidense Peter McLaren abre a seção com um texto sobre o poder das ideias de Paulo Freire na atualidade, recapitulando eixos importantes da história do educador brasileiro. Em seguida, Dimas Brasileiro Veras narra a perseguição a Freire no golpe de 1964, em um trabalho fartamente documentado com fontes primárias da ditadura civil-militar e grande consistência historiográfica. Logo depois, temos a honra de apresentar um capítulo de Jacques Chonchol, ministro de Salvador Allende, sobre a passagem de Paulo Freire pelo Chile. Chonchol acolheu Freire no exílio, localizou-o em instituições estratégicas para o desenvolvimento de sua pedagogia e se tornou um grande amigo, com vínculos políticos e afetivos de longa duração. Ednéia Gonçalves nos brinda, em seguida, com o relato de sua experiência pedagógica em São Tomé e Príncipe. Em uma missão de assistência técnico-educacional, a autora (re)trilhou caminhos de Paulo Freire na África, onde desenvolveu diálogos e aprendizados profundos com Alda do Espírito Santo sobre a diáspora africana, as identidades transatlânticas e a pedagogia crítica. Contamos também com a inestimável sabedoria da professora Lisete Arelaro, que participou como educadora em nosso curso no dia 2 setembro de 2021 e faleceu em 12 de março de 2022. Lisete sempre foi uma aliada de primeira hora da Rede Emancipa, uma grande professora do nosso movimento, amiga e companheira insubstituível. Nossa homenagem e admiração estão nas páginas que reproduzem sua aula sobre o convívio com Paulo Freire na Secretaria de Educação da cidade de São Paulo em 1990 e 1991. Também tratando da experiência de Freire como secretário da Educação, contamos com a contribuição da professora Iracema Santos do Nascimento, que explica os desafios da institucionalização da pedagogia freiriana, as pequenas revoluções produzidas em sua gestão e as resistências enfrentadas. Por fim, Eduardo Januário e Cristiane Dias relatam suas experiências de vida e pesquisa do projeto Rap...ensando a Educação, com o qual o Freire secretário conseguiu transformar a escola em um lugar de alta atratividade para os jovens da periferia, mesclando sua pedagogia com a luta antirracista e a celebração da cultura popular.

Na segunda parte, "Territórios freirianos", contamos com nove capítulos, de autoria de professores das três aulas finais do curso 100 Anos de Paulo Freire e de pesquisadores de grande importância na pedagogia crítica e no pensamento social brasileiro, que estiveram presentes em atividades complementares. O foco está nas releituras e nas ressignificações da pedagogia freiriana em diversos territórios do nosso tempo, materiais e imateriais, geográficos e epistemológicos. O educador, antropólogo e psicólogo Carlos Rodrigues Brandão escreve sobre as potencialidades da pedagogia freiriana na educação ambiental e o significado da educação emancipatória na atualidade brasileira. A socióloga Giovanna Marcelino analisa as alianças e as tensões entre marxismos, feminismos e a pedagogia freiriana. O historiador e parlamentar Chico Alencar reflete sobre o papel emancipador de Paulo Freire perante as desigualdades sociais e históricas do Brasil, em interação com o pensamento de Darcy Ribeiro. Os educadores e ativistas Alessandro Santos Mariano e Eric de Oliveira, do Coletivo de Educação do Movimento dos Trabalhadores Rurais Sem Terra (MST), explicam a importância da pedagogia freiriana para o trabalho popular no campo e a força de suas propostas na luta pela reforma agrária no Brasil. A antropóloga Nathalie le Bouler Pavelic analisa as interações entre a pedagogia freiriana e as experiências de luta indígena tupinambá no sul da Bahia, identificando as múltiplas identidades populares e étnicas potencializadas pela educação emancipadora. Também participa nessa parte o Coletivo Meridional e Intercultural de Estudos Latino-Americanos (Comiel), com um capítulo assinado por oito companheiros mexicanos que contam a experiência de organização das oficinas "Constelaciones Freirianas", parte dos eventos complementares do curso. A socióloga brasileira Cristina Cavalcante colabora com um texto sobre educação popular e formação política, a partir de sua militância no Instituto Nacional de Formación Política do partido Morena, no México, identificando como as reinvenções freirianas são elaboradas pela partilha da politização popular. A professora e pesquisadora Maria do Socorro Pereira da Silva nos conta sobre suas experiências de educação popular rural a partir da Universidade Federal do Piauí (UFPI), abordando a constituição de territorialidades freirianas, as lutas comuns e a "ecologia de saberes" entre universidade e mundo rural camponês. Por fim, a pesquisadora Inny Accioly, da Universidade Federal Fluminense (UFF), analisa os ganhos que as universidades poderiam obter com a consolidação da pedagogia freiriana, suas tensões e possibilidades criativas de aliança social.

A terceira parte deste livro, "O prisma Emancipa", é uma coletânea de experiências políticas de educação popular da própria Rede Emancipa e coletivos aliados, que, a partir da práxis freiriana, exploram os caminhos da luta social em defesa da democratização e da popularização das universidades no Brasil do século XXI. São catorze capítulos, muitos deles com autorias coletivas de muitas mãos, representando uma enorme variedade de trabalhos populares em diversos lugares. Os dois capítulos que abrem essa parte são assinados por Maurício Costa e Tatiane Ribeiro, coordenadores nacionais da Rede Emancipa, que apresentam uma leitura política da realidade brasileira sobre a necessidade estratégica da educação popular para a construção de um projeto de transformação profunda do Brasil: igualitário, antirracista, feminista, anti-LGBTfóbico e socialista. Em seguida, cinco capítulos narram e materializam trabalhos de educação popular da Rede Emancipa em Belém, Rio de Janeiro, Guaíba (RS), Montes Claros (MG) e São Paulo. Do Pará, seis ativistas (Angélica Barros, Fabíola Cabral, Inêz Medeiros, Jorge Evangelista, Lucia Silva e Maíra Cordeiro) analisam as particularidades da educação popular em território amazônida e a necessidade de articulação entre as práticas dos povos da floresta, a pedagogia freiriana e a luta pela universidade popular. No Rio de Janeiro, três pesquisadoras e educadoras (Letícia Pinheiro, Marília Bovolenta e Olga Grichtchouk) apresentam o duro retrato da violência policial e do encarceramento da juventude preta e periférica fluminense, com base em seu trabalho de educação popular na socioeducação, por meio do projeto Emancipa no Degase (Departamento Geral de Ações Socioeducativas do RJ). Do Rio Grande do Sul, a educadora gaúcha Líbia Aquino relata os desafios da alfabetização de adultos em seu trabalho de EJA (Educação para Jovens e Adultos). Em Minas Gerais, cinco educadoras populares (Bárbara Souto, Kleber Oliva, Alice Pereira, Mônica Amorim e Samira Machado) relatam a construção do Cursinho Popular Darcy Ribeiro em Montes Claros e o desafio de suplantar as barreiras do vestibular junto com os jovens da periferia. Em São Paulo, a pesquisadora Josefina

Simões relata sua experiência como professora de português como língua de acolhimento (PLAc) para imigrantes pobres no centro da cidade, dentro do projeto Emancipa Bitita e da frente de trabalho Emancipa sem Fronteiras.

Outros cinco capítulos dessa parte compartilham experiências das frentes de trabalho multiterritorial da Rede Emancipa. Entre elas estão a Escola Pós-Graduar da UFABC/Universidade Emancipa, que relata seu projeto junto a dois coletivos aliados na luta pela democratização da pós-graduação, o Itéramãxe e o Educagera (Eliane Alves, Tatiana Montório, Alessandra Lucio e Maria Euclides). Em seguida, representantes do Núcleo de Psicologia da Rede Emancipa (Ana Carolina Paz, Ângela Bernardes, Paula Figueiredo e Raquel Almeidah) explicam seus propósitos e formas organizativas na construção de uma importante rede de atendimento psicoterapêutico gratuito, coletivo ou individual, atrelado à educação popular, em um contexto de agudização das dificuldades de saúde mental decorrente das múltiplas crises brasileiras, entre elas o desalento e a exclusão dos jovens da universidade. O capítulo de Adriana Silva, Viridiana Verástegui e Jairo Machado relata os desafios da educação popular anticapacitista e as experiências inovadoras (embora ainda insuficientes) de inclusão educacional de pessoas com deficiência organizadas pela Universidade Emancipa. A experiência da recém-inaugurada Rede Emancipa Malês, um projeto internacionalista de educação popular Brasil-África, baseado em Angola, Guiné-Bissau, Cabo Verde e Brasil por meio do suporte da Universidade da Integração Internacional da Lusofonia Afro-Brasileira (Unilab), está representada pela transcrição da aula inaugural de seu cursinho popular, que permitirá o intercâmbio de estudantes africanos para universidades brasileiras. Os pesquisadores Alexandre Trindade e Juliana Spadotto contam a experiência de construir uma Conferência Popular sobre Paulo Freire na Universidade de Cambridge, a partir de seu trabalho no Coletivo Latino-Americano de Pesquisa em Educação em Cambridge (Clarec), em parceria orgânica com a Universidade Emancipa. A experiência da Escola de Cineastas Populares (Cinemancipa) é relatada no capítulo de Thiago Mendonça, que reflete sobre o papel da imagem e o poder da linguagem audiovisual, tanto nas ideologias de dominação como nas lutas por emancipação popular. E, por fim, os pesquisadores Estela Costa, Letícia Pires e Thiago Rosado, do Programa Pensar a Educação, Pensar o Brasil, na UFMG, explicam "como fazer um filme freiriano", relatando sua oficina ministrada como atividade complementar do curso.

Por último, como já mencionamos, o fechamento deste livro é um registro em detalhes do programa completo do curso 100 Anos de Paulo Freire: Esperançar em Tempos de Barbárie, com suas oito aulas principais e 42 eventos complementares, incluindo os nomes de todos os professores, pesquisadores e ativistas que tornaram possível essa experiência de partilha, análise e esperança coletiva em tempos tão duros para o povo brasileiro e a educação pública.

Quem sabe daqui a um século, quando nossos descendentes forem celebrar os duzentos anos de Paulo Freire e a importância da sua pedagogia para sua própria realidade (oxalá melhor que a nossa), se interessem por aquilo que foi feito no centenário e possam conhecer mais da nossa luta por meio deste livro. Muito antes disso, entregamos esse trabalho de 130 mãos para as atuais gerações de lutadores e educadores populares com o objetivo de mostrar em que página estamos e a que viemos.

20 de fevereiro de 2023

EDUCAÇÃO POPULAR EM TEMPOS DE BARBÁRIE

ABERTURA

Fátima Freire * Formada em pedagogia pela Pontifícia Universidade Católica de São Paulo (PUC-SP), filosofia pela Universidade de Coimbra (Portugal), psicopedagogia pelo Instituto Jean Piaget (Suíça) e línguas romanas na Universidade de Varsóvia (Polônia). É do Conselho Diretivo do Instituto Paulo Freire (IPF) e consultora pedagógica do Museu de Arte Moderna de São Paulo (MAM). Coordena grupos de reflexão e prática pedagógica e assessora escolas no estado de São Paulo. É autora de *Quem educa marca o corpo do outro* (2017) e filha de Paulo Freire. E-mail: fatima.dowbor@gmail.com.

PAULO FREIRE EM TEMPOS DE BARBÁRIE[1]

Fátima Freire

Para mim, às vezes é difícil falar, do lugar de filha, sobre meu pai, por conta da intensidade da relação afetiva e dos sentimentos envolvidos. Aprendi ao longo desses anos de caminhada tentando ser educadora — sendo filha de Paulo Freire — a não me pôr no lugar da expectativa do outro, já que um dos maiores aprendizados que tive com ele foi o de justamente sempre tentar ser eu mesma.

Contudo, é um desafio que gosto de viver, já que acredito que ser filha dele de certa forma me torna devedora de todo o legado que recebi. Devedora no bom sentido, no de assumir o compromisso e ter a responsabilidade de socializar, compartilhar, os aprendizados e as experiências vividas no cotidiano com meu pai.

Começaria esta conversa chamando a atenção para o título da aula: "Esperançar em tempos de barbárie". Diria que não só é possível esperançar em tempos de barbárie como devemos

1 Intervenção de Fátima Freire na aula inaugural do curso 100 Anos de Paulo Freire: Esperançar em Tempos de Barbárie, em 5 de agosto de 2021.

esperançar mais do que nunca neste momento terrível que estamos a viver, não só no Brasil, mas no mundo. Considero que não é nada gratuito o fato de Freire transformar o substantivo esperança no verbo esperançar.

Como bom professor de português e de gramática que era, ele sempre gostou não só de brincar com as palavras como também de inventá-las. Esperançar vivido como categoria verbal nos leva, nos direciona, nos convida à ação. Aí me pergunto, a qual ação o verbo esperançar convida a todos nós neste momento de barbárie? Quais ações seriam estas que o verbo esperançar nos convida a exercitar? Ouso aqui sugerir algumas delas:

1. A ação de resistir/existir;
2. A ação de indignar-se contra toda e qualquer situação de diminuição do ser humano;
3. A ação de ser solidário(a) com o outro;
4. A ação de compartilhar o que se sabe com o outro;
5. A ação de educar o outro numa filosofia crítica e transformadora;
6. A ação de lutar por um mundo mais justo e mais bonito;
7. A ação de anunciar/denunciar e não aceitar as situações que nos impeçam de ser sujeitos das nossas vidas;
8. A ação de não perder a capacidade de sonhar e, sobretudo de amar a vida, a natureza, as pessoas.

É por isso que, mais do que nunca neste momento atual pandêmico que vivemos no mundo, para conseguirmos sobreviver com o aumento da fome do povo, da miséria, da injustiça, sem falar das mortes dos entes queridos no seio de cada família brasileira, faz-se necessário esperançar.

Agora gostaria de papear com vocês sobre uma das definições que Freire traz sobre o ato de educar o outro, quando ele diz que esse processo é um ato político e amoroso. Com essa definição, ele nos instiga a pensar justamente na importância e na tomada de consciência política do educador em sala de aula ou em qualquer situação. Uma das possíveis ações de educar o outro e ser educado por ele, como um ato político, seria desvelar junto com o educando a realidade na qual ele está inserido, ou melhor, em que todos estamos inseridos.

Esse ato se faz necessário para que o educando, como educador, possa compreender melhor o contexto/texto em que se encontram imersos, para que dessa forma, juntos, possam realizar as transformações viáveis para tornar o mundo mais justo e mais humano. Outra ação possível é a de denunciar/anunciar as situações de humanização/desumanização às quais possam estar submetidos todo ou qualquer ser humano. Criar situações de aprendizagem nas quais os educandos possam ter a sua fala própria, o seu próprio discurso. Para que tal situação de aprendizagem possa ser criada e vivenciada, faz-se necessário que o professor/educador assuma um lugar de referência para aquele a quem educa — e por quem, por sua vez, é educado —, para que possam todos, educadores e educandos, vivenciar um aprendizado de escuta do outro, nas mais diversas situações.

Ninguém conquista nem desenvolve um processo de aquisição da sua própria fala se não é escutado pelo outro. Ninguém aprende a falar a sua própria fala se não tem o suporte, a força, o incentivo, a sustentabilidade da fala do outro.

Toda e qualquer concepção de educação não se encontra solta no ar, a vagar por aí. Toda e qualquer uma delas, sejam democráticas ou autoritárias, encontram-se ancoradas, envoltas e envolvidas em valores e princípios que lhes dão o chão da sua existência. Dessa forma também nenhuma prática pedagógica se encontra desenraizada da filosofia educacional que a sustenta. É por essa razão que a cada concepção de educação corresponde uma determinada e específica prática pedagógica.

A concepção de educação para a transformação postulada por Freire se encontra imersa em suas origens de criança que passou fome e teve reais e concretas dificuldades financeiras para estudar. Só um corpo que sofreu necessidades ao se desenvolver em busca de aprender, e com fome de saber, poderia idealizar uma educação realmente igualitária, democrática e libertadora. Ninguém cria no vazio, todos nós criamos e recriamos em princípio partindo da nossa história.

É interessante reparar no fato de que a filosofia de educação aqui postulada exala, emana, ação e transformação. Poderíamos nos perguntar: de qual ação e de qual transformação estamos a falar?

Ousaria dizer que estamos justamente a falar do tipo de ação que promove a autoria do educando. Do tipo de ação que possibilita que o educando se experiencie enquanto ser que sabe, pensa e deseja; que possibilita o surgimento das perguntas de espanto sobre as coisas do mundo e sobre os seres humanos que somos.

Do tipo de ação que cria espaços de aprendizagem nos quais o educando possa ser sujeito do seu processo, e não objeto; que construa um espaço de continência sala/aula, onde o educando possa enunciar/denunciar o seu não saber e possa portanto descobrir o que já sabe e o que ainda precisa saber, para poder assim saber mais.

Enfim, ações que provoquem desejo intenso nos corpos dos educandos, para que sempre queiram ser mais e melhores e não permitam que ninguém os obrigue a deixar de ser.

Sobre qual processo de transformação estamos a falar a não ser daquele que possibilita a descoberta por parte do educando, mediado pela relação com o educador, de que ele é um ser falante e desejante, que pode falar por si e aprender a desejar e a sustentar o seu próprio desejo?

Digo isso porque, entre nós, a maioria é capaz de desejar, porém somos poucos aqueles que sustentamos o que desejamos. Sustentar o desejo muitas vezes nos leva a ter de educar o sentimento de culpa para não ferir o outro, ou a expectativa do outro, nos levando, dessa forma, a renunciar ao que realmente desejamos.

Uma educação para a libertação só acontece, na prática, de forma real, se o educador realiza a sua opção político-pedagógica em prol daqueles que sabem menos e a quem lhes foi negado o direito ao saber e ao conhecimento. Só posso ter uma prática pedagógica democrática em sala de aula enquanto professor se realmente acredito que o outro pode saber tanto quanto eu, ou mais do que eu. Contudo, essa forma de vivenciar a prática pedagógica não é em princípio a mais desenvolvida entre nós, professores. Ainda resta um grande ranço de autoritarismo em nosso corpo, que nos impede de acreditar não só que o aluno pode saber mais ou melhor do que nós determinados conteúdos como também que ele possa ter algo a nos ensinar. Essa constatação é de uma tristeza humana grande, pois anuncia/denuncia que muitos de nós, quando estamos no chão de sala de aula, só ensinamos, sem aprender com nossos alunos, quando é fundamental para a compreensão do processo de ensino/aprendizagem refletir e vivenciar o par ensinar/aprender.

Digo isso porque, normalmente, se estivermos atentos aos nossos processos, descobriremos que, quando ensinamos, estamos de certa forma a reviver o modo como aprendemos. E o contrário também pode ser verdadeiro.

Interessante é perceber que não aprendemos com qualquer um. Para que eu aprenda com o outro, este precisa ocupar um lugar de referência afetiva/cognitiva para mim, ao mesmo tempo que devo me autorizar a aprender com ele. Sem autorização e sem ocupância do lugar de referência, não existe processo de ensinar/aprender. Por essa razão, costumo afirmar que, na minha forma de perceber, o ato de educar é um ato corajoso de ocupar um lugar no processo de vida daquele a quem educo, marcando dessa forma o corpo dele. Me dá muita tristeza quando percebo que ainda existem educadores que não marcam o corpo do educando, mas simplesmente deixam rastros. Para marcar o corpo do outro, preciso estar presente, inteira no e com o processo do outro. Atualmente sofremos de uma intensa dificuldade de simplesmente estar com e para o outro.

Acredito que ninguém se educa sem modelo. É preciso explicitar que a conotação da palavra "modelo" aqui utilizada não é a mesma de uma concepção autoritária de educação. Modelo na concepção democrática de educação existe não como exemplo a ser seguido, mas como referência que dá parâmetros, norteia e incentiva que o educando possa se descobrir e, dessa forma, ser ele mesmo. Acredito também que o maior desafio do educador que tem coragem e amorosidade de ser modelo/referencial para aqueles a quem educa é ser um tipo de modelo que exercita cotidianamente o estar presente e o estar ausente. Ou seja, o que quero dizer com isso é justamente que reflito cotidianamente sobre a forma como estou a viver esse lugar de ser referência para o educando: se estou a vivenciar uma forma de estar presente sem sufocar suas ideias, sentimentos e curiosidades, ou se estou a vivenciar uma forma de estar tão ausente que beira o abandono.

Muitos de nós, às vezes, confundimos o ato de criar um espaço pedagógico em que os alunos possam exercitar a conquista da autonomia com a vivência de uma relação de libertinagem, e não de liberdade, por termos dificuldade de sustentar nossa autoridade com os educandos.

Outro aspecto interessante a ser salientado na postura pedagógica de um educador emancipador, libertador, é o de perceber na sua forma de estar presente no chão da sala de aula se ele acredita que ocupa um lugar, ou se ele acredita que é o lugar.

Quando acredito que sou o lugar, transmito qual mensagem para os educandos? Possivelmente a de que nenhum deles é capaz de ocupar o meu lugar, porque ele é exclusivamente meu pela assunção do poder e do conhecimento; que só eu sei e eles não sabem, e é por essa razão que estão a ocupar o lugar unicamente de aprendentes, já que não têm nada a me ensinar. Quando estou a ocupar o lugar tendo a clareza de que não sou o lugar, transmito a mensagem para os educandos de que eles também podem ocupar o meu lugar em determinadas situações pedagógicas, nas quais possam realmente saber mais ou explicar melhor do que eu o conteúdo em questão. O grande desafio do educador que compartilha a sua ocupância de lugar é justamente o de fazê-lo sem perder a verticalidade, a autoridade.

Dito de outra forma, como vivenciar a horizontalidade na minha relação pedagógica de ser humano que ama e deseja com os educandos sem perder, contudo, a verticalidade do lugar que ocupo na minha função de educador? Grande desafio que as vezes é muito difícil e penoso para muitos de nós. É interessante perceber que essa reflexão sobre como ocupo o lugar de educador, quando inexistente, pode gerar um processo muito prejudicial no corpo do educando, já que educador e educando se misturam, dificultando dessa forma o processo de aprendizado de ser educando e o de ser educador. Só posso aprender a ser aluno se o professor é professor. E vice-versa. Da mesma forma como só posso aprender a ser filho(a) se o pai é pai e a mãe é mãe.

Sempre acreditei, pela forma como fui educada, que educar para a transformação requer e exige por parte daquele que educa e ao mesmo tempo é educado um profundo amor pela espécie humana. Não se trata aqui de um amor harmonioso, piegas; trata-se de um amor que é rebelde, briguento, de um amor que é ousado, que simplesmente existe por ser um amor de humanidade. Por essa razão, para mim, sempre foi muito claro que quem fala em educação fala em vida, não em morte.

Só quem ama a vida e mantém viva sua criança interna pode se dedicar a uma educação que seja libertadora, no sentido de ter coragem de se comprometer com o educando no processo de desvelar a desigualdade que vivemos no mundo, as injustiças, preconceitos, racismos e tanto outras situações que fazem com que sejamos menos gente.

Gostaria de finalizar este texto com uma definição do meu pai que, para mim, é uma das tantas quantas fortes e representativas da sua filosofia de educação para a transformação: "Educar é um ato político e amoroso, e o(a) professor(a) é um artista".

Moacir Gadotti * Presidente de honra do Instituto Paulo Freire (IPF). Professor aposentado pela Faculdade de Educação da Universidade de São Paulo (USP). Dentre outras publicações, é autor de *Pedagogia da práxis* (1995), *História das ideias pedagógicas* (1993) e *Escola cidadã* (1992). E-mail: moacir.gadotti@paulofreire.org.

RETOMAR O SONHO INTERROMPIDO PARA ESPERANÇAR E EDUCAR EM TEMPOS DE BARBÁRIE[1]

Moacir Gadotti

Em 2021, celebramos o centenário de Paulo Freire. Alguns poderiam perguntar: por que celebrar o centenário de Paulo Freire? Quando recebia homenagens, e foram muitas, Freire dizia que as aceitava porque tinha certeza de que elas só aconteciam em função das causas que defendia.

Ele deixou marcas profundas em muitas pessoas e profissionais de diferentes áreas. Não apenas por suas ideias, mas, sobretudo, por seu compromisso ético-político. Muitas das mensagens recebidas no Instituto Paulo Freire, em São Paulo, logo depois de 2 de maio de 1997, data de seu falecimento, diziam textualmente: "minha vida não seria a mesma se eu não tivesse lido a obra de Paulo Freire"; "o que ele escreveu ficará no meu coração e na minha mente". Essas mensagens revelam o impacto

1 Intervenção de Moacir Gadotti na aula inaugural do curso 100 Anos de Paulo Freire: Esperançar em Tempos de Barbárie, em 5 de agosto de 2021.

na vida de tantas pessoas de muitas partes do mundo, mas ele não deixou discípulos como seguidores de ideias. Deixou mais do que isso. Deixou um espírito. "Para me seguir não devem me seguir", costumava dizer.

Não há dúvida de que Paulo Freire deu uma grande contribuição à educação para a justiça social e à concepção dialética de educação. A pedagogia autoritária e seus teóricos combatem suas ideias justamente por seu caráter emancipatório e dialético. Seja como for, aceitemos ou não suas contribuições pedagógicas, ele constitui um marco decisivo na história do pensamento pedagógico mundial.

O pensamento freiriano é um pensamento rebelde, exigente e insurgente, no qual não faltam a indignação e a esperança, a crítica e a proposta. Freire confessou, certa vez, que se considerava um "menino conectivo". Essa característica não era apenas pessoal; era também epistemológica e política. A concepção freiriana de conectividade está estampada na epígrafe de seu livro mais conhecido, *Pedagogia do oprimido*: "Aos esfarrapados do mundo e aos que neles se descobrem e, assim, descobrindo-se, com eles sofrem, mas, sobretudo, com eles lutam".

HÁ MOTIVOS PARA ESPERANÇAR

Certa vez me perguntaram: por que *Pedagogia do oprimido* teve tanta repercussão? Respondi que era porque esse livro expressava o que muita gente já tinha em mente em seus sonhos e utopias, um mundo de iguais e diferentes, "um mundo em que seja menos difícil amar", como afirma Freire no final do livro. *Pedagogia do oprimido* ressoou nos mais diversos ambientes: na academia, na sociedade, em sindicatos, igrejas, organizações não governamentais, movimentos sociais e populares. Sua filosofia educacional cruzou as fronteiras das disciplinas, das ciências e das artes, para além da América Latina, criando raízes nos mais variados solos.

As ideias de Paulo Freire continuam válidas não só porque ainda precisamos de mais democracia, mais cidadania e mais justiça social, mas porque a escola e os sistemas educacionais se encontram, hoje, frente a novos e grandes desafios. Paulo Freire tem muito a contribuir para a reinvenção da educação atual. Essa reinvenção da educação passa pela recuperação dos educadores como agentes e sujeitos do processo de ensino-aprendizagem e da prática educativa. Se quisermos dar uma contribuição significativa para a construção de novas políticas públicas de educação, essa reinvenção só pode ser obra de um esforço coletivo, colaborativo, plural, não sectário, pensando numa transição gradual para outras formas de conceber os sistemas educacionais, seu planejamento, sua gestão e monitoramento, seus parâmetros curriculares. Os educadores e as educadoras podem e devem ser os principais protagonistas dessa reinvenção. A mudança precisa partir do vivido, do experimentado, do que está em processo, da "reflexão crítica sobre a prática", como diz Paulo Freire.

A utopia é uma categoria central do pensamento de Paulo Freire. Por isso ele se opôs diametralmente à educação neoliberal, pois o neoliberalismo "recusa o sonho e a utopia", como afirma em *Pedagogia da autonomia*. O neoliberalismo não só recusa o sonho e a utopia, também recusa o saber dos docentes, reduzindo-os a meros repassadores de informações como máquinas de reprodução social, excluindo-os de qualquer participação no debate sobre os fins da educação.

A educação neoliberal investe muita energia nos meios e, particularmente, na avaliação e na cultura da testagem. Faz um profundo silêncio sobre as finalidades. Oculta, camufla, deturpa.

Tenta nos convencer da inexistência da politicidade da educação. O importante é cumprir o programa e saber avaliar. Aperfeiçoar, uniformizar, informatizar, colonizar o currículo, ampliar o alcance da avaliação, ter dados à mão para medir a qualidade da educação sob os critérios do mercado. Induz a não nos perguntarmos sobre o que estamos avaliando, o que queremos aferir e para quê. Para essa concepção de educação, os docentes não constroem conhecimento científico, crítico-criativo; seu saber é inútil, incompetente. Útil e necessário é o que está organizado, estruturado, planejado nas apostilas, nos sistemas de ensino, com clareza das habilidades e competências a serem alcançadas. Por isso, os professores não precisam ser consultados. Eles precisam ser preparados para entender as apostilas. Aprender a seguir preceitos. Precisam da prescrição e da avaliação externa. Devem se atualizar. Conhecer e saber aplicar as novas tecnologias, as novas metodologias, sem se perguntar para qual projeto de sociedade, para viver em que mundo, para formar que tipo de ser humano.

Temos razões para celebrar o centenário de Paulo Freire. Nossa celebração não é pura homenagem, é um compromisso com uma causa; tem um sentido estruturante, um sentido propositivo e prospectivo. Celebrar não é esperar que o amanhã chegue a nós; é fazer, desde já, o amanhã que desejamos ver realizado. Não é pura espera. É esperançar. É lutar contra o projeto neoliberal e promover humanização, emancipação, transformação em cada sala de aula, visando construir sociedades mais justas e sustentáveis.

Entendemos o centenário de Paulo Freire como um espaço-tempo de articulações, como um processo formativo e de mobilização com vistas à transformação da realidade. A práxis de Paulo Freire se opôs ao neoliberalismo, e, hoje, ao celebrar o centenário, estamos também nos contrapondo à ofensiva ideológica neoconservadora e fortalecendo o pensamento crítico freiriano, promovendo ações e projetos alternativos à mercantilização da educação.

Em tempos como o que estamos vivendo hoje, de retrocessos sociais e políticos e de um neoconservadorismo crescente, precisamos de referenciais como os de Paulo Freire. As celebrações em torno de seu centenário não revelam apenas a sua atualidade no mundo; elas mostram nossa necessidade de referenciais como os dele para nos ajudar a encontrar o melhor caminho de resistência e luta nessa travessia.

Sim, há motivos para esperançar, mesmo em tempos de barbárie. A história de vida de Paulo Freire nos oferece muitos desses motivos. Ele nos convida a esperançar, retomando e reinventando seus sonhos, ressignificando-os no agora, esperançar na prática da educação emancipadora.

UM SONHO DA LIBERDADE QUE NOS PERMITE BRIGAR PELA JUSTIÇA

Paulo Freire aponta para a educação do futuro, não do passado. Celebramos Paulo Freire porque sabemos que não temos futuro sem lembrar das lutas daqueles e daquelas que nos precederam com seus sonhos e utopias. Precisamos de nossos lutadores e lutadoras do passado, pelos direitos humanos, pelos direitos dos povos, pelo direito a uma educação emancipadora, transformadora, cidadã. Sonhos por mais justiça e equidade nunca morrem. Eles alimentaram, e continuam alimentando, nossa esperança. Devemos honrá-los, inspirar-nos neles, retomar suas lutas.

Retomar um sonho não significa ficar preso ao passado, mas ampliar as possibilidades de reinventar o futuro. Paulo Freire se notabilizou pelas teorias pedagógicas emancipatórias. Mas, tão importante quanto refletir sobre essas teorias, é se debruçar sobre sua práxis político-pedagógica. Ele era, acima de tudo, um ser da práxis.

Acompanhei de perto sua atuação como secretário municipal de Educação em São Paulo entre 1989 e 1991. Como gestor público, não dicotomizava o administrativo e o pedagógico. Ao assumir a pasta, em 2 de janeiro de 1989, ele nos falava de uma "nova qualidade" da educação, de uma "escola pública popular", uma escola com uma "nova cara". Ele incluía em sua noção de qualidade da educação não só os saberes curriculares, mas os "saberes de experiência feitos" e a formação para e pela cidadania. Era como se estivesse retomando o sonho, interrompido brutalmente pelo golpe civil-militar de 1964, de uma educação pública popular.

Sobre isso, ele escreveu um capítulo em seu livro *Política e educação* com o título "Escola pública e educação popular", publicado logo depois de deixar a Secretaria Municipal de Educação de São Paulo (Freire, 1993). Hoje poderíamos falar de "Universidade pública e educação popular". Vinte e cinco anos depois de ter sido exilado, ele assumiu a secretaria com a mesma energia que havia dedicado ao Programa Nacional de Alfabetização, extinto pela ditadura, uma política pública de educação popular. Reassumindo um cargo público no Brasil, não deixaria para trás seus ideais e retomaria sua concepção popular da educação, num outro contexto e com muita experiência acumulada nos trabalhos de educação popular em diversas partes do mundo.

O QUE PAULO FREIRE ENTENDIA POR EDUCAÇÃO POPULAR?

Em *Política e educação*, perguntando-se sobre a possibilidade de fazer educação popular na escola pública, Paulo Freire afirma que a educação popular não é só aquela que se faz em espaços informais. Ele preconizava, desde seus primeiros escritos, a necessidade de harmonização entre a educação formal e a educação não formal. A escola não é o único espaço educativo, embora seja um espaço primordial da educação. Aprendemos também na luta. A luta é uma grande escola. Ele sustenta que a educação popular

> é exatamente a que, substantivamente democrática, jamais separa do ensino dos conteúdos o desvelamento da realidade [...]. É aquela que estimula a presença organizada das classes sociais populares na luta em favor da transformação democrática da sociedade, no sentido da superação das injustiças sociais. (Freire, 1993, p. 101)

Ele entendia a educação popular como aquela que não me muda para que eu me torne melhor do que os outros, acima dos outros, mas aquela que me muda para melhorar o mundo para todos os outros. Não se trata de me instruir para me vender melhor no mercado e me pôr acima dos outros, como deseja a educação bancária. Trata-se de me formar para estar mais bem preparado para que o mundo seja um lugar melhor para todos. Não só para mim.

A educação popular é aquela que permite atuar, seja qual for o espaço onde isso aconteça — na universidade, em empresas, nas áreas de saúde, educação, cultura e meio ambiente —, a fim de tornar o mundo melhor para todos e todas. Paulo Freire entendia a educação popular como cultura no contexto de um projeto de sociedade radicalmente democrático. Foi assim que ele a definiu, em agosto de 1985, numa entrevista concedida à educadora

Rosa Maria Torres. Nessa entrevista, ele afirma que "a Educação Popular se delineia como um esforço no sentido da mobilização e da organização das classes populares com vistas à criação de um poder popular" (Torres, 1987, p. 74). A educação popular é um conceito de educação que independe da idade do educando, "porque a educação popular, na minha opinião", diz Paulo Freire, "não se confunde, nem se restringe apenas aos adultos. Eu diria que o que marca, o que define a Educação Popular não é a idade dos educandos, mas a opção política, a prática política entendida e assumida na prática educativa" (Torres, 1987, p. 86-7).

A educação popular é, e sempre foi, de uma forma ou de outra, uma educação em direitos humanos. Uma educação social, política, comunitária. Numa época em que a educação popular estava restrita a experiências não estatais, Paulo Freire se propôs instituí-la como política pública sem torná-la exclusivamente estatal, mantendo essa tensão de estar taticamente dentro do Estado e estrategicamente fora. Como secretário de Educação, Paulo Freire fez parcerias com associações e movimentos sociais, universidades públicas e privadas. E mais: criou uma equipe na secretaria para atender àquelas associações e movimentos sociais e populares que não dispunham de condições estruturais para fazer convênios com a Prefeitura de São Paulo. Qualificou juridicamente movimentos que antes não tinham a documentação exigida pela prefeitura, "a mais burocrática do mundo", me disse ele quando era secretário.

Paulo Freire entendia os movimentos sociais e populares como importantes sujeitos educadores coletivos no processo de libertação e humanização. Sustentava que é impossível separar a atividade política do ensino e da pesquisa, separar a educação do processo global de transformação social.

Paulo Freire nos dizia que seu sonho era o sonho da liberdade que lhe permitia brigar pela justiça. Sonho da liberdade, não qualquer liberdade, mas a que me ajuda a brigar pela justiça.

Sonho da educação, não de qualquer educação, mas aquela que me ajuda a melhorar a vida de todos. Esse é o sonho da educação popular. Conhecimento me liberta. Não qualquer conhecimento, mas o conhecimento que me torna melhor para brigar a fim de melhorar a vida de todos e todas. Esse é o ingrediente crucial do conhecimento emancipador.

COMO PODEMOS SABER SE O CONHECIMENTO QUE ESTÃO NOS OFERECENDO TEM ESSE INGREDIENTE?

Para responder, é fundamental respondermos a outras perguntas: para que serve o conhecimento? Conhecer para quê? Assim como há uma liberdade que me qualifica melhor para brigar pela justiça, há uma educação, um conhecimento, que melhora minha vida para brigar pela melhoria da vida de todos. Por isso chamamos essa educação popular de tantos nomes: libertadora, emancipadora, conscientizadora, transformadora...

A liberdade é a categoria central da concepção de educação de Paulo Freire. A finalidade da educação será libertar-se da realidade opressiva e da injustiça. A educação visa à libertação, à transformação radical da realidade, para melhorá-la, para torná-la mais humana, melhor para todos e não só para mim, para permitir que os homens e as mulheres sejam reconhecidos como sujeitos da sua história e não como objetos.

Educação não é só ciência. É arte e práxis, ação-reflexão, conscientização e projeto. Como projeto, a educação precisa reinstalar a esperança, esperançar. Nada mais atual do que esse pensamento, numa época em que muitos educadores vivem alimentados mais de desencanto que de esperança.

ESTE NÃO É O ÚNICO MUNDO POSSÍVEL, NEM É IMUTÁVEL

Na secretaria, assim como ocorrera em 1964, Paulo Freire enfrentou duríssimas críticas da imprensa, que o acusava de não valorizar a norma culta, mesmo sem jamais defender esse disparate. Ao contrário, dizia que não deveríamos inferiorizar crianças pobres que falavam "a gente cheguemos", mas respeitá-las e partir dessa expressão para construir a leitura e a escrita da norma culta da língua portuguesa.

Paulo Freire não polemizava com a imprensa que o criticava, mas não deixava de evidenciar o quanto essas críticas eram preconceituosas e de gosto autoritário, próprio da nossa conhecida "elite do atraso" (Souza, 2017). Ele dizia que "mudar é difícil, mas é possível e urgente". Sabíamos disso, e isso servia de estímulo a continuar a mudança, não de empecilho.

Como pessoa, Paulo Freire era quase uma unanimidade. Já como pensador, ele não podia agradar a todos porque nunca se isentou de se posicionar. Era alegre, bem-humorado, agregador, inclusivo. O clima de trabalho na secretaria era convivial, de muita camaradagem, companheirismo. Todos se sentiam muito próximos dele e felizes de trabalhar com ele. Esse era o Paulo que conheci e com o qual convivi durante 23 anos. Como chefe de gabinete e depois como assessor especial, experimentei com ele o verdadeiro sentido do que é participar, experimentei sua imensa capacidade de ouvir, de dialogar, fosse no enfrentamento dos grandes desafios que encontrou como secretário, fosse no cotidiano da gestão que, como toda gestão pública, era, naturalmente, tensa. Aprendi com ele que a construção democrática é uma experiência tensa.

Muito ao contrário da falsa participação que manipula colaboradores mais próximos, a participação na equipe de Paulo Freire assumiu o mais radical dos significados na tomada coletiva de decisões político-pedagógicos. Paulo Freire nunca se considerou acima de nós. Ele compartilhava seu poder de secretário de Educação com a equipe. "Devo ter sido o secretário de Educação da cidade de São Paulo que menos poder pessoal teve, mas pude, por isso mesmo, trabalhar eficazmente e decidir com os outros", disse ele no ano em que saiu da administração (Freire, 1993, p. 75).

Vários são os pontos de tensão quando se procura compartilhar o poder de decisão. A sociedade brasileira tem uma histórica inexperiência democrática que dificulta a implementação de políticas democráticas e a participação social na definição e no acompanhamento das diretrizes de governo. Apesar desses obstáculos, canais de participação foram construídos, ampliando a participação cidadã, o debate de ideias e o aperfeiçoamento democrático.

A gestão de Paulo Freire pode ser considerada um grande laboratório que permitiu grandes conquistas, continuadas e reinventadas depois por numerosas secretarias municipais de educação que seguiram seu modo docente de ser, ou melhor, de ser do-discente (docência mais discência). Ela é considerada até hoje "um marco do desenvolvimento da educação pública, consolidando-se como referência para gestões posteriores e demais propostas em outros municípios do país" (Paz, 2020, p. 37).

Podemos dizer que, anos depois, a semente plantada por Paulo Freire prosperou. Tivemos avanços nas últimas décadas, hoje ameaçados, no campo da democracia e da participação cidadã, que se devem, em grande parte, à educação popular. Entre eles, destaco: a Política Nacional de Educação Popular em Saúde (2012); o Marco de Referência da Educação Popular para as Políticas Públicas (2014) — como base para uma Política Nacional de Educação Popular — e a Política Nacional de Participação Social (2014).

A educação popular como política pública, como queria Paulo Freire, é um processo que se constrói ao mesmo tempo dentro e fora do Estado. A educação popular de hoje tem a cara dos movimentos sociais. Eles se fortalecem como portadores da esperança, com suas múltiplas subjetividades políticas, lutando por moradia, direito à terra, transporte, segurança, direitos humanos, preservação do meio ambiente, saúde, emprego, respeito à diversidade étnica, racial, de gênero, sexual etc., dando novo rosto à educação popular.

O Marco de Referência da Educação Popular para as Políticas Públicas, de 2014, incorporou em seu programa instrumentos da democracia participativa, fortaleceu os conselhos escolares e a participação popular ("conselhos participativos", "conselhos populares", "assembleias populares") como método de governo. Todo esse contexto favorável para pensar a educação popular como política pública foi golpeado duramente, e o processo de construção da Política Nacional de Educação Popular foi paralisado. Com o golpe civil, midiático, jurídico e parlamentar de 2016, esse processo de formação cidadã foi interrompido.

É verdade, tivemos conquistas nas últimas décadas no campo da educação, mas não conseguimos construir uma sólida cultura de direitos humanos, uma cultura democrática, cidadã, de solidariedade, de companheirismo e de compromisso com uma sociedade justa e igualitária. Prevaleceu certo descuido com a formação política cidadã, e isso abriu espaço para a manipulação e a doutrinação política que incutem a intolerância e o ódio, onde o diferente é transformado em "inimigo". Os frutos desse golpe, todos nós conhecemos. Os conselhos, que podiam ser extintos por decreto, foram extintos.

Nesse contexto, a educação popular freiriana se constitui hoje como uma resposta positiva, propositiva e alternativa à concepção dominante de educação. Por isso, ela representa uma grande esperança e um projeto maior que não se limita à escola, mas onde a escola tem papel primordial, como um lugar onde também se decide o futuro de uma geração que precisa pronunciar-se sobre o mundo no qual deseja viver.

A escola é um lugar onde outro mundo pode ser gestado. Mas, para isso, precisamos acreditar que este não é o único mundo possível, nem é imutável.

Essa conclusão é coerente com o que Paulo Freire sustenta em *A educação na cidade* (1991), no qual expôs seus sonhos como secretário de Educação, sua visão transformadora da educação, focada em princípios e valores democráticos. Daí insistir nas relações sociais na escola e no envolvimento de todos os trabalhadores(as) da educação e das comunidades.

Se essa conclusão está correta, Paulo Freire estaria, hoje também, apontando para o mesmo caminho: o papel da escola e do professor no processo de mudança da sociedade, o papel da escola na democratização radical da sociedade. Precisamos, sim, retomar o sonho de Paulo Freire e os de outros lutadores e lutadoras por outra educação possível, uma vez que tais sonhos se completam em suas diferentes perspectivas — Álvaro Vieira Pinto, Florestan Fernandes, Maria Nilde Mascelani, Anísio Teixeira, Darcy Ribeiro, Milton Santos, Maurício Tragtenberg, Antonio Candido, Rubem Alves, entre outros —, e não abrir mão de uma educação transformadora.

Um ponto de partida poderia ser a leitura de seu primeiro trabalho acadêmico. Aí encontramos — mesmo que datado, situado no contexto em que o escreveu, o de 1959 — um pensar sistêmico, expresso na maneira como finaliza sua tese de concurso para a cadeira de filosofia e história da educação da Escola de Belas Artes da Universidade do Recife, cujo título é *Educação e atualidade brasileira*. Falando da "consciência em elaboração" dessa atualidade, ele sustenta que

> a grande tarefa do nosso agir educativo, repitamos, para concluir, está centralmente aí — em ajudar a nação brasileira a crescer nessa elaboração. Daí não ser possível uma revisão fragmentária desse

agir, mas total, em relação de organicidade com as nossas atuais condições de vida. (Freire, 2001, p. 111)

Os anos 1960 — muito distantes do momento atual — foram particularmente marcados pelo otimismo pedagógico, seguidos por uma década de pessimismo que levou mais tarde às teses do "fim da história" e à ascensão do neoliberalismo, criticados por Paulo Freire em seu último livro, *Pedagogia da autonomia* (1996). Pode-se dizer que Freire ficou distante dessa polêmica, mantendo a dialética entre otimismo e pessimismo, na perspectiva gramsciana — pessimismo da inteligência e otimismo da vontade —, sendo caracterizado por seus estudiosos ora como andarilho do óbvio, ora como andarilho da utopia.

Desde muito cedo, como um pensador global, como pensador da cultura, envolveu-se em projetos muito ambiciosos, como evidenciou em sua tese *Educação e atualidade brasileira*. Todos sabemos que esse grande projeto de poder e de desenvolvimento nacional foi interrompido pelo golpe civil-militar de 1964. E sabemos também que ele assumiu a Secretaria Municipal de Educação de São Paulo, trinta anos depois de defender sua tese (1959), com a mesma energia do jovem Freire e com os mesmos ideais.

O que proponho neste texto é a retomada de um projeto de país justo e radicalmente democrático — ressignificado nesses novos tempos —, a retomada de um sonho interrompido para esperançar e educar em tempos de barbárie. As celebrações estruturantes e mobilizadoras do centenário de Paulo Freire nos convidam para isso: a retomada do sonho da educação popular como política pública, como uma educação ligada à cultura, à vida, à saúde, ao emprego, ao trabalho etc. Uma educação como parte de um projeto político mais amplo.

NAS SENDAS DO FUTURO, A PALAVRA-CHAVE É EMANCIPAÇÃO

É a partir do chão da escola, do coração e da mente de seus trabalhadores e trabalhadoras que podemos reinventar a educação. Muniz Sodré, autor de *Reinventando a educação: diversidade, descolonização e redes* (2012), nos lembra que a palavra-chave da reinvenção da educação é "emancipação", a emancipação intelectual que se entende como "conscientização", conceito-chave freiriano da constituição do sujeito. E não se espere que a nova qualidade da educação surja apenas como fruto do uso das novas tecnologias ou de uma disfarçada "sociedade do conhecimento". É verdade, o conhecimento se expandiu com as tecnologias da informação e comunicação (TICs), mas isso não quer dizer que a sua qualidade foi melhorada. Nas palavras de Muniz Sodré (2012, p. 160), "a pedagogia de Paulo Freire comporta ou acolhe a tecnologia, mas, por seu compromisso visceral com a emancipação social, não é desencarnada, isto é, não está acima das condições sócio-históricas de produção e transmissão do conhecimento".

De nada adianta instrumentalizar melhor as pessoas para buscarem ser melhores do que as outras. A vida, para ser plena, precisa ser vivida na plenitude do saber, do ser, do sentir. Precisamos nos formar para a sensibilidade, para a emoção e a imaginação, para além da ciência e do conhecimento. Não se trata de chegar primeiro. Trata-se de todos chegarem juntos. Promover a educação como um bem comum significa um novo paradigma educacional baseado no compartilhar, não no competir; baseado no conviver, não no vencer.

Paulo Freire defendia o saber científico sem desprezar a validade do saber popular, do saber primeiro. Dizia que não podemos mudar a história sem conhecimentos, mas que tínhamos de educar o conhecimento para colocá-lo a serviço da transformação social. Educar o conhecimento pelo entendimento de sua politicidade.

Mudar o mundo e mudar as pessoas são processos interdependentes, convergentes, interligados. Não se pode mudar o mundo sem mudar as pessoas: mudar o mundo e mudar as pessoas são processos complementares. Seria um grave erro pensar que basta transformar as circunstâncias econômicas para transformar as pessoas. Nessa visão, a educação seria completamente inútil.

Temos visto cada vez mais inovações pedagógicas, tecnológicas, metodológicas, educação híbrida, remota, à distância e toda sorte de instrumentos. Entretanto, poucas são as discussões de fundo. Elas giram muito mais em torno dos meios. Respondem à questão da educação do futuro sem se perguntar sobre os fins da educação. Essas maravilhas tecnológicas nos apresentam o futuro da educação por meio de máquinas poderosas que poderiam nos levar longe e rapidamente no campo das múltiplas aprendizagens. Não devemos acreditar nesse lirismo tecnológico. Antes de embarcar numa dessas máquinas, precisamos saber para onde estamos indo.

EDUCAR PARA QUÊ? PARA FORMAR PREDADORES?

Dissemos no início que vivemos tempos de barbárie, mas o que é a barbárie?

Retomo aqui uma leitura que fiz anos atrás: *Educação e emancipação*, de Theodor Adorno (1995). Ele afirma que a barbárie não está só no genocídio. Está na tortura, nas guerras, mas também em outras formas de opressão, no preconceito, no ódio, na intolerância, na fome, na reprodução das desigualdades e em toda forma de violência. Por isso, precisamos de uma educação emancipadora capaz de "desbarbarizar" — o que, por si só, é uma forma de "esperançar", para usar as palavras de Freire. Como diz Adorno (1995, p. 155):

> entendo por barbárie algo muito simples, ou seja, que, estando na civilização do mais alto desenvolvimento tecnológico, as pessoas se encontrem atrasadas de um modo peculiarmente disforme em relação a sua própria civilização — e não apenas por não terem em sua arrasadora maioria experimentado a formação nos termos correspondentes ao conceito de civilização, mas também por se encontrarem tomadas por uma agressividade primitiva, um ódio primitivo ou, na terminologia culta, um impulso de destruição, que contribui para aumentar ainda mais o perigo de que toda esta civilização venha a explodir, aliás uma tendência imanente que a caracteriza. Considero tão urgente impedir isto que eu reordenaria todos os outros objetivos educacionais por esta prioridade.

Nesse sentido, uma educação emancipadora é aquela que reorienta todos os objetivos educacionais a esta prioridade: superar esse "ódio primitivo" que põe em xeque "a própria civilização". Em outras palavras: emancipar seria desbarbarizar.

Nas sendas do futuro, a palavra-chave é emancipação.

POR UM NOVO PACTO EDUCATIVO GLOBAL

A barbárie é toda forma de violência perante a qual não podemos ficar em silêncio, nos conformar, de braços cruzados, esperando que um mundo melhor, sem injustiças, chegue até nós. Um dos caminhos da escola é o da barbárie, outro, o da emancipação. Há escolhas a fazer. Para muitos, a escola pública é o único espaço que a população mais empobrecida pode frequentar e dizer realmente que é seu. Que ele seja um espaço de emancipação, onde todos e todas possam aprender a se emancipar, aprender a dizer a sua palavra e fazer a própria história.

Claramente o modelo educativo global dominante não se orienta por esse princípio político-pedagógico. Não é de estranhar que o papa Francisco tenha lançado, em 2019, um movimento por um "novo pacto educativo global" tendo o ser humano como referência, não o mercado. O papa, ao clamar por um novo pacto, nos convocando para "reconstruir" o pacto educativo global, reconhece, com isso, que o pacto educativo dominante colapsou.

POR QUE O PACTO EDUCATIVO GLOBAL COLAPSOU?

Porque nasceu "contra a educação", contra a educação como espaço de emancipação. Suas origens são conhecidas. Assisti a seu nascimento nos anos 1970, pesquisando no Bureau Internacional da Educação da Unesco, quando preparava minha tese de doutorado na Universidade de Genebra, *A educação contra a educação: o esquecimento da educação e a educação permanente* (Gadotti, 1979). Os promotores desse pacto — e dos sistemas hegemônicos que determinam o que deve e o que não deve ser ensinado — foram a OCDE (Organização para a Cooperação e Desenvolvimento Econômico) e o Banco Mundial. Eles estavam mais preocupados com a repercussão mundial dos movimentos estudantis de maio de 1968, que eram favoráveis a uma educação mais democrática. Os estudantes queriam, simplesmente, ser ouvidos. A resposta foi truculenta: quem deve ser ouvido para saber o que os sistemas precisam ensinar é o mercado, e não a cidadania. Isso nos lembra de Paulo Freire quando, em *Pedagogia da autonomia*, opõe a "ética do mercado" à "ética universal do ser humano". Há uma educação voltada para as pessoas — para o ser humano — e uma educação voltada para o mercado.

Esses sistemas educacionais propõem educar nossas crianças e jovens para disputar um lugar no topo da sociedade de mercado. Muita dor foi causada, principalmente aos docentes, quando essa lógica competitiva chegou à sala de aula. Professores foram instigados a reproduzir a lógica da rentabilidade e da eficácia dos mercados. Nesse contexto, sua voz não conta. Eles não são autores nem protagonistas do ato pedagógico. Precisam preparar seus alunos para passar nos testes que classificam vencidos e vencedores nos rankings globais. Tem razão o antropólogo e educador popular Carlos Rodrigues Brandão quando se insurge contra essa educação de competições e concorrências, e se pergunta:

> quando será que a escola e a educação irão atribuir valores e prêmios para os mais solidários, os mais "abertos-ao-outro", os mais cooperativos e capazes de dialogar em e entre equipes, em lugar dos solitários obcecados por seu exclusivo desempenho individual e por suas medalhas? (Brandão, 2021, p. 126)

Uma educação que forma predadores é uma educação para a barbárie. É uma educação que não escuta, autoritária. É uma educação violenta. Me forma para me tornar melhor do que o outro, para ultrapassá-lo, subindo mais na pirâmide educacional de que nos falava Anísio Teixeira. Me forma para competir com o outro e não para conviver com ele. Essa é uma educação para a barbárie. E ela tem nome. Seu nome é meritocracia.

O pacto educativo global dominante é injusto e discriminatório. Ele inculca o ideal de sermos sempre os primeiros, nos impondo sobre os outros, sobrepujando-os, derrotando-os, vencendo-os.

Não nascemos programados para nos tornar predadores. A vida não se resume a vencer ou não vencer. Precisamos de outra educação.

REFERÊNCIAS

ADORNO, Theodor. *Educação e emancipação.* Trad. Wolfgang Leo Maar. Rio de Janeiro: Paz e Terra, 1995.

BRANDÃO, Carlos Rodrigues. *Diálogos freirianos, virtuais, vivos e virtuosos.* Caderno de formação. São Paulo: Instituto Paulo Freire, 2021.

FREIRE, Paulo. *A educação na cidade.* São Paulo: Cortez, 1991.

FREIRE, Paulo. *Política e educação.* São Paulo: Cortez, 1993.

FREIRE, Paulo. *Pedagogia da autonomia: saberes necessários à prática educativa.* Rio de Janeiro: Paz e Terra, 1996.

FREIRE, Paulo. *Educação e atualidade brasileira.* São Paulo: Cortez/Instituto Paulo Freire, 2021.

GADOTTI, Moacir. *A educação contra a educação: o esquecimento da educação e a educação permanente.* Prefácio de Paulo Freire. Rio de Janeiro: Paz e Terra, 1979.

GADOTTI, Moacir (org.). *Paulo Freire: uma biobibliografia.* São Paulo/Brasília: Cortez/Instituto Paulo Freire/Unesco, 1996.

PAZ, Adriana Oliveira Rodrigues. *A formação permanente de supervisores escolares inspirada na pedagogia de Paulo Freire: desafios e possibilidades.* Dissertação (Mestrado em Educação). São Paulo: Pontifícia Universidade Católica de São Paulo, 2020.

SODRÉ, Muniz. *Reinventando a educação: diversidade, descolonização e redes.* Petrópolis: Vozes, 2012.

SOUZA, Jessé. *A elite do atraso: da escravidão à Lava Jato*. São Paulo: Leya, 2017.

TORRES, Rosa Maria (org.). *Educação popular: um encontro com Paulo Freire*. São Paulo: Loyola, 1987.

PAULO FREIRE: PASSADO E PRESENTE

PARTE I

Peter McLaren * Expoente da pedagogia crítica nos Estados Unidos, é um dos principais educadores freirianos das Américas. Foi professor da Universidade da Califórnia em Los Angeles (Ucla), de 1985 a 2013, e atualmente leciona na Universidade de Chapman. É pesquisador das áreas de filosofia da educação, pedagogia crítica e revolucionária, teoria marxista e teologia da libertação, além de ser diretor do Paulo Freire Democratic Project. Autor de mais de cinquenta livros, entre eles *A vida nas escolas: uma introdução à pedagogia crítica nos fundamentos* (1989), *Che Guevara, Paulo Freire, and the Pedagogy of Revolution* (2000) e *Teaching Against Global Capitalism and the New Imperialism* (2004). E-mail: peter.mclaren1@gmail.com.

AS IDEIAS DE PAULO FREIRE CONTINUAM PODEROSAS[1]

Peter McLaren

TRADUÇÃO **Maíra Tavares Mendes**

O dia 19 de setembro de 2021 marcou o centenário do nascimento do filósofo brasileiro Paulo Freire. Mais conhecido pela obra magistral *Pedagogia do oprimido*, Freire continua a ser uma estrela guia para professoras[2] que trabalham em comunidades pobres em todo o planeta e para praticamente qualquer um que busque um senso de justiça em um mundo injusto.

Todo educador de espírito crítico em algum momento usou Freire em seu processo educativo — seja para compreender o mundo invertido dos oprimidos, seja como inspiração que os levou a ver a educação como uma forma de derrubar as assimetrias de poder e privilégios da sociedade. Os programas de alfabetização de Freire voltados a empoderar camponesas e camponeses são agora utilizados em países de todo o mundo;

1 Agradecemos a Peter McLaren e à revista *Jacobin* por nos autorizarem a incluir este artigo, originalmente publicado com o título "Paulo Freire's Ideas Are Just as Powerful as Ever" no site da revista.

2 Na língua inglesa, o termo *teacher*, assim como outros substantivos, não têm flexão de gênero. Demos preferência à flexão no feminino de termos que fazem referência a pessoas. [N.T.]

a *Pedagogia do oprimido* é atualmente o terceiro trabalho mais citado nas ciências sociais e o primeiro no campo da educação.

A celebridade de Freire fez dele um alvo e um profeta em seu país de origem, o Brasil. Recentemente, foi posto em evidência por grupos de extrema direita, como Movimento Brasil Livre e Revoltados Online, e o ex-presidente Jair Bolsonaro afirma que ele está por trás de uma conspiração de doutrinação marxista no sistema escolar brasileiro.

Efetivamente, as tentativas de Bolsonaro de extinguir a memória de Freire lembram os ataques dos republicanos estadunidenses a intelectuais da teoria crítica da raça[3] e educadoras e educadores marxistas. Bolsonaro e o movimento de direita Escola sem Partido encorajaram estudantes a filmar professoras durante as aulas, sobretudo se suspeitam que defendem ideias de esquerda ou, ainda pior, promovem visões políticas ou sociais de inspiração freiriana. Uma deputada federal do partido de Bolsonaro[4] apresentou até mesmo um projeto de lei para retirar de Freire seu título cerimonial de "patrono da educação brasileira".

Até mesmo os conservadores nos Estados Unidos pegaram carona nos ataques a Freire. A edição da *Economist* intitulada "The Threat from the Illiberal Left" [A ameaça da esquerda ili-

3 Teoria crítica da raça (*critical race theory*) é o campo de pesquisa sobre os impactos de longa duração que o racismo produz na sociedade estadunidense e em todas as suas instituições públicas e privadas. Tal campo de estudos tem sido atacado por campanhas planejadas de direitistas e supremacistas nos Estados Unidos. [N.T.]

4 O autor se refere à deputada federal catarinense Caroline de Toni, do então partido de Jair Bolsonaro, Partido Social Liberal (PSL). Ambos mudaram de partido em 2022, migrando para o Partido Liberal (PL). [N.T.]

beral] inclui um artigo dedicado à "cultura ativista"[5] que descreve a pedagogia de Freire de maneira desonesta como tendo sido produzida no espírito da Revolução Cultural de Mao. O artigo arranca suas evidências de uma única nota de rodapé da *Pedagogia do oprimido* e ignora algo ainda mais importante: que o trabalho de Freire foi baseado na solidariedade com as massas e se posiciona contra o tipo de violência que se tornou parte da Revolução Cultural.

Então, por que Bolsonaro e a *Economist* miram Freire? O que há em suas ideias que lhes parece tão ameaçador?

A VIDA DE UM EDUCADOR REVOLUCIONÁRIO

Paulo Freire cresceu em Pernambuco, durante a Grande Depressão global da década de 1930. Aprendeu a ler desenhando letras com os galhos da mangueira em cuja sombra se sentava na infância. Quando jovem, sua experiência com a fome e a pobreza fez com que ficasse quatro séries atrás de seus colegas da mesma idade, e a morte de seu pai em 1933 só piorou a situação.

Apesar disso, Freire conseguiu terminar os estudos, graduar-se, obter o doutorado na Universidade do Recife em 1959 e ser admitido na Ordem dos Advogados (embora nunca tenha exercido a advocacia). Ele começou a vida profissional aos 26 anos, trabalhando como professor de português na Escola Secundária Oswaldo Cruz. Em 1946, foi nomeado diretor do Departamento de Educação e Cultura do Serviço Social do Sesi (Serviço Social

5 No original, *woke culture*, maneira irônica de se referir a ideias progressistas. [N.T.]

da Indústria). Em 1961, tornou-se diretor do Departamento de Extensão Cultural da Universidade do Recife e esteve envolvido em um renomado projeto educacional voltado a lidar com analfabetismo em massa em 1962.

Esse projeto no Recife lhe trouxe reconhecimento internacional, particularmente pelo uso das tradições populares e pela importância na construção coletiva do conhecimento. Foi lá que Freire começou a criar o que chamou de "círculos de cultura" — um termo que ele preferia a "aulas de alfabetização", já que "alfabetização" e "analfabetismo" supunham que ler e escrever já eram parte do mundo social das trabalhadoras e dos trabalhadores.

Em um desses círculos de cultura, trezentas pessoas trabalhadoras do corte de cana aprenderam a ler e escrever em surpreendentes 45 dias. Impulsionado, compreensivelmente, pelo sucesso de Freire, o governo brasileiro liderado pelo presidente João Goulart elaborou planos para estabelecer dois mil círculos de cultura freirianos que idealmente alcançariam cinco milhões de estudantes adultos e adultas e os ensinariam a ler em um período de dois anos. Seria uma grande conquista em um país onde apenas metade da população adulta sabia ler e escrever.

Isso não aconteceu. Ao contrário, em 1964, um golpe militar de direita derrubou o governo democraticamente eleito de Goulart. Freire foi acusado de pregar o comunismo, sendo interrogado e detido pelo governo militar. Ficou encarcerado por setenta dias e entrou em autoexílio por medo de que sua posição de destaque na campanha de alfabetização nacional levasse a seu assassinato. De fato, os militares brasileiros consideravam Freire "um subversivo internacional" e "um traidor de Cristo e do povo brasileiro", acusado de tentar transformar o Brasil em um "país bolchevique".

Os dezesseis anos de exílio de Freire foram tumultuados e produtivos: depois de uma breve estadia na Bolívia, passou cinco anos no Chile, onde se envolveu com o Movimento de Reforma Agrária da Democracia Cristã e trabalhou como consultor da Unesco no Instituto de Capacitação e Investigação para a Reforma Agrária (Icira). Em 1969, atuou como pesquisador visitante no Center for Studies in Development and Social Change [Centro de estudos para o desenvolvimento e mudança social] da Universidade Harvard e se mudou, no ano seguinte, para Genebra, Suíça. Lá, foi consultor do Escritório de Educação do Conselho Mundial de Igrejas, no qual desenvolveu programas de alfabetização para a Tanzânia e Guiné-Bissau que se concentraram na reafricanização dos países. Ele também esteve envolvido no desenvolvimento de programas de alfabetização em ex-colônias portuguesas pós-revolucionárias como Guiné-Bissau e Moçambique e ajudou os governos do Peru e da Nicarágua com suas próprias campanhas de alfabetização.

Freire enfim voltou ao Brasil em 1980 para trabalhar como professor na Pontifícia Universidade Católica de São Paulo e na Universidade Estadual de Campinas. De 1980 a 1986, participou da elaboração do projeto de alfabetização de pessoas adultas do Partido dos Trabalhadores em São Paulo. Freire exerceu brevemente as funções de secretário municipal de Educação de São Paulo, de 1989 a 1991, dando continuidade à sua agenda radical por uma reforma do processo de alfabetização para o povo daquela cidade.

CAMPANHAS GLOBAIS DE ALFABETIZAÇÃO

Durante todo o tempo no exílio, Freire escreveu as obras que logo se tornaram clássicos: *Pedagogia do oprimido*, *Ação cultural pela liberdade* e *Cartas à Guiné-Bissau: registros de uma experiência em processo*. O trabalho de Freire seria retomado mais tarde por educadoras, filósofos e filósofas e ativistas políticos na América do Norte e Europa, mas foi fundamentalmente cunhado no Sul global: em comunidades de base, *barrios* urbanos, periferias e favelas onde influenciou — e foi influenciado por — inúmeros movimentos sociais, desde os esforços anti-apartheid na África do Sul até o Movimento dos Trabalhadores Rurais Sem Terra no Brasil.

Freire sempre encorajou educadoras a reinventar seu trabalho em vez de simplesmente "transplantá-lo" através de várias fronteiras nacionais, pois enxergava que seus ensinamentos foram produto do contexto brasileiro em particular. Ele havia chegado a essa constatação anteriormente, quando ele próprio aprendeu com a experiência de educadoras de pensamento similar em campanhas de alfabetização em massa de outros países, as quais precisou adaptar ao Brasil.

Freire conheceu o idealizador da campanha de alfabetização cubana, Raúl Ferrer, em 1965, na Conferência Mundial contra o Analfabetismo em Teerã. Ferrer e Freire se reencontraram em 1979 para discutir o papel da alfabetização na Revolução Sandinista na Nicarágua.

O brasileiro considerou a campanha de alfabetização cubana, responsável por alfabetizar mais de novecentas mil pessoas em menos de um ano, como uma das grandes realizações educacionais do século XX. Disse coisas semelhantes sobre a campanha de alfabetização sandinista na Nicarágua.

Freire reconheceu abertamente o líder independentista cubano José Martí como um dos mais importantes pensadores revolucionários do século XX e era um grande admirador de Fidel Castro e Ernesto Che Guevara. O presidente venezuelano Hugo Chávez, por sua vez, foi um grande admirador de Freire e expressou a mim o desejo de trazer o trabalho do educador brasileiro para a Revolução Bolivariana — missão na qual pude desempenhar um breve e modesto papel.

Na semana seguinte à morte inesperada de Paulo Freire, estava programado que ele participasse de uma cerimônia em Cuba, na qual Fidel Castro iria presenteá-lo com um grande prêmio por sua contribuição à educação. De acordo com seus amigos, seria o prêmio mais importante da vida de Freire.

UM MARXISTA RESOLUTO

Para Freire, desafiar o capitalismo era uma necessidade urgente e premente. Ele nem sempre fazia descrições exatas de como seria sua visão de uma alternativa socialista, mas a adesão a uma epistemologia materialista era firme e profunda, e ele manteve ao longo da vida uma fé modernista na agência humana e na sociabilidade inexorável da linguagem.

Freire era decididamente marxista, mas sua linguagem nunca se referia ao cenário político com o habitual jargão marxista-leninista. Ele não pregava, por exemplo, que todo valor tem origem na esfera da produção, nem acreditava que o principal papel das escolas é servir aos agentes do capital e seus mestres.

No entanto, considerava a educação *capitalista* como a reprodução das relações sociais de uma ordem social dominante e exploradora, e que a típica panaceia de "melhorar de vida" por meio da educação era muitas vezes um véu ideológico canalizando a solidariedade humana em falsas narrativas de trabalho árduo, recompensa e progresso individuais.

Freire era um filósofo formidável, mas, em vez de reflexões isoladas, dispunha a filosofia a serviço do avanço de sua pedagogia emancipatória. Sua visão de libertação das formas autoritárias de educação foi extraída da dialética hegeliana do senhor e do escravo; sua descrição da autotransformação das pessoas oprimidas foi inspirada pelo existencialismo de Martin Buber e Jean-Paul Sartre; e sua concepção da historicidade das relações sociais, influenciada pelo materialismo histórico de Karl Marx.

A ênfase de Freire no amor como precondição necessária para uma educação autêntica se conectava à sua afinidade permanente com a radical teologia da libertação cristã. Dom Hélder Câmara, arcebispo católico de Olinda e Recife — que teve profunda influência sobre Freire —, captou o espírito da teologia da libertação em algumas frases curtas: "Quando dou comida aos pobres, me chamam de santo. Quando pergunto por que os pobres não têm comida, me chamam de comunista".

Freire, ele próprio católico, não estava excessivamente preocupado com a "religiosidade", mas com a perspectiva de uma Igreja libertadora, em uma região onde grande parte do sistema educacional ainda estava sob o controle das autoridades religiosas. Em vez disso, Freire sonhou com o que chamou de "a Igreja profética": uma Igreja que permanecesse solidária com as vítimas da sociedade capitalista. Foi essa também a visão de Gustavo Gutiérrez, que codificou o princípio central da teologia da libertação como a "opção pelos pobres" e convidou Freire para elaborar alguns dos elementos-chave da emergente doutrina cristã radical.

PEDAGOGIA DO OPRIMIDO

Apesar de todas as conexões de Freire com a teologia da libertação, a descrição que mais prontamente captura a sua vocação é a de "filósofo da práxis". A filosofia de Freire foi concebida, em poucas palavras, para ajudar os seres humanos a se tornarem mais plenamente humanos — e esse projeto político e ético significava compreender e também transformar o mundo. Essa foi uma tarefa mais bem capturada no dito popularizado de Freire: "ler a palavra e o mundo".

Freire era incomparável em sua obsessão com o poder da palavra falada e escrita — com o que esse poder revela sobre o mundo que aparece diante de nós e sobre o que o mundo poderia ser. Para Freire, a esfera da alfabetização permite às pessoas viver no modo subjuntivo — num estado de "como se", abrindo caminhos para novos mundos.

Outra das categorias de Freire, "inédito viável", foi uma elaborada filosofia de esperança que exigia que grupos desfavorecidos fossem além de suas "situações-limite" — ou seja, as limitações impostas à sua humanidade pelo subdesenvolvimento — e transformassem essas condições adversas em um espaço para a experimentação criativa. Isso era, para Freire, o que estava em jogo na alfabetização: uma prática que poderia ser usada para privar e excluir tão facilmente quanto para emancipar.

Sustentando a pedagogia de Freire estava uma visão materialista complexa, mas sólida, do mundo e sua transformação. Para Freire, qualquer ação tomada sobre o mundo necessariamente transforma o mundo como o conhecemos. Além disso, a transformação do mundo afeta a maneira como indivíduos agem sobre ele depois. Entrar nesse processo permite aos indivíduos aprender a se tornar sujeitos que agem sobre um mundo dinâmico e aberto em vez de permanecerem objetos passivos sobre os quais se age em um sistema fechado e imutável. Esta era a visão de Freire sobre como as pessoas oprimidas podem superar a subjugação.

"Diálogo" e "dialético" são palavras-chave no vocabulário freiriano. O "encontro" dialético, como Freire o chamou, é na verdade o oposto de doutrinação (uma ironia perdida em críticas brasileiras e estadunidenses preocupadas com a teoria crítica da raça ou "doutrinação" freiriana). Freire resistiu ao que ele chamou de "educação bancária" — despejar o conhecimento fechado na cabeça de estudantes infelizes —, porque era ao mesmo tempo socialmente opressivo e supunha um mundo tão fixo que as mesmas lições poderiam ser repetidas *ad nauseam*. Como diz Freire em *Pedagogia do oprimido*:

> Por isto, o diálogo é uma exigência existencial. E, se ele é o encontro em que se solidarizam o refletir e o agir de seus sujeitos endereçados ao mundo a ser transformado e humanizado, não pode reduzir-se a um ato de depositar ideias de um sujeito no outro, nem tampouco tornar-se simples troca de ideias a serem consumidas pelos permutantes. [...] Porque [o diálogo] é encontro de homens [humanos] que pronunciam o mundo, não deve ser uma doação do pronunciar de uns a outros. (Freire, 2018, p. 109-10)

Como sujeitos, somos encorajados por Freire a sair da prisão do conhecimento pré-fabricado e das relações de dominação que o acompanham, mudando as condições materiais que nos moldam. Permanecer como pessoas oprimidas era para Freire não apenas um imperativo ético — como era para a teologia da libertação — mas também epistemológico: era, insistia ele, a única maneira de romper com a ideia de que existe algum reino de ideias puras a serem arrancadas e transmitidas pelas autoridades designadas. A verdade, para Freire, sempre foi dialógica, sobre o eu e o outro unidos em uma contradição dialética da vida cotidiana.

FREIRE HOJE

Freire sempre resistiu a ser identificado com os muitos movimentos e tendências diferentes dentro da educação aos quais lhe atribuíram afiliação, quer fosse educação popular, educação de adultos, mudança educacional, educação não formal, educação progressista ou pedagogia marxista. Enquanto algumas dessas correntes eventualmente cairiam nas mãos dos especialistas em política educacional, o projeto de Freire permaneceu firmemente uma pedagogia *dos* oprimidos.

Nosso mundo é um mundo que Freire, em muitos sentidos, lutou para evitar: um mundo onde o conhecimento elaborado por meio da formulação de problemas está perdendo terreno para infinitas guerras culturais; onde professoras são criticadas por raciocinar com fundamento em evidências; onde as pessoas são punidas por desafiar os históricos emaranhados coloniais dos Estados Unidos e a história brutal de escravidão. O tipo de pensamento corajoso que Freire exigiu torna ainda mais condenável a covardia moral da maioria dos líderes políticos e figuras públicas de hoje.

O que é necessário em nossos sistemas escolares atuais é uma pedagogia capaz de permitir que estudantes compreendam suas experiências vividas em contextos sociopolíticos mais amplos e complexos. As guerras culturais nos Estados Unidos e no Brasil respondem, ao menos parcialmente, ao medo do que isso pode significar: com razão ou sem, convidar estudantes a considerar os méritos da teoria feminista, teoria crítica da raça, teoria decolonial e outras linguagens de análise também significa refletir sobre as experiências históricas que tornam essas perspectivas possíveis, em primeiro lugar.

Na sua raiz, seja no Brasil ou nos Estados Unidos, a direita está alimentando o medo de uma vasta conspiração doutrinária porque tem medo. Ao imaginarem nossas escolas como um lugar de luta darwiniana para impor visões de mundo competitivas, os conservadores tentam convenientemente nos fazer esquecer aquilo que Freire nos ajudou a entender: que a educação não trata apenas de visões de mundo estáticas, mas também, potencialmente, da mudança do mundo. Ou, como disse Freire: "a leitura do mundo vem antes da leitura da palavra".

REFERÊNCIA

FREIRE, Paulo. *Pedagogia do oprimido*. 65ª ed. Rio de Janeiro: Paz e Terra, 2018.

Dimas Brasileiro Veras * Professor do Instituto Federal de Pernambuco (IFPE). Doutor em história pela Universidade Federal de Pernambuco (UFPE) e pesquisador da Cátedra Paulo Freire. Foi diretor de atividades de extensão do Instituto Federal da Paraíba (IFPB). É autor de diversas publicações sobre história da educação no Brasil. E-mail: dimasveras@gmail.com.

PAULO FREIRE E O GOLPE DE 1964: HISTÓRIA, MEMÓRIA E ESPERANÇA

Dimas Brasileiro Veras

> Salve os que amam a vida
> sem ter medo da morte.
> Salve os que amam a liberdade
> sem ter medo de prisões e fuzilamentos.
> Porque a história continua
> "devagar e sempre",
> como diz um negro velho
> meu vizinho...
>
> — Solano Trindade, *Poemas antológicos*

> Tenho direito de ter raiva, de manifestá-la, de tê-la como motivação para minha briga tal qual tenho o direito de amar, de expressar meu amor ao mundo, de tê-lo como motivação da minha briga porque, histórico, vivo a História como tempo de possibilidade não de determinação.
>
> — Paulo Freire, *Pedagogia da indignação*

A trajetória de vida de Paulo Freire conta "estórias que são pedaços de nossa História" (Freire, 1989, p. 31), como observou o saudoso patrono da educação brasileira. Os pedaços de histórias vividas pelo educador em seu "tempo fundante"[1] (Freire, 2019) no Recife, tempo do método ou sistema Paulo Freire — igualmente tempo de golpe e de ditadura militar no Brasil —, são fragmentos de nossa luta por justiça, verdade e memória. Preservar as memórias de sujeitos, grupos e classes oprimidas e suas narrativas de humanidade lesada é uma importante forma de esperançar em tempos de barbárie.

Em Paulo Freire, a "esperança é um chamamento à 'caminhada', não a uma 'caminhada' errante, de quem renuncia ou foge, mas à 'caminhada' de quem toma a história nas mãos, fazendo-a e nela refazendo-se" (Freire, 1982, p. 113). Nesse sentido, ele concebe a memória do oprimido como nascedouro da cultura de resistência, isto é, ponto de partida de sua formação pela crítica e pela transformação da realidade, num misto de curiosidade e de raiva justa, que mobilizam para o enfrentamento das injustiças, enquanto manifestação, também, do amor pela vida (Freire, 1996; 2000).

Os relatos de sofrimento e violência que aqui se seguem podem e devem orientar nossa indignação e a denúncia de como a ditadura militar no Brasil terminou sem se findar, contaminando violentamente nossa estrutura social, cultural, política, econômica, jurídica, subjetiva, do mesmo modo que nosso co-

1 No sentido estrito, o tempo fundante se refere ao período entre os anos 1940 e 1950, em que o educador trabalhou no Serviço Social da Indústria (Sesi), do mesmo modo que, em seu sentido lato, abrange o tempo do Recife e da trajetória de formação do jovem Freire como egresso da Faculdade de Direito do Recife (1943-1947), sua passagem pelo magistério básico em instituições particulares como o Colégio Osvaldo Cruz e o Instituto Capibaribe, bem como no magistério superior na Universidade do Recife (1947-1964), atual Universidade Federal de Pernambuco (UFPE), e, finalmente tempos do Método ou Sistema Paulo Freire no Movimento de Cultura Popular (MCP) (1960-1962), no Serviço de Extensão Cultural (SEC) (1962-1964) e no Programa Nacional de Alfabetização (PNA) (1964).

tidiano mais ordinário (Teles & Safatle, 2010). São verdades que corroboram com o anúncio da utopia e do combate político contra governos autoritários, como o de Bolsonaro e sua gestão catastrófica da pandemia, denunciada no Tribunal Penal Internacional, em Haia, por crimes contra a humanidade.

Em janeiro de 1963, a equipe de Paulo Freire debateu e redigiu o plano de atividades do Serviço de Extensão Cultural (SEC) da Universidade do Recife para aquele ano. Dentre as ações previstas estavam a continuidade das experiências do método Paulo Freire de alfabetização, a inauguração definitiva da Rádio Universidade (AM 880, atual Rádio Paulo Freire), o novo número da revista *Estudos Universitários* e os cursos de realidade brasileira.

Depois da conclusão do plano de trabalho, o governo do Rio Grande do Norte convidou Paulo Freire para coordenar uma campanha de alfabetização em Angicos, utilizando o método que o educador havia desenvolvido e experimentado no Centro de Cultura Dona Olegarinha, do Movimento de Cultura Popular (MCP), no Poço da Panela, zona rural do Recife.

Durante a formatura dos trezentos educandos em Angicos, até o presidente do Brasil, João Goulart, se fizera presente para saudar o método de alfabetização sem cartilhas: "a alfabetização não só foi um ponto de partida, mas um centro de interesse de toda a equipe do SEC".[2] Com o sucesso do círculo de cultura paulofreiriano no sertão potiguar, o SEC consolidou seu projeto de universidade popular, dissolvendo os planos iniciais do serviço para 1963 e aprofundando os trabalhos sobre o que passaram a chamar de sistema Paulo Freire de educação (Veras, 2012; 2021b).[3]

2 "Boletim de atividades do SEC/Universidade do Recife". Recife: Imprensa Universitária, n. 5-6, 1964.

3 A ideia de sistema remete tanto ao conjunto de abordagens histórica, filosófica e antropológica sobre a educação e a cultura, quanto à

Paulo Freire se lançara, na ocasião, como um dos mais importantes intelectuais públicos brasileiros. Os ministros da Educação e Cultura, Paulo de Tarso e, posteriormente, Júlio Sambaqui, confiaram ao educador a Comissão Nacional de Cultura Popular e, depois, o Programa Nacional de Alfabetização (Decreto 53.465 de 21 de janeiro de 1964), cujo objetivo era criar 60.870 círculos de cultura do sistema Paulo Freire de educação para erradicar o analfabetismo do Brasil (Haddad, 2019). Logo, Paulo Freire e sua equipe se viram no olho do furacão da polarização política que opunha forças de direita e esquerda no contexto da Guerra Fria (1947-1989) e do fortalecimento das lutas sociais por cidadania na Quarta República (1945-1964) brasileira (Veras, 2012).

Em resposta ao fortalecimento do campo progressista, o bloco da direita oligárquica, empresarial e militar lançou mão de uma série de estratégias para a conquista do Estado brasileiro por vias legais e golpistas (Dreifuss, 1981). Tais atos políticos organizados atingiram Paulo Freire e sua equipe naqueles anos de golpes militares sucessivos contra governos democráticos na América Latina.[4]

Ainda no segundo semestre de 1963, uma campanha midiática conservadora elegeu no campo educacional o "Método Paulo Freire" como alvo. Além da extinção do Programa de Alfabetização, que assegurava o direito político do alfabetizando a votar, o objetivo era desarticular os movimentos de educação e cultura popular que se espalharam às centenas pelo Brasil, desde a criação do MCP, em 1960, no Recife.

/////

abrangência de níveis e modalidades de ensino que vão da educação de adultos à pós-graduação.

4 Paraguai (1954-1989), Brasil (1964-1985), Bolívia (1964-1982), Argentina (1966-1973; 1976-1983), Peru (1968-1980), Chile (1973-1990), Uruguai (1973-1985), dentre outros países da região.

A campanha de desinformação teve seu início em jornais, como *O Estado de S. Paulo*, que, em setembro de 1963, repercutiu a fala contra o método Paulo Freire de uma vereadora da União Democrática Nacional (UDN), partido da burguesia urbana e industrial (Freire, 2017). As acusações de "irregularidades", "ineficiência", "doutrinação marxista", "objetivos comunizantes", relações com a "União Soviética" e "Cuba", de que o método seria "comunista" e operava uma "espionagem vermelha internacional", desenham os vetores da campanha de desinformação anticomunista que elegeria sujeitos históricos, instituições, organizações, partidos, movimentos sociais e práticas sociais das esquerdas como seus alvos (Veras, 2021a).

Apesar da defesa do jornal *Brasil Urgente*, dirigido pelo frei dominicano Carlos Josafá, o *Estadão* continuou disseminando desinformações na voz daquela vereadora e futura liderança da Marcha da Família com Deus pela Liberdade, de sacerdotes católicos conservadores e de seu próprio editorial.[5]

Lá estavam as palavras-armas da orquestração rápida e emocional dos discursos e dos corpos conservadores: "sistema de doutrinação marxista", "perigo para as instituições", "subversivo", "método nazista", "bolchevique", "filocomunista", "criptocomunista", "doutrinador", "stalinista", "esquerdistas", "cartilha subversiva" etc., tal qual, *mutatis mutandi*, o fenômeno presente das fake news,[6] cuja campanha conservadora alvejou novamente o patrono da educação brasileira (Veras, 2021a).

5 "Política faz Dulce falar do que não sabe: Método Paulo Freire", *Brasil Urgente*, 1963.

6 Compreende-se o fenômeno como uma modalidade de ação midiática pela internet que visa à distorção deliberada de conteúdos com fins de desinformação, (des)mobilização e de desvalorização de práticas, de instituições e de agentes sociais, em meio a um ambiente argumentativo permeado pelo apelo emocional e econômico das redes

O léxico intolerante se multiplicou em outros jornais, como *Diário de Pernambuco*, *Correio da Manhã* (RJ), *Diário de Notícias* (RJ), *Tribuna da Imprensa* (RJ), *Diário do Paraná*, *Correio do Paraná* e *Folha de S.Paulo*, atacando o método Paulo Freire e seu criador ao longo de 1963 e 1964 até, finalmente, interditar (i)legalmente sua prática pedagógica por ocasião do golpe de 1964 (Santos, 2021; Freire, 2017).

Às vésperas do *coup d'État*, Paulo Freire se encontrava inaugurando o círculo de cultura em Goiânia. Alertado sobre a instabilidade política do país por sua assistente, Carmita Andrade, interrompeu os trabalhos e regressou a Brasília. Enquanto acompanhava a grande mídia saudar as forças golpistas e a postura incrédula de seu chefe, o ministro Júlio Sambaqui, o educador organizou a volta de sua mãe, dona Edeltrudes Freire, e dos cinco filhos — Madalena, Cristina, Fátima, Joaquim e Lutgardes — para a casa da família no Recife (Freire, 2017; Haddad, 2019).

Diante do clima de violência e insegurança, Paulo e Elza Freire, sua esposa, refugiaram-se na casa de amigos, como o deputado Luiz Bronzeado (UDN), colega de turma dos bacharéis de 1947 da Faculdade de Direito do Recife. Naqueles dias, o educador solicitou à Universidade do Recife uma licença para tratamento de saúde, evitando que os golpistas o exonerassem por abandono de emprego (Freire, 2017).

Paulo Freire não tardou a tomar conhecimento da invasão do SEC e da Rádio Universidade, bem como da prisão de membros de sua equipe no Forte das Cinco Pontas (Veras, 2012; 2018). O governo golpista extinguiu o Programa Nacional de Alfabetização em 14 de abril de 1964, apenas cinco dias depois de publicar o Ato Institucional n. 1, que inaugurava a ditadura militar no Brasil.

sociais (os *likes* e os *clickbaits*) e pela crise da imprensa tradicional e da ciência (a dita pós-verdade) (Veras, 2021a).

A campanha midiática contra Paulo Freire e seu método de alfabetização seguia com toda a força nos jornais e na Câmara dos Deputados, denunciando a "cartilha subversiva" de uma prática pedagógica que abolira justamente o uso de cartilhas. Elza Freire voltou primeiro para Recife, depois seguida pelo companheiro, que aguardou o aval dos generais Ernesto Geisel, chefe do Gabinete Militar, e Antônio Carlos Muricy, comandante da 7ª Região Militar, para reencontrar a família com segurança (Haddad, 2019).

Já na capital pernambucana o educador se apresentou voluntariamente à Secretaria de Segurança Pública, onde não havia ordem de prisão (Haddad, 2019), e solicitou a emissão de seu passaporte. A ideia era se refugiar no México, onde o então padre e pensador Ivan Illich esperava recebê-lo; no entanto, o pedido do documento foi negado (Freire, 2017).

Na época, estava em curso o expurgo político batizado pelos golpistas de "Operação Limpeza". A repressão se fundamentava no Ato Institucional publicado em 9 de abril de 1964, que instituía o Estado de exceção. O documento estabelecia em seu sétimo artigo a suspensão por seis meses, isto é, até outubro de 1964, das "garantias constitucionais ou legais de vitaliciedade e estabilidade", do mesmo modo que "investigação sumária" com fins de demissão, suspensão, disposição, aposentadoria, transferência para reserva ou reforma pelo Executivo e seu respectivo nível administrativo (Veras, 2018).

Além das prisões, a Operação Limpeza se constituiu por meio das sindicâncias administrativas, dos inquéritos sumários e dos inquéritos policiais-militares (IPMs) contra civis e militares. Os dois primeiros se fundamentavam naquele Ato Institucional e no Ato do Comando Supremo da Revolução n. 9, de 14 de abril de 1964, que dispunha sobre os artigos sétimo e oitavo, relativos ao trabalho dos "encarregados" de "inquéritos", "processos" e "sindicâncias" (Veras, 2018).

Desse modo, publicou-se a Portaria 259, que previa a "instauração de inquéritos administrativos", e encaminhou-se a todas as universidades brasileiras o Aviso n. 705, de 22 de abril de 1964, que determinava a criação imediata de comissões de "apuração da responsabilidade dos servidores, docentes e administrativos", conforme dispunha o AI-1 (Veras, 2018).

Para tratar do caso, o Conselho Universitário da Universidade do Recife, órgão consultivo e deliberativo da administração da universidade, reuniu-se em 27 de abril de 1964. Em meio a uma campanha de desinformação jornalística (Veras, 2021a), o reitor João Alfredo, presidente do conselho, leu a Portaria n. 16 da UFPE, designando os membros da comissão de apuração de crimes contra a segurança. Conforme as normativas do governo e do MEC, as diligências se deram por meio de "intimações individuais, a fim de que os interessados apresentem defesa num prazo de setenta e duas horas" (Veras, 2018).

A sindicância iniciou seu trabalho na alvorada seguinte, de 28 de abril, com jornadas previstas de segunda a sábado, das oito às dez horas da manhã. O trabalho da comissão seguiu um ritmo célere, tendo em vista a determinação do MEC na Portaria n. 259, de abril de 1964, que previa prazo de trinta dias para remessa do relatório do inquérito. Todo trabalho foi vigiado pelo assessor militar designado pelo Comando do IV Exército, major João Batista Baére de Araújo, oficial depois denunciado por envolvimento com tortura no Projeto Brasil Nunca Mais.[7]

Em texto datilografado destinado ao presidente da comissão e datado de 25 de maio de 1964, o professor Paulo Freire respondeu às indagações da Comissão de Inquérito. As dezoito perguntas apontavam para a responsabilidade jurídica e intelectual

7 Projeto Brasil Nunca Mais: os funcionários, tomo II, v. 3. São Paulo: Arquidiocese de São Paulo, 1985.

do SEC, os parceiros públicos e privados do órgão, a campanha de alfabetização de adultos, práticas de "atividades subversivas ou de propagação de ideias contrárias ao regime democrático" (sobretudo na campanha de alfabetização, na Rádio Universidade e na revista *Estudos Universitários*), o envolvimento em processo da Secretaria de Segurança Pública e do IV Exército e a participação em partido ou agremiação de natureza política. Paulo Freire respondeu às denúncias de "lavador de cérebros" apresentando sua pedagogia democrática e seu trabalho no SEC e no PNA, concluindo com uma defesa da educação popular:

> Ora, um dos objetivos fundamentais de todo o nosso esforço pedagógico era exatamente este. O de contribuir para o desenvolvimento de uma mente democrática, por isso flexível, crítica, plástica, somente como poderia e poderá, ninguém se engane, o homem brasileiro existir na democracia, que, repetimos, antes de ser forma de governo, é forma de vida. É disposição mental. Todo o nosso empenho era o da superação das posições emocionais puramente instintivas, pelas críticas. Era pôr o homem diante das mudanças, capaz de optar. Instrumentalizá-lo para esta opção. Jamais doutriná-lo, porque então assim não optaria. Seria domesticado. Massificado. Seria objeto e não sujeito. E a isto se chamou de "lavagem cerebral" [...]. E há quem diga que não adianta alfabetizarmos esses trinta e seis milhões de brasileiros, porque talvez "papagaio velho não aprende a ler". Como se estas legiões de analfabetos não constituíssem, para nós, seus irmãos letrados, uma prova de nosso desamor. De nossa incúria. De nosso fracasso [...]. Nunca pretendemos ser os donos da alfabetização nacional. Há analfabetos demais... Se tudo o que dissemos em nossa defesa pessoal e na defesa do SEC, a ninguém convencer, paciência. Salvem-se, porém, os analfabetos.[8]

8 Inquérito da Universidade do Recife na íntegra. Recife, 1964.

Sob protesto de jornalistas conservadores e do sociólogo Gilberto Freyre, o relatório final da comissão de sindicância não apresentou nenhuma denúncia contra os professores e administrativos da Universidade do Recife. Essa decisão intensificou a campanha contra o reitor João Alfredo, que renunciaria diante da forte pressão (Veras, 2021a). Em resposta, a Secretaria de Segurança Pública de Pernambuco solicitou, em 29 de maio de 1964, a suspensão dos direitos políticos de Paulo Freire (Freire, 2017).

Semanas mais tarde, em 16 de junho, batidas fortes ecoaram na porta da casa localizada na rua Alfredo Coutinho, 79, no bairro recifense de Casa Forte. Eram dois policiais. Depois de acalmar a família, Paulo Freire seguiu com os agentes de segurança. De lá foram para a Secretaria de Segurança Pública e depois para a Companhia de Guarda do Exército, onde teve pela primeira vez a prisão decretada (Freire, 2017; Haddad, 2019).

Enquanto estava preso, Paulo Freire foi interrogado, como parte do IPM da Universidade do Recife, pelo tenente-coronel Hélio Ibiapina Lima. O oficial superior torturou o dirigente comunista Gregório Bezerra em praça pública, em 1º de abril de 1964, e foi identificado em 2014 pela Comissão Nacional da Verdade como "um dos principais responsáveis pelas graves violações aos direitos humanos perpetradas, depois do golpe de Estado, contra grande número de presos políticos em Pernambuco".[9]

Com base no Código de Justiça Militar (CJM) e na Lei de Segurança (Lei 1.802, de 5 de janeiro de 1953), depois Lei de Segurança Nacional (Decreto-Lei 314, de março de 1967, e Decreto-Lei 898, de 29 de setembro de 1969), o IPM visava disciplinar e enrijecer os trabalhos das sindicâncias e da comissão sumária. Desde o começo, essas comissões foram dominadas pelos mili-

9 Comissão Nacional da Verdade, v. 1. Brasília: CNV, 2014, p. 865.

tares linha-dura,[10] como aquele oficial superior. O IPM da Universidade do Recife apenas seria arquivado em 1967, depois de decisão unânime do Supremo Tribunal Militar (Veras, 2018).

Não obstante a agressividade do interrogador, Paulo Freire respondeu com inteligência às perguntas sobre educação e política, aproveitando mais uma vez para apresentar sua nascente pedagogia, fundamentada no diálogo e na promoção da cidadania. Em relatório de 18 de outubro de 1964, o tenente-coronel Ibiapina declararia culpado o dito "criptocomunista encapuçado [sic] sob a forma de alfabetizador" (Freire, 2019, p. 174; Haddad, 2019).

Passados vinte dias de detenção, em 3 de julho, os militares soltaram Paulo Freire. À recepção alegre de familiares e amigos sucedeu uma nova prisão, na jornada seguinte de 4 de julho. As detenções ilegais, os interrogatórios e a estrutura prisional precária e superlotada revelavam ao educador um regime que aprofundara a violação sistemática dos direitos humanos.

Naquela nova temporada na prisão, Paulo Freire foi submetido a pelo menos quatro dias de interrogatório: "subversivo internacional"; "traidor de Cristo e do povo brasileiro"; "Nega o senhor — perguntava um dos juízes — que seu método é semelhante ao de Stálin, Hitler, Perón e Mussolini? Nega o senhor

10 Expressão utilizada para chamar os militares e os civis normalmente ligados aos órgãos de vigilância e repressão, às posições políticas radicais de extrema direita e fascistas e aos expurgos políticos e socioculturais. O termo remete igualmente àqueles militares que não compunham a ala mais liberal do regime, ditos "moderados", "castelistas" ou do "grupo da Sorbonne" (estes dois últimos em alusão ao general presidente Castelo Branco e à Escola Superior de Guerra). Essa fração se organizava como grupo de pressão que reivindicava o aprofundamento da ditadura militar e das operações de repressão "anticomunistas" contra a "subversão" e a "corrupção". A historiografia mais recente tem mostrado o quanto as fronteiras políticas entre "moderados" e "radicais" eram tênues e, por vezes, complementares (Veras, 2018).

que com seu pretendido método o que quer é tornar bolchevique o país?" (Freire, 1979, p. 10).

Noutra ocasião, enquanto engolia uma "comida horrível",

> alguns de nós estavam em silêncio, outros conversavam. Então, um policial entrou na cela e perguntou: "Quem é Paulo Freire?". Respondi "presente", como um aluno de escola. Então ele disse: "Gosto de presos como você, com um bom sentido de obediência. Pegue suas coisas e venha comigo". Eu perguntei: "Onde?". Mas ele só respondeu: "Você vai saber quando chegar lá". (Freire & Shor, 1986, p. 78)

O policial e o educador partiram num jipe em velocidade, e o medo começava a tomar seu corpo. Em silêncio, ele se perguntava: "Onde estou indo agora? Qual é meu destino? Estou indo para um lugar do qual possa voltar? Como avisar Elza que estou sendo removido?" (Freire & Shor, 1986, p. 78). Foram horas de terror, que o ensinaram a controlar seu assombro para não ser destruído pelas emoções.

Ao chegar a outro quartel do Exército, os militares o jogaram numa cela minúscula de "1,70 m de fundo por 70 cm de largura, sem janelas", onde passou pelo menos um dia e uma noite. Apesar de reconhecer o Regimento de Obuses, em Olinda, foi preciso coragem para controlar a claustrofobia. Em sua agonia, Paulo Freire escutou a voz de um sargento que o observava, solitário:

> Professor, eu sei quem você é [...]. Não fique em pé ou sentado durante muito tempo. Você deve andar dentro da cela. Cada hora [...] chame por mim ou qualquer outra pessoa que esteja de guarda e diga que tem que ir ao banheiro, mesmo que não tenha necessidade, só para sair, e não se apresse em voltar. (Freire & Shor, 1986, p. 79)

O conselho do praça ajudou Paulo Freire a lidar com o encarceramento de modo que não se tornasse, também, prisioneiro do medo. Transferido para uma cela mais espaçosa, na enfermaria dos oficiais, um jovem tenente se aproximou da cela:

> "Professor, vim conversar com o senhor porque agora nós vamos receber um grupo de recrutas e, entre eles, há uma quantidade enorme de analfabetos. Por que o senhor não aproveita sua passagem por aqui e ajuda a gente a alfabetizar esses rapazes?". Ao que Paulo respondeu, surpreso com a ingenuidade do rapaz: "Mas, meu querido tenente, estou preso exatamente por causa disso! Está havendo uma irracionalidade enorme no país hoje, e se o senhor falar nessa história de que vai convidar o Paulo Freire para alfabetizar os recrutas, o senhor vai para a cadeia também. Não dá!". (Haddad, 2019, p. 20)

Indignado, mas sem perder a esperança, Paulo Freire pôde estreitar a amizade com outros companheiros de cela, como Clodomir Morais, militante comunista, deputado estadual e líder da Liga Camponesa; Pelópidas Silveira, professor e prefeito do Recife; e com Rui João Marques, médico e professor da Universidade do Recife (Freire, 2019). Toda aquela violação e privação de sua humanidade e de sua liberdade, dessa vez por cinquenta dias, aguçou em Paulo Freire o senso de justiça social e a convicção no poder transformador da educação e da cultura.

Enquanto amargava essa temporada na prisão, permaneciam em curso os Inquéritos Sumários do IPM Geral de "crimes políticos", cujo objetivo era investigar sumariamente crimes de "corrupção" e de "subversão", e demais IPMs sob controle da caserna. O governo golpista nomeou o general Estevão Taurino Resende para coordenar o IPM Geral, que, a partir de 27 de abril de 1964, ganhou estatuto de órgão sob o nome de Comissão Geral de Investigações (CGI) (Veras, 2018).

Entre abril e outubro de 1964, a CGI publicou várias listas expurgando centenas de servidores públicos. Paulo Freire e outros trabalhadores da Universidade do Recife foram atin-

Tabela 1 — Membros da Universidade do Recife punidos pelo Inquérito Sumário da CGI

Aposentados	Amaro Soares Quintas (preso), Amaury Vasconcelos, Antonio Bezerra Baltar, Arnaldo Cavalcanti Marques (preso), Arthur Eduardo de Oliveira, João Alfredo Gonçalves da Costa Lima, Jomard Muniz de Brito (preso), José Laurenio de Mello, Luiz da França Costa Lima, *Paulo Reglus Neves Freire* (preso), Pelópidas da Silveira
Demitidos	Juraci da Costa Andrade, Luiz de França Costa Lima, *Paulo Reglus Neves Freire*
Dispensados	Amaro Carneiro da Silva, Miriam Campelo, Paulo Pacheco da Silva, Roberto Morais Coutinho
Exonerado	Newton da Silva Maia

gidos pela última lista publicada em outubro de 1964, nas vésperas do encerramento do prazo estabelecido pelo sétimo artigo do Ato Institucional, assim concretizando o expurgo evitado pela comissão de sindicância nomeada pelo reitor João Alfredo. A tabela 1 (Brayner & Barbosa, 2017, p. 227) lista os punidos da universidade.[11]

O episódio motivou, durante a 17ª sessão do Conselho Universitário, de 27 de outubro de 1964, a homenagem do professor Fernando Menezes aos professores João Alfredo, Pelópidas Silveira, Newton Maia (professor emérito) e Antônio Baltar.

11 Paulo Freire e outros servidores aparecem mais de uma vez devido ao vínculo com mais de uma das unidades da Universidade do Recife, como professor e técnico-administrativo, possível na época.

Em seguida, o mesmo conselheiro saudou em seu nome o ex--professor Paulo Freire e o assistente Jomard Muniz de Brito. Por conseguinte, o conselheiro Nilo Pereira saudou o professor Amaro Quintas, acompanhado pela manifestação de solidariedade dos professores conselheiros Francisco Gondim, Abgar Soriano, Lourival Vilanova, Arnaldo Caldas e Hermínio Bulhões e pelo estudante Aguinaldo Agra, presidente do Diretório Central dos Estudantes. O reitor Murilo Guimarães não se manifestou na ocasião, mas o vice-reitor, Jônio Pereira de Lemos, se associou aos tributos, lendo a mensagem do professor Antonio Baltar, que denunciava um "sistema de apuração de culpas alheio às lições da carta dos direitos humanos".[12]

Acossado, Paulo Freire viajou ao Rio de Janeiro em setembro de 1964 para depor no IPM do Instituto Superior de Estudos Brasileiros (Iseb), instituição cultural de ensino e de pesquisa criada em 1955 para subsidiar um projeto de desenvolvimento nacional e extinta pela ditadura militar em 13 de abril de 1964 (Decreto 53.884) (Veras, 2012).

Com passagens de ida e volta compradas, o educador resistia aos apelos da esposa e de amigos para deixar o Brasil. Entretanto, a pressão policial e militar e a ameaça de prisão fizeram com que o educador aceitasse o conselho de companheiros como Alceu Amoroso Lima, intelectual católico mais conhecido como Tristão de Ataíde, que intermediou sem sucesso seu asilo na embaixada do Chile e, em seguida, o bem-sucedido refúgio na embaixada da Bolívia.

Em 24 de setembro, o educador se asilou na embaixada, seguido do casal Gilberto Ornelo de Azevedo e Maria Madalena

12 *Ata do Conselho Universitário*, 17ª sessão, Universidade do Recife, 23 out. 1964.

Lacerda de Azevedo.[13] Lá permaneceu confinado por mais de um mês, recebendo o apoio de familiares, amigos e amigas, como o colega de turma da Faculdade de Direito do Recife, Odilon Ribeiro Coutinho, até receber o salvo-conduto e partir para um exílio de quase dezesseis anos.

Findava-se o tempo fundante do Recife e começava o tempo do exílio. Na passagem por Bolívia e Chile, Paulo Freire pôde sintetizar teoricamente a práxis da educação popular iniciada nos mocambos do Recife e levada aos quatros cantos do Brasil e do mundo, ao lado dos movimentos de educação e cultura popular e de países recém-libertos dos grilhões coloniais.

Na estrada, em hotéis e assentamentos da reforma agrária chilenos, Freire redigiria sua obra-prima, *Pedagogia do oprimido* (1968), semeando uma proposta pedagógica sobre a relação dialética entre raiva e amor para esperançar em tempos de barbárie: "Está errada a educação que não reconhece na justa raiva, na raiva que protesta contra as injustiças, contra a deslealdade, contra o desamor, contra a exploração e a violência um papel altamente formador". Isto é, "assumir-se como ser social e histórico, como ser pensante, comunicante, transformador, criador, realizador de sonhos, capaz de ter raiva porque capaz de amar" (Freire, 1996, p. 40-1).

13 "Paulo Freire pede asilo à embaixada da Bolívia no Rio", *Diário de Pernambuco*, 25 set. 1964.

REFERÊNCIAS

BRAYNER, Nadja Maria Miranda & BARBOSA, Maria do Socorro Ferraz. "Graves violações dos direitos humanos nos meios educacionais culturais", *Pernambuco. Comissão Estadual de Memória e Verdade Dom Hélder Câmara: relatório final*, v. 2. Recife: Cepe, 2017.

DREIFUSS, René Armand. *1964: a conquista do Estado. Ação política, poder e golpe de classe.* 2ª ed. Vozes: Petrópolis, 1981.

FREIRE, Ana Maria Araújo. *Paulo Freire: uma história de vida.* 2ª ed. Rio de Janeiro/São Paulo: Paz e Terra, 2017.

FREIRE, Paulo. *Conscientização: teoria e prática da libertação. Uma introdução ao pensamento de Paulo Freire.* São Paulo: Cortez & Moraes, 1979.

FREIRE, Paulo. *Ação cultural para a liberdade.* 6ª ed. Rio de Janeiro: Paz e Terra, 1982.

FREIRE, Paulo. *Pedagogia do oprimido.* 17ª ed. Rio de Janeiro: Paz e Terra, 1987.

FREIRE, Paulo. *A importância do ato de ler: em três artigos que se completam.* São Paulo: Autores Associados/Cortez, 1989.

FREIRE, Paulo. *Pedagogia da autonomia: saberes necessários à prática educativa.* São Paulo: Paz e Terra, 1996.

FREIRE, Paulo. *Pedagogia da indignação: cartas pedagógicas e outros escritos.* São Paulo: Unesp, 2000.

FREIRE, Paulo. *Pedagogia da esperança: um reencontro com a pedagogia do oprimido*. 26ª ed. Rio de Janeiro: Paz e Terra, 2019.

FREIRE, Paulo & SHOR, Ira. *Medo e ousadia: o cotidiano do professor*. Rio de Janeiro: Paz e Terra, 1986.

HADDAD, Sérgio. *O educador: um perfil de Paulo Freire.* São Paulo: Todavia, 2019.

SANTOS, Carolina Ávila dos Anjos. *Representações de Paulo Freire na imprensa brasileira: a campanha jornalística contra Paulo Freire nos anos de golpe e de ditadura militar no brasil (1963-1968).* Relatório final Pibic. Recife: IFPE, 2021.

SOUZA, Maria Inêz Salgado de. *O Ipes e a política educacional após 1964*. Vozes: Petrópolis, 1981.

TELES, Edson & SAFATLE, Vladimir. *O que resta da ditadura: a exceção brasileira*. São Paulo: Boitempo, 2010.

TRINDADE, Solano. *Poemas antológicos*. São Paulo: Nova Alexandria, 2011.

VERAS, Dimas Brasileiro. *Sociabilidades letradas no Recife: a revista Estudos Universitários (1962-1964)*. Recife: UFPE, 2012.

VERAS, Dimas Brasileiro. *Palácios cariados: a elite universitária e a ditadura militar — o caso da Universidade Federal de Pernambuco (1964-1975)*. Tese (Doutorado em História). Recife: Universidade Federal de Pernambuco, 2018.

VERAS, Dimas Brasileiro. "A queda do reitor João Alfredo: ação midiática conservadora e a repressão aos dirigentes universitários no Golpe de 1964", *Topoi. Revista de História*, v. 22, n. 46, jan.-abr. 2021a.

VERAS, Dimas Brasileiro. "Paulo Freire em seu tempo fundante: o Serviço de Extensão Cultural (SEC)". *In*: SANTIAGO, Eliete & BATISTA NETO, José (org.). *Olhares sobre Paulo Freire: vida, história e atualidades*. Recife: Cepe, 2021b.

Jacques Chonchol * Dirigente da reforma agrária chilena ocorrida entre 1967 e 1973, Chonchol nasceu em 26 de março de 1926. Formou-se agrônomo. Foi diretor do Instituto Nacional de Desenvolvimento Agropecuário (Indap) durante o governo de Eduardo Frei Montalva (1965-1970) e ministro da Agricultura no governo de Salvador Allende (1970-1973). Acolheu Paulo Freire em seu exílio em Santiago de 1964 a 1969, e se tornaram grandes amigos. Freire presenteou Chonchol com o manuscrito original de *Pedagogia do oprimido*, documento que permaneceu preservado e protegido quando o próprio Chonchol esteve exilado na França, durante a ditadura chilena (1973-1990).

PAULO FREIRE E SUA AÇÃO NO CHILE

Jacques Chonchol

TRADUÇÃO Joana Salém Vasconcelos

Antes de chegar ao Chile, Paulo Freire havia trabalhado como educador, no Nordeste do Brasil. No Recife dos anos 1960, desenvolveu seu método de alfabetização popular. Em seguida, foi convidado por Paulo de Tarso Santos, ministro da Educação de João Goulart, para trabalhar no governo. Reencontrou-se com Paulo de Tarso no exílio chileno. O método educacional de Freire era a *alfabetização conscientizadora*. Como consequência do golpe militar no Brasil, em 1964, numerosos intelectuais brasileiros se viram obrigados a expatriar-se, e vários deles chegaram ao Chile, onde colaboraram com o governo de Eduardo Frei Montalva (1964-1970). Quando Paulo chegou a Santiago, em 1964, depois de uma breve estadia na Bolívia, vários exilados brasileiros que o conheciam já trabalhavam no setor agrário e me apresentaram a ele. Sendo eu diretor executivo do Instituto de Desenvolvimento Agropecuário (Indap), me recomendaram contar com sua colaboração. Entre eles se encontrava o próprio Paulo de Tarso, junto com Almino Affonso, Plínio de Arruda Sampaio e vários outros. Assim, no começo Freire trabalhou no Indap e, posteriormente, no Ministério da Educação do Chile e em vários organismos da reforma agrária: a Corporação de Reforma Agrária (Cora), o Instituto de Capacitação e Investigação para Reforma Agrária (Icira), o Serviço Agrícola Pecuário (SAG) e diversos departamentos sindicais camponeses, à medida que se desenvolveu a nova Lei de Sindicalização Camponesa.

Em 1968, Freire foi convidado a lecionar na Universidade Harvard, nos Estados Unidos e, em seguida, a dirigir o Departamento de Educação do Conselho Mundial de Igrejas, em Genebra. A partir dali, trabalhou com numerosos países africanos (Cabo Verde, Angola, Guiné-Bissau). Só pôde voltar ao Brasil em 1980, quando as condições políticas tinham mudado.

Durante sua estadia de quatro anos no Chile, Freire publicou numerosos livros e artigos sobre educação de adultos. Os principais deles foram *Educação como prática da liberdade* (1967), *Extensão ou comunicação: a conscientização no meio rural* (1968) e *Pedagogia do oprimido* (1968), sua obra-prima.

O TRABALHO DE FREIRE NO MINISTÉRIO DA EDUCAÇÃO DO CHILE

No Chile, o Ministério da Educação se interessou por seu método de alfabetização de adultos com palavras geradoras. Eram escolhidas algumas imagens de objetos, como "tijolo" (*ladrillo*), por exemplo, e se organizava um diálogo sobre seu significado. Entre 1965 e 1967, foram feitas *láminas* (transparências e slides) com objetos do cotidiano dos camponeses, e um conjunto desses materiais era entregue a cada alfabetizador. Em círculos de cultura, começava uma conversa sobre seu conteúdo e suas relações com a rotina daqueles que estavam se alfabetizando. Desse modo, alfabetizavam-se por meio de diálogos a respeito das concepções de ser humano, cultura e trabalho.

O passo seguinte para desenvolver a alfabetização era a construção de um universo vocabular com palavras geradoras. O objetivo do método freiriano era a conceitualização através de exercícios de leitura-escritura. O método não só servia para aprender a ler, mas também para refletir sobre a realidade. Eram projetados slides com situações existenciais, que continham a imagem e a palavra, para a partir delas iniciar um diálogo reflexivo. A ação de alfabetizar era feita nos territórios onde as pessoas trabalhadoras viviam, nas sedes de instituições sociais, nos sindicatos, nos centros de reunião dos assentamentos, em centros populares camponeses e urbanos.

ALFABETIZAÇÃO CAMPONESA NA CORPORAÇÃO DE REFORMA AGRÁRIA

Nos latifúndios ou fazendas expropriadas pela Lei de Reforma Agrária (16.640 de 1967), o organismo expropriador (Cora) estabelecia assentamentos, a primeira etapa da reforma, com duração prevista de três a cinco anos. Era necessário organizar a exploração coletiva da terra pelos camponeses, com ajuda dos técnicos da Cora, do SAG, do banco estatal e do Indap. Essa fase de propriedade coletiva da reforma agrária servia para manter e aumentar a produção, fazer melhorias necessárias nos cultivos, construir infraestrutura para um crescimento produtivo e para melhorar as condições de vida dos camponeses.

Nesse processo, também foram criados cursos de capacitação camponesa aos beneficiários da reforma, que auxiliavam nas relações entre o assentamento e organismos externos, como bancos, empresas de máquinas e ferramentas, os mercados de venda e troca de produtos. Essa capacitação era indispensável, pois, mesmo que os camponeses soubessem muito bem como cultivar a terra, não tinham nenhuma experiência de relações externas à propriedade. Depois da fase inicial do assentamento, a Lei de Reforma Agrária determinava a titulação definitiva da terra aos camponeses, fosse em propriedades individuais (indivisíveis por herança, para evitar o minifúndio), fosse em cooperativas coletivas de produção ou de comercialização.

A EDUCAÇÃO PARA O SINDICALISMO CAMPONÊS

Junto com a Lei de Reforma Agrária, sob o governo de Eduardo Frei foi aprovada e implementada a Lei de Sindicalização Camponesa (16.625 de 1967), cujo objetivo era facilitar e acelerar a sindicalização dos trabalhadores agrícolas, que até aquele momento era muito limitada.[1] Com a nova lei, era possível constituir sindicatos comunais com um mínimo de cem trabalhadores e, em certos casos, um número menor. Em cada comuna (unidade territorial chilena equivalente a um município no Brasil), poderiam existir vários sindicatos e muitos trabalhadores interessados em constituí-los. Ademais, era possível agrupar sindicatos comunais em federações provinciais, e estas em confederações sindicais camponesas em nível nacional. A estrutura desses sindicatos era financiada, pela lei, com contribuição equivalente de trabalhadores e patrões. No desenvolvimento do sindicalismo agrário, deviam participar

1 Em 1965, existiam cerca de dois mil camponeses chilenos sindicalizados, apenas. Em 1973, antes do golpe militar, eram mais de 310 mil, fruto da lei de sindicalização camponesa. [N.T.]

funcionários do Indap e do Fundo de Educação e Extensão Sindical (Fees) e os trabalhadores rurais. Para isso, era sumamente necessário desenvolver uma capacitação alfabetizadora aos camponeses. Aqui, novamente, os métodos de Paulo Freire tiveram uma participação fundamental, com grande enraizamento.

AÇÃO CULTURAL NO INDAP: ORGANIZAÇÃO E CONSCIENTIZAÇÃO COM TEMAS GERADORES

O Indap, organismo que dirigi entre fins de 1964 e 1968, tinha por missão principal apoiar e organizar os pequenos agricultores independentes, fossem eles proprietários, arrendatários ou ocupantes de terras, com o fim de melhorar suas condições de produção e de vida, assim como viabilizar a comercialização de seus produtos. Organizamos Comitês de Pequenos Agricultores nas regiões onde os pequenos camponeses eram numerosos. Muitos dos comitês se transformaram depois em Cooperativas Camponesas.

As equipes do Indap eram formadas por engenheiros agrônomos, veterinários, sociólogos rurais, educadores, práticos agrícolas (técnicos extensionistas) e outros. Operavam com métodos específicos, mobilizando e capacitando os pequenos agricultores, posteriormente organizados em sindicatos, cooperativas camponesas e comitês de pequenos agricultores. Para proceder com os cursos, contávamos com centros de capacitação, círculos de cultura e métodos pedagógicos propostos por Paulo Freire.

O trabalho com grupos camponeses tinha, primeiro, uma fase de observação e investigação, na qual atuavam grupos interdisciplinares (formados por sociólogos, agrônomos, veterinários, educadores, técnicos agrícolas e outros), que por meio de reuniões com camponeses estudavam sua realidade. Participavam também pintores, que faziam desenhos sobre a vida rural em seus diversos aspectos, para serem usados como imagens geradoras. Eram feitos quadros em slides, projetados e analisados, para conhecermos a vida rural e os principais aspectos de cada comunidade popular.

Em todo esse trabalho, contou-se constantemente com a cooperação e a orientação de Paulo Freire e seus métodos de trabalho. Paulo, além de escrever vários livros, artigos e orientações aos funcionários dos organismos da reforma agrária, participou ativamente das discussões e da organização dos camponeses no Chile. Centenas de chilenos se recordam da influente presença de Freire em nosso país nos anos 1960, com quem aprenderam muito. Até hoje, fazem dele uma referência para sua pedagogia.

—

COMENTÁRIO SOBRE FREIRE, CHONCHOL E A REFORMA AGRÁRIA NO CHILE

Joana Salém Vasconcelos

Em 2011, comecei uma longa conversa com Jacques Chonchol, que se desenvolveu por mais de uma década. Nesse período, eu o entrevistei oito ou nove vezes em sua casa em Santiago do Chile e recebi de suas mãos materiais preciosos para minhas pesquisas de mestrado e doutorado sobre as reformas agrárias da América Latina nas décadas de 1950 a 1970.[2] Com sua ajuda inestimável, aprofundei minha compreensão sobre as experiências de reforma agrária em Cuba e no Chile, os diferentes paradigmas agrários em disputa, as tensões entre propriedades individuais e coletivas, os desafios da produtividade agrícola baseada em novas relações sociais de produção no decurso dinâmico das transformações agrárias e a intensidade das lutas de classes entre camponeses, assalariados rurais e os poderosos latifundiários do nosso continente.

Foi conversando com Chonchol em abril de 2016 que percebi a importância da ação cultural de Paulo Freire para a economia da reforma agrária no Chile, durante seu exílio no país, de 1964 a 1969. Na área da história econômica (na qual me encontro), a aparição de Freire como protagonista de um processo de mudança econômica não era, digamos, óbvia. Economistas e historiadores econômicos "convencionais" eventualmente problema-

2 O resultado dessas pesquisas pode ser encontrado em livros e artigos disponíveis em: fflch.academia.edu/JoanaSalemVasconcelos/.

tizam essa possibilidade. Contudo, quanto mais conversava com Chonchol e investigava os arquivos da história agrária chilena, mais me convencia de que a ação cultural freiriana se tornou, naquele contexto, uma estratégia pedagógica para a transformação econômica da agricultura.

No Chile, Freire aprimorou seu sistema pedagógico desenvolvido no Brasil, aproveitando uma conjuntura muito mais favorável às mudanças estruturais. O sistema freiriano impulsionava a transição das subjetividades populares, que passavam de um cenário de subordinação e silenciamento a uma nova situação de emancipação social, protagonismo econômico e poder popular. Para o campesinato chileno dos anos 1960, a transição das subjetividades trabalhadoras era um requisito indispensável à criação de uma nova economia.

Nesse sentido, o sistema freiriano se tornou uma ação cultural para a mudança das estruturas produtivas. Para especificar essa relação dialética entre economia e cultura, que Emília Viotti sinalizou como "dialética invertida" em seu diálogo com os marxismos, desenvolvi em minha pesquisa o conceito de "subjetividades produtivas" (Vasconcelos, 2020). Por meio dele, indaguei, entre outras tensões, como os sentimentos, as percepções e as compreensões diversas da subjetividade camponesa durante a reforma agrária chilena ativavam agências e expectativas populares comprometidas com diferentes configurações da produção agrícola: propriedades individuais ou coletivas; remuneração do trabalho por tarefa ou por tempo; decisões econômicas tomadas em assembleia ou pela direção de assentamento; novas hierarquias entre as classes trabalhadoras do campo.

Ao imergir na história da atuação de Paulo Freire na reforma agrária chilena, identifiquei empiricamente como operava o caráter estruturante da cultura nas relações sociais de produção, trabalho e propriedade, bem como nas possibilidades subjetivas de inovações técnicas das forças produtivas. Afinal, como resumiu Thompson (2001, p. 258-9): "sem cultura, não há produção". Com documentos de arquivo, analisei detalhadamente a participação de Paulo Freire na reforma agrária chilena e as amplas implicações da sua pedagogia nas transformações agrárias, em três capítulos da minha tese de doutorado. Sempre com essa perspectiva teórico-metodológica: quais elementos da economia política da reforma agrária podiam ser movimentados pelas pedagogias freirianas na agricultura chilena, postas em prática por milhares de equipes de ação cultural, em campo, no decurso de profundas mudanças estruturais?

Durante a investigação, identifiquei a socióloga rural brasileira Maria Edy Ferreira como uma protagonista das pedagogias freirianas para a reforma agrária no Chile e de métodos experimentais que levavam o diálogo freiriano, em alguns casos, para além do concebido pelo próprio Freire. Casada com Jacques Chonchol desde os anos 1950, Maria Edy Ferreira faleceu em julho de 2011, uma semana depois que entrevistei seu companheiro pela primeira vez em Santiago.

Em novembro de 1964, Paulo Freire conheceu Maria Edy e Jacques Chonchol, com quem desenvolveu uma forte amizade. Chonchol, enquanto diretor do Instituto de Desenvolvimento Agropecuário (Indap) do governo de Eduardo Frei Montalva (1965-1970), abriu caminho para a primeira contratação de Freire no exílio e a consequente implementação do sistema de alfabetização freiriano nos territórios da reforma agrária — formulada e conduzida pelo próprio Chonchol entre 1964 e 1973. Como apresentei na minha tese, as propriedades latifundiárias expropriadas pela reforma agrária chilena, mais de nove milhões de hectares transformados em assentamentos, tornaram-se territórios de experimentação da pedagogia freiriana. Mas não só: sua pedagogia alcançou também os comitês de pequenos camponeses (pequenos produtores fora dos assentamentos) e os sindicatos camponeses no interior de latifúndios ainda não afetados pela reforma.

As pesquisas em campo de Maria Edy foram invisivelmente determinantes para a formulação de *Pedagogia do oprimido* (Vasconcelos, 2021). Ela investigou, em pelo menos dois trabalhos empíricos feitos entre 1965 e 1969, a dinâmica das hierarquias sociais do campesinato durante o processo de reforma agrária e sinalizou as relações entre as expectativas subjetivas do campesinato, suas aspirações e desejos e os destinos econômicos do processo de mudança. Foi também ela que estendeu o sistema Paulo Freire por caminhos experimentais inéditos, usando as metodologias dialógicas e a pesquisa popular para o desenvolvimento de diagnósticos territoriais rurais elaborados por coletivos camponeses. O "método de programação camponesa", como foi chamado pela equipe de Maria Edy, evidenciava os limites do diálogo freiriano e a necessidade de criação de ferramentas de poder camponês efetivo em seus territórios, o que culminou com os Conselhos Comunais Camponeses implementados por Jacques Chonchol em dezembro de 1970, em seu primeiro mês à frente do Ministério da Agricultura, no governo Salvador Allende.

Ter trazido Chonchol ao maior centenário freiriano comemorado em 2021 foi uma grande conquista para nosso curso. Chonchol conectou histórias e memórias, expandindo a compreensão contextual chilena da formulação da pedagogia do oprimido ao participar de um grande evento de educação popular. Foi uma bonita homenagem à amizade entre Chonchol e Freire, que completou seu ciclo em um diálogo de larga escala, com dezenas de milhares de brasileiros. Agradeço a ele por tudo.

THOMPSON, Edward P. “Folclore, antropologia e história social”. Trad. Antonio Luigi Negro. *In*: THOMPSON, Edward P. *As peculiaridades dos ingleses e outros artigos.* Campinas: Unicamp, 2001.

VASCONCELOS, Joana Salém. *“O lápis é mais pesado que a enxada”: reforma agrária no Chile e pedagogias camponesas para transformação econômica (1955-1973)*. Tese (Doutorado em História Econômica). São Paulo: Universidade de São Paulo, 2020.

VASCONCELOS, Joana Salém. “*Pedagogia do oprimido*: documento da reforma agrária no Chile”, *Comunicação & Educação*, v. 26, n. 2, 2021, p. 89-105.

Ednéia Gonçalves * Coordenadora adjunta da ONG Ação Educativa, educadora popular e socióloga, tem longa experiência com Educação de Jovens e Adultos (EJA), educação antirracista e gênero. Coordena projetos de cooperação técnica internacional em países africanos lusófonos. E-mail: edneiagoncalvess@gmail.com.

SÃO TOMÉ E PRÍNCIPE: DIÁLOGOS ENTRE PAULO FREIRE E ALDA DO ESPÍRITO SANTO

Ednéia Gonçalves

> O uso que Paulo Freire dá aos termos "opressão" e "oprimido" evoca desigualdades interseccionais de classe, raça, etnia, idade, religião e cidadania. Por essa escolha de palavras, ele vincula as necessidades das pessoas oprimidas aos apelos em favor da justiça social. No contexto dos eufemismos contemporâneos — como pessoas "privadas de direitos", "desfavorecidas", "sexuadas", "marginalizadas" e similares —, sua linguagem pode parecer ousada e direta. Assim como "discriminação racial" e "perfilamento racial" descrevem um mesmo comportamento, os termos em si podem ter um significado diferente. A palavra "opressão" pode estar fora de moda, mas as condições sociais que ela descreve não.
>
> — Patricia Hill Collins & Sirma Bilge, *Interseccionalidade*

Em 1984, aos dezenove anos, estreei na educação como "monitora de alfabetização de adultos" da Prefeitura de São Paulo, assumindo uma sala de aula com quarenta estudantes residentes no conjunto habitacional Pró-Morar Rio Claro, na periferia da zona leste da cidade. Paulo Freire, na ocasião atuando no projeto Vereda,[1] foi um de meus primeiros formadores, mas aquela iniciante alfabetizadora de quarenta anos atrás não vislumbrava o quanto esse encontro ecoaria em sua trajetória pessoal e profissional de educadora.

Reencontro os ensinamentos de Paulo Freire e o aprendizado dessa primeira vivência em vários momentos de minha formação como educadora popular, mas a experiência que tive no continente africano, especialmente em São Tomé e Príncipe, é especialíssima, em aspectos que extrapolam minha história profissional.

Em 2004, recém-contratada pela Unesco para atuar na ONG AlfaSol (Alfabetização Solidária),[2] assumi a coordenação técnica de um Projeto de Cooperação Técnica Internacional na área de alfabetização de pessoas jovens e adultas, estabelecido em 2001 entre o Ministério de Relações Exteriores do Brasil (executado pela AlfaSol) e o Ministério da Educação de São Tomé e Príncipe (executado pela Direção de Jovens e Adultos).

Identificada com os fundamentos da cooperação sul-sul, da educação popular e do movimento negro brasileiro, desenvolvi meu trabalho de 2004 a 2012 pautada no reconhecimento da existência, no continente africano, de saberes complexos e relevantes no campo da educação escolar, com possibilidade de trocas e articulações potentes na área de Educação de Jovens e Adultos (EJA) entre o Brasil e São Tomé e Príncipe. Esse ponto

1 O Vereda — Centro de Estudos em Educação foi criado em 1982 por um grupo de educadores reunidos em torno das ideias de Paulo Freire, quando de sua volta ao Brasil, vindo do exílio.

2 A AlfaSol (Alfabetização Solidária) é uma organização da sociedade civil, sem fins lucrativos, fundada em 1996, que adotava um modelo de articulação de parcerias entre vários segmentos da sociedade para contribuir na redução do analfabetismo no Brasil e no mundo.

de partida inspirou ainda ações em Moçambique e Cabo Verde, onde também atuei.

A forma horizontalizada de partilhar saberes e construir aprendizados relevantes para os dois países permitiu reunir uma incrível equipe de pesquisadoras brasileiras, dispostas a articular suas experiências aos conhecimentos da equipe técnica da Direção de Educação de Adultos do Ministério da Educação de São Tomé e Príncipe, que imediatamente acolheu nossa proposta de trabalho.

DO BRASIL PARA SÃO TOMÉ E PRÍNCIPE: O OUTRO LADO DA CANOA

> Mas nós queremos ainda uma coisa mais bela
> Queremos unir nossas mãos milenárias,
> Das docas dos guindastes
> Das roças, das praias
> Numa liga grande, comprida
> Dum polo a outro da terra
> P'los sonhos dos nossos filhos
> Para nos situarmos todos do mesmo lado da canoa
> — Alda do Espírito Santo, *É nosso o solo sagrado da terra*

Cheguei a São Tomé e Príncipe em 2004, carregando a profunda admiração pela história do país e por uma autoridade específica: dona Alda do Espírito Santo, personagem central da independência, ex-ministra da Educação, autora do hino nacional e uma das maiores poetas africanas e do mundo (sobretudo do meu mundo). Em 2005, tive a oportunidade de finalmente conhecer dona Alda, que generosamente se dispôs a me receber, ao lado da especialista Ana Lúcia Silva Souza (Universidade Federal da Bahia — UFBA) e Lorita Weschenfelder (Universidade de Passo Fundo — UPF), na sede da União de Escritores e Artistas de São Tomé e Príncipe (Uneas), na ocasião presidida por ela. Conversamos sobre educação, cultura, São Tomé e Príncipe e Brasil.

A certa altura, dona Alda indagou o que exatamente eu estava fazendo em seu país. Respondi que coordenava uma cooperação internacional na área de alfabetização de jovens e adultos. Sem pestanejar, ela disse uma frase que marcou de forma definitiva meu trabalho na África: "Eu tenho muito medo de você. Primeiro porque você é brasileira, portanto não sabe nada sobre a África. Segundo porque você é preta, e as pessoas daqui não verão suas ignorâncias. Você pode fazer um grande estrago. Melhor ajudar você".

Antes que me recuperasse do impacto daquelas palavras duramente verdadeiras, iniciamos um diálogo que durou até por volta de 2009, um ano antes de seu falecimento, e que influenciou imensamente os rumos do trabalho desenvolvido pela cooperação técnica em São Tomé e Príncipe, ecoando em minha trajetória até os dias de hoje.

Conversando e aprendendo com dona Alda do Espírito Santo, reencontrei a alfabetizadora que décadas antes contara com Paulo Freire na orientação de seu trabalho, ainda que sem a consciência do privilégio que vivia. Dessa vez não abri mão de absorver, agradecer e reconhecer a oportunidade única de vivenciar a pedagogia requintada e revolucionária de dona Alda.

Refletindo sobre a experiência de aprendizado com a *equipa*[3] de trabalhadoras e trabalhadores da EJA santomense 32 anos depois da passagem de Paulo Freire pelo país, encontrei, na memória do longo diálogo com dona Alda do Espírito Santo, pontos de

3 "Equipa" é "equipe" no português de São Tomé e Príncipe.

aproximação entre as experiências vivenciadas como educadora popular e ativista do movimento de negros e negras no Brasil e o universo de novos conhecimentos que absorvi nas contínuas viagens à África, apesar de minha preta estrangeirice em um território que continuamente desafiava minhas ilusões de pertença.

Desse processo emergem alguns aprendizados e percepções que aprofundarei nas próximas páginas: a importância da escuta, o risco da proximidade do colonizador e a necessária circulação e transformação das aprendizagens nos territórios.

A ÁFRICA ENSINANDO A GENTE

Lançado em 2003 como um registro póstumo da trajetória de Paulo Freire na África, o livro *A África ensinando a gente: Angola, Guiné-Bissau, São Tomé e Príncipe* revive a experiência de Paulo Freire no continente africano durante o exílio na década de 1970 por meio de entrevistas com personalidades africanas e estudantes, e permite conhecer a efervescência do movimento de independência de Cabo Verde, Guiné-Bissau, Angola e São Tomé e Príncipe, territórios que se mostraram férteis para a pedagogia desassossegada e libertária de Paulo Freire.

A entrevista de dona Alda do Espírito Santo contida na obra registra sua importância na luta anticolonial e o relevante papel que desempenhou como a primeira pessoa a se tornar ministra da Educação de seu país, diante do desafio de consolidação de um sistema educacional independente e inclusivo, no qual a alfabetização da população adulta desafiava a efetivação de um projeto emancipatório de nação.

Dona Alda já desenvolvia ações de alfabetização de adultos antes da chegada de Paulo Freire a São Tomé e Príncipe, e, com certeza, seu profundo conhecimento de educação, cultura, línguas e história do país ensinou muito ao educador brasileiro sobre as particularidades e o contexto em que se inseria a Campanha de Alfabetização.

PAULO FREIRE E DONA ALDA DO ESPÍRITO SANTO: O MESMO LADO DA CANOA

> Então eu mostro, nessa primeira carta, que nem sempre você parte da leitura da palavra, mas, numa opção política revolucionária, você tem que juntar sempre a leitura da realidade com a leitura da palavra. Mas nem sempre a leitura da realidade é simultânea com a leitura da palavra.
>
> — Paulo Freire, *A África ensinando a gente*

> Neste lado da canoa, eu também estou irmão,
> Na tua voz agonizante, encomendando preces
> [juras maldições.
> Estou aqui sim, irmão
> Nos nozados sem tréguas
> Onde a gente joga
> A vida dos nossos filhos. Estou aqui, sim meu irmão
> No mesmo lado da canoa.
>
> — Alda do Espírito Santo, *É nosso o solo sagrado da terra*

Durante os oito anos em que atuei em São Tomé e Príncipe (2004-2012), convivi com o questionamento inicial de dona Alda como farol e chão de minhas ações no país. *O que estou fazendo aqui?* Concluí que participava de um coletivo formado por educadoras(es) brasileiras e santomenses que, em um contexto de cooperação técnica internacional para apoio à alfabetização de adultos, buscava coletivamente garantir contornos não impositivos a um processo de trabalho coerente com os ideais de educação inclusiva e emancipatória defendidos pela população santomense ao longo de sua história.

Três aprendizados conectaram a experiência na educação popular à especificidade da experiência vivida em São Tomé e Príncipe nesse período: a importância da escuta; o risco da proximidade do colonizador; e a circulação e a transformação das aprendizagens nos territórios.

A IMPORTÂNCIA DA ESCUTA

Situo a prática da escuta no processo de alfabetização de jovens e adultos como a capacidade de mergulho profundo nos saberes e nas complexidades que emergem das narrativas de experiências de vida diferentes daquelas que protagonizamos. É por meio dessa prática de partilha sistemática e intencional das diferentes condições e percepções da vida em sociedade, principalmente naquelas historicamente marcadas por opressões e desigualdades, que acessamos e tecemos coletivamente aprendizagens novas e significativas para todos (estudantes e educadores).

A escuta ética, intencional, cuidadosamente trabalhada na experiência vivenciada na relação com estudantes em processo de alfabetização, possui conexões com a forma como dona Alda descrevia os modos de contar histórias presentes no país: *contagi* (histórias fantásticas) e *sóya* (épica) eram maneiras de narrar a vida de todas as pessoas.

Identifico a intersecção entre a prática intencional da escuta na educação popular e a maneira grandiosa de narrar vidas comuns, representativa do *sóya*, como possibilidade de aprimoramento de práticas curriculares e pedagógicas fundadas na horizontalidade da relação professor(a)/aluno(a). A transposição desse fundamento exige a transformação da sala de aula em ambiente seguro, para que todos os envolvidos no processo educativo se expressem e se percebam como portadores de saberes que incidem na transformação do ambiente escolar em um espaço de inovação, valorização das diferenças e amorosidade. Esse escambo de histórias narradas em primeira pessoa propicia à educadora elementos para potentes articulações de conhecimentos escolares com outros, construídos na atenta percepção dos contornos artesanais das falas, das línguas, dos sotaques, tradições e formas de vivenciar os territórios e as relações que nele se estabelecem, possibilitando dessa maneira o estabelecimento de comunidades educativas baseadas em diálogo e pertença.

O RISCO DA PROXIMIDADE DO COLONIZADOR

Em *A África ensinando a gente*, Paulo Freire escreveu:

> Em Angola, o governo criou no Ministério da Educação recentemente um instituto que se chama Instituto de Investigação Pedagógica e Inspeção Escolar. Tive um debate com a equipe diretora, em que analisei a inspeção escolar e em que eu disse:
>
> — No meu entender, esse negócio contradiz os objetivos socialistas de vocês, mas eu já sei de antemão o que vocês podem me explicar para terem conservado esse nome de "inspeção escolar". E estou totalmente de acordo e acho que não deve sair! O correto seria "Instituto de Investigação Pedagógica e Avaliação", e não inspeção. Mas se vocês fizerem isso hoje, só pelo fato de tirarem o nome "inspeção escolar" podem dar com isso a impressão — a uma grande quantidade de educadores, que estão no nível da rebelião e não da revolução — de uma frouxura, de uma licenciosidade. Então, como o colonizador está muito próximo ainda, do ponto de vista

> ideológico, é preciso que os caras continuem a ouvir a palavra "inspeção" que o colonizador pôs. (Paulo Freire, 2011, p. 83)

Encontrei em São Tomé e Príncipe muitos materiais didáticos para educação básica produzidos em Portugal e distribuídos para os países africanos de língua oficial portuguesa. Os materiais portugueses disseminavam, obviamente, a narrativa e os valores do colonizador, sem articulação entre a memória das violências vividas no período colonial. Tampouco valorizavam o processo e a realidade da independência. Encontrei também materiais de alfabetização de jovens e adultos produzidos para uso e circulação no Brasil, mas enviados ao país pela cooperação internacional. Esses materiais diferiam positivamente dos demais, porém ainda sem se referenciar no território e no sotaque cultural de São Tomé e Príncipe.

A lógica da estrutura "reconhecível" observada por Paulo Freire nos anos 1970 sofreu transformações, mas sua essência permanece viva nas ex-colônias, representada na dependência e nas exigências de contrapartida das cooperações internacionais que financiam ações, mas normalmente desestimulam o protagonismo dos agentes locais nos processos formativos. Em se tratando da produção de materiais didáticos, esse cenário origina outro tipo de desafio: o fomento à produção local de materiais didáticos e a formação de formadores locais especialistas no processo de desenvolvimento de coleções, para que o país autonomamente assuma todas as etapas de elaboração com liberdade político-pedagógica. Paulo Freire, em seu tempo, relatou:

> No momento, por exemplo, o que me preocupa enormemente, junto com as equipes nacionais de São Tomé e Príncipe, é a criação de materiais, textos, de pequenos livros, com os quais se possa dar suporte ao processo de alfabetização e pós-alfabetização no país. Então estou muito dedicado à criação desses materiais, ora com

> eles lá — onde eu vou quando faço as minhas visitas —, ora aqui. (Freire, 2011, p. 65)

Identificar o fio que tece a história da alfabetização de adultos pelo viés emancipatório construído por dona Alda, Paulo Freire e tantos educadores em São Tomé e Príncipe teria como elemento facilitador o acesso aos materiais construídos no contexto da Campanha de Alfabetização. Buscamos esses materiais na Biblioteca Nacional e no MEC e não os localizamos. Porém, ao investigar junto ao grupo de coordenadores distritais de alfabetização de adultos, os materiais foram pouco a pouco aparecendo. O que o Ministério da Educação não possuía, muitos coordenadores distritais preservaram individualmente.

Por que esses educadores mantiveram a salvo esses materiais? Acredito que a resposta reside na compreensão de sua importância por parte da população e, principalmente, dos educadores e educadoras que participaram ativa e voluntariamente do movimento por alfabetização de adultos como um esforço revolucionário. A contribuição do grupo de coordenadores distritais foi determinante para que a Cooperação Técnica construísse um roteiro de ações pautado no reconhecimento dos saberes e avanços presentes em São Tomé e Príncipe, priorizando a formação de formadores e autores locais e o desenvolvimento de um processo de elaboração e distribuição de materiais didáticos de alfabetização de adultos protagonizado pela Direção de Jovens e Adultos, coerente com a história e a multiplicidade de referências culturais e linguísticas de São Tomé e Príncipe.

As especialistas Claudia Lemos Vóvio (Universidade Federal de São Paulo — Unifesp) e Maria Amábile Mansutti (Centro de Estudos e Pesquisas em Educação, Cultura e Ação Comunitária — Cenpec) dedicaram três anos à orientação do grupo de autores e autoras de tais materiais, composto por coordenadores distritais que vivenciaram, durante esse período, um detalhado e denso processo formativo, culminando com a elaboração de materiais didáticos identificados com as necessidades de aprendizagem e características do país. Posteriormente, esse grupo conduziu com autonomia o processo de implementação e formação local de alfabetizadores para uso do material didático de alfabetização de adultos em todo o país. O material foi denominado *Sêbe Nón*[4] em 2012, e ainda hoje, dez anos mais tarde, vários representantes desse grupo de autoras e autores constituem a equipe de formadores do Ministério da Educação de São Tomé e Príncipe.

O material elaborado pelo grupo apresenta uma proposta de alfabetização que contempla a memória crítica do período colonial, o processo de independência, os ensinamentos de Alda do Espírito Santo e de Paulo Freire, as tradições, culturas e línguas presentes em um país maravilhoso e ainda desconhecido pelo Brasil, como bem alertou dona Alda.

O pensamento freiriano atravessa o material didático elaborado localmente e se insere na história da educação de adultos em São Tomé e Príncipe como possibilidade de desenvolvimento de uma prática educativa de combate às estruturas educacionais racistas que se reinventam nas relações internacionais e nos processos formativos, baseados no saudosismo dos opressores, visível em materiais didáticos que intencionalmente omitem a história de resistência, os saberes e a riquíssima cultura do país expressa na narrativa da luta do rei Amador,[5] nos poemas de

4 *Sêbe Nón* significa "nossos saberes" em língua forro, um dos nomes da língua santomense.

5 Amador Vieira, o rei Amador, foi um líder antiescravista e anticolonial santomense. Responsável pela maior revolta contra o domínio português em 1595, é uma figura emblemática da história de São Tomé e Príncipe.

dona Alda, na resistência da língua angolar,[6] na *puíta*,[7] no *tchiloli*,[8] no *danço congo*[9] e em toda cultura popular que a resistência de São Tomé e Príncipe protegeu em sua memória e tradições.

CIRCULAÇÃO E TRANSFORMAÇÃO DAS APRENDIZAGENS NOS TERRITÓRIOS

Alda do Espírito Santo escreveu o poema "Descendo meu bairro", no livro *É nosso o solo sagrado da terra*:

> Eu vou trazer para o palco da vida
> Pedaços da minha gente,
> A fluência quente da minha terra dos trópicos
> Batida pela nortada de vendaval de Abril.

Sempre soube que a experiência na África teria implicações imensas em minha trajetória pessoal e profissional. É no alerta de dona Alda do Espírito Santo a respeito dos riscos de minhas ignorâncias produzirem estragos imensos que me apoio quando necessito construir uma linha lógica (mas nunca reta) de apresentação dessa trajetória para, a partir dela, buscar na memória evidências dos sentidos que permearam as experiências que vivenciei.

6 O angolar (ou ngolá) é uma das línguas nacionais de São Tomé e Príncipe. É falado na ponta sul da ilha de São Tomé, principalmente em torno da vila de São João dos Angolares, no distrito de Caué.
7 *Puíta* é uma dança tradicional de São Tomé e Príncipe.
8 *Tchiloli* é o teatro de rua tradicional do país.
9 *Danço congo* é uma dança santomense, também chamada de "dança do capitão".

Esse movimento de identificação de aprendizados que carregam significância — justamente por sua capacidade de circular no tempo, nos territórios e nos grupos, retornando como memória, questionamento ou novo conhecimento — me remete a Azoilda Loretto da Trindade, que inseria a circularidade como um dos valores civilizatórios afro-brasileiros. Ela escreveu: "circularidade — a roda tem um significado muito grande, é um valor civilizatório afro-brasileiro, pois aponta para o movimento, a circularidade, a renovação, o processo, a coletividade: roda de samba, de capoeira, as histórias ao redor da fogueira..." (Trindade, 2005).

Em São Tomé e Príncipe, reencontrei não apenas meu primeiro formador, mas também, e de maneira avassaladora, os conhecimentos adquiridos no ativismo no movimento negro e dentro de casa. Minhas ignorâncias não se tornaram incontornáveis porque, em cada dobra de tempo e em cada esquina do país, reencontrei um ensinamento de Beatriz Nascimento, de Lélia Gonzalez, de Abdias do Nascimento, de meus pais... Todos contribuíram para que cada minuto passado ali e cada aprendizado disponibilizado fosse apreendido como decisivo para o movimento de circulação de informações potencialmente transformadoras da educação no Brasil e no mundo. Esse movimento dialético de retorno de um aprendizado como memória ressignificada, para comprovar sua relevância e gerar novos questionamentos e conhecimentos, ocorreu várias vezes em São Tomé e Príncipe.

Uma situação exemplar de circulação e ressignificação de aprendizagem se iniciou na cidade de São Paulo e culminou em Angolares, cidade no sul da Ilha de São Tomé, três anos depois. No início de 2004, meses antes de cogitar trabalhar em São Tomé e Príncipe, participei de uma reunião com as delegações de Cabo Verde, São Tomé e Príncipe e Moçambique, na qual refletimos sobre o conceito de *letramento*. Na maioria dos países, o conceito não era utilizado da forma como se faz no Brasil, principalmente no âmbito da alfabetização de jovens e adultos. Uma das participantes do grupo era Helena Bonfim, diretora de Educação de Adultos do MEC de São Tomé e Príncipe.

Em 2007, atuando havia três anos na Cooperação Técnica em São Tomé e Príncipe, acompanhei a formação de um grupo de alfabetizadores na cidade de Angolares, no distrito de Caué, em São Tomé. O formador do grupo era o coordenador distrital de alfabetização de adultos, Abel Conde, que nesse dia abordava o tema "Letramento na alfabetização de adultos".

A forma como Abel conduziu a explicação era segura, densa e fascinante: iniciava em português e depois avançava para o angolar, em seguida incluía uma dramatização e devolvia um novo desafio ao grupo, que o provocava com vários questionamentos. Naquele dia, assisti à melhor aula sobre letramento de toda a minha vida.

Me surpreendi ao identificar, nas colocações do formador, reflexões derivadas da participação da representante de São Tomé e Príncipe no encontro sobre o conceito de letramento realizado no Brasil três anos antes. Sobretudo, observei o quanto aquele diálogo foi aprimorado por ela e sua equipe, que agora me devolvia a reflexão de forma muito mais complexa.

Abel me ensinou muito naquela formação, porque em seguida demonstrou uma possibilidade de trabalhar a leitura de um texto no processo de formação de alfabetizadores que eu nunca havia presenciado ao vivo, mas que chamou atenção de Paulo Freire e foi mencionada em *A África ensinando a gente*:

> Como a realidade vai ensinando! Por exemplo, se eu estivesse escrevendo para o Brasil, sobretudo para educadores trabalhando com massas populares em centros urbanos, como São Paulo, eu teria sugerido que, ao abrir o livro, na introdução, o animador propusesse aos participantes que fizessem uma leitura silenciosa do texto e que, em seguida, cada um iria fazer a leitura em voz alta. Mas para a África, não. Inclusive a minha primeira tentação foi

essa. Imediatamente o lápis parou no caminho e refiz a trajetória. (Freire, 2011, p. 72)

A cena que parou o lápis de Paulo Freire, eu a assisti ao vivo em Angolares: Abel iniciou a leitura do texto de forma coletiva e em voz alta. Durante a leitura, várias vezes era interrompido por um dos alfabetizadores com um questionamento que imediatamente era discutido; em seguida, a leitura era retomada. Somente depois de todas as dúvidas serem coletivamente sanadas foi realizada a leitura silenciosa, como oportunidade de revisão mais aprofundada em busca de resquícios de dúvidas.

Durante a leitura em voz alta, a sala se movimentou com várias vozes que em diversos momentos se cruzavam, interrompiam, sobrepunham, buscando o formador que se movimentava pelo círculo de alfabetizadores, atento e disponível, respondendo e devolvendo novas questões ao grupo. Já durante a leitura silenciosa a sala se transformou com o total silêncio e a concentração do grupo, que organizava suas anotações pessoais mais relevantes.

Observando esse formador em ação, reencontrei uma aprendizagem construída na experiência vivida décadas atrás, como alfabetizadora na periferia da cidade de São Paulo, e reafirmada em todos os ambientes em que atuei depois, sobretudo em São Tomé e Príncipe e no diálogo com dona Alda: a comunidade educativa que se estabelece no cotidiano da alfabetização de adultos é tecida pela confiança que se estabelece na entrega total às histórias narradas em primeira pessoa, que articulam e constroem conhecimentos que nunca acessaríamos de outra forma.

Essa é a essência e o sentido dos ensinamentos de Paulo Freire que continuamente revisito em minha trajetória de educadora, pela memória de momentos como os aqui narrados, ou quando busco no imperativo do esperançar os alicerces para a resistência aos retrocessos democráticos do aqui e agora e às discriminações e opressões que nos assombram desde sempre.

REFERÊNCIAS

Cata D'Omali, cartas do Atlântico. Direção: Eduardo François & Ivan Canabrava. São Paulo/Brasília: AlfaSol (Alfabetização Solidária)/ABC (Agência Brasileira de Cooperação), 2012, 34 min.

ESPÍRITO SANTO, Alda. *É nosso o solo sagrado da terra*. 2ª ed. São Tomé: Uneas, 2010.

FREIRE, Paulo & GUIMARÃES, Sérgio. *A África ensinando a gente: Angola, Guiné-Bissau, São Tomé e Príncipe.* 2ª ed. São Paulo: Editora Paz e Terra, 2011.

HILL COLLINS, Patricia & BILGE, Sirma. *Interseccionalidade*. Trad. Rane Sousa. São Paulo: Boitempo, 2020.

TRINDADE, Azoilda Loretto. "Valores civilizatórios afro-brasileiros na educação infantil", *Boletim 22*, Brasília: Ministério da Educação, nov. 2005.

Lisete Arelaro * Pedagoga e doutora em educação, fez parte da equipe de Paulo Freire na Secretaria Municipal de Educação de São Paulo (1989-1992) e foi secretária de Educação, Cultura, Esporte e Lazer em Diadema (SP) em 1993-1996 e 2001-2002. Foi diretora da Faculdade de Educação da Universidade de São Paulo (USP) (2010-2014), onde posteriormente formou-se professora titular sênior. Lisete nos deixou em 12 de março de 2022. Foi uma grande parceira da Rede Emancipa e sempre será uma enorme inspiração.

TRABALHAR COM PAULO FREIRE: UM PRIVILÉGIO HISTÓRICO[1]

Lisete Arelaro

Tive o privilégio histórico de trabalhar com Paulo Freire, um homem, é importante que vocês saibam, sempre de extremo bom humor, uma pessoa muito simpática, sempre disposta a ouvir as pessoas. Ele nunca se irritava, mesmo nos momentos bastante graves que a gente viveu. Quero começar aqui lembrando a vocês o momento em que a Luiza Erundina assume a prefeitura, também dentro dessa situação inédita: a primeira mulher que assume a Prefeitura de São Paulo. Ela teve o grande mito, o educador, referência, Paulo Freire como seu secretário de Educação. Estávamos saindo de mais de vinte anos de ditadura empresarial-militar e obviamente existia, portanto, uma vontade muito grande da população de participar e discutir . Era esse o clima em que a gente assumiu a prefeitura.

1 Depoimento da professora Lisete Arelaro no curso 100 anos de Paulo Freire: Esperançar em Tempos de Barbárie, em 2 de setembro de 2021. Transcrição de Aldalúcia Gomes. Revisão técnica de Maíra Tavares Mendes.

Havia também um clima de cobrança de tudo aquilo que não aconteceu durante a ditadura, isso foi cobrado da gestão Luiza Erundina-Paulo Freire. Paulo Freire estabeleceu como princípios da administração coisas muito objetivas: democratização do acesso, nova qualidade de ensino, gestão democrática e o Movimento de Alfabetização de Jovens e Adultos, o Mova.

Eu diria que, quando a gente faz uma avaliação, passados tantos anos daquele momento, a gente entende que esses objetivos, essas diretrizes, foram atingidos. Isso porque, de fato, quando saímos da gestão, mais de 120 mil novos alunos tinham ingressado no sistema de ensino, e tivemos até um fato inédito, que foi a vinda de muitos alunos do ensino privado para a escola pública municipal de São Paulo.

Em segundo lugar, eu gostaria de enfatizar a questão da gestão democrática, que era o referencial. Não que existisse uma diretriz mais importante que outra, mas essa era a palavra de ordem para Paulo Freire. O aluno não ficaria na escola se ele não recebesse ali realmente condições de ensino e condições de relações interpessoais que fossem minimamente significativas para ele. Uma das razões pelas quais Paulo Freire é conhecido é a construção de uma teoria epistemológica sobre o diálogo (Freire, 1967; 1974). A partir dessa teoria, Freire propôs que o diálogo não era simplesmente uma estratégia de ensino. Não implica somente questionar "O que você acha? O que você pensa sobre isso?". Do ponto de vista concreto e fundamental, o que era importante era esse olhar horizontal. Paulo Freire advertia que muitos professores, e outras pessoas também, dizem defender o direito à educação de todos e todas, mas, na prática, não é isso que acontece. Para isso de fato se concretizar como um direito é preciso considerar primeiro que todos somos iguais, não pode haver diferença entre ninguém na possibilidade do acesso ao conhecimento e ao saber. Então, essa era uma questão em que Paulo Freire investiu muito, na medida em que ele respeitava a manifestação do pensamento como um direito.

É importante lembrar que o momento não era simples. Sucedemos ao governo do Jânio Quadros, que foi aquele ex-presidente do Brasil que abdicou nos anos 1960. Um homem que mandou prender a própria filha, dizendo que ela era louca porque denunciou corrupção na gestão dele e da parte dele. O Jânio Quadros havia punido quinze mil professores que participaram de uma manifestação contra seu governo e demitido sumariamente 2,5 mil professores efetivos da rede. Então, iniciamos o governo com essa bomba na mão. Isso foi resolvido de forma rápida e tranquila, porque era evidente que se tratava de perseguição política, mas era preciso analisar processo por processo para poder reconduzir esses professores à rede e à nossa normalidade societária.

A primeira coisa que Paulo Freire queria era que conseguíssemos a participação da comunidade. Nesse sentido, ele propôs que os conselhos de escola tivessem caráter deliberativo. Nessa condição, não necessariamente, como aliás era costume, os diretores ou diretoras de escola seriam os presidentes. Na verdade, quem seriam os presidentes seriam pais, mães e alunos, ou os professores, menos o dirigente da escola. Não que diretores fossem impedidos de presidir os conselhos, mas era preferível que outros assumissem. Foi muito interessante, na medida em que foi estimulado o funcionamento dos conselhos de escola, que de fato passaram a existir. Foi produzido um vídeo muito interessante chamado "Aceita um conselho?",[2] tratando do processo de rápida instalação de um conselho escolar.

2 Sobre a instalação de conselhos e colegiados escolares, há uma rica discussão em Antunes (2002).

Quase de imediato, isso significou duas coisas importantes: uma descontração por parte dos professores, que foram reabilitados, então viam-se de volta à prática. E Paulo Freire sempre foi um homem muito coerente. Ele sempre disse "Eu não vou publicar nenhum ato legal (resolução, portaria, circular, seja lá o que for...) que não tenha sido exaustivamente discutido com todos que sofrerão, digamos assim, o resultado dessas nossas propostas". Portanto, abriu-se um processo de diálogo muito grande entre todos: funcionários, servidores, professores, alunos, pais. Com isso, as escolas passaram também a ter não só maior autonomia, mas, principalmente, o direito de decidir sobre seus projetos.

Isso me leva à discussão sobre o que Paulo Freire entendia como qualidade de ensino naquele momento. Uma dessas questões era estimular que os professores e as escolas elaborassem aquilo que Paulo Freire chamava de Projeto Político-Pedagógico (Freire, 1991), ou seja, qual era o projeto de educação que de fato a escola pretendia desenvolver para que pais, alunos e comunidade pudessem acompanhar o que estivesse acontecendo ali. Segundo, defendia com vigor que cada escola pudesse transcrever, a partir de diretrizes gerais, aquilo com que queria trabalhar.

Para estimular essas questões, a secretaria encorajou as escolas a apresentar projetos. Começamos o governo fazendo três perguntas à rede, para os alunos, professores, equipe técnica e os pais: (i) O que vocês acham da sua escola? (ii) Quais aspectos vocês acham positivos e negativos na escola? (iii) O que falta na sua escola para que ela seja mais interessante para você estudar? Esses dados foram extremamente interessantes. Professoras e professores se surpreenderam ao ver que alunos concordavam nas críticas e nas avaliações positivas ou negativas da escola. Para cada escola que apresentasse um projeto, a secretaria bancava com dinheiro para que ela fizesse o que quisesse dentro do projeto. Por exemplo, levar as crianças ao teatro, que eles aprendessem música, escrever um jornal ou criar uma rádio comunitária, e assim por diante. Dessa maneira, poderiam de fato dar conta daquilo que a comunidade achasse importante.

Nesse processo, iniciou-se a discussão sobre o que nós entendíamos que deveriam ser propostas curriculares. Como fazer isso? Voltamos à importância fundamental da consulta à comunidade. Já eram bastante conhecidas à época (Paulo Freire inclusive ressaltou inúmeras vezes que não foi algo que ele tivesse inventado) as atividades de "estudo do meio". O estudo do meio é o primeiro passo para você realmente saber o que é que você pode propor de interessante no espaço em que está. Quais são os conteúdos interessantes que podemos trabalhar nas escolas? É muito importante enfatizar essa questão, porque Paulo Freire nunca disse que pode existir ensino sem conteúdo. O que de fato ele dizia era que nós temos de discutir quais conteúdos são significativos para determinado grupo de crianças, de jovens e de adultos com quem estamos trabalhando nesse espaço.

Foi assim, portanto, que se iniciou um processo que foi reconhecido como um dos melhores projetos de formação de professores, que contou com a colaboração de professores da USP, da Unicamp, da PUC. O projeto contribuiu para que o estudo do meio levantasse novos conteúdos científicos, literários e artísticos, mas, acima de tudo, juntos. Assim, partiu-se do estudo do meio para depois se chegar à ideia conhecida nas teorias freirianas das palavras ou dos temas geradores, que propiciassem que a escola fosse organizada por projetos, o que nós chamávamos "interdisciplinaridade".

Paulo Freire sempre dizia: "A escola é um local ideal para a interdisciplinaridade, porque ali nós temos um conjunto de profissionais que têm formações diferenciadas — físico, químico, historiador, geógrafo, literário...". Eles se combinam, e nós sabíamos que o conhecimento é indivisível, nós só dividimos esse tempo por uma razão didática. Então, temos aulas de português, de matemática, de história, geografia, mas que nunca conversam entre si. Paulo Freire defendia que o conhecimento mais fecundo, mais permanente, mais interessante e que gera realmente a curiosidade das crianças e dos jovens é o conhecimento preferencial, é o que motiva realmente as pessoas.

Por último, gostaria de enfatizar aqui uma questão em relação ao Movimento de Educação de Jovens e Adultos, o Mova. O Mova era um programa paralelo à iniciativa da própria Secretaria de Educação. A primeira coisa que Paulo Freire fez ao chegar na secretaria foi trazer a Educação de Jovens e Adultos, que estava na Secretaria do Bem-Estar Social, para a Secretaria de Educação. Isso demonstrou que não tinha cabimento ela estar em uma Secretaria de Bem-Estar Social, porque alfabetização não é compensação, mas direito de todos, e, como tal, a alfabetização de adultos tinha de ter exatamente essa prioridade. Isso é muito importante.

O Mova foi um projeto paralelo ao projeto que funcionava na Secretaria de Educação, então as aulas poderiam acontecer nas escolas. Mas Paulo Freire sabia que isso não bastava, porque tínhamos mais de dois milhões de analfabetos. Não bastava pôr um cartaz na padaria avisando "Se conhece um amigo, fala a ele pra vir pra escola", porque ele não iria, provavelmente já tinha ido e não havia dado certo. Assim, ele criou esse movimento junto com os movimentos populares que trabalhavam com educação, instalando classes o mais perto possível de onde essas pessoas moravam, e foi assim que se iniciou com sucesso. Como foi interessante esse processo de ter supervisores populares que acompanhavam, inclusive, a qualidade do ensino que era ministrado.

Para finalizar, é importante reiterar que a teoria epistemológica do diálogo é fundamental para qualquer disciplina, em qualquer formação, da educação infantil à pós-graduação: o diálogo é para Freire o princípio da relação ensino-aprendizagem. Paulo Freire sempre defendeu que os professores tivessem uma sólida formação científica, pedagógica, literária e artística, porque ele acreditava que a nossa função é a de mediação do conhecimento. Enquanto mediadores do conhecimento, temos de nos apropriar do que estamos falando para criar e estimular a curiosidade dos nossos alunos.

REFERÊNCIAS

ANTUNES, Ângela. *Aceita um conselho? Como organizar os colegiados escolares.* São Paulo: Cortez, 2002.

FREIRE, Paulo. *Educação como prática da liberdade.* Rio de Janeiro: Paz e Terra, 1967.

FREIRE, Paulo. *Pedagogia do oprimido.* Rio de Janeiro: Paz e Terra, 1974.

FREIRE, Paulo. *A educação na cidade.* São Paulo: Cortez, 1991.

Iracema Santos do Nascimento * Professora doutora de graduação e pós-graduação na Faculdade de Educação da Universidade de São Paulo (USP). Seu principal tema de pesquisa e atuação é a gestão democrática da educação e diversidade, com foco em raça, classe e gênero, a partir das perspectivas de teorias críticas e decoloniais. E-mail: iranasci@usp.br.

FREIRE SECRETÁRIO DA EDUCAÇÃO DE SÃO PAULO: GESTÃO DEMOCRÁTICA E VALORIZAÇÃO DOCENTE

Iracema Santos do Nascimento

O objetivo deste capítulo é apresentar e discutir os princípios, as diretrizes e algumas das ações centrais da gestão de Paulo Freire junto à Secretaria de Educação do Município de São Paulo, de modo a contribuir para o registro de seu legado para a gestão educacional democrática, tanto no nível do sistema, como no das escolas. Destaca-se que está se considerando o mandato de 1989 a 1992, quando Luiza Erundina foi prefeita e Paulo Freire, o titular da pasta da Educação de 1989 a 1991, tendo sido substituído por seu chefe de gabinete, Mário Sérgio Cortella, até o final do período.

É importante explicitar que a sistematização ora apresentada não pretende dar conta de toda a proposta concebida e realizada no período. Os princípios, as diretrizes e as ações aqui elencados foram colhidos e denominados a partir de três materiais: discurso de posse de Paulo Freire como secretário municipal de Educação de São Paulo, proferido em 2 de janeiro de 1989; documento oficial do secretário distribuído aos servidores e servidoras da rede municipal em 1º de fevereiro de 1989, com suas proposições para a área; e uma síntese sobre a gestão organizada pelo Coletivo Paulo Freire.[1]

É necessário ressaltar, de início, e ainda que de modo resumido, o contexto mais geral em que se deu a eleição de Luiza Erundina e seus primeiros anos de mandato. No âmbito nacional, o clima político era de euforia pela retomada da democracia no país depois de 21 anos de golpe e regime militar e pela recém-promulgada Constituição Cidadã de 1988, fruto de um processo constituinte que renovou o fôlego de setores progressistas que haviam sido escanteados, quando não perseguidos e sufocados, durante a ditadura. No que diz respeito à economia, no entanto, o Brasil ainda enfrentava os destroços produzidos pela falsa propaganda do "milagre econômico" dos tempos do regime militar, tropeçando em sucessivos e malsucedidos planos econômicos que patinavam na tentativa de controlar taxas exorbitantes de inflação, que chegaram ao patamar de 28,8% em dezembro de 1988: Plano Cruzado (1986), Plano Bresser (1987), Plano Verão (1989), Plano Collor I (1990) e Plano Collor II (1991).

No nível municipal, a crise econômica geral do país era acompanhada por uma gestão conservadora e autoritária, sob comando de Jânio Quadros na prefeitura (1986-1989). No campo da educação, assim que tomou posse, o prefeito mandou queimar todo o material que havia sido produzido pela gestão anterior (Mário Covas, 1983-1985). Determinou o confisco de livros que considerava subversivos e demitiu servidores (não só da educação) que haviam participado de greves durante seu mandato (Dutra, 2015). Havia ainda graves problemas de ordem administrativo-financeira.

1 Os dois primeiros foram consultados em livro póstumo organizado por Nita Freire e Erasto Mendonça (Freire, 2020). Já o material do Coletivo Paulo Freire está disponível no site do movimento.

> Quando Erundina assumiu a prefeitura, a cidade estava falida. Tinha uma dívida de cerca de um bilhão de dólares e devia mais de 1,5 milhão de dólares em pagamentos atrasados; os estoques de produtos de primeira necessidade estavam a zero; os edifícios públicos (escolas, hospitais etc.) e o equipamento (ônibus, por exemplo) estavam necessitando urgentemente de reparos; a administração Jânio Quadros havia deixado a cidade com dezenas de obras públicas inacabadas, de alto custo e de utilidade duvidosa. (Keck, 2010, p. 313)

Relembrar esse contexto é importante para que se possa perceber a magnitude do projeto de governo de Erundina e de suas realizações, destacando-se aqui a área da Educação.

PRINCÍPIOS E DIRETRIZES DE UM PROJETO DE CONSTRUÇÃO DA ESCOLA PÚBLICA POPULAR

Como não poderia deixar de ser, a proposta de Paulo Freire e sua equipe para a área da Educação se pautou pelo conjunto de princípios e diretrizes que orientaram o projeto maior de administração popular da cidade como um todo e a reforma da gestão pública municipal no governo de Luiza Erundina.

O primeiro princípio defendido pela prefeita traduzia-se por uma intencionalidade explícita e declarada, que era *justiça social com gestão democrática*. Tratava-se de um binômio inseparável em um mandato que se pretendia popular e emancipador, sustentado pela radicalidade de Erundina na defesa da democracia participativa. Cabe ressaltar que, como a primeira mulher eleita para governar a maior cidade da América Latina, o ente com terceiro maior orçamento da federação, Erundina, integrante de correntes minoritárias do PT, vencedora das prévias partidárias sem o apoio da cúpula, vinha de um histórico de estreita relação com movimentos comunitários locais e defendia que os conselhos populares em todas as áreas deveriam ter poder *deliberativo*, não apenas consultivo (Couto, 1994). Assim, entende-se como grande ousadia o propósito de realizar um governo promotor de justiça social com participação política popular na maior metrópole brasileira, em um contexto nacional de aguda crise econômica e democracia gravemente ferida pela ditadura militar que só recentemente havia sido encerrada.

Na Educação, o binômio *justiça social com gestão democrática* refletia com perfeição um dos postulados centrais de Paulo Freire, para quem o conjunto dos setores oprimidos da sociedade não se libertaria apenas pelo acesso a bens materiais e a serviços públicos dignos, mas, sim, pelo desenvolvimento da consciência crítica da realidade da opressão e, necessariamente, pelo enfrentamento para transformar tal situação, por meio da tomada do poder e sua permanente reinvenção.

> A educação para os direitos humanos, na perspectiva da justiça, é exatamente aquela educação que desperta os dominados para a necessidade da briga, da organização, da mobilização crítica, justa, democrática, séria, rigorosa, disciplinada, sem manipulações, com vistas à reinvenção do mundo, à reinvenção do poder. A questão colocada não é a de um educador que se insira como estímulo à tomada do poder, mas a da tomada do poder que se prolongue na reinvenção do poder tomado. (Freire, 2020, p. 40)

A justiça social, portanto, supunha também distribuição de poder (político) e, mais que isso, sua reinvenção, dimensão diretamente relacionada à gestão democrática, pois, no caso do governo municipal, tratava-se do poder de participar das decisões sobre a concepção e o funcionamento das políticas públicas.

Outro princípio era o da *dialogicidade*, traduzido pela capacidade de falar e ouvir, escutar e refletir, verbos a serem conjugados por todas as pessoas e instâncias, desde a Secretaria de Educação ao chão da escola. Esses verbos se desdobraram em várias medidas de gestão com duas pontas que se retroalimentavam: o estabelecimento de um *fluxo de diálogo* entre escolas, instâncias intermediárias e instâncias centrais da secretaria, e o *planejamento participativo* em/entre todas essas instâncias. Na prática, as principais medidas foram: a instalação de Conselhos de Escola com representação de todos os segmentos da comunidade escolar e com função deliberativa; a criação do Conselho Regional de Conselhos de Escolas (Crece); a realização de reuniões semanais das equipes escolares com instâncias intermediárias (Núcleos de Ação Educativa [NAEs] e Divisão de Orientação Técnica [DOT]) que, por sua vez, mantinham encontros semanais com o Colegiado Central na secretaria. Essas reuniões periódicas permitiam um acompanhamento constante da realidade escolar, com o mapeamento de situações-problema, a proposição e a implementação de possíveis soluções e a avaliação de sua efetividade, com os necessários redirecionamentos. Desse modo, o princípio do diálogo constante permeava ações, práticas e instâncias de diagnóstico, planejamento e avaliação das políticas educacionais, em um ciclo contínuo.

Isso nos leva ao terceiro princípio, o da *participação*, que guarda estreita relação com o primeiro e com o quarto. Tratava-se da participação de todos os setores da comunidade escolar e do sistema educacional na formulação, na implementação e na avaliação das políticas educacionais. No momento inicial de discussão da proposta de reorientação curricular, por exemplo, houve uma pesquisa com todos os educadores e com representantes de estudantes e familiares sobre percepções quanto à escola que tinham e aquela que gostariam de ter. É importante explicitar que a ideia de gestão democrática e participação significava *participar das decisões*; a falta disso "muitas vezes leva ao desânimo e à descrença em relação à escola" (Freire, 2020, p. 61). Assim, participar não pode ser entendido como ser consultado, ou apenas emitir opiniões, mas vivenciar o processo — quase sempre conflituoso — de diálogo, o que Paulo Freire considerava fundamental para aprender a "combater a inexperiência democrática" (Freire, 1967) que caracterizava a sociedade brasileira e fincava pé na escola: "A escola cresceu muito em seus aparatos de fiscalização e controle e pouco em participação e democracia; cresceu no alto, mas não tem pés sólidos. Queremos inverter essa política, favorecendo as bases da escola" (Freire, 2020, p. 63).

O quarto princípio era *problematizar a realidade*, que implicava observar a realidade da escola em seu território, registrar e discutir o observado, dialogando para perceber a complexidade e as contradições de cada situação, de modo a "dar um salto", ou seja, sair do senso comum para chegar ao que Paulo Freire chamava de *consciência crítica*. Uma das medidas práticas que mais refletiu esse princípio era o incentivo para que as unidades escolares propusessem projetos justamente a partir de uma investigação da realidade local. As escolas eram orientadas tanto para a realização dessa investigação, que se dava pela constituição de grupos de professores, estudantes e familiares que incursionavam pelo território, quanto para a escrita do projeto. Sua implementação era apoiada pela secretaria com recursos financeiros e acompanhamento pedagógico.

Partir do conhecimento do aluno era o quinto princípio e recaía principalmente sobre as práticas pedagógicas com as e os estudantes de todas as idades.

> Não podemos deixar de lado, desprezado como algo imprestável, o que educandos, sejam crianças chegando à escola ou jovens e adultos a centros de educação popular, trazem consigo de com-

> preensão do mundo, nas mais variadas dimensões de sua prática na prática social de que fazem parte. Sua fala, sua forma de contar, de calcular, seus saberes em torno do chamado outro mundo, sua religiosidade, seus saberes em torno da saúde, do corpo, da sexualidade, da vida, da morte, da força dos santos, dos conjuros. (Freire, 2011, p. 118)

É indispensável lembrar, no entanto, que, como alertava Paulo Freire, "partir do conhecimento do aluno" jamais poderia ser compreendido como ficar parado naquele conhecimento, mas partir do que o aluno sabe para ir além, sair do senso comum e construir um senso científico para desvelar a aparência que encobre a realidade.

> Respeitar esses saberes, de que falo tanto, para ir mais além deles, jamais poderia significar — numa leitura séria, radical, por isso crítica, sectária nunca, rigorosa, bem-feita, competente, de meus textos — dever ficar o educador ou a educadora aderida a eles, os saberes de experiência feitos. [...] O respeito, então, ao saber popular implica necessariamente o respeito ao contexto cultural. A localidade dos educandos é o ponto de partida para o conhecimento que eles vão criando do mundo. "Seu" mundo, em última análise, é a primeira e inevitável face do mundo mesmo. (Freire, 2011, p. 119)

Por fim, pode-se afirmar que o sexto princípio — tomar a *utopia* como inspiração e como horizonte — embalava e movia todos os outros. Como se sabe, a utopia é categoria central no pensamento de Paulo Freire, pois ela é o que sustenta a esperança, a possibilidade de vislumbrar no horizonte e construir ou inventar o que, na *Pedagogia do oprimido*, ele chamava de "inédito viável", ou seja, algo que ainda não existe, que nunca foi visto, mas que é possível viabilizar pela práxis humana transformadora (Freire, 1987).

PRIORIDADES, REALIZAÇÕES, AÇÕES E TRANSFORMAÇÕES

A partir dos princípios e diretrizes que guiaram a gestão pública municipal no governo de Erundina, foram definidas como prioridades para a pasta da Educação: democratização da gestão, democratização do acesso e da permanência, política de Educação de Jovens e Adultos (EJA), nova qualidade de ensino, formação e valorização profissional de educadoras e educadores.

O verbete sobre Erundina no site do Centro de Pesquisa e Documentação de História Contemporânea do Brasil, mantido pela Fundação Getúlio Vargas do Rio de Janeiro, destaca a área da educação como tendo sido aquela em que a administração da então petista deixou seu maior legado.

> O maior legado da gestão de Luiza Erundina na Prefeitura de São Paulo foram as realizações na área da Secretaria de Educação, cujo titular foi o renomado educador Paulo Freire. Merecem destaque o aumento do número de matrículas, a criação de setenta novas escolas, a redução do percentual de evasão e de repetência, a alfabetização de adultos e a instalação de microcomputadores em cinquenta escolas da periferia. A administração petista promoveu mudanças no processo educacional, eliminando a avaliação por notas e a divisão do primeiro grau em oito séries, estabelecendo três ciclos e restringindo a possibilidade de reprovação apenas ao término dos terceiro, sexto ou oitavo anos.

Passemos, então, ao relato e à análise de ações realizadas que geraram transformações efetivas na rede municipal, algumas que perduram até os dias de hoje.

No quesito *democratização da gestão*, além do que já foi abordado no item anterior, é importante destacar que a gestão de Paulo Freire recuperou a ideia do regimento comum das escolas, aprovado em 1985 pelo Conselho Estadual de Educação, cuja marca principal era a existência do Conselho de Escola. Houve programas de apoio à implantação e ao fortalecimento de conselhos escolares e grêmios estudantis. As equipes das instâncias intermediárias da secretaria ofereciam constante apoio à direção escolar e demais gestoras das escolas para discutir e pensar juntas estratégias perante dificuldades encontradas na implantação dos conselhos e grêmios.

Na *política de acesso*, foram feitas reformas, compras e construção de novas unidades escolares, o que permitiu considerável aumento do número de vagas, conforme relatado no trecho citado. O mesmo trecho mostra que a reorganização do currículo e uma nova forma de avaliação do aprendizado foram estratégias importantes em termos de garantir a permanência do alunado na escola.

A *política de EJA* procedeu à reorientação e à construção de um novo ensino noturno para jovens e adultos, com uma identidade própria, algo que perdura ainda hoje na proposta pedagógica dos atuais Cieja (Centro Integrado de Educação de Jovens e Adultos). Também foi criada a Frente de Funcionários, que oferecia formação para trabalhadores de todo o serviço público municipal que não possuíam o ensino fundamental completo. Ainda foi instituído o Movimento de Alfabetização de Jovens e Adultos (Mova) como uma política permanente de alfabetização de adultos, ou seja, escapando à lógica de campanhas pontuais e temporárias. O Mova se efetivava em parceria com educadoras populares e organizações comunitárias, que mantinham pequenas turmas de alfabetização em espaços não escolares, com apoio da prefeitura. A parceria com grupos da sociedade tinha uma fundamentação pedagógica, correspondendo à preocupação e à percepção de Paulo Freire de que adultos com baixa ou nenhuma escolaridade poderiam se sentir pouco confortáveis no ambiente escolar, espaço que lhes causava certo receio e constrangimento.

A *reorientação curricular* se deu por meio de duas estratégias básicas: apoio às escolas para a realização de projetos próprios e formação permanente das educadoras e dos educadores. As escolas eram orientadas e estimuladas a realizar investigação da realidade de seu território como base para que pudessem propor e realizar projetos interdisciplinares via tema gerador. Isto é, dentre os vários temas que emergiam da investigação da realidade local, a escola elegia aquele que seria estudado e desenvolvido ao longo de um período, por meio de projetos interdisciplinares, envolvendo a colaboração entre professoras das várias áreas curriculares (então denominadas disciplinas). O propósito era romper com a lógica do currículo como documento pronto e rígido, emanado exclusivamente da secretaria, possibilitando às escolas e ao professorado o exercício da autonomia pedagógica e da autoria intelectual em seu trabalho.

A segunda estratégia que sustentava a reorientação curricular foi a formação permanente das educadoras, abrangendo não somente as professoras, mas todas as pessoas trabalhadoras da escola. Parte dos encontros e demais atividades formativas se destinava a tratar de temáticas, questões e necessidades oriundas dos projetos interdisciplinares. Isso consolidou a ideia de formação permanente e constante, portanto não episódica, mas uma ação formativa que se dava ao longo do exercício da profissão. Essa formação tinha como pressupostos a pesquisa e a reflexão sobre a própria prática, conforme postulado por Freire.

> Estou totalmente convencido pela própria prática a que eu me tenho dado durante todos esses anos de que a melhor forma que a gente tem de se inferir num processo permanente de formação é pensar a prática que a gente tem, é compreender a prática da gente inserida numa prática maior. Descobrir pensando sobre a prática da gente, distanciando-nos da prática da gente, objetivando a prática

da gente, tomando-a nas mãos e descobrindo a teoria embutida nela. (Freire, 2020, p. 51)

Três universidades (USP, Unicamp e PUC-SP) foram parceiras nos processos de formação e no acompanhamento e apoio das ações desencadeadas pelo professorado da rede a partir dos encontros formativos.

Quanto à *valorização das professoras e professores*, destaca-se como grande conquista a aprovação do Estatuto do Magistério Público Municipal pela Lei 11.229/1992, que instituiu jornadas diferenciadas e integrais, com tempo de formação e de atividades para além da regência dentro do horário de trabalho do professorado, algo que foi considerado uma revolução dentro da rede municipal. Outra inovação do estatuto foi o estabelecimento de adicionais de remuneração de 30% para trabalhadores do período noturno e de 50% para educadoras de escolas de difícil acesso. O estatuto ainda definiu ingresso por concurso, progressão na carreira, piso salarial e direito de greve.

Pode-se perceber que o Estatuto procurou cumprir preceitos da Constituição Federal de 1988, que determinou a valorização dos profissionais da educação escolar como princípio, garantindo planos de carreira e ingresso exclusivamente por concurso público (CF 1988, art. 206, inc. V). Além disso, antecipou o próprio conceito de piso, que só veio a ser inserido na Constituição em 2006, pela Emenda Constitucional 53 (CF 1988, art. 206, inc. VIII), e o ponto central da composição da jornada de trabalho com horas não só para regência, mas para as demais atividades de planejamento, formação e interação com a comunidade, que só dezesseis anos depois veio a ser consagrada no Piso Salarial Nacional para os Profissionais do Magistério Público da Educação Básica, instituído pela Lei 11.738/2008 (art. 2, § 4).

CONCLUSÕES

A partir da descrição e da análise até aqui apresentadas, pode-se perceber uma intensa circularidade entre cada um dos princípios e também entre eles e as medidas efetivas para sua aplicação em termos de criação, implementação e gestão de políticas públicas educacionais, desde o chão da escola até os colegiados centrais da secretaria, passando por instâncias intermediárias.

Se o princípio central da governança do município era o da justiça social com gestão democrática, tudo indica que todos os demais confabulavam para sua consecução prática, na forma das ações efetivamente implementadas.

Aqui pode-se perceber a antecipação de vários preceitos da Lei de Diretrizes e Bases da Educação Nacional, relacionados à consecução da gestão democrática, como os que garantem a participação do professorado na elaboração do projeto pedagógico da escola (Lei 9.394/1996, art. 14, inc. I), a participação da comunidade em conselhos escolares ou órgãos equivalentes (Lei 9.394/1996, art. 14, inc. II) e a autonomia pedagógica, administrativa e financeira das escolas (Lei 9.394/1996, art. 15).

A passagem de Paulo Freire pela Secretaria Municipal de Educação de São Paulo comprovou que a gestão democrática é um "inédito viável", ou seja, um sonho possível, mesmo numa rede do tamanho da paulistana (já naquele momento a maior rede de educação pública do Brasil), desde que se ofereçam as condições concretas para sua realização.

Como visto, para além da valorização do professorado, uma dessas condições indispensáveis foi a reorientação das equipes centrais e intermediárias da secretaria para que ocupassem tempo e energia com o *acompanhamento* das escolas *na perspectiva do apoio pedagógico*, de modo a sustentar sua autonomia na execução de um planejamento do qual elas participaram e não que simplesmente receberam como algo pronto, decidido por especialistas em gabinetes. Trata-se de uma abordagem oposta ao gerencialismo tão em voga na gestão educacional atualmente, balizado por uma lógica de controle e "conferência", que visa apenas "checar" se as unidades escolares estariam cumprindo planos e metas emanados por órgãos centrais, alheios à realidade singular de cada escola em seu território.

REFERÊNCIAS

COUTO, Cláudio Gonçalves. "Mudança e crise: o PT no governo em São Paulo". *Lua Nova: Revista de Cultura e Política*, n. 33, 1994, p. 145-64.

DUTRA, André de Freitas. *Memórias de educadoras sobre a gestão de Paulo Freire na Secretaria Municipal de Educação de São Paulo.* Tese (Doutorado em Educação). São Paulo: Universidade de São Paulo, 2015.

FREIRE, Paulo. *Educação como prática da liberdade.* Rio de Janeiro: Paz e Terra, 1967.

FREIRE, Paulo. *Pedagogia do oprimido.* 17ª ed. Rio de Janeiro: Paz e Terra, 1987.

FREIRE, Paulo. *Pedagogia da esperança: um reencontro com a pedagogia do oprimido.* Prefácio de Leonardo Boff, notas de Ana Maria Araújo Freire. 17ª ed. São Paulo: Paz e Terra, 2011.

FREIRE, Paulo. *Direitos humanos e educação libertadora: gestão democrática da educação pública na cidade de São Paulo.* Organização e notas de Ana Maria Araújo Freire e Erasto Fortes Mendonça. 2ª ed. Rio de Janeiro/São Paulo: Paz e Terra, 2020.

KECK, Margaret E. "O PT e as instituições políticas". *In*: KECK, Margaret E. *PT — a lógica da diferença: o Partido dos Trabalhadores na construção da democracia brasileira.* Rio de Janeiro: Centro Edelstein de Pesquisas Sociais, 2010, p. 270-319.

Cristiane Correia Dias * Doutoranda pelo Programa de Pós-Graduação em Humanidades, Direitos e Outras Legitimidades, Diversitas/Faculdade de Filosofia, Letras e Ciências Humanas da Universidade de São Paulo (USP), mestra em Educação pela Faculdade de Educação da USP, artivista da cultura hip-hop e dançarina de breaking. E-mail: cristianedias@usp.br.

Eduardo Januário * Doutor em história pela Faculdade de Filosofia, Letras e Ciências Humanas da USP com estágio de pós-doutorado em educação e professor colaborador III da Faculdade de Educação da USP. Membro e pesquisador do Grupo Fateliku na área de política educacional e relações étnico-raciais. Foi professor e diretor de escola pública e é militante do movimento negro. E-mail: edujanuario@usp.br.

RAP...ENSANDO A EDUCAÇÃO: PAULO FREIRE E A PRÁXIS ANTIRRACISTA

Cristiane Correia Dias
Eduardo Januário

> Da ponte pra cá antes de tudo é uma escola
> Minha meta é dez, nove e meio nem rola
> Meio ponto a ver, hum e morre um
> Meio certo não existe, truta, o ditado é comum
> Ser humano perfeito, não tem mesmo, não
> Procurada viva ou morta a perfeição
> Errare humanum est grego ou troiano
> Latim, tanto faz pra mim fi de baiano
> Mas se tiver calor, quentão no verão
> Cê quer dá um rolê no Capão daquele jeito
> Mas perde a linha fácil, veste a carapuça
> Esquece estes defeitos no seu jaco de camurça
> Jardim Rosana, Treze, Tremembé
> Santa Tereza, Valo Velho e Dom José
> Parque Chácara, Lídia, Vaz
> Fundão, muita treta pra Vinícius de Morais
> Não adianta querer, tem que ser, tem que pá
> O mundo é diferente da ponte pra cá.
> — Racionais MC's, "Da ponte pra cá"

INTRODUÇÃO: DO DESPERTAR DA CONSCIÊNCIA À PRÁXIS

Em um dos trechos da *Pedagogia do oprimido*, Paulo Freire nos ensina que os chamados marginalizados, os quais ele denomina de oprimidos, jamais estiveram fora da estrutura. Ao contrário, sempre estiveram dentro dela, sendo transformados em *seres para outros*. A solução na perspectiva dos marginalizados, portanto, não seria incorporar-se à estrutura, e sim transformá-la com a finalidade de se fazerem *seres para si* (Freire, 2016). Ao observarmos a citação da letra de rap do grupo Racionais MC's, pensada sob o olhar das argumentações de Paulo Freire, ressalta-se a existência da consciência do marginalizado, evidenciada pelo respeito ao conhecimento que surge da favela. Nesse sentido, "da ponte pra cá" é uma escola que possui uma sabedoria tão sofisticada, provinda das experiências históricas da população negra, que exigirá muito esforço para quem vive do "outro lado" e, por acaso, queira conhecê-la.

Como sugere o rap, de fato existem duas realidades observáveis no cenário brasileiro. O problema é que as políticas educacionais, embora se julguem universais, perpetuam a hegemonia do poder dominante, impondo a toda sociedade o aprendizado do conhecimento "formal" a partir do método de abordagem e pensamento que contempla apenas uma dessas realidades, marginalizando completamente os outros conhecimentos, nesse caso, o da população negra. Tal mecanismo de política pública exprime o que chamamos de modelo de "Estado neocolonial brasileiro", cuja peculiaridade no sistema capitalista neoliberal é justamente carregar em suas entranhas ou estruturas os resquícios do modelo de produção anterior (escravocrata), manifesto pelo racismo.

Em sua trajetória como secretário da Educação na cidade de São Paulo, Paulo Freire percebeu que o rap e toda a cultura hip-hop, ao serem implementados na educação escolar, poderiam ser o caminho para o rompimento com a prática colonizadora. Assim surgiu em 1990 o projeto Rap...ensando a Educação, com o principal objetivo de "pensar uma forma diferente de educar, valorizando o conhecimento da juventude marginalizada e estabelecendo um diálogo com alunos, ex-alunos e a comunidade que, na sua maioria, é composta por crianças e adolescentes pobres, negros e migrantes".[1] A iniciativa pretendia formar a comunidade escolar com base na relação dialógica.

O projeto, aliás, teve considerável impacto na trajetória dos autores deste capítulo, que, como moradores da favela e estudantes da escola pública, naquele momento, viram-se representados, cada qual em seu território, e, por consequência, atraídos pela perspectiva do respeito, pela troca de conhecimento, tendo como finalidade a conquista da educação plural que abrangesse a todas as pessoas.

Na ocasião, Cristiane Dias morava no Jardim São Luís, região que foi decretada pela ONU como um dos piores lugares do mundo para viver. O local ficou conhecido como triângulo da morte (Parque Santo Antônio, Jardim Ângela, Capão Redondo e Jardim São Luís) devido ao alto índice de homicídios, sobretudo de jovens. Ao mesmo tempo que a região era assolada pela violência social, a juventude negra fazia ecoar em suas letras de rap "a voz ativa", como processo de resistência e sobrevivência. Quando o projeto Rap...ensando chegou nos arredores do Jardim São Luís, vários estudantes da região, incluindo Cristiane, sentiram-se animados a frequentar a escola a partir da possibilidade de ouvir um rap, além de se alimentar melhor. Ou seja, iniciou-se o processo que Paulo Freire esperava: ver os estudan-

1 *Caderno de relatos Rap...ensando a Educação.* São Paulo: Secretaria Municipal de Educação, 1992, p. 5 (texto datilografado).

tes que estavam na ociosidade da rua com desejo de frequentar a escola. Tal experiência foi tão marcante que transformou Cristiane em uma ativista e pesquisadora, cujo método de análise e abordagem tem por base a pedagogia hip-hop.

Já Eduardo Januário era morador do Jardim Novo Osasco, na região do Jardim Boa Vista (divisa de São Paulo com o município de Osasco). Teve sua experiência com o projeto Rap...ensando a Educação ao frequentar reuniões realizadas pelas escolas do bairro no período noturno que contavam com a presença de grupos de rap da região, parcela da comunidade escolar e de lideranças dos movimentos sociais. Depois da apresentação dos grupos, os educadores problematizavam as letras, articulando as disciplinas que lecionavam com a realidade social existente e, ao final, como resultado, propunham planos de ações políticas para o território. Aquela maneira de exposição dos problemas sociais a partir das músicas e letras do rap, principalmente as discussões sobre o racismo, foi extremamente importante para a formação intelectual do autor, que segue utilizando o método para problematizar as questões sociais em suas pesquisas acadêmicas.

A vivência dos pesquisadores relatada nesta introdução serve para evidenciar que a práxis antirracista de Paulo Freire trouxe resultado, e que a sabedoria da "ponte pra cá" também produz conhecimento e prática de aprendizagem que, aliás, tem a possibilidade de abranger a proposta educacional tendo como finalidade a democratização do acesso e a permanência na escola pública.

Assim, frente à atual conjuntura política do Brasil e ao avanço do conservadorismo escravocrata-patriarcal, o presente capítulo pretende discorrer sobre o referido projeto, contextualizar historicamente sua importância como forma de pensar e ensinar a educação escolar na sociedade brasileira (estruturada no racismo histórico), bem como problematizar a ausência de programas e projetos educacionais que estejam voltados à equidade.

A principal fonte de pesquisa foi o *Caderno de relatos*,[2] além da experiência empírica dos autores — que, como já mencionado, participaram do Rap...ensando como educandos nos anos 1990 e continuaram atuando na luta por uma educação democrática e plural para todas as pessoas.

RACISMO HISTÓRICO E SEUS IMPACTOS NA POLÍTICA EDUCACIONAL

Voltando no tempo, especificamente na história da política educacional, as primeiras manifestações a favor da escola pública para todas as pessoas, no século XIX e começo do século XX, não incluíam a cultura e o conhecimento da população negra. Ao contrário, tal projeto educacional ainda tinha incentivo eugenista. Citaremos alguns casos em que houve política pública depreciativa contra a população negra.

O Instituto Histórico Geográfico Brasileiro (IHGB), instituição pública criada no século XIX, foi formado por alguns adeptos da educação eugênica, responsáveis pela formulação das diretrizes da maior parte das disciplinas ofertadas nas escolas do início do século XX. Apesar de a Constituição de 1933-1934 ser conhecida na literatura da política educacional como democrática por acolher em seu art. 149 a reivindicação do Ma-

2 O *Caderno de relatos* "é o resultado de um trabalho coletivo da Secretaria Municipal de Educação" que buscou "consolidar suas perspectivas de uma escola sem muros", em diálogo com "a rua e com os movimentos sociais organizados na construção do conhecimento e na transformação da sociedade" (*Caderno de relatos Rap...ensando a Educação*, op. cit., p. 2).

nifesto dos Pioneiros da Educação Nova (o direito da educação para todas as pessoas), a legislação também trazia caráter racista. O art. 134 dizia que uma das incumbências da União é "estimular a educação eugênica". Logo, os negros, mesmo não sendo proibidos diretamente de frequentar a escola, eram rejeitados e criminalizados.

Ainda que o acesso à educação para a população negra tenha sido negado durante e depois do processo escravagista, uma pequena parcela conseguiu ter acesso à educação formal a partir da articulação dos movimentos negros de diferentes períodos. Alguns exemplos dessas atividades, que seguiam à margem do sistema, podem ser encontrados na história da Frente Negra Brasileira, na década de 1930, e do Teatro Experimental do Negro (TEN), na década de 1940, com Abdias do Nascimento, Ruth de Sousa, Léa Garcia, Grande Otelo, entre outras (Romão, 2005, p. 119).

Outra evidência do racismo institucionalizado pela política educacional pode ser percebida na formação do Instituto Nacional de Estudos e Pesquisas (Inep). Quando criado, em 1937, o órgão era responsável pelo processo de avaliação e formulação das políticas educacionais. Suas diretrizes sobre avaliação tinham como base teórica as formulações de Edward Trondike, sustentadas, sobretudo, na psicologia comportamental. O resultado era a hierarquização dos educandos a partir do teste de QI que, por sua vez, determinava níveis de inteligência nomeados depreciativamente em escala alfabética (por exemplo, quinto ano A, B, C...). As pessoas negras e as mulheres sempre ficavam na parte inferior da escala. Observa-se, portanto, como o racismo, embora disfarçado de universalidade, impactava no acesso à educação da população negra.

A tentativa de reversão do racismo institucional, no sentido propositivo de combate à educação eugênica descrita na Constituição de 1934, foi institucionalizada apenas com a Lei

10.639/2003 e as Diretrizes da Educação das Relações Étnico-Raciais, convencionada pelo Parecer do Conselho Nacional de Educação CNE/CP nº 4 de 2004. Embora a Constituição de 1988 tenha acolhido parte das reivindicações do movimento negro para o enfrentamento à discriminação por raça/cor e o repúdio ao racismo em seus artigos 3, 4 e 5, bem como propôs o incentivo à participação das culturas afro-brasileiras no art. 215, a legislação educacional passou a acolher tais medidas apenas em 2003. Faz-se importante lembrar que, até os dias atuais, a Lei 10.639/2003, que insere nos currículos escolares a história e a cultura afro-brasileiras, não tem recebido a devida atenção em relação à destinação de verbas orçamentárias para converter o longo histórico da educação eugênica (Januário, 2021).

NOVOS SUJEITOS DE DIREITOS E LUTA POR ACESSO E PERMANÊNCIA NA ESCOLA PÚBLICA: RAP...ENSANDO A EDUCAÇÃO

A partir do contexto histórico esboçado, não é difícil compreender por que apenas 17% da população negra estava nos bancos escolares brasileiros até 1980. De fato, o projeto de país desenhado pelas elites distanciava a população negra dos espaços formais de educação. No entanto, como a história é dinâmica e os movimentos sociais insistem na luta, entre os idos de 1989 e 1991, provocando rupturas no sistema educacional vigente, Paulo Freire assumiu o cargo de secretário da Educação durante a gestão da prefeita Luiza Erundina na cidade de São Paulo, implementando o projeto de uma escola popular e democrática. Nas palavras do próprio Paulo Freire, "mudar a cara da escola que, no nosso caso, é nos darmos ao esforço de fazer uma escola popular, necessariamente passa pela mudança curricular" (Freire, 2006, p. 36-7).

Paulo Freire tinha consciência de que, para construir uma educação de qualidade e acessível para as camadas populares, seria necessário o engajamento de gestores, educadores, pais, estudantes e comunidade. A educação para jovens e adultos à luz de Freire (2011, p. 28) é observada "como um ato político e um ato de conhecimento", pois há um movimento dinâmico que envolve todo o processo de alfabetização. Tal fato justificaria a organização do programa da alfabetização a partir da linguagem popular. Ao inserir a leitura crítica da realidade popular associada a certas práticas políticas de mobilização e de organização, o projeto demonstrava a materialização das ideias de Paulo Freire naquilo que hoje podemos analisar como a *práxis antirracista*. De acordo com a teoria de Gramsci (2007), a ação do Rap...ensando passa a compor o campo da contra-hegemonia, ou, ainda, conforme os argumentos de Fanon (2006), seria a tentativa de rompimento com a opressão colonial.

Destacava-se a postura coerente e dialógica de Freire ao implementar o programa denominado Construindo uma Educação Pública Popular, por meio do qual sua "administração estabeleceu um diálogo com várias organizações dos movimentos populares, como o movimento negro",[3] a fim de criar uma Política de Educação para Jovens e Adultos no período noturno. Esse movimento contribuiu para que ocorresse uma ação conjunta com a Secretaria da Administração Municipal, que ouviu e acolheu "a proposta do professor Vagner de Almeida Costa, no sentido de promover debates com os grupos de rap nas escolas".[4] Também participaram desse processo construtivo a Assessoria

3 *Caderno de relatos Rap...ensando a Educação*, op. cit., p. 3
4 Ibidem.

Técnica de Planejamento da Secretaria Municipal de Educação e os Núcleos de Ação Educativa, sendo designadas como coordenadoras da equipe de assessoria a professora Sueli Chan Ferreira e a professora Vera Lúcia de Jesus Anastácio.

O projeto possibilitou que a juventude negra e periférica (re)ativasse sua voz, muitas vezes silenciada dentro dos contextos educacionais, viabilizando a democratização do acesso à educação. "O projeto Rap...ensando a Educação, além de ter provocado, fundamentalmente, a polêmica em torno da questão racial, inseriu nos debates e nas reflexões outros temas frequentes nas preocupações dos jovens e da escola", recorda o *Caderno de relatos*.[5] Tais debates garantiam a circulação de ideias que trariam à tona as sensibilidades do racismo e das injustiças sociais, até então relegadas à favela. Por meio do projeto, foram contratados para a realização de apresentações artísticas e palestras os grupos Racionais MC's e DMN. Ou seja, o projeto refletia "a luta pela autoidentidade, pela valorização e pela garantia da cidadania plena da população negra, luta esta historicamente engendrada pelos movimentos negros".[6]

O HIP-HOP COMO PROPOSTA EDUCACIONAL EMANCIPATÓRIA

A pesquisa sobre o projeto Rap...ensando a Educação, tendo como fonte o *Caderno de relatos*, aponta que o projeto atendeu 39 escolas municipais de educação fundamental (EMEFs) das regiões sul e leste da cidade de São Paulo, territórios que abrigam uma parcela

5 *Caderno de relatos Rap...ensando a Educação*, op. cit., p. 7.
6 Idem, p. 3.

significativa da população negra em situação de vulnerabilidade. No período da execução, além de ter utilizado o Circo Marimbondo (Campo Limpo) para o Encontro Regional dos Estudantes do Noturno (NAE 9), o projeto participou do II Congresso Municipal de Educação e do II Seminário do Projeto Aids, todos via Secretaria Municipal de Educação. O objetivo da ação conjunta era a democratização da gestão e do acesso à escola pública de qualidade aos estudantes trabalhadores que, em sua maioria, viam-se representados pela linguagem do rap e pelo comportamento das juventudes na cultura hip-hop. Dessa maneira, destacamos adiante algumas das bases constituintes da cultura hip-hop, que surge imersa nas pedagogias comunitárias e nos movimentos sociais.

Uma das influências originárias do hip-hop provém da luta pelos direitos civis nos Estados Unidos, articulada ao Partido Pantera Negra,[7] que implantou movimentos como *Black Power* [poder negro] e *Black is Beautiful* [negro é lindo], chamando a atenção da juventude negra a partir do empoderamento pela estética. O movimento era ativamente envolvido nas ações dentro dos guetos, por meio de um programa que ia desde a distribuição de café da manhã até orientações educacionais e políticas. Um dos objetivos centrais do partido era a construção de instituições comunitárias e programas de apoio à sobrevivência. Como consequência, criaram-se grupos de autodefesa contra os abusos policiais, o tráfico de drogas e a violência racial. A gangue Black Spades é um exemplo de grupo organizado que auxiliou nesse processo, tendo como um de seus líderes o DJ Afrika Bambaataa, um dos idealizadores/mantenedores da cultura hip-hop.

Somaram-se também influências do movimento garveynista (criado por Marcus Garvey) e as ideias de Malcom X e de Mar-

7 Para mais informações sobre os Panteras Negras, recomendamos o documentário *Black Panthers*, dirigido por Stanley Nelson (2015).

tin Luther King, que marcaram fortemente a luta antirracista, movimentando o mundo entre os anos 1960 e 1970. Todas essas formas de reexistência, somadas ao sentido de localização e agência do povo negro, que culminou na teoria da afrocentricidade de Molefi Asante (1980) nos Estados Unidos, impactaram positivamente a população negra em todo mundo. A teoria da afrocentricidade impulsionou, por um lado, a constituição da consciência negra da juventude, fazendo-a compreender melhor sua história e as opressões advindas do racismo institucionalizado nos mecanismos de Estado. Por outro lado, contribuiu para a formação das bases do movimento contracultural da juventude negra do sul do bairro do Bronx, que se denominou hip-hop.

Desde a sua criação, a cultura hip-hop se alimenta da sabedoria histórica da população negra e age como uma práxis antirracista, intensificada depois do Tratado de Paz de 1971, acordo de pacificação entre as gangues que viabilizou a circulação das juventudes entre os bairros. Por isso, esse período é marcado pela difusão e circulação de conhecimentos antirracistas, atreladas a um processo educativo de combate à violência entre grupos rivais, apoiado inclusive por professores. Por exemplo, na escola John Dowyer Junior High, localizada no sul do bairro do Bronx, ocorreu a participação dos professores, que ajudaram os estudantes a garantir a paz entre as gangues (Voloj & Ahelering, 2016).

Destarte, o hip-hop possibilita esperançar pela coexistência contra-hegemônica ao racismo histórico, que age por meio dos aparelhos do Estado com a intenção de nos matar. Assim, quando seus métodos são utilizados em conjunto com a educação, facilitam a troca de conhecimento com os educadores e propõem medidas de luta antirracistas.

Nos anos 1980, o hip-hop chegou ao Brasil, e o rap se tornou a ferramenta central de denúncia contra o racismo, a violência policial e as injustiças, fazendo-se ecoar entre becos e vielas, oferecendo à juventude negra a consciência *de si*. Em 1992, o grupo de rap Racionais MC's fazia ecoar a música "Voz ativa", que dizia: "a juventude negra agora tem a voz ativa, pois quem gosta de nós somos nós mesmos".

Consideramos a década de 1980 e o início de 1990 como um período central para a nossa análise, pois, além da experiência ocorrida em São Paulo com o projeto Rap...ensando a Educação, nos Estados Unidos o hip-hop já se manifestava como um campo de estudo. A esse respeito, a professora Tanya Saunders[8] afirmou que "o hip-hop fornece uma poderosa lente através da qual se pode compreender muitos aspectos da vida social contemporânea, incluindo políticas culturais, a juventude urbana, os movimentos sociais artísticos" (Saunders, 2021, p. 55). Nota-se, assim, que a empreitada realizada por Paulo Freire era uma prática que já ocorria em outros lugares do mundo, tornando-o um dos autores que servem de aporte para a prática da denominada *pedagogia hip-hop* (Dias, 2019).

A tese de Jaqueline dos Santos (2019)[9] também corrobora com esse argumento dentro do campo de pesquisa *hip-hop studies*: "o hip-hop dispõe de linguagens e formas de expressão que engajam atores de diferentes territórios em pautas desse contexto, é também um importante instrumento analítico para entender as relações sociais" (Santos, 2019, p. 35). Nesse sentido, confirma-se a prerrogativa da relação entre a *Pedagogia do oprimido* de Paulo Freire e a pedagogia crítica do hip-hop (Diaz, 2015, p. 173). Sua materialização ocorre no projeto Rap...ensando a Educação

8 Tanya Saunders estuda o artivismo da diáspora africana nas Américas. Foi bolsista Fulbright no Brasil (2011-2012), quando começou a trabalhar em seu projeto atual, que investiga artivismo afrokuir brasileiro.

9 Jaqueline Santos (CEMI-Unicamp) é coordenadora da linha de pesquisa Hip-Hop Em Trânsito.

como um modelo de educação emancipatória que verdadeiramente atingiu os educandos das periferias de São Paulo, expressando, portanto, a práxis antirracistra.

AINDA A LUTA PELA PRÁXIS ANTIRRACISTA

Embora as experiências do projeto Rap...ensando a Educação no campo educacional tenham sido de suma relevância no início dos anos 1990, não houve continuidade nas gestões posteriores da prefeitura de São Paulo. Além disso, mesmo que a Lei 10.639/2003 oriente, em suas diretrizes, a educação para as relações étnico-raciais, na cidade de São Paulo a preocupação com essa legislação ocorreu com maior intensidade apenas em 2013, devido ao cumprimento da Meta 58 do Plano de Metas da Cidade de São Paulo, durante a gestão do prefeito Fernando Haddad.

No período 2013-2016, o projeto voltaria à pauta das políticas educacionais a partir da iniciativa do grupo de investigação Culturas Ancestrais e Contemporâneas nas Escolas. A revigoração da pedagogia hip-hop teria surgido depois do Colóquio Internacional de Culturas Jovens: Encontros e Desencontros, em 2012, no qual foram aprimorados os conhecimentos teóricos e práticos de tal pedagogia, concluindo-se pela importância da retomada do projeto como método para o processo formativo de educadores com vistas à prática antirracista. Tal conclusão também era fortalecida no âmbito da academia.

Esse caminho, realizado por Cristiane Dias, favoreceu a volta do projeto Rap...ensando a Educação como método para aplicação da Lei 10.639/2003, pois havia consenso no movimento negro sobre a necessidade de regressar às bases na periferia com ações na educação municipal.

As formações de professores conforme as diretrizes da educação das relações étnico-raciais oferecidas pelo Núcleo de Educação das Relações Étnico-Raciais (Nerer) da Secretaria Municipal de Educação de São Paulo representaram um avanço na democratização da escola pública na cidade. Em apenas três anos, ocorreu um importante processo de formação dos profissionais da rede municipal dentro da perspectiva antirracista. Os cursos foram voltados para toda a comunidade escolar, incluindo supervisores e pessoal administrativo. Atuaram nesse processo cerca de trinta professores/formadores de várias áreas das ciências, com o objetivo de refletir sobre as relações étnico-raciais. Sobre a linguagem hip-hop, havia cinco formadores, incluindo os autores deste capítulo. Todavia, como já mencionado, a política de formação de professores não teve continuidade depois de 2017.

A respeito da questão racial na legislação brasileira, recentemente a Lei do Novo Fundeb (14.276, de 27 de dezembro de 2021) traz uma novidade em relação à distribuição do fundo. No art. 14, entre as condicionalidades para a oferta dos 2,5% de complementação das verbas da União, encontra-se a redução da desigualdade racial. Isso significa que as redes de ensino, condicionadas ao fundo, terão que fortalecer o combate ao racismo por meio da formação de professores. Vê-se, portanto, que a legislação exigirá dos gestores públicos maior empenho para aproximar a educação escolar da população negra. Nessa perspectiva, faz-se importante notar que o livro *A pedagogia hip-hop: consciência, resistência e saberes em luta* (Dias, 2019) é a materialização, por meio da pesquisa acadêmica, de uma proposta que pode ser usada para essa aproximação.

Por fim, a ideia do capítulo foi apresentar uma síntese das principais características do Rap...ensando a Educação, relacionando-as aos movimentos sociais e aos conceitos que ancoravam o projeto, e demonstrar como é possível, a partir das ideias e das ações de Paulo Freire, realizar uma política antirracista para as escolas públicas.

DIAS, Cristiane Correia. *A pedagogia hip-hop: consciência, resistência e saberes em luta.* Curitiba: Appris, 2019.

DIAZ, Martha. "Marginalidades conectivas do hip-hop e a diáspora africana: os casos de Cuba e do Brasil". *In*: AMARAL, Mônica G. T. & CARRIL, Lourdes (org.). *O hip-hop e as diásporas africanas na modernidade: uma discussão contemporânea sobre cultura e educação*. São Paulo: Alameda, 2015.

FRANTZ, Fanon. *Os condenados da terra.* Trad. Enilce Albergaria Rocha & Lucy Magalhães. Juiz de Fora: Editora UFJF, 2006.

FREIRE, Paulo. *A educação na cidade.* 7ª ed. São Paulo: Cortez, 2006.

FREIRE, Paulo. *A importância do ato de ler: em três artigos que se completam.* São Paulo: Cortez, 2011.

FREIRE, Paulo. *Pedagogia do oprimido.* 11ª ed. Rio de Janeiro: Paz e Terra, 2016.

GRAMSCI, Antonio. *Cadernos do cárcere*. Trad. Carlos Nelson Coutinho. Rio de Janeiro: Civilização Brasileira, 2007. 4 v.

JANUARIO, Eduardo. "Política de combate à desigualdade racial e política educacional, cidade de São Paulo — 2004-2018", *Revista Parlamento e Sociedade*, v. 8, n. 15, 2021.

ROMÃO, Jeruse (org). *A história da educação do negro e outras histórias.* Brasília: Ministério da Educação, Secretaria de Educação Continuada, Alfabetização e Diversidade, 2005.

SAUNDERS, Tanya L. *Modernidade negra: hip-hop, artivismo e mudança social em Havana.* Trad. Jess Oliveira. Ilhéus: Editus, 2021.

SANTOS, Jaqueline Lima. *Imaginando uma Angola pós-colonial: a cultura hip-hop e os inimigos da Nova República*. Tese (Doutorado em Antropologia Social). Campinas: Unicamp, 2019.

VOLOJ, Julian & AHELERING, Claudia. *Ghetto Brothers: uma lenda do Bronx.* Trad. Alexandre Matias & Mariana Moreira Matias. São Paulo: Veneta, 2016.

TERRITÓRIOS FREIRIANOS

PARTE II

Carlos Rodrigues Brandão * Formado em psicologia pela Pontifícia Universidade Católica do Rio de Janeiro (PUC-RJ), mestre em antropologia pela Universidade de Brasília (UnB), doutor em ciências sociais pela Universidade de São Paulo (USP) e livre-docente em antropologia do simbolismo pela Universidade Estadual de Campinas (Unicamp), onde é professor emérito e professor colaborador do Programa de Pós-Graduação em Antropologia. É professor emérito da Universidade Federal de Uberlândia (UFU) e professor visitante da Universidade Estadual de Goiás (UEG). Fez estágios de pós-doutorado na Universidade de Perugia (Itália) e na Universidade de Santiago de Compostela (Espanha). É *fellow* do St. Edmund's College da Universidade de Cambridge (Inglaterra). É doutor *honoris causa* pela Universidade Federal de Goiás e pela Universidad Nacional de Luján (Argentina). E-mail: itatiaia1940@gmail.com.

APRENDER A SABER, PARTILHAR O SABER: ALGUMAS IDEIAS COMO UM CHÃO PRONTO PARA SEMEAR PROPOSTAS DE UMA EDUCAÇÃO AMBIENTAL

Carlos Rodrigues Brandão

> O homem está no mundo e com o mundo. Se estivesse apenas no mundo, não haveria transcendência nem se objetivaria a si mesmo. Mas como pode objetivar-se, pode também distinguir entre um eu e um não eu. Isso o torna um ser capaz de relacionar-se; de sair de si; de projetar-se nos outros; de transcender. Pode distinguir órbitas existenciais distintas de si mesmo. Estas relações não se dão apenas com os outros, mas se dão no mundo, com o mundo e pelo mundo.
>
> — Paulo Freire, *Educação e mudança*

Entre o fim dos anos 1950 e os primeiros anos da década de 1960, vivemos um tempo de grandes e fecundas inovações na educação. Entre as mais diferentes direções, começamos a compreender que, para dizer algo às pessoas de seu tempo e para acompanhar todo um esforço de efetiva democratização ética e política, a educação deveria mudar não apenas alguns conteúdos e grades curriculares, mas a própria intimidade de suas estruturas e de seus processos.

"Educação humanista", "pedagogia crítica", "ensino centrado no aluno", "educação permanente", "educação libertadora", "educação e direitos humanos", "educação e desenvolvimento", "educação popular", "educação ambiental" são alguns nomes entre vários outros que traduzem a passagem de uma pedagogia centrada no ensinar para uma pedagogia centrada no aprender — passagem de uma educação centrada na transmissão direta e memorizável de conteúdos de ensino para uma educação recentrada em processos de aprendizagem. Uma educação que transfere o poder de quem sabe e transmite um conhecimento para uma educação da comunidade aprendente, que partilha de maneira ativa e solidária a criação de seu próprio saber.

Sim, lembremos o que aconteceu aqui no Brasil quando Paulo Freire criou, na aurora dos anos 1960, a expressão "educação bancária". E ele "inventou" essa expressão vinda do âmago do mundo dos negócios para fazer a crítica de um ensino fundado na figura do professor competente, autoritário e disciplinador, posto diante e acima de uma "turma de alunos" passiva, ouvinte, repetitiva e disciplinada, que o ouve (quando ouve) e recebe como uma dádiva ou um dever submisso o seu conhecimento "dado". Um ensino em que quem sabe-e-ensina transfere conhecimentos para quem não-sabe-e-aprende. Uma educação descolada da realidade do mundo em que era exercida e que, por consequência, preparava indivíduos competentes para adaptarem-se produtivamente à sua sociedade, em vez de buscarem formar pessoas conscientes e capazes de criativamente transformar o mundo em que vivem.

O fundamento das ideias que Paulo Freire partilhou com educadoras e educadores de todo o mundo estava em algo muito simples: a descoberta do outro. Em primeiro lugar, um outro pessoal, singular. A pessoa única, original e irrepetível da menina ou do rapaz que, como meus estudantes, tenho diante de mim. Sejam eles quem forem, são pessoas humanas a serem formadas a partir de si mesmos, de dentro para fora, e de acordo com suas vocações individuais. Pois cada pessoa é uma fonte única de vida, sentimentos, sentidos de vida e saberes. Tudo o que posso fazer como uma-pessoa-que-educa é posicionar-me ao seu lado e dialogar com ela. Trocar vivências, afetos e saberes. E, assim, partilhar com ela a experiência dialógica, inclusiva, solidariamente interativa, de partilhar a criação de saberes a partir dos quais ela-e-eu, cada um a seu modo, realiza o seu aprender.

Descobrimos na aurora dos anos 1960 primeiro o outro, o sujeito e a subjetividade na educação, onde antes víamos apenas um nome impessoal, um número de matrícula, um "caso a trabalhar", um alguém logo a seguir classificável como "bom" ou "mau" aluno e, daí em diante, tratado através de seu rótulo. Estamos aprendendo pouco a pouco agora a lidar com a inteireza do sujeito dessa "subjetividade". Estamos aprendendo a perder o temor de sermos menos confiáveis por estarmos sendo mais pessoais no modo como trabalhamos, inclusive quando nos posicionamos ativamente ao lado de "nossos alunos" e partilhamos com eles o que acentua as nossas diferenças e minimiza as nossas desigualdades. Pois esse é um dos milagres realistas da experiência do ser educador. Vivemos todos os dias a possibilidade de um dos encontros mais profundos e verdadeiros entre duas pessoas humanas: o diálogo entre dois atores/autores de algo mais importante — porque mais humano — do que os grandes feitos desse ou daquele herói que ainda teimamos em lembrar em nossas aulas de história. O inaugurar diário de um encontro eu-e-tu,[1] uma professora e um estudante em uma sala de aula,

1 A forma hifenizada "eu-e-tu", essa dualidade de indicadores de sujeitos, não foi usada aqui ao acaso. Remete à obra do pensador judeu-alemão Martin Buber, *Eu e tu* (1977), um dos livros mais essenciais

pode abrigar uma turma de alunos, um círculo de cultura ou uma comunidade aprendente.

Quando no encontro eu-e-você existe em alguma medida uma intenção de amor ou, se quisermos, de aceitação do outro em-si-mesmo e tal como ele é, então é quando em sua maior transparência o eu-do-outro aparece em-mim e para-mim. Por isso, também, Paulo Freire repetia sem cessar que somos todos aprendentes-ensinantes uns dos outros: "O fundamental é que o professor e os alunos saibam que a postura deles, do professor e dos alunos, é dialógica, aberta, curiosa, indagadora e não apassivada enquanto fala ou enquanto ouve" (Freire, 1996, p. 86).

Na maior parte das ocasiões, em nossos trabalhos estamos diante de pessoas que não são de algum modo "como nós". Em boa medida, elas são a medida visível de nossas diferenças culturais e, infelizmente, de nossas desigualdades sociais. Não moramos no mesmo bairro nem nossas roupas são as mesmas. Nossos salários podem até não ser muito diversos dos de seus pais, desiguais, mas os nossos modos de vida cotidiana são bem outros. E é nas chamadas "diferenças culturais" que nos acostumamos a ver o que nos torna — nesta sociedade dual e excludente — desiguais. Falamos a mesma língua, mas não do mesmo modo, e é provável que a biblioteca de minha casa tenha mais livros do que as de todas as casas da comunidade de acolhida de minha escola.

Em segundo lugar, um outro plural: cultural.

Entre nós, educadoras e educadores populares, o nome "círculo de cultura" pretendia substituir a "turma-de-alunos" e era bem o símbolo de uma nova consciência. A de que o saber essencial das diferentes culturas que entram em contato e se

////

sobre a teoria profunda e a prática do diálogo, traduzido ao português pelo educador Newton Achilles von Zuben.

comunicam não é hierarquicamente desigual; ele é socialmente diferente. Tal perspectiva recusa a hierarquia entre saberes que adotamos com cada pessoa com quem estabelecemos uma relação, com um grupo humano e sua cultura. Um e a outra são fontes originais de saber e sentido. Podem entrar em diálogo comigo, com meu modo de ser e com minha cultura. Mas de modo algum podem, por meio de qualquer tipo de ação pedagógica ou social, ser "reduzidos" a mim, a meu modo de ser, pensar, sentir, crer, compartir, trabalhar e, assim, à minha própria cultura.

Vivemos cada vez mais em um mundo em constante mudança. As transformações pelas quais passamos nas últimas décadas envolvem não apenas a face mais material e tecnológica da vida de pessoas, comunidades e povos; envolvem também as dimensões mais imateriais, mais interiores ao ser, ao sentir e ao viver de cada uma e de cada um de nós. Tanto os equipamentos que utilizamos — sobretudo depois da criação dos microcomputadores e da internet — quanto as ideias, os valores, as crenças e as teorias que algum tempo atrás julgávamos serem estáveis em nós e entre nós e valerem "por toda a vida", tudo ao nosso redor e em nós mesmos muda e se transforma.

E o conhecimento? E a educação?

> Ao ser produzido, o conhecimento novo supera outro que antes foi novo e se fez velho e se "dispõe" a ser ultrapassado por outro amanhã. Daí que seja tão fundamental conhecer o conhecimento existente quanto saber que estamos abertos e aptos à produção do conhecimento ainda não existente. (Freire, 1996, p. 37)

Ora, de acordo com alguns estudiosos do presente/futuro, a humanidade "de agora" estaria ingressando, através de diferentes e sinuosos caminhos, horizontes e portas abertas, em uma Era do Conhecimento. No entanto, essa porta aberta a horizontes inimagináveis logo ante os primeiros passos se abre a dois caminhos. Um deles submete o conhecimento à informação e desloca da interioridade do homem para a exterioridade das máquinas eletrônicas os rumos e destinos da Era do Conhecimento. O outro recupera a ideia ancestral de que, se uma grande e poderosa transformação de toda a humanidade está aí, diante de nós, ela só pode acontecer desde dentro de nós e nas várias e crescentes solidárias relações do "entre-nós".

Lembremos que, se isso é verdadeiro — e oxalá saibamos cuidar da vida na Terra para que haja vida humana e tempo humano para que isso se realize —, a educação já é agora, hoje, e virá a ser cada vez mais no futuro próximo e remoto, o eixo das mais diversas atividades humanas e culturalmente sociais.

Estamos vivendo agora o tempo de uma completa descoberta de novas formas de pensar, de criar conhecimentos através das ciências, das filosofias, das artes, das espiritualidades e também das tradições ancestrais, indígenas e populares. Mais e bem mais do que isso, estamos no começo de um tempo de aprendizado, de criarmos outras pautas de integração, de conexão e de interações entre os mais diferentes domínios e campos de nossos saberes, sentidos e valores, nossos significados para compreender tudo, nossas sensibilidades e sociabilidades.

Essa seria a principal característica de uma nova Era do Conhecimento. E ela chegaria a nós através de novos paradigmas ou de paradigmas emergentes. Expressões como "visão holística", "pensamento complexo", "inter", "poli", "multi" e "transdisciplinaridade" invadem o mundo da educação e a desafiam a transformar-se completamente, para vir a ser o que dela espera o nosso presente e o futuro das novas gerações.

Entre os estudiosos dos novos paradigmas, existem algumas diferenças e vários consensos. Um deles é a descoberta de que a razão do conhecimento científico e, de maneira especial, das ciências da pessoa, da cultura e da sociedade (pedagogia incluída) não é estabelecer certezas irremovíveis nem explicar dimensões da realidade através de leis e teorias inquestionáveis. Elas devem estar francamente abertas a campos conectivos, interativos e transformáveis de busca e de criação de significados.

Qualquer que seja o campo preferencial em que ela opere, nenhuma ciência é "pura" ou "neutra" em si mesma. Toda ciência "fala" através de pessoas que são indivíduos com escolhas e preferências. Assim, a ciência fala "em nome de". Portanto, fala sempre a partir de um lugar social, como uma confraria de especialistas, uma comunidade relativamente autônoma, o poder político de um Estado, o mercado de bens ou a interação entre pelo menos dois desses lugares sociais de construção e de destino do saber.

Em sociedades regidas pela desigualdade, pelo arbítrio e pelo controle ilegítimo da liberdade, pela exclusão dos "outros que não nós" e pela submissão do saber e do trabalho humano a fontes de poder e de interesse situadas fora dos direitos essenciais da pessoa, não existe a possibilidade de uma ciência isenta e objetivamente neutra e imparcial.

Devemos compreender que, se o saber existe, é também, ou essencialmente ele, o que nos torna humanos. O saber, a emoção e a busca sem limites de sentidos e de significados para nós mesmos, para os mundos que criamos, para a vida e o Universo, eis o que nos torna pessoas humanas e sempre mais humanizáveis, como seres do diálogo e da reciprocidade. Eis os termos em que o próprio conhecimento e todas as alternativas culturais de sua recriação, para além de critérios apenas epistemológicos, só fazem sentido quando representam alguma forma de trabalho dialógico e destinado ao compartir "crescendos" de compreensão da vida e da felicidade na vida.

Devolvidas a comunidades humanas regidas pelo direito à diferença, à escolha livre e à reciprocidade responsável, a ciência, a pesquisa e a educação aspiram ser plurais. Aspiram multiplicar atores e autores, ampliar cenários de circulação criativa do saber entre círculos do dom e da troca. O que é o exato oposto dos circuitos sociais do ganho, da posse e do poder. Aspiram a uma multiplicidade convergente das diferenças. E sonham tempos de novas integrações entre os diversos campos e domínios das ciências (as da natureza, da vida, da pessoa e da sociedade) e novas (ou a redescoberta das antigas) interações entre o saber científico e outras esferas de conhecimento e de sensibilidade. Esferas do saber como as das artes, das espiritualidades, da filosofia e das tradições populares. Aquelas que adiante nos esperam com o nome de "conhecimento do senso comum".

A razão de ser do ofício das ciências e, de maneira especial, das ciências da pessoa, da cultura e da sociedade (pedagogia incluída) não é estabelecer certezas irremovíveis e explicar dimensões da realidade através de leis e teorias inquestionáveis. Ela deve estar francamente aberta a campos conectivos, interativos e transformáveis de busca e de criação de significados.

UMA NOVA EDUCAÇÃO PARA FORMAR PESSOAS CRIADORAS DE UM NOVO MUNDO HUMANO

Por aparentemente limitado que seja qualquer trabalho de uma pessoa dedicada a educar, fazendo interagir saberes e valores entre as pessoas que quem educa deve orientar, um tal ofício do conhecimento não deve aspirar menos do que somar-se a todo o fluxo de criação e de estabelecimento do bem e da paz através do saber.

Destinada a pessoas humanas no singular e no plural, bem mais do que ao mercado de bens e de serviços ou mesmo a um poder de Estado, a educação não é uma atividade provisória e antecipadamente calculável segundo princípios de uma utilidade instrumental. A educação é uma experiência socialmente perene e pessoalmente permanente de cada um de seus sujeitos: pessoas e povos. Assim sendo, o seu sentido é mais o de recriar continuamente comunidades aprendentes geradoras de novos saberes e, de maneira crescente e sem limites, abertas ao diálogo e à intercomunicação. A educação não gera habilidades, ela cria conectividades. E o que possa haver de necessariamente instrumental e utilitário nela é apenas a sua dimensão mais elementar. É como um alicerce sobre o qual se pisa ao andar, e acima do qual resta construir toda a casa do ser. Ainda que represente uma escolha de saberes e de valores entre outras, a educação não pode preestabelecer de maneira restrita "modelos de pessoas".

Não pode pré-criar "padrões de sujeitos" como atores sociais antecipados e treinados para realizar, individual e coletivamente, um estilo social de ser. Só é humano o que é imprevisível, e toda a educação que humaniza trabalha sobre as suas incertezas a respeito não tanto dos seus princípios, mas do destino daqueles a quem educa.

Considerada como prática social destinada a gerar interações de criação do saber através de aprendizagens em que o diálogo livre e solidário é a origem e o destino do que se vive e do que se aprende, a educação deve começar por tornar os educandos progressivamente coautores dos fundamentos dos processos pedagógicos e da construção das finalidades do próprio aprender.

Vivemos um momento de redescoberta da reciprocidade, da formação de cooperativas de trabalho e de troca de bens. Vivemos um difícil tempo de fortalecimento e dispersão dos movimentos sociais que resistem e contestam ativamente os interesses do mercado e do poder do Estado a ele subordinado. Este deve ser o momento de nos perguntarmos se não estamos maduros o bastante para incorporar o saber, a ciência, a tecnologia e a educação a essas redes de vida comunitária cujos sujeitos e elos são nada menos do que "nós mesmos"; de nos perguntarmos se este não é o momento de pensar o saber criado com o pensar vivido através do aprendizado prático da ciência, como um bem e um dom preciosos demais para estarem continuamente sob o controle de eternos "outros", alheios à sua prática e senhores de seus resultados e proveitos. Aqueles para quem o saber, a ciência e a educação são, no seu limite, uma mercadoria como outra qualquer.

Enfim, se pretendemos estender as experiências, os fundamentos e os valores de uma nova educação centrada no valor-pessoa e no valor-vida a círculos de educandos-educadores cada vez mais amplos e fecundos, podemos partir de alguns pontos de conhecimento, de ação e de esperança fundadores de uma nova educação. Quais seriam eles?

PRIMEIRO

Podemos acreditar, com os diversos inspiradores dos novos modelos de pensamento e dos diferentes paradigmas emergentes, que a razão de ser do pensamento e da ciência desta Era do Conhecimento não é mais, com prioridade, apenas criar, através de experiências de alta competência e especialização, conhecimentos tão especiais e espaciais que não possam estabelecer redes de interlocução sequer com campos vizinhos do saber.

Todo o conhecimento que ensinamos como educadores serve à criação de saberes, e o saber serve à interação entre saberes. A interação dialógica entre campos, planos e sistemas de conhecimento serve ao adensamento e ao alargamento da compreensão de pessoas humanas a respeito do que importa: nós mesmos, os círculos de vida social e de cultura que nos enlaçam de maneira inevitável, a vida que compartimos uns com os outros e com todos os seres, o mundo e os infinitos círculos de realização do cosmos de que fazemos parte, nossa pessoa individual, nossas comunidades, a vida, o nosso mundo, parte e partilha.

Assim, todo o conhecimento competente não voltado ao diálogo entre saberes e entre diferentes criadores de saberes — inclusive os situados fora do campo das ciências acadêmicas e dos saberes autoproclamados como cultos e/ou eruditos — não tem mais valor do que o de sua própria solidão. Qualquer teoria científica é uma interpretação entre outras e vale pelo seu teor de diálogo, não pelo seu acúmulo de certezas. Todo o modelo de ciência fechado em si mesmo é uma experiência de pensamento fundamentalista, como o de qualquer religião ou qualquer outro sistema de sentido fanático.

SEGUNDO

Podemos acreditar, com Boaventura de Sousa Santos (2001a; 2001b), que, ao contrário do que vimos acontecer ao longo dos últimos séculos, o modelo das ciências sociais não é uma cópia imperfeita das ciências naturais. As ciências da natureza aprendem a relativizar, a pluralizar compreensões, a subjetivar métodos e a descobrir e compreender através do diálogo entre leituras, e não através de monólogos de certezas. Tomam, portanto, como modelo de teoria e prática, a atualidade dos dilemas das ciências humanas. Isso não significa uma inversão de domínio, pois o sentido de domínio deve deixar de existir aqui. Significa que, de um lado e do outro — até não existirem mais lados, como margens que separam —, o avanço da compreensão está relacionado a um progressivo e irreversível abandono das variantes do positivismo científico e lógico, da redução da compreensão à experimentação e da experimentação à manipulação de sujeitos sobre objetos.

TERCEIRO

Podemos acreditar que a finalidade do conhecimento é também e principalmente a de produzir respostas às verdadeiras necessidades humanas. Se existe uma utilidade fundamental na ciência, ela está na criação e na ampliação da compreensão humana a respeito das integrações entre os mistérios da própria pessoa, do mundo em que ela vive, da vida em que ela e outros seres se realizam e de totalizações diferenciadas em que tudo isso existe e a que converge, sem perder dimensões de sua identidade.

QUARTO

Podemos defender a ideia de que, assim como todas as outras práticas sociais, a ciência e a educação que sonhamos praticar e através das quais descobrir e ampliar *ad infinitum* sujeitos e campos sociais de diálogo criador e emancipatório pretendem falar a partir do lugar social da comunidade humana concreta e cotidiana. E pretendem se dirigir a comunidades humanas de criadores da vida de todos os dias e da história que essa vida múltipla entretece e escreve.

QUINTO

Podemos lembrar que sempre foi cara a Paulo Freire uma palavra hoje infelizmente meio fora de moda, fora da práxis: um pensar dialógico e crítico a respeito de uma realidade que uma ação reflexiva — ela própria o pensamento tornado atividade coletiva e subversivamente consequente — trata de transformar através de um processo inacabado e sempre actancial e reflexivamente aperfeiçoável ao longo da história humana. E a própria história deve tender a ser práxis que cria e transforma.

SEXTO

Podemos redirecionar a educação destinada a pessoas humanas no singular e no plural, e não ao mercado de bens e de serviços ou mesmo a um poder de Estado. Uma educação compreendida não como uma atividade provisória e antecipadamente calculável segundo princípios de uma utilidade instrumental. Uma educação vivida e pensada como uma experiência socialmente perene e pessoalmente permanente na vida de cada um de seus sujeitos: pessoas e povos.

SÉTIMO

Podemos imaginar e praticar uma educação cujo sentido seja o de recriar continuamente comunidades aprendentes geradoras de saberes e, de maneira crescente e sem limites, abertas ao diálogo e à intercomunicação. A educação não gera habilidades, ela cria conectividades, e o que há de instrumental e utilitário nelas é apenas a sua dimensão mais elementar.

Só é humano o que é imprevisível, e toda educação que humaniza trabalha sobre as suas incertezas a respeito não tanto dos seus princípios, mas do destino daqueles a quem educa. Considerada como uma prática social destinada a gerar interações de criação do saber através de aprendizagens onde o diálogo livre e solidário é a origem e o destino do que se vive e do que se aprende, a educação deve começar por tornar os educandos progressivamente coautores dos fundamentos dos processos pedagógicos e da construção das finalidades do próprio aprender.

Pela mesma razão, a educação deve formar pessoas livres e criativas o bastante para se reconhecerem corresponsáveis por suas próprias escolhas. Inclusive aquelas que, fruto do diálogo com os educadores, sejam diversas ou mesmo opostas às deles.

Podemos nos abrir a um alargamento de nossa compreensão a respeito das relações entre a pesquisa e o ensino na escola, escancarando nosso leque de leituras, estudos, reflexões e ensino. Podemos aprender a nos abrir às diferentes alternativas de pesquisa científica e de investigação em outros campos, como psicoterapia, filosofia, literatura, música, teatro, cinema, artes plásticas, tradições populares. Insisto em lembrar que, de maneira indireta, mas convergente com os propósitos da pesquisa qualitativa em educação, alguns dos melhores livros são textos a respeito da criação de peças teatrais, de vídeos documentais e de roteiros de cinema de ficção. Infelizes os que não podem contemplar a realidade de seu mundo a não ser olhando para fora (e às vezes também para dentro) a partir de um único lugar e através de uma única janela.

Podemos pensar que o trabalho de quem educa deve objetivar ser um passo a mais no caminho da plenitude da realização humana. Deve ser alguma forma de compreensão mais alargada, mais profunda a respeito de algo não conhecido, imperfeitamente conhecido ou passível de ser, através de outra fração de conhecimento confiável e dialogável, incorporado a um "todo de compreensão" mais fecundo.

Todo bom saber transforma o que há no que pode haver. Todo conhecimento de qualquer ciência voltada ao alargamento do diálogo e à criação de estruturas sociais e de processos interativos — econômicos, políticos, científicos, tecnológicos ou o que seja — sempre mais humanizadores integra, antes, de algum modo, sujeitos e objetos em um projeto de mudança em direção ao bem, ao belo e ao verdadeiro.

Podemos, finalmente, lembrar que o destino do conhecimento humano é estar perenemente circulando. É realizar-se como um fluxo sem fim entre pessoas e entre grupos de pessoas. Tudo o que a humanidade criou e segue criando, entre as ciências, as artes e a filosofia, deságua na educação.

Por isso, lembremos, mais do que "aquele que ensina", o professor é um "portador do saber". É através dele que todo saber criado em todos os campos da vocação humana "volta à vida" quando pronunciado como um "ensino-dialogado" entre uma professora, suas alunas e seus estudantes.

REFERÊNCIAS

ANTÔNIO, Severino. *Educação e transdisciplinaridade: crise e reencantamento da aprendizagem.* Rio de Janeiro: Lucerna, 2002.

ARRUDA, Marcos. *Humanizar o infra-humano — a formação do ser humano integral: homo evolutivo, práxis e economia solidária.* Petrópolis: Vozes, 2003.

BETTO, Frei. *A sinfonia universal.* Petrópolis: Vozes, 2011.

BRANDÃO, Carlos Rodrigues. *As flores de abril.* Campinas: Autores Associados, 1998.

BRANDÃO, Carlos Rodrigues. *A canção das sete cores: educando para a paz.* São Paulo: Contexto, 2003.

BUBER, Martin. *Eu e tu.* Trad. Newton Achilles von Zuben. São Paulo: Cortes & Moraes, 1977.

D'AMBROSIO, Ubiratan. *Transdisciplinaridade.* São Paulo: Palas Atena, 1997.

FREIRE, Paulo. "Criando métodos de pesquisa alternativa". *In*: BRANDÃO, Carlos Rodrigues (org). *Pesquisa participante.* São Paulo: Brasiliense, 1981.

FREIRE, Paulo. *Pedagogia da autonomia: saberes necessários à prática educativa.* São Paulo: Paz e Terra, 1996.

FREIRE, Paulo. *Educação e mudança*. 37ª ed. São Paulo/Rio de Janeiro: Paz e Terra, 2016.

GARDNER, Howard. *O verdadeiro, o belo e o bom*. Trad. Álvaro Cabral. Rio de Janeiro: Objetiva, 1999.

MORAES, Maria Candida. *O paradigma educacional emergente*. Campinas: Papirus, 2000.

MORIN, Edgar. *Complexidade e transdisciplinaridade: a reforma da universidade e do ensino fundamental*. Natal: Ed. UFRGN, 1999.

PADILHA, Paulo Roberto. *Currículo intertransdisciplinar: novos itinerários para a educação*. São Paulo: Cortez/IPF, 2004.

OSTROWER, Fayga. *A sensibilidade do intelecto: visões paralelas de espaço e tempo na arte e na ciência — a beleza essencial*. Rio de Janeiro: Campus, 1998.

SANTOS, Boaventura de Sousa. *Pela mão de Alice: o social e o político na pós-modernidade*. São Paulo: Cortez, 2001a.

SANTOS, Boaventura de Sousa. *Um discurso sobre a ciência*. 12ª ed. Porto: Afrontamento, 2001b.

TEILHARD DE CHARDIN, Pierre. *O fenômeno humano*. Trad. José Luiz Archanjo. São Paulo: Cultrix, 1995.

Giovanna Marcelino * Doutoranda em sociologia na Universidade de São Paulo (USP), mestra em sociologia e graduada em ciências sociais pela mesma universidade. Coordenadora da Rede Emancipa de Educação Popular em São Paulo. E-mail: giovannahmarcelino@gmail.com

FREIRE, MARXISMOS E FEMINISMOS

Giovanna Marcelino

Por ocasião da celebração de cem anos de Paulo Freire, professores, educadores, ativistas e pesquisadores têm revisitado sua vida e sua obra. Trata-se de um esforço movido tanto pelo interesse genuíno de relembrar as marcas e o vasto legado deixados por ele em diferentes níveis e esferas da vida intelectual e política brasileira e internacional, quanto pelo desejo de rastrear sua atualidade, num esforço de repensar as principais contribuições freirianas à luz de questões e desafios próprios do nosso presente histórico. Toda grande obra está sempre sujeita a receber novas interpretações e suscetível a ser agregada de novos significados, cabendo a diferentes gerações desvelar e propor releituras de grandes clássicos. Não poderia ser diferente em relação a Paulo Freire em seu centenário. E é desse movimento autocrítico que deriva a preocupação de aproximar a proposta de educação popular freiriana dos marxismos e feminismos contemporâneos.

O exercício de olhar Freire pelas lentes marxistas e feministas corresponde a uma miríade de indagações com as quais temos nos deparado na complexa tentativa de construir uma política de emancipação para o nosso tempo: como caracterizar a crise que vivemos e as diferentes teias de opressão que ela mobiliza? Quais são os sujeitos da luta de classes, suas formas de organização e ação? Como dialogar com elas? Como construir um projeto coletivo dos subalternos hoje? O que isso tem a ver com uma educação libertadora, feminista, antirracista, entendida como trabalho de base?

O que o encontro entre Freire, marxismos e feminismos nos revela é que apenas encontraremos saídas para a atual crise a partir de uma perspectiva emancipatória que seja consequente com as lutas populares travadas nos últimos anos, estando ao lado de seus protagonistas principais (isto é, os setores precarizados, racializados e femininos da classe trabalhadora que vivem nas periferias), construindo em comunhão um horizonte estratégico, uma perspectiva organizativa e um programa comum comprometido com a superação da estrutura desigual, oligárquica, escravocrata, patriarcal da sociedade brasileira, que ao longo da história negou e espoliou sistematicamente os direitos dos explorados e marginalizados. Freire, marxismos e feminismos se encontram, assim, quase que inevitavelmente, na necessidade urgente de lutar e esperançar em uma época de profunda crise, cujas dimensões são múltiplas — econômica, política, de hegemonia e reprodução da vida. Em conjunto, formam um importante prisma, uma geometria variável, para pensar esses desafios e projetar uma imagem mais completa e bem-acabada de uma política radical dos periféricos, sensível à centralidade da luta popular, feminista e antirracista num projeto anticapitalista. E, por isso, talvez seja uma das óticas que melhor corresponda à tarefa de ler sua obra na atualidade.

FREIRE E OS MARXISMOS

São muitos os pontos de contato possíveis de serem recompostos entre Paulo Freire, marxismos e feminismos. Um deles certamente é mediado pelo interesse convergente em pensar um certo tipo de política emancipatória, sensível às demandas populares e preocupada com a imbricação entre gênero, raça e classe.

Pode-se dizer que *Pedagogia do oprimido*, originalmente publicado em 1968, é uma peça inestimável nessa geometria, ao se atentar sobre a possível e necessária vinculação entre emancipação e a construção de uma educação dialógica pautada na agência dos subalternos. Um problema que se desdobrou concretamente não apenas em uma proposta de pedagogia libertadora — que até hoje municia muitos educadores e militantes em sua prática cotidiana em diferentes contextos político-educacionais (escola, campo, ambiente urbano, prisão, ocupações etc.) —, mas também na elaboração de uma teoria da ação revolucionária que abriu um caminho específico no espectro político das esquerdas. Nesse sentido, as proposições de Freire representam tanto uma revolução no campo da pedagogia, pautando-se na proposição de um novo método radical de aprendizagem, quanto uma pedagogização da revolução, formulando uma pedagogia dos movimentos sociais, ou, ainda, um tipo de pedagogia da esquerda, que dá substância e serve de motor para uma visão de mundo desalienante e libertadora.

Esse tipo de relação entre educação e política, constante na obra freiriana, é visível, por exemplo, na forma pela qual ele propõe um apagamento entre as fronteiras do papel do educador e da liderança revolucionária, ora encarando o educador como militante, ora o revolucionário como pedagogo. Ou seja, Freire explicitamente aproxima uma concepção de pedagogia a uma concepção de militância, confundindo essas duas esferas. Desse modo, a relação dialógica e não hierárquica que segundo ele deve ser estabelecida entre educador e educando também valeria para a relação intersubjetiva entre lideranças políticas e classe trabalhadora, entendendo o educando como sujeito do processo educativo e o povo como sujeito do processo político. Ou seja, ambos não são entendidos como agentes meramente passivos e reprodutores de uma estrutura de dominação, mas como atores sociais, construtores ativos de cultura e sujeitos da história. Isto é, o completo avesso da concepção bancária de educação e de política.

Tal proposta pode ser lida, por sua vez, como uma tentativa de superar concepções marxistas ortodoxas, ou, ainda, uma forma limitada de pensar o fazer político (própria dos opressores, segundo Freire) que se vale de métodos antidialógicos, isto é, de cima para baixo, repleta de vícios, messianismos e dirigismos. Em oposição a isso, Freire propõe a construção de um projeto emancipatório pautado na auto-organização da classe, numa política construída com as pessoas, e não para elas. Mais do que isso: um projeto que entende que a libertação dos oprimidos da condição de exploração e violência sistemática — sua busca pela recuperação de sua humanidade em um mundo de desumanização, nas palavras de Freire, ou, se preferirmos, em um mundo no qual os indivíduos se tornam coisas e as coisas ganham vida, para usarmos a descrição de Marx sobre o fetichismo da mercadoria — se dá por meio do diálogo e pela aposta na agência dos oprimidos. Nesse sentido, educando e povo trabalhador não são tábulas rasas, possuem saberes e experiências, sendo necessária uma pedagogia da escuta capaz de ouvir e dialogar com eles, numa conversa horizontal, na qual ninguém educa ninguém, ninguém liberta ninguém — educação e emancipação são processos que se realizam em comunhão.

E é por isso que, desse ponto de vista, a relação de Freire com os marxismos possui um caráter específico, podendo sua obra ser mais especificamente situada e posicionada perante um certo tipo de marxismo, humanista e libertário. Além disso, suas contribuições derivam não só do diálogo crítico com as vertentes mais dogmáticas, mas também da afinidade e do alinhamento com toda uma linhagem da tradição marxista derivada de uma leitura não economicista da obra de Marx, que procurou se debruçar sobre o papel da subjetividade e seu lugar na luta pela modificação das estruturas, pensando de maneira renovada o problema da cultura, da consciência, da ideologia, da religião, da dominação: György Lukács, Antonio Gramsci, Herbert Marcuse, Eric Fromm, Jean-Paul Sartre, Frantz Fanon, E. P. Thompson, a muitos dos quais ele inclusive se refere ao longo de sua obra. Isso sem mencionar o próprio contexto de elaboração e escrita de uma obra como *Pedagogia do oprimido*, fruto de um momento de extraordinária renovação da esquerda, palco de efervescentes lutas e revoltas sociais, marcadas por um interesse renovado pela obra de Marx. O trabalho de Freire não está descolado desse contexto de época, no qual foram gestadas ideias e interpretações mais ampliadas, pautadas pela verve da virada cultural, feminista, antirracista e anticolonial promovida pela Nova Esquerda. Sua obra é, portanto, antes de mais nada, um produto final de uma ampla camada de lutas, reflexões, experiências, conversas, encarnadas em uma série de agentes e interlocutores (educadores, camponeses, ativistas, intelectuais, lideranças etc.), próprias de um momento histórico, que deram forma e substância aos seus escritos, sendo possível rastreá-las em suas entrelinhas, relatos e citações.

Mas, além da expressão de uma época e de sua identidade com esse lugar específico dentro do amplo espectro dos marxismos, é possível dizer que Freire acaba elaborando propriamente uma versão brasileira do problema enfrentado por muitos dos autores com os quais dialoga, algo que está sintetizado na sua fórmula original, qual seja: a de que uma educação libertadora, dialógica, problematizadora tem papel fundamental no processo em que os oprimidos se descobrem "hospedeiros" do opressor. Na visão de Freire, a pedagogia da classe dominante reproduz um regime de dominação das consciências que leva à aderência contraditória dos oprimidos aos modos de vida do opressor. Trata-se de um processo ideológico eficaz, que inculca nos dominados a responsabilidade sobre sua própria situação de opressão, pobreza, analfabetismo, como se fossem fruto de um erro individual, pela falta de esforço, de mérito ou por decorrência de uma desgraça divina. Nas palavras de Freire, "até o momento em que os oprimidos não tomem consciência das razões de seu estado de opressão, 'aceitam' fatalistamente a sua exploração" (Freire, 1987, p. 51).

Assim, Freire nos ajuda a entender o que leva a classe trabalhadora muitas vezes a agir contra seus próprios interesses, revelando as predisposições objetivas e subjetivas vinculadas a esse processo, e como elas não decorrem de um fenômeno meramente psicológico, mas guardam uma relação com a dinâmica social e política dominante, apoiada em tendências ideológicas profundas. É por esse motivo que não bastaria uma reforma do intelecto para romper com a condição opressora e necrófila imposta pelos dominantes, mas sim o reencontro do oprimido com a própria essência da estrutura de dominação que é causa e raiz de sua condição de opressão. E, para Freire, isso decorreria de um processo de conscientização resultante não da pura e simples absorção de um conhecimento crítico, mas da própria práxis dos subalternos, dando a eles condições para se redescobrir como sujeitos da história. Ou seja, sua emancipação decorreria, de um lado, de uma pedagogia do oprimido, comprometida com a transformação social e pautada em um processo contínuo de reflexão, problematização e ação; de outro, do próprio caráter pedagógico da revolução, rompendo com os messianismos e acreditando no poder de agência da classe.

Assim, uma das singularidades da proposta de Freire reside no fato de sua caracterização sobre os mecanismos e os aspectos regressivos e alienantes da sociedade capitalista ser acompanhada de uma reflexão prática sobre como romper com eles, pensando como um projeto educacional se localiza como peça-chave nesse problema. Nesse sentido, parte-se do pressuposto de que a educação cumpre uma função social de naturalizar, legitimar e conservar as desigualdades — produzindo um consenso social que é o que torna possível a reprodução do sistema e o regime de exploração capitalista ao internalizar nos dominados os interesses das classes dominantes —, mas, se pensada de um ponto de vista crítico, pode ser vista como uma ferramenta fundamental na estratégia de superação da alienação e na produção da consciência crítica e revolucionária. Ou, ainda, a possibilidade de uma educação não para o trabalho alienante e para a preservação acrítica da ordem social, mas enquanto uma prática da liberdade. E é centralmente nesse ponto que sua pedagogia se conecta com a tradição marxista, enquanto uma teoria do conhecimento antissistêmica que pensa formas de transgredir as estruturas sociais a partir das possibilidades de agência da classe.

Por isso, Freire é uma leitura indispensável não só para educadores, mas para qualquer militante, engajado ou não nas lutas da esfera da educação. O significado de suas intervenções, longe de estar restrito apenas ao momento em que foram elaboradas, continua especialmente valioso hoje, em um novo contexto de crise, de enfrentamentos e de tentativas de reconstrução da esquerda e de um projeto dos de baixo, enraizado nos territórios e nas comunidades. Além disso, sua contribuição poderia ser entendida em termos da própria história das ideias revolucionárias e história política do marxismo brasileiro, como fundadora de uma vertente que aclimatou muitas das preocupações dessa tradição ao terreno, aos dilemas e à linguagem própria da sociedade brasileira e do capitalismo periférico.

FREIRE E OS FEMINISMOS

Apesar de a obra de Freire levantar reflexões fundamentais para se pensar uma política emancipatória, ela não está isenta de apontamentos críticos, muito pelo contrário. Da mesma forma que não se deve acreditar numa leitura dogmática de Marx, o mesmo se aplica ao próprio Paulo Freire. Longe de apresentar uma proposta completamente acabada, sem lacunas, a obra freiriana também está suscetível a críticas, que muito bem cumprem o papel de sugerir ampliações e complementações de suas principais contribuições. Isso é visível centralmente na relação entre Freire e os feminismos, sendo *Ensinando a transgredir* (2013), de bell hooks, paradigmático e cirúrgico nesse ponto — não à toa um livro que também tem sido bastante lido e revisitado no último período.

É notório o quanto o feminismo negro e o feminismo marxista cumprem um papel central na correção dos silenciamentos presentes em uma série de teorias sociais e práticas políticas, recorrentes em muitos cânones masculinos e/ou eurocêntricos, não sendo a obra de Freire exceção à regra, sobretudo devido ao uso de um tipo de linguagem universalista, que acaba caindo num certo equívoco de homogeneizar, ou ainda de não denotar a diversidade e detectar a composição e a posição singular de setores da classe, como as mulheres negras e imigrantes, por exemplo, enquanto sujeitos do processo político e educacional.

E essa, infelizmente, é uma lacuna com a qual nos deparamos ainda hoje no círculo das esquerdas. A despeito da força das elaborações produzidas por diferentes gerações de intelectuais e lideranças envolvidas nos movimentos anticolonial, feminista, antirracista (de C.L.R. James, Eleanor Marx e Clara Zetkin a Frantz Fanon, Angela Davis e Lélia Gonzalez), as questões de gênero, raça, sexualidade continuam sendo muitas vezes tachadas como "laterais", "divisionistas", "parciais" ou "identitárias", em detrimento de uma imagem pretensamente "universal", porém abstrata, da classe. Mas, como a literatura produzida pelos feminismos nos mostra com muita propriedade, gênero, raça e sexualidade não devem ser vistos como exteriores nem à obra de Freire e de Marx, muito menos à questão de classe.

Em primeiro lugar, pois, apesar de não terem elaborado propriamente uma teoria sobre essas questões, ambos os autores mobilizam um quadro conceitual que pode ser enriquecido por elas, seja do ponto de vista da análise do capitalismo, seja do ponto de vista da luta contra ele. Quando gênero, raça e sexualidade são agregados à análise do capitalismo feita por Marx, por exemplo, evidencia-se o quanto a opressão das mulheres, a escravidão dos negros e a exploração das colônias conformam questões absolutamente centrais para a compreensão da história, a consolidação e a reprodução desse sistema, de forma a restabelecer os nexos profundos existentes entre capitalismo, colonialismo, imperialismo, patriarcado, supremacia branca, bem como entre produção e reprodução, trabalho remunerado e não remunerado. O mesmo é válido para o tema da emancipação, no qual o imaginário fordista clássico da figura do operário industrial branco europeu sindicalizado tem sido paulatinamente atualizado e alargado a partir da necessidade de construir um projeto político-pedagógico libertário dos subalternos que abarque o feminismo, o antirracismo, o anticolonialismo, não como questões independentes a serem meramente agregadas e combinadas, mas como pontos constitutivos, intrínsecos e co-constitutivos da luta e pedagogia do oprimido.

Em segundo lugar, não é preciso um voo teórico tão alto para verificar como são fatores pertinentes à questão de classe em si. Basta olharmos atentamente para a nova configuração global da classe trabalhadora que tem emergido na cena política no último período em meio à resistência ao neoliberalismo (mais precarizada, informal, negra, feminina, multiétnica), por exemplo, para termos uma imagem verdadeiramente universal e concreta da forma como a classe se estrutura por meio de múltiplas relações opressivas e quanto estas têm sido motores importantes da luta de classes (Arruzza, Bhattacharya & Fraser, 2019). Além disso, é notório o crescimento de uma massa de exército de reserva oprimida e desempregada, que fica à margem do mercado de trabalho por conta do racismo, do sexismo e do colonialismo — como já foi bem pontuado por obras como as de Florestan Fernandes (1978), Heleieth Saffioti (2013) e Lélia González (2020).

Nesse sentido, mais do que gastar energia com um debate há tempos improdutivo e amplamente refutado sobre a hierarquização entre as categorias de gênero, raça e classe, torna-se muito mais produtivo perseguir a geometria da totalidade poliédrica que elas conformam. Isso implica não a mera combinação ou intersecção das diferentes opressões — como se bastasse somar classe, gênero, raça — e a proposição de uma coalizão — como se cada uma delas correspondesse a um sistema próprio de opressão cuja resistência acontecesse num lugar específico (a luta de classe no sindicato, de desigualdade de gênero no movimento feminista, a luta antirracista no movimento negro). Antes, trata-se de entender o quanto essas opressões são indissociáveis e inseparáveis, implicadas umas nas outras, tanto na formação do capitalismo colonialista e heteropatriarcal quanto na forma como elas hoje se encontram encarnadas nas práticas e nos territórios das lutas populares, formando a textura da experiência concreta da classe trabalhadora e suas formas de vida e resistência (Bannerji, 2022; Ferguson, 2017; Arruzza, 2015).

O fato, portanto, é que não é possível construir um marxismo e uma pedagogia que visem à emancipação dos oprimidos sem, necessariamente, levar em conta essas questões como centrais. Se seguirmos a perspectiva freiriana de que nenhuma forma de educação popular acontece fora das lutas populares, iremos nos deparar justamente com o diálogo fundamental com movimentos como Nem Uma a Menos, Vidas Negras Importam, a luta dos trabalhadores de aplicativos, as campanhas por solidariedade ativa durante a pandemia, que têm apontado para uma caracterização precisa sobre: (i) quais os setores da classe que hoje estão em movimento, compondo a vanguarda de resistência às políticas neoliberais; (ii) quais os problemas fundamentais que têm servido de motor às suas lutas — como a questão do cuidado, da reprodução social, da necropolítica e do racismo estrutural. Assim, aprofundar o lugar de gênero e raça em uma perspectiva emancipatória é uma necessidade, além de representar um desafio teórico e político central para a proposta freiriana de agência dos subalternos.

Entretanto, a concepção de educação popular de Freire não deve ser descartada por não ter aprofundado a reflexão sobre o lugar das questões de gênero e raça. Antes disso, ela pode ser muito bem apropriada pelo pensamento feminista e antirracista. A ideia de que "o oprimido hospeda o opressor" guarda um potencial crítico enorme para se pensar o fenômeno da violência de gênero e do racismo, podendo ser mobilizada para a construção de formações e processos pedagógicos que visem à desconstrução de estigmas e preconceitos que são comumente interiorizados desde os estágios iniciais de socialização na família e na educação formal convencional.

Além disso, a pedagogia freiriana possui um potencial ainda mais libertador quando repensada e ampliada pela ótica feminista, antirracista e anticolonial. Um exemplo disso é o uso cada vez mais frequente de obras como *Quarto de despejo* (2014), de Carolina Maria de Jesus, publicada em 1960, em processos de alfabetização e educação de jovens e adultos. Na construção da EJA na Rede Emancipa, composta por um público majoritariamente feminino, temos nos deparado justamente com essa realidade, no diálogo com mulheres pobres, negras, em sua maioria mães, movidas pela vontade de voltar a estudar e de sonhar com melhores oportunidades. Mulheres que assumiram a função de escolarização com o fechamento de escolas e creches durante a pandemia, que abandonaram os estudos por conta da maternidade na adolescência ou devido ao casamento, que tiveram que lidar com o aumento da violência doméstica, da fome e do desemprego e não querem mais ser privadas da liberdade, enxergando na história de Carolina Maria de Jesus uma forma de poder aprender a ler e escrever suas próprias histórias, para sair da situação de violência sistemática e derrubar a cultura de silêncio a que estão submetidas. A educação popular, quando agregada à questão de gênero e raça, torna-se, assim, mais próxima a um projeto de emancipação da classe. Nesse processo, de subalternas, muitas mulheres se tornam sujeitas da própria história, descobrindo-se centro nervoso do sistema, responsáveis por organizar não apenas a luta pela vida em suas comunidades, mas efetivamente constituindo a força de trabalho que move toda a sociedade.

E, por isso, o inverso também é válido: a perspectiva freiriana pode ela mesma produzir um aporte fundamental na construção de um feminismo popular, da ação, periférico, no atual contexto de ascensão e ampliação da luta das mulheres, seja na sua escala geográfica transnacional, seja em sua capilaridade no âmbito das relações sociais (Gago, 2020). A ótica freiriana fornece um horizonte político ao que se apresenta como um dos maiores desafios do movimento feminista hoje: a tarefa de construir uma alternativa política totalizante, transformando cada vez mais a pulverização e a massificação das ideias e lutas feministas em construção e enraizamento social. Ou seja, a consolidação de um feminismo que não apenas demonstre esporadicamente sua força e potencial de massas nas discussões de redes sociais, na academia e no calendário periódico de atos nos grandes centros urbanos, mas que seja permanente e integrativo na geografia política das lutas por emancipação. Isso depende de uma construção diária nas periferias e com mães, lideranças comunitárias, educadoras e empregadas domésticas. Ou, ainda, de uma estratégia de resistência feminista que se fundamenta no princípio da solidariedade ativa nos territórios (construindo esse senso de coletividade, "ninguém solta a mão de ninguém", superando a crise com ação, união e organização popular). Uma pedagogia popular feminista cumpre um papel fundamental nesse processo de politização e conscientização contínuo, ao servir de instrumento para organizar uma sensibilidade comum entre mulheres, a partir da escuta sobre as experiências de exploração, violência, racismo e sexismo em que estão submetidas, e da problematização sobre o quanto elas são produto de uma estrutura maior, de forma a relacionar a luta pela vida que elas protagonizam diariamente a uma luta por outra sociedade, que não seja pautada pela lógica extrativista e de espoliação.

Freire, marxismos e feminismos formam, assim, uma tensão criativa que nos permite pensar novas epistemologias, relações sociais e práticas políticas que estejam à altura dos desafios de nossa época. Não existe projeto de emancipação hoje fora do caráter poliédrico da luta de classes. Esta precisa ser pensada cada vez mais pelas lentes da precariedade, do antirracismo e do feminismo popular, capazes de dar forma e conteúdo a novas leituras de mundo e uma nova estratégia política para a transformação social. A superação da crise que vivemos, que afeta brutalmente a reprodução da vida e os sujeitos responsáveis por ela, depende de uma ampla luta social e da construção de uma alternativa enraizada na classe que vive nas periferias das cidades, à margem do Estado de direito, e que, em sua forma real e concreta, é majoritariamente negra, feminina, precarizada.

REFERÊNCIAS

ARRUZZA, Cinzia. "Considerações sobre gênero: reabrindo o debate sobre partriarcado e/ou capitalismo". Trad. Camila Massaro de Góes. *Revista Outubro*, n. 23, 2015.

ARRUZZA, Cinzia; BHATTACHARYA, Tithi & FRASER, Nancy. *Feminismo para os 99%*. Trad. Heci Regina Candiani. São Paulo: Boitempo, 2019.

BANNERJI, Himani. "Construindo a partir de Marx: reflexões sobre 'raça', gênero e classe". Trad. Thiago Romão de Alencar & Raysa Ruas. *Revista Direito e Práxis*, v. 13, n. 3, 2022, p. 2.079-101.

FERNANDES, Florestan. *A integração do negro na sociedade de classes*. São Paulo: Ática, 1978.

FERGUSON, Susan. "Feminismo interseccional e da reprodução social: rumo a uma ontologia integrativa". Trad. Murillo van der Laan. *Cadernos Cemarx*, n. 10, 2017.

FREIRE, Paulo. *Pedagogia do oprimido*. Rio de Janeiro: Paz e Terra, 1987.

GAGO, Verónica. *A potência feminista, ou o desejo de transformar tudo*. Trad. Igor Peres. São Paulo: Elefante, 2020.

GONZALEZ, Lélia. *Por um feminismo afro-latino-americano*. Rio de Janeiro: Zahar, 2020.

HOOKS, bell. *Ensinando a transgredir: a educação como prática da liberdade*. Trad. Marcelo Brandão Cipolla. São Paulo: Martins Fontes, 2013.

JESUS, Carolina Maria de. *Quarto de despejo: diário de uma favelada*. São Paulo: Ática, 2014.

SAFFIOTI, Heleieth. *A mulher na sociedade de classes: mito e realidade*. São Paulo: Expressão Popular, 2013.

Chico Alencar ⁎ Escritor, professor, historiador graduado pela Universidade Federal Fluminense (UFF) e mestre em educação pela Fundação Getúlio Vargas (FGV). É militante do PSOL, tendo cumprido mandatos como vereador, deputado estadual e deputado federal por quatro legislaturas. Recentemente foi eleito para o quinto mandato (2023-2026). E-mail: chicoria5050@gmail.com.

PAULO, AS PEDRAS E AS FLORES DO CAMINHO

Chico Alencar

CONTEMPORÂNEOS QUE FORAM ALÉM

Paulo Freire (1921-1997) se fez educador no país em que "a crise na educação não é uma crise, é um projeto", como disse seu contemporâneo e amigo, professor e antropólogo Darcy Ribeiro (1922-1997). Paulo e Darcy chegaram quase juntos à existência: no início de uma década — a de 1920 — marcada por muitas transformações, em que artistas se revelavam e tenentes se rebelavam, em busca do conhecimento das realidades nacionais e do fim da dominação oligárquica.

Paulo e Darcy não eram do Distrito Federal, do centro do poder. Eram um do Recife, Pernambuco; outro de Montes Claros, no norte de Minas Gerais. Vetores distintos de um Brasil plural, que começava a reconhecer sua diversidade. Paulo e Darcy deixaram esse mundo no mesmo ano, 1997, já superada a ditadura empresarial-militar que os jogou na prisão, no exílio, e impôs ao país, desde 1964, a censura, a tortura, o banimento e a morte. Paulo e Darcy, com sua geração sobrevivente daquela "página infeliz da nossa história, passagem desbotada na memória de nossas novas gerações" (como diz a canção "Vai passar", de Francis Hime e Chico Buarque), souberam semear entre as pedras pontiagudas do caminho.

Regaram flores raras de sabedoria, conhecimento e encantamento com o mundo. Ajudaram a fazer a roda da história girar para frente. Homens do século XX, souberam compreender o passado que os constituiu e, como queria Vladimir Maiakóvski (1893-1930), "arrancar alegrias ao futuro". Paulo e Darcy, ainda que figuras públicas reconhecidas, não foram modelos "bem-sucedidos", nos padrões dominantes da sociedade capitalista. Amargaram incompreensões, perseguições e negação — esta prossegue até hoje. Mas deixaram marcas indeléveis e emancipatórias na educação brasileira, cada um com estilo próprio, singular e criativo. Companheiros: repartiram o mesmo pão do saber que tem sabor. Gostavam da vida. Mais sorriram para ela do que choraram por ela.

Afrânio Peixoto (1876-1947), médico, professor e escritor, fez em 1923 — quando Paulo e Darcy balbuciavam suas primeiras palavras — uma denúncia profética sobre a realidade educacional brasileira:

> o Liceu, o Ginásio, o Colégio custam caro: o pobre não pode frequentá-lo. Vai para as fábricas, para a lavoura, para a mão de obra. Os ricos serão bacharéis, médicos, engenheiros, jornalistas, burocratas, políticos, constituirão a elite nacional [...]. Educação de ambição mercantil: *bacharéis quanto antes, dinheiro quanto mais.* (Afrânio Peixoto *apud* Ribeiro, 2000, p. 88)

Paulo Freire e Darcy Ribeiro se formaram nessa transição, da educação reprodutivista, aristocrática e excludente para a libertadora, emancipatória e democrática — processo que ainda está em curso, entre avanços e retrocessos.

UM VOO RÁPIDO SOBRE A HISTÓRIA DA EDUCAÇÃO

Paulo Freire se sabia datado e condicionado historicamente, mas foi além — seu legado segue vivíssimo. Paulo vivenciou, menino ainda, as aulas de ler, escrever e contar. Elas lembravam, nas escolas que frequentou, as ministradas na Colônia e no Império, para "os filhos dos principais da terra". Paulo superou o rigor da pedagogia jesuítica, cujo objetivo era instruir e catequizar: "com sangue a letra entra".

Paulo guardou uma lembrança feliz de sua primeira infância. Disse, em depoimento ao semanário *O Pasquim*, em 1978:

> eu sou de uma geração que viu e participou, como espectador, pelo menos, de um mundo de modernizações. [...] O quintal enorme de minha casa, ligando a rua do Encanamento com a rua de São João, era o meu mundo. Cheio de árvores, de bananeiras, cajueiros, fruta-pão, mangueiras. Eu aprendi a ler à sombra das árvores, o meu quadro-negro era o chão, meu lápis, um graveto de pau.

Paulo se fez educador estudando a história da nossa educação. Religioso — na perspectiva da teologia da libertação —, interessou-se pela intervenção laica da era pombalina, com a expulsão da Companhia de Jesus (1759): aulas régias, subsídio literário. Descobriu ali, talvez, a importância do caráter de iniciativa estatal — ainda que muitíssimo insuficiente — do sistema educacional no Brasil, durante o Império e boa parte da República.

E também a marca de dominação e de reprodução controlada do conhecimento naquele contexto. Os mestres-escola não eram livres para a aventura do pensamento: "se alguns forem amigos de novidades ou de espírito demasiado livre, devem ser afastados sem hesitação do serviço docente", já rezava a *Ratio* da Contrarreforma, em 1599.

No Período Joanino (1808-1822), com o Brasil tornado sede do Estado absolutista português, os bisavós de Paulo viram surgir as primeiras escolas superiores — academias militares, laboratório químico, desenho e artes e outras —, sobretudo na Corte (Rio de Janeiro), com seus 45 mil habitantes daquele início do século XIX. Foi no início do Império que foram oferecidos os primeiros cursos jurídicos, para formar aqui o estamento político-burocrático. Muito tempo depois, Paulo fez direito na secular Faculdade do Recife, entre 1943 e 1947.

O Brasil nasceu como nação em 1822, um século antes do século de Paulo, com cinco milhões de habitantes (um milhão de africanos escravizados e estimados oitocentos mil índios). E com um edificante preceito na primeira Constituição brasileira, outorgada em 1824: "haverá escolas em cada termo, ginásios em cada comarca, universidades nos mais apropriados locais". Como é de nossa má tradição, essa assertiva jamais desceu do papel para a vida real.

Não passou despercebido a Paulo, porém, que ao longo dos reinados petrinos foram criados liceus provinciais. Vieram também as primeiras escolas normais, para formação das professoras (desde então, as mulheres predominavam no ofício de ensinar). Aos poucos, íamos avançando na escolarização, mas com os limites de uma sociedade escravocrata: nunca para generalizar a educação, mas sim para formar a elite dos "ilustrados" e reproduzir as formas de mando.

O ensino primário, obrigatório desde 1870 (Lei Leôncio de Carvalho), chegava só a duzentas mil crianças. Sempre o funil: no então ginásio do fim do Império, apenas dez mil. E, nas instituições superiores — dos filhos da aristocracia que não iam para Coimbra ou Évora —, só 2.260 privilegiados.

No alvorecer da República, éramos quinze milhões de habitantes, com 15% de alfabetizados — entre eles, Joaquim Themístocles, potiguar, pai de Paulo, e Edeltrudes (dona Tudinha), sua mãe. Já entre os pouco mais de setecentos mil negros saídos da opressão da escravização (e jogados à própria sorte), 99% eram analfabetos. A negação da instrução dá continuidade à marginalização. Nenhum fracasso: sucesso total em perpetuar a tutela da "casta civilizada" sobre a "plebe ignara".

Paulo é um brasileiro da República, e o público, em oposição ao privado, sempre o interessou. Gilberto Freyre (1900-1987), seu conterrâneo e contemporâneo, fez análises tornadas clássicas do Brasil em *Casa-grande e senzala* e *Sobrados e mocambos*. Paulo fez, na vida, inequivocamente, a opção preferencial pelo povo explorado da senzala e pelos invisibilizados dos mocambos.

A forte influência positivista no novo regime levou à criação da Pasta da Instrução Pública, Correios e Telégrafos. O ensino, entretanto, continuava bacharelesco: fundamentalmente, visava formar os representantes políticos da oligarquia. Paulo veio ao mundo nesse mundo, que problematizou.

Mas o século de Paulo é também o da afirmação, aos trancos e barrancos, de uma estrutura mínima para o ensino público no Brasil. A chamada República Nova, da Revolução de 1930 (que não foi), repactuou as velhas oligarquias com a burguesia industrial nascente e as classes médias urbanas. Criou, em 1930, o Ministério da Educação e Saúde Pública. No ano seguinte, a reforma de Francisco Campos estabeleceu o ensino fundamental de cinco anos, mais um ciclo complementar de três. Em 1932 foi lançado o Movimento Escola Nova, expressão pedagógica do Brasil urbano-industrial, de enorme importância para o surgimento posterior de formuladores e militantes pedagógicos como Paulo Freire e Darcy Ribeiro.

Pedagogia: jeito de ensinar, percepção do aluno como portador de consciência e direitos, superando a simples memorização. Pedagogia para o desenvolvimento das potencialidades individuais e percepção de que todo ser humano é um ser de relações. Educação como preparação para o trabalho "moderno". Não por acaso, Anísio Teixeira (1900-1971), outro grande do século, adotava as experiências educacionais dos Estados Unidos como grandes modelos.

A Constituição de 1934 criou o Conselho Nacional de Educação. A Educação no Brasil começava a ser pensada como um sistema nacional, com todas as precariedades de um país com unidade mais formal e jurídica do que real. A província ainda prevalecia com seus "feudos" do Brasil profundo, dos "donos de gado e gente", dos "coronéis" representados nos centros de decisão política pelos "doutores" bacharéis.

Em 1940, sete de cada dez brasileiros não iam à escola. A reforma de Gustavo Capanema instituiu, para além do ensino primário, o ginásio de quatro anos e o colegial de três — científico ou clássico. Enquanto Vargas afinava seu vocativo "trabalhadores do Brasil", expressando pela primeira vez na história a visibilidade dessa categoria social majoritária — o operariado —, a educação formadora da nova mão de obra ganhou o apoio das empresas dos setores das atividades essencialmente urbanas. Surgiu, então, o "Sistema S" a partir da criação do Serviço Nacional de Aprendizagem Industrial (Senai) em 1942 e logo em seguida, em 1946, do Serviço Nacional de Aprendizagem do Comércio (Senac), do Serviço Social do Comércio (Sesc) e do Serviço Social da Indústria (Sesi); complementaram esse sistema o advento de outras organizações como o Serviço Brasileiro de Apoio às Micro e Pequenas Empresas (Sebrae), criado em 1972, o Serviço Nacional de Aprendizagem Rural (Senar), em 1991, o Serviço Social de Transporte (Sest) e o Serviço Social de Aprendizagem do Transporte (Senat), ambos em 1993, e o Serviço Nacional de Aprendizagem do Cooperativismo (Sescoop), em 1998. Paulo ingressou no Sesi em 1947 e trabalhou ali por mais de uma década como diretor da divisão de Educação e Cultura.

Paulo, à época da criação do Sistema S, completava seus estudos secundários no Colégio Oswaldo Cruz, de propriedade de Aluizio Pessoa de Araújo. (Um parêntesis afetivo: Aluizio era pai de sua última e igualmente amada esposa, Nita Freire. Quando se uniu a Nita, Paulo era viúvo de Elza, outro grande e primordial amor, com quem se casara em 1944.)

Foi também no Colégio Oswaldo Cruz que Paulo iniciou sua práxis como professor de língua portuguesa, indicado por seu próprio professor, que estava se mudando para o Rio, para substituí-lo na matéria. Paulo descreve sua estreia no magistério como um "alumbramento", dizendo-se "apaixonado, enfeitiçado mesmo pela docência".

Em entrevista ao Sindicato dos Professores de São Paulo, em dezembro de 1991, Paulo contou: "Fui um menino cheio de 'anúncios docentes', o que não significa que eu tenha nascido professor. Quando me revejo, me retomo — coisa que gosto de fazer —, me lembro que era um menino curioso. Um professor que não exerce a curiosidade está equivocado".

Paulo viveu nos tempos inaugurais do planejamento educacional nacional, o momento da elaboração das Leis de Diretrizes e Bases, dos Planos Nacionais de Educação, e sempre considerou muito importante que todas as professoras e professores, todas as organizações estudantis, interferissem do jeito que pudessem na confecção desses documentos — mais do que por mera curiosidade. Nada de ficar só assistindo, "vendo a banda passar". Era preciso "entrar na dança".

Sabedor da necessidade de pensar grande e planejar, Paulo compreendia também a educação como tarefa artesanal, tecida no dia a dia, em cada sala de aula, em cada troca do processo de ensino-aprendizagem. Sempre considerou que a grande escola era a vida e que ela entrava com mais facilidade e diversidade nas escolas públicas, gratuitas, democráticas e de qualidade.

DECÁLOGOS

O que Paulo, enfim, nos deixou? De seus muitos livros, podemos extrair princípios fundantes da sua pedagogia. Arriscaria elencar dez deles:

1. Educação como leitura do mundo, desde a alfabetização: a leitura do mundo precede a leitura da palavra; cada um aprende a dizer a *sua* palavra, a partir do reconhecimento do seu lugar no mundo (Freire, 1985).
2. Educação como desvendamento da realidade — de si, dos outros, da sociedade — sem aceitá-la como definitiva, imutável: "A gente tem que lutar para tornar possível o que ainda não é possível. Isto faz parte da tarefa histórica de redesenhar e reconstruir o mundo".[1]
3. Educação como conscientização e ação política: "Ninguém luta contra forças que não entende" (Freire, 1983).
4. Educação como troca de saberes: "Não há saber mais ou saber menos: há saberes diferentes" (Freire, 1983).
5. Educação do(a) professor(a) como mediador(a) e problematizador(a): educar é impregnar de sentido tudo o que fazemos, a cada instante (Freire, 1996).
6. Educação integral: superar a educação bancária; nenhuma criança é uma página em branco em que serão inscritas as primeiras luzes; não considerar o educando como só existindo do pescoço para cima (Freire, 1983).
7. Educação como processo contínuo e permanente — os círculos de cultura; ninguém educa, conscientiza ou li-

1 *Balanço Geral da SME, Projeção Trienal*. São Paulo: Secretaria Municipal de Educação, 1992.

berta ninguém: as pessoas se libertam em comunhão (Freire, 1987).

8. Educação como projeto político-pedagógico (escola democrática): não basta saber ler que "Eva viu a uva". É preciso compreender qual a posição que Eva ocupa no seu contexto social, quem trabalha para produzir a uva e quem lucra com esse trabalho (Freire, 1983).
9. Educação como estímulo ao protagonismo histórico: "Não sou apenas objeto da história, mas sou sujeito igualmente. No mundo da História, da cultura, da política, constato não para me adaptar, mas para mudar" (Freire, 1996).
10. Educação como instrumento de transformação social: "A educação sozinha não muda a sociedade, mas sem ela a sociedade tampouco se transforma" (Freire, 2000).

Paulo, o "dialógico", tinha enorme apreço pela democracia. Para ele, o sectarismo era o contrário do saudável radicalismo, que significava ir à raiz das coisas, saber escutar e, em diálogo, chegar a uma síntese, a um pensamento novo. O sectário, para Paulo, não era sequer um "aliado equivocado": "o povo não conta nem pesa para o sectário, a não ser como suporte para seus fins. Ele nada cria porque não ama" (Freire, 1967, p. 51).

Paulo tinha obsessão pela coerência, quando pensamento e vida são uma coisa só: "É necessário que os revolucionários deem testemunho, mais e mais, da radical diferença que os separa das forças reacionárias" (Freire, 1981, p. 65). Paulo foi, para mim e para minha geração de educadores, um mestre instigante e influente. Não apenas ele. Nas veredas da minha vida docente, aprendi mais do que ensinei. Um desses aprendizados veio de uma jovem aluna da disciplina de prática do ensino de história, que ministrei na Universidade Federal do Rio de Janeiro (UFRJ). Ela me provocou: "Professor, diga pra gente, em dez afirmações, o que é educar?". "Vamos descobrir juntos", devolvi.

A dinâmica dialógica, aprendida com Paulo Freire, provocou uma elaboração coletiva. Trocando ideias, conseguimos criar algo que foi útil para todos, nos melhorou como pessoas e como professoras (a maioria da turma era de mulheres, e quase todas já lecionavam). Além de Paulo e Darcy, Hannah Arendt, Rubem Alves, Emilia Ferrero, Anísio Teixeira, Makarenko, Carlos Rodrigues Brandão (colaborador deste livro) e muitos outros — pedagogos, sociólogos, historiadores, antropólogos — foram sendo lembrados por minha turma de alunos e nos ajudaram a compor este decálogo, necessariamente sintético, que compartilho a seguir.

1. *Educar é humanizar*, é tornar o ser humano, que tem *condição* e não *natureza* predeterminada, ainda mais humano, racional e gregário;
2. *Educar é descentrar*, isto é, ajudar a superar o "pecado original" do egocentrismo, que está em toda criança, para encaminhá-la rumo à socialização;
3. *Educar é ensinar a olhar para fora* — leitura do mundo, reconhecimento do outro — *e para dentro* — autoconhecimento;
4. *Educar é fazer ler, escrever e contar* para tornar o educando capaz de *reflexão, narrativa e partilha*;
5. *Educar é facilitar a percepção de cada um e de todos como seres naturais e culturais*, dotados de objetividade e subjetividade, quebrando a dissociação corpo/espírito;
6. *Educar é ensinar a grande geografia*, a percepção do nosso espaço vivido, *e a imprescindível ecologia*, pela qual nos compreendemos como parte da natureza, e não seus dominadores e predadores;
7. *Educar é despertar em cada um a consciência da História*, que valoriza o passado que nos constituiu, o presente que nos explica e o futuro socialmente mais justo e igualitário a ser construído;

8. *Educar é politizar*, ou seja, estimular em cada aluno a consciência de classe e de cidadania, o espírito crítico e o ânimo participativo na *civitas*, na *polis*, na sociedade humana;
9. *Educar é possibilitar o discernimento entre informação*, em geral meramente publicitária e dispersa, moldada para forjar consumidores, *e conhecimento*, que vai fundo no entendimento do mundo e forma pessoas;
10. *Educar*, enfim, *é fazer artesanato*, com a consciência de que a escola, por si só, não muda a sociedade, mas pode e deve transformar as pessoas; e estas, organizadas na cena pública, revolucionarão o mundo.

ESCOLA E ESCOLHAS

> Não me atraía a matemática, muito menos as letras de dona Lourdes. Não me interessava por suas aulas em que contava a história do Brasil, em que falava da mistura entre índios, negros e brancos, de como éramos felizes, de como nosso país era abençoado. Não aprendi uma linha do Hino Nacional, não me serviria [...]. Muitas crianças também não aprenderam, pude perceber, estavam com a cabeça na comida ou na diversão que estavam perdendo na beira do rio, para ouvir aquelas histórias fantasiosas e enfadonhas sobre os heróis bandeirantes, depois os militares, as heranças dos portugueses e outros assuntos que não nos diziam muita coisa. Meu desinteresse só fazia crescer. (Vieira Junior, 2019, p. 97)

Ao ler esse trecho do romance *Torto arado*, de Itamar Vieira Junior, Paulo Freire não me saía da cabeça. É o relato concretíssimo daquilo que ele denunciou como "educação bancária", na qual se deposita na cabeça do aluno uma série de "conteúdos" inúteis.

É Paulo, é pedra, é o início, meio e fim do caminho: "A tarefa mais importante de uma pessoa que vem ao mundo é criar algo novo", repetia. Ele não era um instrutor, um mestre-escola, um sábio. Paulo gostava de ser *educador*, com tudo de criativo, inventor, rebelde, delicado e guerrilheiro que isso significa. Paulo mais desvendou que inventou. Indagou, questionou, afirmou realidades que andavam escondidas. E isso, neste mundo de dogmas e verdades prontas, já é uma invenção. Paulo Freire constatou, como já vimos, que não há ninguém inculto. Que todos, sem exceção, do mais analfabeto ser humano ao mais coberto de títulos acadêmicos, são portadores de saberes, de inteligência, de capacidade de conhecer mais e mais.

Os conceitos de Paulo sobre educação conscientizadora, leitura do mundo precedendo a leitura da palavra, processo dialógico (escuta do outro e intercâmbio de saberes), autonomia e irrenunciável dimensão da utopia (tornar o impossível possível) estavam encarnados em práticas que lhes davam a validade da experiência e estão ainda mais atuais. Há em todo o mundo a escalada neofascista da extrema direita — que, no Brasil, não por acaso, o tem como "inimigo número um" e, ignorante de sua vasta obra, o chama de "energúmeno".

Suas "pedagogias", longe de uma inexistente neutralidade, são o enunciado de uma escolha, de uma posição, de um "tomar partido" (suprapartidário): pedagogia do oprimido, da esperança, da autonomia, da indignação, dos sonhos possíveis, da tolerância.

Nita Freire, na biografia do seu parceiro, sintetiza:

> seus núcleos temáticos caminharam — sempre dentro da dialeticidade intrínseca ao seu modo de ser, de pensar e de interpretar o mundo — das condições de opressão de classe social às de etnia, religião, gênero, escolhas sexuais e outras discriminações; da opressão nas condições de trabalho no campo às do/as trabalhadore/as dos centros urbanos. Das dificuldades de enten-

dimento crítico do/a professor/a sobre sua tarefa ético-política (tanto quanto a pedagógico-cognoscitiva) às propostas de diálogo libertário e gerador do conhecimento entre professor(a)-aluno(a). Das questões da escola privada ou pública à educação popular; da solidão à comunhão.

Paulo Freire disse que o dominador é tão poderoso que consegue, às vezes, entrar dentro do coração e da razão do dominado, que se nega a si mesmo. Afirmou que educação que não chega às classes populares será sempre reprodutora da exploração. Provocativo, pontuou também que a arrogância burra da escola é considerar que antes dela nada existe, ou que as crianças precisam ser "higienizadas" culturalmente para poder aprender.

Por fim, mas não por último: Paulo reafirmou que a política é uma dimensão fundamental da vida e que esses tempos de endeusamento do mercado, de "coisificação" da vida são muito medíocres. É preciso superá-los — na escola, na luta política, construindo pontes para derrubar os muros do individualismo e da competição.

Quando de sua gestão à frente da Secretaria Municipal de Educação de São Paulo, no memorável governo da prefeita Luiza Erundina (1989-1992), chegou a dizer, em entrevista: "Falam tanto de método Paulo Freire, mas há professoras anônimas, no Brasil mais esquecido, criando, com recursos precários, métodos de alfabetização muito criativos e eficazes, quem sabe melhores do que esse que dizem ser 'meu'...".

O estrangulamento da educação pública foi um projeto do governo Bolsonaro. Fez parte da sua "guerra cultural cruzadista" e retrógrada contra o avanço do conhecimento. O obscurantismo não suporta o pensamento vivo, pois ele aniquila preconceitos e dogmatismos. Não por acaso tentaram tirar de Paulo Freire o título de patrono da educação brasileira. Não passarão. Essa cruzada bolsonarista contra a educação está criando um desgaste que pode levar à deterioração não do ensino público (este já bastante precarizado), mas do arranjo constitucional no Brasil.

Educar, hoje, é tão difícil quanto necessário. Educar, mais do que nunca, é acumular saberes para humanizá-los, distribuí-los e dar-lhes um sentido ético, solidário, coletivista. É contribuir para partilhar com as pessoas um instrumental que lhes permita emancipar-se e dizer: "Sou o que faço com o que fazem de mim". Essa educação não interessa aos atuais donos do poder. Reafirmá-la, nas salas de aula e nas praças públicas, é resistir.

Mundo do consumo, sociedade do espetáculo, do virtual, do imaginário — e é especialmente aí, na produção do simbólico, que os educadores atuam, em condições adversas, contra os poderosíssimos e sedutores meios eletrônicos de comunicação de massa, que reproduzem a idolatria de mercado.

Mundo do "território livre" da internet, no qual predominam a "pós-verdade" e as fake news. O planeta virtual vai criando uma espécie de "cidadania da poltrona", em que cada um é propagador de si mesmo. Vai se estiolando a noção do gregário, do presencial afetuoso, dos laços de fraternidade. Nesse caldo de cultura, os autoritarismos "liberais" (protofascistas, na verdade) e "meritocráticos" estão em franca ascensão. Porém, não são imbatíveis, muito menos eternos. A obra de Paulo Freire é uma arma permanente contra esse "desfazimento" do gregário.

Há sempre uma ideologia dominante. Ideologia como amálgama, como cimento do edifício social. A que predomina hoje está fundada no deus mercado "acima de tudo", para o qual tudo é troca e tudo tem um preço. E o preço que todos pagam, pobres em especial, é o de viver numa civilização medíocre, na qual se cultua a "sorte grande", o "prazer imediato e infinito", o "vale tudo por dinheiro" e a demissão histórica.

Universo também da insegurança, da falta de perspectivas, da diluição da ideia de valores coletivos, ideais comunitários e projetos societários. Há até aqueles que, dotados de alguma visão crítica, acabam cedendo, desistindo de lutar, acomodando-se em uma espécie de *neoconformismo esclarecido*. Paulo Freire, com seu corpo franzino, seu forte sotaque pernambucano (que gostava de saborear e oferecer), sua barba e fala de profeta, faz muita falta. Urge resgatá-lo.

VIVER DOCENTEMENTE

Paulo Freire viveu grandemente. Pernambucano do mundo, brasileiro planetário, sonhador aos 15, 30, 60, 75 anos. Aqui ou em Genebra. No Chile ou na Guiné. Paulo não disse apenas, ele fez. Paulo, revolucionário, solidário, socialista, era místico também. Aquele que queria mais que esperar: "esperançar". Paulo amou a Deus, amou a quem não viu, amou seus semelhantes que continuam aqui, esperando gestos de esperança. Onde houver uma relação de generosidade e alegria entre pessoas, o espírito de Paulo, *o educador*, viverá.

Em abril de 1997, poucos dias antes de sua morte, Paulo foi entrevistado em Nova York por Edney Silvestre para um programa da TV Globo. À indagação sobre como gostaria de ser lembrado, foi totalmente Paulo, plenamente Freire, aquele que viveu docentemente até o fim:

> esta é ótima, é ótima! Uma pergunta muito gostosa. Eu até vou aprender a fazer esta pergunta a outras pessoas. Sabe que eu nunca tinha pensado nisso? Mas, agora que você me desafia, talvez a minha resposta seja um pouco humilde. Eu gostaria de ser lembrado como um sujeito que amou profundamente o mundo e as pessoas, os bichos, as árvores, as águas, a vida.

Nita Freire definiu com muita sensibilidade esse grande ser humano:

> nos seus mais de 75 anos, certamente o sentimento que Paulo Freire mais viveu foi esse: o amor. Recebeu o dom da amorosidade e foi construindo o seu existenciar-se em torno do amor aos outro/as [...]. Lutou toda a sua vida para "construir um mundo onde amar seja possível". [...] Paulo sempre defendeu a vida, a vida para ser vivida por todos e todas com dignidade, com respeito. Assim, entregou sua própria vida "aos esfarrapados do mundo", aos explorados/as e oprimidos/as. Com tolerância, generosidade e compromisso. Com amor.

Se foi assim, assim será. Desde que sejamos também. A obra e a práxis de Paulo Freire continuam em nós.

Encerro este texto com o poema composto por Thiago de Mello (1926-2022) em 1964, em homenagem a Paulo Freire e à Campanha Nacional de Alfabetização do Movimento de Educação de Base. Thiago era adido cultural do Brasil no Chile e, tendo ouvido uma explanação de Paulo por lá, ficou maravilhado. Dias depois, leu por telefone essa obra-prima para Paulo (imaginem a emoção).

CANÇÃO PARA OS FONEMAS DA ALEGRIA

Peço licença para algumas coisas.
Primeiramente para desfraldar
este canto de amor publicamente.

Sucede que só sei dizer amor
quando reparto o ramo azul de estrelas
que em meu peito floresce de menino.

Peço licença para soletrar,
no alfabeto do sol pernambucano
a palavra ti-jo-lo, por exemplo,

e poder ver que dentro dela vivem
paredes, aconchegos e janelas,
e descobrir que todos os fonemas

são mágicos sinais que vão se abrindo
constelação de girassóis gerando
em círculos de amor que de repente
estalam como flor no chão da casa.

Às vezes nem há casa: é só o chão.
Mas sobre o chão quem reina agora é um homem
diferente, que acaba de nascer:

porque unindo pedaços de palavras
aos poucos vai unindo argila e orvalho,
tristeza e pão, cambão e beija-flor,

e acaba por unir a própria vida
no seu peito partida e repartida
quando afinal descobre num clarão

que o mundo é seu também, que o seu trabalho
não é a pena paga por ser homem,
mas o modo de amar — e de ajudar

o mundo a ser melhor. Peço licença
para avisar que, ao gosto de Jesus,
este homem renascido é um homem novo:

ele atravessa os campos espalhando
a boa-nova, e chama os companheiros
a pelejar no limpo, fronte a fronte

contra o bicho de quatrocentos anos,
mas cujo fel espesso não resiste
a quarenta horas de total ternura.

Peço licença para terminar
soletrando a canção de rebeldia
que existe nos fonemas da alegria:

canção de amor geral que eu vi crescer
nos olhos do homem que aprendeu a ler.

REFERÊNCIAS

BOFF, Leonardo. *A Mãe Terra contra-ataca a Humanidade (advertências da pandemia)*. Petrópolis: Vozes, 2021.

CUNHA, Luiz Antonio. *A universidade temporã*. Rio de Janeiro: Civilização Brasileira, 1980.

FREIRE, Ana Maria. *Paulo Freire, uma história de vida*. Indaiatuba: Villa das Letras, 2005.

FREIRE, Paulo. *Educação como prática da liberdade*. Rio de Janeiro: Paz e Terra, 1967.

FREIRE, Paulo. *Ação cultural para a Liberdade*. Rio de Janeiro: Paz e Terra, 1981.

FREIRE, Paulo. *Pedagogia do oprimido*. Rio de Janeiro: Paz e Terra, 1983.

FREIRE, Paulo. *A importância do ato de ler*. São Paulo: Cortez, 1985.

FREIRE, Paulo. *Pedagogia da esperança: um reencontro com a pedagogia do oprimido*. São Paulo: Paz e Terra, 1992.

FREIRE, Paulo. *Cartas a Cristina*. São Paulo: Paz e Terra, 1994.

FREIRE, Paulo. *Pedagogia da autonomia: saberes necessários à prática educativa*. São Paulo: Paz e Terra, 1996.

FREIRE, Paulo. *Cartas a Guiné-Bissau*. Rio de Janeiro: Paz e Terra, 1997.

FREIRE, Paulo. *Pedagogia da indignação: cartas pedagógicas e outros escritos*. São Paulo: Editora Unesp, 2000.

FREIRE, Paulo. *Pedagogia dos sonhos possíveis*. São Paulo: Editora Unesp, 2001.

FREIRE, Paulo. *Pedagogia da tolerância*. São Paulo: Editora Unesp, 2005.

HERINGER, Rosana & FERREIRA, Renato. "Análise das principais políticas de inclusão de estudantes negros no ensino superior no Brasil no período 2001-2008". *In*: HERINGER, Rosana & DE PAULA, Marilene (org.). *Caminhos convergentes: estado e sociedade na superação das desigualdades raciais no Brasil*. Rio de Janeiro: Heinrich Böll Stiftung, 2009.

MENDONÇA, Ana Waleska. "A universidade no Brasil", *Revista Brasileira de Educação*, n. 14, mai.-ago. 2000.

RIBEIRO, Darcy. *O processo civilizatório (etapas da evolução sociocultural)*. Rio de Janeiro: Civilização Brasileira, 1968.

RIBEIRO, Darcy. *O povo brasileiro (a formação e o sentido do Brasil)*. São Paulo: Companhia das Letras, 1999.

RIBEIRO, Maria Luísa Santos. *História da educação brasileira: a organização escolar*. São Paulo: Cortez & Moraes, 2000.

SAMPAIO, Helena. "Diversidade e diferenciação no ensino superior no Brasil (conceitos para discussão)", *Revista Brasileira de Ciências Sociais*, v. 29, n. 84, fev. 2014.

VARGAS, Hustana. "Sem perder a majestade: 'profissionais imperiais' no Brasil", *Estudos de Sociologia*, v. 15, n. 28, 2010.

VIEIRA JUNIOR, Itamar. *Torto arado*. São Paulo: Todavia, 2019.

Alessandro Santos Mariano * Atua no Setor de Educação Nacional do Movimento dos Trabalhadores Rurais Sem Terra (MST), é doutorando na Faculdade de Educação da Universidade Estadual de Campinas (Unicamp). E-mail: alessandromstpr@gmail.com.

Eric de Oliveira * Atua no Setor de Formação do Movimento dos Trabalhadores Rurais Sem Terra/Espírito Santo (MST/ES). Mestre em educação pelo Programa de Pós-Graduação em Educação Agrícola da Universidade Federal Rural do Rio de Janeiro (UFRRJ). E-mail: eric.eira.mepes@gmail.com.

TERRITÓRIOS FREIRIANOS: CONTRIBUIÇÕES DE PAULO FREIRE NA LUTA E NA CONSTRUÇÃO DA PEDAGOGIA DO MST

Alessandro Santos Mariano

Eric de Oliveira

Em 2021, o Movimento dos Trabalhadores Rurais Sem Terra (MST), junto com centenas de organizações populares, celebrou o centenário de Paulo Freire, pois reafirmar e cultivar o seu legado nestes tempos difíceis é uma necessidade histórica, tanto por sua contribuição extraordinária para a construção da educação crítica e libertadora, comprometida com as causas dos oprimidos, quanto pela necessidade de recolocar a luta em defesa da educação pública na construção de um projeto de país radicalmente democrático e soberano.

O MST, desde sua fundação, em 1984, tem construído um projeto de educação tendo Paulo Freire como um dos seus principais referenciais. Suas escolas e práticas educativas são orientadas pela pedagogia freiriana, constituindo-se numa pedagogia *do* e *para* os oprimidos, pois é construída no processo de luta e organização do povo sem-terra pela reforma agrária.

Este capítulo toma por base fontes primárias — documentos produzidos no MST no período de 1982 a 2000 — que resgatam a presença física e pedagógica de Freire no movimento e atestam as contribuições da pedagogia freiriana para a pedagogia do MST.

Desde a sua gênese, o MST tem conectado a luta pela terra ao direito à educação, buscando conquistar escolas públicas e imprimir mudança na forma e no conteúdo de suas práticas educativas, na perspectiva da superação da educação bancária e da formação unilateral, avançando em práticas educativas dialógicas e na formação de sujeitos críticos e ativos.

Nessas quatro décadas, a luta e resistência do povo sem-terra conquistou aproximadamente 1,5 mil escolas públicas (estaduais e municipais), das quais 120 ofertam até o ensino médio, duzentas o ensino fundamental completo e as demais ofertam os anos iniciais. Nelas estudam em torno de duzentas mil crianças, adolescentes, jovens e adultos, e atuam cerca de dez mil educadoras(es). Mas um grande destaque se deve ao trabalho de alfabetização de jovens e adultos, que tirou mais de cem mil pessoas que residem em assentamentos e acampamentos das estatísticas de analfabetismo.

O ideário de Paulo Freire orienta também o conjunto de práticas formativas e organizativas diversas do movimento para além da educação, como a organização das famílias para a ocupação de latifúndios, organização dos assentamentos com a constituição de cooperativas, associações etc., reafirmando que a pedagogia freiriana é uma pedagogia dos oprimidos em luta e organização coletiva.

A LUTA DO MST PELO DIREITO À EDUCAÇÃO E AS PRIMEIRAS APROXIMAÇÕES COM A PEDAGOGIA FREIRIANA

Desde os primeiros acampamentos, o MST desenvolveu a luta pelo direito à educação. A primeira escola a ser construída em um acampamento sem-terra foi a do Acampamento Natalino, município de Ronda Alta (RS), em 1982, legalizada só em 1984, já quando se transformou em assentamento. Em relação à educação de jovens e adultos, sempre houve a organização de turmas de alfabetização, dada a necessidade dos camponeses que integravam a luta pela terra de aprender a assinar o nome.

A pedagogia freiriana foi o principal referencial desde esse início, como pode ser visto num registro histórico no *Jornal Sem Terra*.[1] Numa nota de dois parágrafos intitulada "Paulo Freire", encontramos a descrição da visita ao acampamento de Ronda Alta de dois assessores de Paulo Freire, que trabalharam na formação das educadoras e educadores e de alfabetizadoras e alfabetizadores, para um processo de alfabetização de adultos. Vejamos a nota na íntegra:

> Dois assessores do Professor Paulo Freire estiveram visitando o acampamento, dentro dos planos da assessoria educacional de Nova Ronda Alta, uma vez que cerca de 50% dos acampados não sabem ler nem escrever. Os professores do Idac de São Paulo aproveitaram para dar início ao treinamento de monitores que posteriormente irão realizar cursos de alfabetização com base no método Paulo Freire.

1 "Novo acampamento precisa de alimentos", *Jornal Sem Terra*, n. 22, mai. 1982, p. 2.

Os escritos de Camini e Stédile (2021) contam que o convite para vir orientar o trabalho com a educação no Acampamento Natalino foi feito ao próprio Paulo Freire, que havia regressado do exílio naquele período. Mas, como havia recentemente assumido funções de docência na Unicamp, Freire indicou Vera e José Carlos Barreto:[2]

> Nós sonhávamos com a possibilidade de Paulo Freire vir ao acampamento e organizarmos uma oficina de preparação de monitores de alfabetização. Contudo, por estar reorganizando sua vida no Brasil e ter assumido a docência na Unicamp, sua agenda não permitiu a viagem naquele momento. Então, gentilmente, ele destinou essa tarefa ao casal Vera e José Carlos Barreto, da sua equipe de trabalho. Com ela e ele fizemos várias sessões de trabalho, estudamos e discutimos textos de Paulo Freire. Principalmente queríamos entender o método de alfabetização, como escolher os temas geradores, as palavras-chave. Começamos o exercício de pensar como alfabetizar e conscientizar ao mesmo tempo, desde a nossa realidade, geradora de grandes questões e aprendizados. (Camini & Stédile, 2021, p. 3)

A partir dessas experiências de conquista de escolas e organização de alfabetização de jovens e adultos no Rio Grande do Sul, o movimento passou a expandir o trabalho com a educação para outros estados, constituindo em 1987 o Coletivo Nacional de Educação do MST, passando a desenvolver um processo articulado e amplo de luta pela conquista de escolas nos assentamentos, mas também campanhas de alfabetização e educação de

2 Trata-se do casal de educadores que foi buscar Paulo Freire no aeroporto quando ele voltou do exílio, em 7 de agosto de 1979 (Haddad, 2019, p. 148).

jovens e adultos, avançando para a luta pela educação infantil e, nos anos subsequentes, pelo acesso ao ensino superior.

A luta do MST levou as famílias sem-terra, nos acampamentos e assentamentos, a compreender a educação como direito, mas também a reivindicar uma educação de outro formato. Desde as primeiras elaborações teóricas sobre a escola no MST, a pedagogia freiriana contribuiu para pensar esse outro formato, levando o MST em suas práticas educativas a pensar a organização do trabalho pedagógico que privilegia a seleção de conteúdos comprometidos com a luta pela terra. Uma das primeiras constatações foi que os conflitos em torno da terra precisavam ser trabalhados pela escola e que a função dela é vincular o conhecimento e o processo educacional à organização dos assentamentos, às formas de trabalho e à organização do movimento (Caldart & Schwaab, 1990).

Acompanhando o percurso de formulações, encontramos no Documento Básico do MST, de 1991, que sistematiza a vida interna do movimento e aponta as ações para o trabalho dos setores, diretrizes para o trabalho com a educação:

> transformar as escolas de 1º grau dos assentamentos em instrumentos de transformação social e de formação de militantes do MST e de outros movimentos sociais com o mesmo projeto político; desenvolver uma proposta de educação que proporcione, às crianças, conhecimentos e experiências concretas de transformação da realidade, a partir dos desafios do assentamento ou acampamento, preparando-se crítica e criativamente para participar dos processos de mudança da sociedade. (MST, 2005, p. 50)

Essas formulações foram fruto dos debates e reflexões do Setor de Educação, que avançou na elaboração da proposta pedagógica do movimento, com a realização de cursos de magistério na Fundação de Desenvolvimento, Educação e Pesquisa da Região

Celeiro (Fundep), que em 1992 passaram a ter a participação das lideranças do Setor de Educação dos diversos estados, tornando-se espaços férteis de debate teórico e prático. A formação de educadoras e educadores para as áreas de reforma agrária foi, portanto, a primeira atividade de educação profissional intencionada pelo movimento.

O primeiro *Boletim de Educação*, publicado em agosto de 1992 com o título "Como deve ser uma escola de assentamento" (MST, 2005), vislumbrava uma escola aliada ao movimento e apresentava os seguintes objetivos para as escolas de assentamentos:

> (i) A escola de assentamento deve preparar as crianças para o trabalho no meio rural; (ii) A escola deve capacitar para cooperação; (iii) A direção da escola deve ser coletiva e democrática; (iv) A escola deve refletir e qualificar as experiências de trabalho produtivo das crianças no assentamento; (v) A escola deve ajudar no desenvolvimento cultural dos assentados; (vi) O ensino deve partir da prática e levar ao conhecimento científico da realidade; (vii) O coletivo da escola deve se preocupar com o desenvolvimento pessoal de cada aluno; (viii) O professor tem que ser militante; (ix) A escola deve ajudar a formar militantes e exercitar a mística da luta popular; (x) A escola é também lugar de viver e refletir sobre uma nova ética. (MST, 2005, p. 40)

Percebemos que o MST foi aperfeiçoando a compreensão da escola conectada diretamente às estratégias de luta do movimento, direcionando para as escolas o vínculo entre educação e trabalho e tomando como referência a organização do trabalho na forma de cooperação. O movimento também estruturou uma proposta de Educação de Jovens e Adultos (EJA), que avançou significativamente nos anos 1990, com duas características principais: na linha política do movimento, estimular que todos os sem-terra se alfabetizassem, portanto, que dominassem a escrita para avançar em conhecimentos, sendo a tarefa de alfabetização uma tarefa política; e estabelecer uma proposta de EJA para o MST derivada do direito de acesso à alfabetização (MST, 2004).

O primeiro curso de formação de educadoras e educadores de jovens e adultos foi realizado em 1991, dedicado a preparar alfabetizadoras e alfabetizadores, até então chamados de monitoras e monitores, para atuação em um projeto de alfabetização nos assentamentos do Rio Grande do Sul. Esse projeto foi financiado por meio de um convênio entre o Instituto Cultural São Francisco de Assis (ICSFA) e o Ministério de Educação e Cultura (MEC), que durou até 1993 e envolveu cem turmas de alfabetização, por um período de dois anos. Foi lançado em 25 de maio de 1991, no Assentamento Conquista da Fronteira, no município de Hulha Negra, a aproximadamente 380 km da capital, Porto Alegre, e contou com a presença de Paulo Freire (MST, 2004).

A visita de Freire é um marco na história da educação do MST, pois foi a única visita do patrono a um assentamento. Na ocasião, ele foi acompanhado de Ana Maria Freire, sua esposa, e Ester Grossi, então secretária de Educação de Porto Alegre. Rita Zanotto relata (Camini & Stédile, 2021, p. 5):

> Trazer Paulo Freire para dentro de um assentamento, com a proposta de com ele seguir transformando, foi um sonho alimentado nos processos de formação, na leitura de seus livros, de seus textos que foram dando fundamento à ação. Foi complicada sua chegada naquelas longínquas terras de difícil acesso, onde não havia estradas transitáveis em dias de chuva. Em 25 de maio de 1991, chegou a Bagé e não havia formas de ir até ao assentamento Conquista da Fronteira. Com esta dificuldade, pensamos em fazer o ato no então Distrito de Hulha Negra, mas entendemos que não poderíamos negar a tantos assentados, que esperavam conhecer Paulo Freire, que prepararam a infraestrutura no único galpão que se dividia entre a produção e a criação de um espaço para acolher a comunidade. Fazer

lá na Vila seria negar a eles e elas a oportunidade de encontrar Paulo Freire, o grande educador.

A partir desse relato, percebemos o quanto os escritos e as reflexões teóricas de Paulo Freire foram referência nesse processo, reafirmando a pedagogia freiriana como uma das principais vertentes teóricas das quais o MST e suas educadoras e educadores se apropriaram para pensar o processo de alfabetização. A metodologia que se torna referência para alfabetização vem dos temas geradores sistematizados em *Pedagogia do oprimido* (Freire, 1987).

Ainda sobre a visita de Freire, relatos históricos apontam que 25 de maio de 1991 foi um dia muito chuvoso, em que as estradas estavam com muita lama e atoleiros. Quando Freire chegou ao município de Hulha Negra, perguntaram a ele se estaria disposto a enfrentar o desafio da estrada em más condições, ao que respondeu: "Mas, eu que escrevi *Pedagogia do oprimido*, como é que eu não vou lá onde os oprimidos escrevem a sua pedagogia?" (Camini & Stédile, 2021, p. 5). Para a chegada de Paulo Freire, os assentados tiveram de consertar uma ponte, e, por conta da lama, o carro que o transportava atolou. Imediatamente os sem-terra "de plantão" na estrada engataram o carro a um trator, garantindo assim a chegada à sede do assentamento.

Nesse encontro histórico, Paulo Freire ouviu o educador Lucas Cupsinski proferir um discurso em nome dos alfabetizadores. Freire o relembrou no depoimento gravado para o MST em 1996:

> Eu nunca me esqueço de uma frase linda de um educador, alfabetizador, um camponês sem-terra, de um assentamento enorme no Rio Grande do Sul aonde eu fui: um dia pela força de nosso trabalho e de nossa luta cortamos os arames farpados do latifúndio e entramos nele, mas, quando nele chegamos, descobrimos que exis-

> tem outros arames farpados, como o arame da nossa ignorância. (MST, 2020, p. 112)

Acreditamos que a expressão "ocupação do latifúndio do saber" aponta uma relação figurada para compreender o papel de ocupar a terra, mas também ocupar o latifúndio do conhecimento, no sentido de ser mais uma das dimensões negadas à classe trabalhadora. Essa compreensão foi sendo carregada, referenciada no conjunto dos materiais e elaborações do MST, no sentido de explicar para os sem-terra que não sabem ler e escrever que esse não é um problema de sua individualidade, mas uma questão sistêmica que precisa ser enfrentada, superada por meio da luta das trabalhadoras e trabalhadores.

No discurso proferido por Paulo Freire, direcionado aos camponeses assentados, entre vários elementos de valorização da luta, ele frisou a importância do acesso ao conhecimento como um direito:

> Essa tarde marca o começo mais sistematizado de um grande processo de luta, que é um processo político, que é um processo social e que é também um processo pedagógico. O que hoje se inicia tem a ver com dois direitos fundamentais entre outros, que poucos têm e por que têm que brigar. O direito a conhecer o que já conhece, e o direito a conhecer o que ainda não conhece. Esses dois direitos, o domínio da cultura, do domínio do saber, que imbricam necessariamente no direito de comer, o direito de dormir, o direito de sonhar. Esse primeiro direito, conhecer melhor o que já conhece, tem que ver com o que a gente chama de saber popular, sabedoria popular ao lado do saber que a gente chama de saber erudito, o saber acadêmico, saber científico. São aqueles dois saberes que a canção cantada aqui se referia com relação a caneta e enxada. E foi dito aqui como uma verdade histórica que desde o começo esses dois saberes representados pela caneta de um lado e a enxada de outro foram

> divididos, separados pela burguesia. E esses dois saberes precisam complementar-se. Então saber o que já conhece significa também saber a prática, por exemplo a prática de produzir, a prática de pensar, que está sempre associada à prática de fazer. Essa prática em todos nós gera certo saber, gera um certo conhecimento, uma certa sabedoria, essa prática é uma prática social.[3]

Para Freire, conhecer melhor o que já conhece, o que ele chama de saber popular, é importante, por isso aponta o método de alfabetização que parte de palavras geradoras "colhidas" da realidade. Mas ele também se refere ao saber científico, que são os conhecimentos ensinados pela escola e pela universidade (saber acadêmico), que são os conteúdos que precisam se complementar. Essa junção seria importante, pois se conectaria à prática social.

Nas elaborações em cadernos e cartilhas do movimento nessa época foi assumido o tema gerador como orientação metodológica para a EJA e as escolas. Nesse sentido, a metodologia é compreendida como forma de ensinar partindo da realidade (da prática), definindo assim o problema da realidade (situação-limite) abordado como assunto para o estudo e o trabalho integrado entre as várias disciplinas. Essa metodologia se baseia numa concepção que liga ensino e prática, garantindo a relação entre teoria e prática, acreditando que o resultado da reflexão levaria à transformação da realidade, isto é, uma prática concreta (MST, 2005).

A concepção de realidade assumida inicialmente está sistematizada no primeiro número da publicação *Caderno de Educação*, intitulado "Como fazer a escola que queremos", publicado em 1992, que descreve a concepção de realidade da seguinte forma:

3 "Educar para liberdade", *Jornal Sem Terra*, n. 107, set. 1991, p. 8.

> Realidade é o meio em que vivemos. É o nosso trabalho. É a nossa organização. É a natureza que nos cerca. São as pessoas e o que acontece com elas. São os nossos problemas do dia a dia e também os problemas da sociedade que se relacionam com nossa vida pessoal e coletiva. (MST, 2005, p. 51)

Evidenciamos que a compreensão explicitada é a de que a realidade deveria ser estudada para que o ensino estivesse ligado com a vida das crianças e com as necessidades concretas — suas, de seus pais, de sua comunidade. Outro elemento é que os conhecimentos serviriam para compreender o mundo em que vivem, o entorno de sua escola, da sua família, do assentamento, do município, do movimento, do país, para que participassem da busca por soluções aos problemas que o mundo apresenta.

CONTRIBUIÇÃO DA PEDAGOGIA FREIRIANA NA LUTA E NA CONSTRUÇÃO DA PEDAGOGIA DO POVO SEM-TERRA

A pedagogia de Paulo Freire, especialmente as elaborações da obra *Pedagogia do oprimido* (Freire, 1987), deu ao MST a oportunidade de reconhecer a necessidade de fazer a luta com o povo pelo direito à educação, mas também de reconhecer a necessidade da construção de uma pedagogia a serviço dos interesses do povo. A pedagogia do oprimido serviu como referência para pensar o papel da educação das trabalhadoras e trabalhadores, mas também para a compreensão da necessidade de construção da própria pedagogia do movimento. Esta talvez seja a maior contribuição de Paulo Freire ao MST: fornecer reflexões sobre o papel da educação na libertação dos oprimidos, tendo como pressuposto o necessário protagonismo das trabalhadoras e trabalhadores, do povo, no processo de transformação social.

Suas formulações, escritas no calor na luta contra a ditadura, inspiraram a formação dos militantes e lideranças que atuaram no período de gestação do MST. Segundo Camini e Stédile (2021, p. 2):

> Nas conversas e nos encontros, momentos em que a militância se dava a conhecer pelas suas histórias e pela troca de conhecimentos, se faziam referências à sua obra *Pedagogia do oprimido*, que já circulava amplamente e se tornou um clássico. E foi muito importante o acesso que tivemos à época, ao texto, ainda mimeografado e em espanhol, que Paulo Freire havia construído coletivamente com a experiência do trabalho político na Reforma Agrária chilena. Texto que depois foi publicado como livro também no Brasil, *Extensão ou comunicação?*, e continua muito lido até hoje. Foi naquele momento um precioso guia para repensarmos a forma do trabalho pedagógico com as famílias camponesas, chamado de "extensão rural", e partindo de uma experiência concreta feita com camponeses chilenos.

A pedagogia do oprimido não se apresentava como uma teoria a ser seguida, implantada; se apresentou como a união da teoria e da prática, pois se afirmava como uma pedagogia do ser humano engajado na luta por sua libertação. Dessa forma, o ato de educar é um ato coletivo, a tarefa da educadora/educador e educanda/educando é atuar nessa realidade para transformá-la. Ou seja, transformar a sociedade capitalista fundamentada no processo de desumanização do ser humano, resultado de uma ordem construída historicamente, fundada nos pilares da injustiça, da discriminação e da violência. "A pedagogia do oprimido é do oprimido, não para ele, ou seja, é forjada com ele e não para ele, em uma luta permanente de recuperação de sua humanidade" (Freire, 1987, p. 32).

No *Jornal Sem Terra* de 1989, encontramos uma entrevista de Paulo Freire intitulada "Educar é um ato político", na qual ele ressalta que "a educação não é alavanca da transformação social, a educação deve ter um conteúdo de classe, a educação não é, nunca foi e não será neutra, a educação é sempre um ato político".[4] Uma das principais contribuições de Freire ao MST é a compreensão da educação como instrumento de luta: "a educação deve ser pensada do ponto de vista dos trabalhadores com vistas à transformação".

Na dimensão metodológica, ele indica como fazer a educação na perspectiva libertadora, em suas palavras:

> A formação se baseia na reflexão sobre a prática que os componentes de um determinado grupo têm, por exemplo, você discute com grupo de camponeses sua experiência de luta ou a própria experiência de trabalho. Da reflexão do cotidiano da vida de um grupo de camponeses, é possível discutir a prática individual e social dos formandos, a partir daí se discutem por exemplo as classes sociais, as formas de exploração do trabalhador e outros fatores presentes na vida dos camponeses. Insisto que a melhor forma de fazer formação é propor a quem está se formando uma análise sobre que faz, e é analisando o que se está fazendo que se descobre a teoria que está escondida na prática e nem sempre é percebida.

A metodologia presente em Freire indica que a formação deve partir da reflexão sobre a luta pela terra ou a forma de trabalho, para ir desvelando as situações de opressão. Em relação ao papel das educadoras e educadores, Freire nessa entrevista fala da importância de se engajarem na luta das trabalhadoras e trabalhadores e de não terem uma postura autoritária:

4 "Educar é um ato político", *Jornal Sem Terra*, n. 81, mar. 1989, p. 16.

> Outra coisa que muda é a compreensão da relação educador-educando. Numa perspectiva autoritária o educador é proprietário do conhecimento. Numa perspectiva democrática revolucionária o educador não é dono do conhecimento. O educando não é considerado incompetente, o educando é considerado possuidor de um conhecimento, um tipo de saber pouco rigoroso em face do saber do educador. Portanto, é tarefa do educador partir de como o educando conhece e avançar para um conhecimento mais rigoroso.

Freire encerra a entrevista falando da compreensão de escola pública popular que está a serviço do povo. É muito importante perceber como esses elementos sedimentaram a consciência da luta pela educação e a construção da pedagogia do MST, formulações estas presentes nas elaborações iniciais da educação no movimento. Freire e sua pedagogia se tornam compreensíveis aos olhos dos sem-terra, que entendem que a luta pela terra é a luta pela libertação, então colocar a alfabetização e a escolarização como aliadas desse processo seria a tarefa do movimento.

A pedagogia do oprimido é a pedagogia dos seres humanos que se empenham na luta por sua libertação, é a pedagogia dos sem-terra na luta pela terra, por intermédio da práxis revolucionária, portanto é uma pedagogia da luta concreta das trabalhadoras e trabalhadores. Ela não é a pedagogia da passividade, é de ação, luta, organização, pois a liberdade é uma conquista, não um presente da classe burguesa; uma conquista que exige movimentação permanente, mesmo porque, como "seres inconclusos" na busca por "ser mais", isso demanda necessariamente um conjunto de ações transformadoras. E, na compreensão do MST, não são as ideias que transformam a realidade, mas as ações coletivas, concretas, na luta política, na luta de classes.

A partir das experiências de alfabetização, Freire formula o método do tema gerador como instrumento de investigação da realidade, exigindo uma pesquisa para chegar aos temas geradores. Não se trata apenas de uma metodologia de investigação temática, mas também combina a problematização das situações-limite (situações de opressão) que devem ser desveladas, compreendidas por meio dos temas geradores. A partir dos temas geradores se organiza o processo de alfabetização e escolarização por dimensões significativas da realidade, cuja análise crítica possibilita aos educandos reconhecer a interação de suas partes.

Em síntese, o MST encontra em Freire (1987) elementos para compreender a educação como instrumento de luta e libertação guiadas por uma pedagogia da classe trabalhadora, e encontra pistas, formulações de uma pedagogia crítica e problematizadora da realidade, capaz de desnaturalizar as relações de opressões. Outra concepção importante é a compreensão do ser humano como inconcluso e, consciente de sua inconclusão (estar sendo), em permanente movimento de busca por ser mais, ou seja, a libertação autêntica, que é a humanização em processo, não algo que se deposita na consciência do outro. Aponta a dimensão da práxis para a educação, que implica uma relação dialética, portanto sempre criadora, de ação e reflexão das mulheres e homens sobre o mundo para transformá-lo.

Essa formulação também aponta para a construção de uma pedagogia coletiva que não se formula sozinha, mas indica a necessidade de ser tecida em diálogo com outras companheiras e companheiros de projeto histórico. Entretanto, as trabalhadoras e os trabalhadores devem ser protagonistas dessa construção, ou seja, a pedagogia não é para o oprimido, mas sim do oprimido: e não é para o MST, e sim a pedagogia do MST.

REFERÊNCIAS

CALDART, Roseli Salete. *Pedagogia do Movimento Sem Terra*. 3ª ed. São Paulo: Expressão Popular, 2004.

CALDART, Roseli Salete & SCHWAAB, Bernadete. "Nossa luta é nossa escola: a educação das crianças nos acampamentos e assentamentos", *Caderno de Educação*, n. 13, edição especial, 2005 (publicado originalmente em Fundep/DER e MST/RS, 1990).

CAMINI, Isabela & STÉDILE, João Pedro. "O encontro de Paulo Freire com o MST", *Jornada Paulo Freire 2021 — Centenário do nascimento de um educador do povo*. Subsídio para Estudo, n. 1, 2021.

FREIRE, Paulo. *Pedagogia do oprimido*. 17ª ed. Rio de Janeiro: Paz e Terra, 1987.

HADDAD, Sérgio. *O educador: um perfil de Paulo Freire*. São Paulo: Todavia, 2019.

MARIANO, Alessandro Santos. *Ensaios da escola do trabalho no contexto das lutas do MST: a proposta curricular dos ciclos de formação humana com complexos de estudo, nas escolas itinerantes do Paraná*. Dissertação (Mestrado em Educação). Guarapuava: Unicentro, 2016.

MOVIMENTO DOS TRABALHADORES RURAIS SEM TERRA (MST). "Educação de jovens e adultos: sempre é tempo de aprender", *Caderno da Educação*, n. 11, 2004.

MOVIMENTO DOS TRABALHADORES RURAIS SEM TERRA (MST). "Dossiê MST escola. Documentos e estudos 1990-2001", *Caderno da Educação*, n. 13, São Paulo, 2005.

MOVIMENTO DOS TRABALHADORES RURAIS SEM TERRA (MST). "Paulo Freire e a pedagogia do trabalho popular", *Boletim da Educação*, n. 15, 2020.

Nathalie le Bouler Pavelic * Doutora em cultura e sociedade pela Universidade Federal da Bahia (UFBA) e em antropologia social e etnologia pela École des Hautes Études en Sciences Sociales (EHESS), França. Atua na Associação Nacional de Ação Indigenista. E-mail: nathalie.leboulerpavelic@gmail.com.

TRAJETÓRIA DE LUTA DO POVO TUPINAMBÁ DE OLIVENÇA E PAULO FREIRE: DIÁLOGOS NO SUL DA BAHIA

Nathalie le Bouler Pavelic

Este texto baseou-se em minha tese de doutorado, que se debruçou sobre o projeto político dos Tupinambá da Serra do Padeiro (Terra Indígena Tupinambá de Olivença, Bahia) em relação à educação escolar indígena, o que tem requerido reorganização constante, na esteira do esbulho e em conformidade com o objetivo coletivo de proporcionar educação formal às novas gerações como meio de garantia de direitos e melhoria das condições de vida na aldeia. O recorte apresentado aqui contextualiza a região do sul da Bahia atentando mais especificamente, de forma cronológica, para momentos-chave da trajetória de luta do povo Tupinambá de Olivença pelo reconhecimento étnico, pelo território e por uma educação diferenciada — com ênfase na comunidade Serra do Padeiro[1] — e

1 Uma das cerca de vinte localidades que integram a Terra Indígena (TI) Tupinambá de Olivença, que se estende por aproximadamente 47 mil hectares, entre os municípios de Buerarema, Ilhéus, Una, São José da Vitória e Olivença, no sul da Bahia.

destacando como momentos dessa trajetória se cruzam com o próprio Paulo Freire e a importância do seu trabalho.

A PERDA DA TERRA E A RESISTÊNCIA DOS TRONCOS VELHOS

O final do século XIX é marcado pelo aumento da intrusão de não indígenas nas terras tupinambá, atraídos pela produção de cacau. As terras indígenas foram mercantilizadas ou trocadas, endividando os indígenas que compravam produtos industrializados das "vendinhas" recém-instaladas no entorno. Se em um primeiro momento os Tupinambá encontraram outras terras, com maior ou menor facilidade, entenderam rapidamente que se encontravam presos entre vários não indígenas recém-chegados, interditados de transitar ou acessar roças, matas e rios. Alguns indígenas se tornaram empregados daqueles que invadiram suas terras, outros foram compelidos a sair e trabalhar fora, e outros ainda resistiram, sendo considerados, hoje, como os *troncos velhos*. Embora os Tupinambá nunca tenham deixado de resistir à intrusão e à ocupação de suas terras, principalmente contra aqueles que queriam controlar a região, os anos 1930 e 1940 se mostraram particularmente difíceis.[2] A antropóloga Daniela Alarcon ressalta que o período entre 1937 e 1987, "balizado, de um lado, pela derrota do levante de Marcellino e, de outro, por um dos primeiros eventos da mobilização indígena contemporânea" (Alarcon, 2019, p. 93), carece de dados que

2 Para mais informações sobre a situação dos Tupinambá no final do século XIX, ver Alarcon (2019, p. 65-70).

teriam relevância para entender melhor o contexto do processo de recuperação territorial.

Marcellino José Alves, conhecido como o Caboclo Marcellino, é uma figura muito importante da resistência territorial dos Tupinambá entre as décadas de 1920 e 1930. Nesse período, Marcellino lutou contra o avanço dos não indígenas sobre o território, mobilizando seus parentes, o que o levou a ser perseguido e várias vezes preso. Ele e seus companheiros costumavam encontrar refúgio no interior do território, sendo a Serra do Padeiro o último desses locais. Não se sabe o que foi feito dele a partir de 1937. Durante as perseguições, muitos indígenas foram torturados para que delatassem onde Marcellino e seus companheiros se encontravam.[3] A falta de informações sobre certos períodos históricos acentua a invisibilidade dos Tupinambá que lutaram e resistiram, repensando constantemente suas estratégias para poder avançar no contexto de pertinência étnica.

Durante o período de trabalho de campo extenso (2017-2018), ao visitar o acervo das escolas rurais da prefeitura de Una, aproveitei para conhecer o Museu de Una e assim tentar obter informações sobre o início da educação formal no município. As informações confirmaram a invisibilidade da presença indígena na região. O museu reúne, basicamente, fotos e pertences de Manoel Pereira de Almeida, um dos mais notórios coronéis locais. Como os demais, Almeida facilitou a entrada de migrantes na região de Olivença e arredores, confinando, assim, os Tupinambá. Almeida, por sua vez, foi administrador e prefeito de Una na década de 1920 e 1930. Se, para alguns, Almeida é

3 Para mais informações, ver Couto (2003, p. 53-63, 70-3); Campos (2006); Lins (2007); Viegas & Paula (2009); Magalhães (2010, p. 20-1, 62, 73-4, 84-5); Alarcon (2019, p. 67-70, 84-93, 239-44); entre outros. A atuação do cacique Babau chegou a ser comparada à do Caboclo Marcellino (Couto, 2012; 2016).

considerado um "herói", entre os indígenas era conhecido como "o dono de Una", como reporta Alarcon (2019, p. 211), famoso pelas violências que praticava ou mandava praticar. Uma placa na entrada do museu informa que é "composto por peças que contam a rica história do município de Una". Contudo, nessa "rica história", os Tupinambá são invisíveis. Ao contrário, o acervo evidencia sua abertura a culturas estrangeiras, mediante a acolhida de imigrantes — no caso, japoneses — que iriam "contribuir" para o desenvolvimento da região. Entre as fotos expostas, pode ser vista uma "escola de japoneses" do povoado de Colônia, datada de 1950.

Na região da Serra do Padeiro, um dos troncos velhos Tupinambá, seu Arlindo Fulgêncio Barbosa, conhecido como seu Bida, morava em uma terra comprada na década de 1940 por seu pai, João Fulgêncio, com um dinheiro que juntou trabalhando em fazendas. O pai de João Fulgêncio perdeu essas terras por tê-las comprado de "boca", ou seja, sem titulação. Seu Bida registrou uma área que denominou fazenda Cachoeira. A família adoeceu, e os deslocamentos até a cidade de Buerarema se tornaram mais frequentes, embora as condições materiais fossem precárias. Na década de 1960, ele resolveu trocar com José Soares — um não indígena morador de Buerarema[4] — uma parcela da sua fazenda por uma casa em Buerarema. Apesar da desvantagem da troca, foi a estratégia que a família de seu Bida vislumbrou, na época, para enfrentar a situação. A localidade passou, então, a ser chamada de "Zé Soares". Ailza, uma das filhas de seu Bida, acompanhada de duas de suas irmãs, comentou:

4 Antes de 1943, o município chamava-se Macuco, do ribeirão Macuco.

> Há cinquenta e poucos anos o homem mais rico era o homem que morava aqui. Era do meu pai, mas meu pai vendeu. Ele trocou uma casa. Nós ficamos da estrada para lá [em direção ao rio Maruim] e Zé Soares, da estrada para lá. Ele não tinha filho, depois criou. Botou venda, botou bar, botou açougue, botou um bocado de coisas aqui, uma casa de farinha grandona. E nós morávamos do outro lado. Nós, pobrezinhos do outro lado, recuados para lá. [...] Uma mulher que morava desse lado [de Zé Soares] falou com um bocado de gente que vinham de Buerarema, gente grande — e eu escutei essa palavra que nunca esqueci, era menina. [...] "Aqui é uma rua de um lado só." [...] As donas daqui falavam que aqui era uma rua do lado só porque isso daqui era um bar grande, aqui era um casarão, aqui era outra casa, ali era casa de farinha muito grande, [...] se achavam.[5]

O comentário da mulher é bem ilustrativo do tipo de convivência desses não indígenas com os indígenas, bem como o preconceito e o propósito de invisibilizá-los para se apropriarem de suas terras com maior facilidade.

Inseridos nesse contexto, alguns Tupinambá tiveram o entendimento de que a educação formal poderia servir de ferramenta de luta como forma de recuperar seu território. Junto com anciões da comunidade da Serra do Padeiro, mas também adultos e jovens, levantamos informações sobre o acesso à educação formal na região a partir dos anos 1950, mais ou menos, e, embora essas informações não preencham as lacunas existentes, trazem alguns elementos que evidenciam a presença e a resistência dos Tupinambá na região.

Em um mapa, categorizamos assim os locais onde se dava a alfabetização: escolas "dentro de casa", "escolas particulares" e

5 Todos os depoimentos foram realizados no âmbito da elaboração da tese de doutorado, entre 2014 e 2019.

"escolas improvisadas", ou ainda "escolas municipais". "Escola dentro de casa" é aquela que se caracteriza pela presença de um professor particular para ensinar a domicílio. O professor permanecia geralmente hospedado na casa do aprendiz, durante a semana, devido à falta de estradas e de transporte. Em alguns casos, foram os próprios pais que iniciaram a alfabetização dos filhos. Os anciões se referem a "escolas particulares" quando o professor era contratado pelos pais, mas, em vez de ensinar "dentro de casa", ensinava em um local específico — fora de casa —, onde se reuniam outras crianças da vizinhança. É considerada "escola improvisada" o local onde foram ministradas aulas sem pagamento ao professor, além de lugares improvisados, o que era também o caso, muitas vezes, das "escolas particulares". Identificamos também, junto com a comunidade, 23 escolas municipais, como podemos ver no mapa 1. Para algumas delas, há poucas informações, o que dificultou a localização da documentação no acervo das escolas do campo nas prefeituras da região. Para outras, mesmo conhecendo o nome, não foi possível encontrar documentação.

Contudo, é interessante notar que a identificação feita junto com os anciões indígenas dessas escolas municipais depois de 1930, bem como a partir da documentação encontrada, permitiu constatar que muitos indígenas expropriados voltaram a morar nos lugares de origem graças ao processo de recuperação territorial. As memórias dos anciões e a documentação encontrada sobre algumas das escolas municipais comprovam que muitos não deixaram sequer de frequentar as terras que lhes foram expropriadas para não deixarem de ser alfabetizados, em certos casos até pelos próprios expropriadores. As narrativas revelam também que, apesar de não se tratar de uma prática sistemática, algumas famílias já se mostravam, nas primeiras décadas dos anos 1900, preocupadas com a alfabetização de seus filhos mesmo no contexto de certo isolamento em que se encontravam, devido ao avanço dos não indígenas no território.

Mapa 1

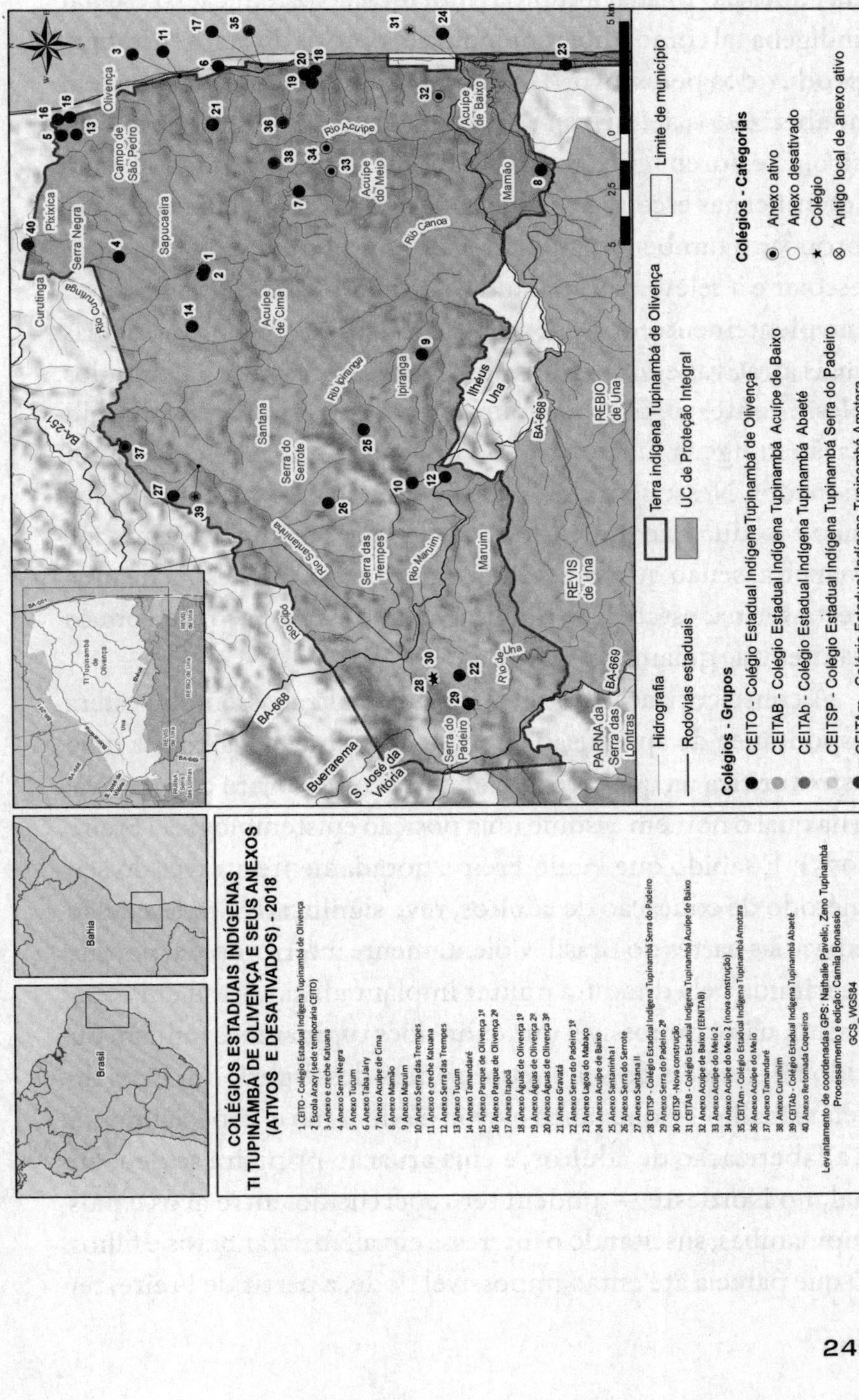
COLÉGIOS ESTADUAIS INDÍGENAS
TI TUPINAMBÁ DE OLIVENÇA E SEUS ANEXOS
(ATIVOS E DESATIVADOS) - 2018
1 CEITO - Colégio Estadual Indígena Tupinambá de Olivença
2 Escola Aracy (sede temporária CEITO)
3 Anexo e creche Katuana
4 Anexo Serra Negra
5 Anexo Tucum
6 Anexo Taba Jairy
7 Anexo Acuípe de Cima
8 Anexo Mamão
9 Anexo Maruim
10 Anexo Serra das Trempes
11 Anexo e creche Katuana
12 Anexo Serra das Trempes
13 Anexo Tucum
14 Anexo Tamandaré
15 Anexo Parque de Olivença 1º
16 Anexo Parque de Olivença 2º
17 Anexo Itapoã
18 Anexo Águas de Olivença 1º
19 Anexo Águas de Olivença 2º
20 Anexo Águas de Olivença 3º
21 Anexo Gravatá
22 Anexo Serra do Padeiro 1º
23 Anexo Lagoa do Mabaço
24 Anexo Acuípe de Baixo
25 Anexo Santaninha I
26 Anexo Serra do Serrote
27 Anexo Santana II
28 CEITSP - Colégio Estadual Indígena Tupinambá Serra do Padeiro
29 Anexo Serra do Padeiro 2º
30 CEITSP - Nova construção
31 CEITAB - Colégio Estadual Indígena Tupinambá Acuípe de Baixo
32 Anexo Acuípe de Baixo (EENITAB)
33 Anexo Acuípe do Meio 2
34 Anexo Acuípe do Meio 2 (nova construção)
35 CEITAm - Colégio Estadual Indígena Tupinambá Amotara
36 Anexo Acuípe do Meio
37 Anexo Tamandaré
38 Anexo Curumim
39 CEITAb - Colégio Estadual Indígena Tupinambá Abaeté
40 Anexo Retomada Coqueiros
Levantamento de coordenadas GPS: Nathalie Pavelic, Zeno Tupinambá
Processamento e edição: Camila Bonassio
GCS_WGS84
Fontes: Funai(2018), IBGE(2017), ICMBio(2018)
Brasil
Bahia
Hidrografia
Rodovias estaduais
Terra Indígena Tupinambá de Olivença
UC de Proteção Integral
Limite de município
Colégios - Grupos
CEITO - Colégio Estadual Indígena Tupinambá de Olivença
CEITAB - Colégio Estadual Indígena Tupinambá Acuípe de Baixo
CEITAb - Colégio Estadual Indígena Tupinambá Abaeté
CEITSP - Colégio Estadual Indígena Tupinambá Serra do Padeiro
CEITAm - Colégio Estadual Indígena Tupinambá Amotara
Colégios - Categorias
Anexo ativo
Anexo desativado
Colégio
Antigo local de anexo ativo
5 2,5 0 5 km
Olivença
Campo de São Pedro
Pixixica
Serra Negra
Sapucaeira
Curutinga
Rio Curutinga
Acuípe de Cima
Acuípe do Meio
Acuípe de Baixo
Rio Acuípe
Rib. Canoa
Mamão
Rib. Ipiranga
Ipiranga
Santana
Serra do Serrote
Serra das Trempes
Rio Santaninha
Rio Maruim
Maruim
Rio Cipó
Rio de Una
Serra do Padeiro
Buerarema
S. José da Vitória
Ilhéus
Una
REBIO de Una
REVIS de Una
PARNA da Serra das Lontras
BA-251
BA-668
BA-669
BA-001

Tentei dar aqui alguns elementos para entender o contexto da educação formal antes da implantação da educação escolar indígena tal como é hoje entendida e sobre os diversos "arranjos" produzidos pelos anciões para assegurar que os filhos fossem alfabetizados até que surgisse a escola como um projeto político. O esforço feito, com a colaboração da comunidade, para identificar as escolas ou o que se designava como tal, teve como propósito também demonstrar o valor que é dado à educação escolar e a relevância atribuída a assinar o nome, ler e escrever incipientemente, o que se amplia, gradativamente, com escolas mais atrativas e com estudantes e professores mais valorizados. Nesse contexto, como em outros contextos similares, a mobilização indígena funciona como um extraordinário fator impulsionador. Nesse sentido, Paulo Freire (1975, p. 30) afirma que "não é a educação que forma a sociedade de uma determinada maneira, senão que esta, tendo-se formado a si mesma de uma certa forma, estabelece a educação que está de acordo com os valores que guiam essa sociedade".

A conscientização implica, pois, que ultrapassemos a esfera espontânea de apreensão da realidade para chegarmos a uma esfera crítica na qual a realidade se dá como objeto cognoscível e na qual o homem assume uma posição epistemológica (Freire, 1975). É sabido que Paulo Freire, notadamente através do seu método de educação de adultos, teve significativa repercussão em várias partes do Brasil, violentamente interrompida, porque reprimida pela ditadura militar implantada no Brasil em 1964. Assim, não é impossível que os anciões tupinambás tenham ouvido falar dele e do seu método antes desse período. Ecos do seu trabalho — que tanto elevou a educação e, especialmente, a alfabetização de adultos, e cuja atuação primeira se deu, afinal, no Nordeste — podem ter repercutido entre avós e pais tupinambás, suscitando o interesse em alfabetizar netos e filhos. O que parecia até então impossível pode, a partir de Freire, ter se afigurado possível. Devo admitir não ter me ocorrido, durante o trabalho de campo para a elaboração da tese de doutorado, perguntar diretamente isso, até porque essa possibilidade me ocorreu só depois da organização e da sistematização dos dados produzidos. Contudo, a repercussão do seu trabalho e sua metodologia se fez presente entre os Tupinambá na década de 1980, como veremos agora.

EDUCAÇÃO DIFERENCIADA E AFIRMAÇÃO ÉTNICA

No fim dos anos 1980, os Tupinambá se organizaram para identificar e reivindicar sua identidade. No que diz respeito ao contexto geral, em 1982, o Unicef incentivou a Igreja católica no Brasil a agir para combater a mortalidade infantil. Nesse contexto, foi criado em 1983 um organismo de ação social conhecido como Pastoral da Criança, com sede no Paraná, vinculado à Conferência Nacional dos Bispos do Brasil (CNBB). Sua ação busca a organização comunitária e a capacitação de "líderes voluntários" para atuar em suas comunidades com as famílias, nos âmbitos da saúde, educação, nutrição e cidadania.[6] A atuação da Pastoral da Criança se expandiu rapidamente em outros estados do Brasil, chegando a atuar na Bahia e na região de Olivença em 1985 (Viegas, 2007, p. 87) ou 1986 (Magalhães, 2010, p. 45). A região sul da Bahia passou, durante a década de 1980, por uma forte crise da economia cacaueira, que viu seu valor cair diante de uma concorrência mundial maior, mas também

6 Ver a seção "Quem Somos" do site da Pastoral da Criança.

devido a fatores climáticos desfavoráveis e à aparição da praga conhecida como vassoura-de-bruxa. Tal conjuntura fez com que os trabalhadores rurais, que já estavam sendo explorados nas grandes fazendas da região, ficassem desempregados.

Momentos da trajetória dos Tupinambá estão relacionados com a Pastoral da Criança de Olivença, bem como com a Federação dos Órgãos para a Assistência Social e Educacional (Fase) e o Coletivo de Educadores Populares da Região Cacaueira (Caporec).[7] As ações dos Tupinambá desenvolvidas junto com a Pastoral da Criança, mediante reuniões e acompanhamento das famílias pelos "líderes comunitários", contribuíram para criar as condições para ativar uma rede de contatos que, posteriormente, junto a outros atores sociais, possibilitou, em parte, o encaminhamento de demandas referentes ao reconhecimento étnico das comunidades da zona rural de Olivença. Podemos destacar a atuação de mulheres indígenas da região, principalmente de Nivalda Amaral, Pedrísia Damásio, Núbia Batista e Valdelice Amaral.

Durante os primeiros anos de atuação no local, a Fase avaliou que, para poder organizar os trabalhadores rurais atingidos pela crise da economia cacaueira da região, fazia-se necessário que tomassem consciência de sua condição, no intuito de reverter a situação de exploração e transformar, assim, essa realidade mediante um "processo educativo" (Magalhães, 2010, p. 40-3), dentre outras ações. Além de altos índices de mortalidade infantil, que

7 Ver mais especificamente os trabalhos de Couto (2003, p. 67-70); Silva (2004; 2006); Viegas (2007, p. 87, 104); e Magalhães (2010, p. 40-50), que analisaram a sociogênese do movimento tupinambá e, então, as articulações com esses setores sociais. Ver também os trabalhos de Marcis (2008, p. 8-10); Ferreira (2011, p. 71-5); Lara (2012, p. 60-4; 2017, p. 178-9); Ubinger (2012, p. 53-4); Alarcon (2019, p. 94); Costa (2013, p. 25, 46); Rocha (2014, p. 196, 216, 222, 256); J. Santana (2015, p. 88, 150); e S. Santana (2015).

vinham sendo combatidos com iniciativas tais como as da Pastoral da Criança, os anos 1980 e 1990 foram também marcados por uma taxa de analfabetismo elevada. Segundo a Fundação Instituto Brasileiro de Geografia e Estatística (FIBGE), "73% da população rural da região cacaueira baiana não possuía o domínio do código da leitura e da escrita" em 1991 (Santos, 2000, p. 23 *apud* Magalhães, 2010, p. 42). Diante desse cenário, a Fase passou a auxiliar projetos de educação popular na região com a cooperação de outras instituições, tal como as ações do movimento Fé e Alegria.

Em 1990, a Fase, com outras organizações, junto com as Comunidades Eclesiais de Base (CEBs) e a Fundação Cultural de Coaraci (Fundac), possibilitou a criação, no município de Coaraci, do Projeto Piloto de Alfabetização Integral dos Assalariados da Lavoura Cacaueira (Magalhães, 2010, p. 43). Tal projeto seguia a filosofia da "pedagogia libertadora" de Paulo Freire, que dá continuidade, de certa maneira, às ideias de Frantz Fanon (1968), uma vez que ambos defendem uma educação capaz de conscientizar e dotar as pessoas — principalmente dos estratos sociais mais pobres e vítimas de desigualdades — de meios para superar sua condição subalterna. O processo educativo proposto deve então se basear na própria realidade do educando, de forma a construir junto com ele uma educação diferenciada, e não um modelo já pronto.

Em abril de 1992, o próprio Paulo Freire participou, em Coaraci, de um encontro organizado por Fase, CEBs, Fundac, entidades sindicais e associações de moradores (Magalhães, 2010, p. 43-4; César, 2015, p. 69).[8] A partir desse encontro e mediante o apoio da Fase e de outras instituições, um grupo de educadores, dentre os quais Núbia Tupinambá, fundou, em maio de 1992, o Coletivo de Alfabetizadores Populares da Região Cacaueira (Caporec), que atuou como um movimento social de educação

8 Ver também o blog do Caporec.

popular organizado até setembro de 1996, quando se tornou pessoa jurídica sem fins lucrativos, ainda com a infraestrutura da Fase (Magalhães, 2010, p. 43). Em 1996, o Caporec obteve recursos de prefeituras municipais para arcar minimamente com as despesas dos educadores (Magalhães, 2010, p. 45), tendo desenvolvido um projeto curricular específico, baseado na realidade das famílias com as quais trabalhava, diferenciando-se do projeto curricular da própria Fase e do Projeto Piloto de Alfabetização Integral dos Assalariados da Lavoura Cacaueira de Coaraci.

Contudo, diante da necessidade de acessar o financiamento de ONGs nacionais e internacionais, foi preciso adequar a pedagogia elaborada. Núbia Tupinambá, que atuava então como coordenadora pedagógica, aceitou trabalhar a partir das orientações do Programa Movimento Educação de Base Alfabetização em Parceria (Promap), voltado para a educação de jovens e adultos, mantendo mesmo assim certa autonomia na prática (Magalhães, 2010, p. 46). Em 1997-1998, tanto a Pastoral da Criança quanto o Caporec atuavam em cerca de dez "comunidades" em terras tupinambá, entre as quais, além de Olivença e Sapucaeira, Acuípe de Baixo e Campo de São Pedro, também na zona rural (Magalhães, 2010, p. 40; Viegas, 2007, p. 87, 104;[9] Marcis, 2008, p. 8). As ações desses projetos, especialmente durante a experiência de alfabetização de jovens e adultos, fizeram com que histórias de vida fossem compartilhadas e a memória social fosse novamente ativada, ou pelo menos encontrasse uma oportunidade para ser compartilhada. As questões identitárias e étnicas se fizeram mais presentes. Nas famílias dessas comunidades, alguns já tentavam esclarecer sua identidade recorrendo às memórias dos mais velhos. Contudo, essa preocupação ainda não era compartilhada entre todas as fa-

9 A antropóloga Susana Viegas realizava, durante esse período, trabalho de campo para a elaboração de sua tese de doutorado.

mílias. O processo de alfabetização desenvolvido pelas educadoras permitiu, assim, começar a desfazer as conotações negativas atreladas ao termo "índio" e fazer entender aos jovens e adultos que são mais do que "caboclos"[10] de Olivença — termo usado de forma pejorativa para se referir aos moradores da zona rural dessa região. Nesse contexto, educadores e educandos começaram a assumir, gradativamente, sua identidade indígena (Couto, 2003, p. 68-9; Marcis, 2008, p. 10; Magalhães, 2010, p. 50; Cesar, 2015, p. 70). Em 1998, Núbia concluiu a graduação em Pedagogia na Universidade Estadual de Santa Cruz (Uesc), continuando vinculada a tal instituição, mediante cursos de extensão e de especialização sobre temáticas ligadas à educação, e também à Fase, por conta de suas ações com o Caporec. Sua experiência enquanto educadora nas comunidades da zona rural, em diálogo com sua experiência na universidade, fez com que desenvolvesse, junto com as outras educadoras, um projeto curricular que refletisse uma educação ainda mais diferenciada, dessa vez incluindo a identidade indígena. Núbia, Pedrísia e outros educadores formaram, assim, o primeiro grupo de professores indígenas.

Consultando os anciões das comunidades, o grupo começou a se debruçar sobre a elaboração de um projeto curricular que incluísse reflexões sobre a identidade indígena e se interrogasse sobre que tipo de escola desejavam. Em outras comunidades, como na Serra do Padeiro, se verbalizou também um projeto educativo comunitário. Mesmo com exemplos de experiências

10 Termo muitas vezes utilizado de forma pejorativa pelos não índios, como para negar a identidade indígena e, assim, não reconhecer os direitos dos indígenas. O termo "caboclo" pode, ainda, ter outros empregos, inclusive referir-se a alguns encantados. Para uma análise detalhada sobre os termos "índios" e "caboclos" em diferentes campos semânticos e contextos, ver Carvalho & Carvalho (2012), bem como Alarcon (2019, p. 67, nota de rodapé 22).

de alfabetização datadas das primeiras décadas dos anos 1900, supomos que a verbalização de um projeto de educação comunitário entre os Tupinambá da Serra do Padeiro remonta ao fim dos anos 1970 e está associada às preocupações dos mais velhos com a educação de seus descendentes e, consequentemente, com o futuro do território.

Destacamos assim as recomendações feitas antes de falecer, em 1981, por João Ferreira da Silva (mais conhecido como João de Nô, um rezador muito importante da região), avô do cacique Babau (Rosivaldo Ferreira da Silva), sobre a importância de seus netos estudarem. Ele chegou a atribuir missões específicas para alguns deles. Enfatizou que seus parentes precisariam dominar o conhecimento do "branco" em sua totalidade para não serem mais prejudicados. Era preciso aprender a ler e escrever, para que não fossem mais enganados com a assinatura de contratos e outros papéis. "É preciso ir ao mundo do branco para aprender, estudar, mas não podemos nos tornar brancos", teria dito. Para ele, o importante é adquirir o conhecimento e "cuidar dele" para poder enfrentar os conflitos "sem depender de ninguém". Naquela ocasião, João de Nô teria ainda indicado que eles deveriam "lutar pelo território" e "estar preparados", uma vez que a perda da terra teria sido decorrente da falta de conhecimento do "mundo do branco". A partir daí, os pais do cacique Babau, dona Maria e seu Lírio, se empenharam em cumprir a vontade de João de Nô, escolarizando os filhos, apesar de inúmeras dificuldades.

EDUCAÇÃO ESCOLAR INDÍGENA E LUTA PELA TERRA

Avançando um pouco mais na cronologia, o reconhecimento oficial do povo Tupinambá por parte do governo demorou dois anos, sendo pronunciado em 2002 mediante uma nota técnica da Coordenação Geral de Estudos e Pesquisas (CGEP) da Fundação Nacional do Índio (Funai). Durante esse período de dois anos, houve, ainda em 2000, a visita de um assessor da presidência da Funai, que ressaltou a necessidade do reconhecimento oficial da comunidade. Em 2001, criou-se um grupo de trabalho (GT) para levantar as demandas fundiárias (Alarcon, 2019, p. 50). Mas a portaria declaratória, que permitiria a finalização do processo demarcatório, não foi assinada até hoje. O GT de identificação e delimitação da TI Tupinambá de Olivença foi constituído em 2004, sob a coordenação da antropóloga Susana Viegas, cujo relatório foi entregue à Funai em 2005 e aprovado apenas em 2009, sendo finalmente encaminhado para o Ministério da Justiça em 2012.[11]

De toda forma, com o encaminhamento da elaboração, por parte da Funai, do laudo antropológico que reconhece a demarcação do território, os Tupinambá puderam dar um passo à frente na efetivação dos seus direitos garantidos na Constituição de 1988, mais especificamente no que diz respeito a uma educação escolar indígena diferenciada. A primeira escola com educação escolar indígena na TI foi criada em 2002, com o nome Escola Estadual Indígena Tupinambá de Olivença (EEITO),[12] com sede inaugurada em

11 Para mais informações sobre a luta do povo Tupinambá por seu território, ver o documentário de Daniela Fernandes Alarcon, *Tupinambá — O Retorno da Terra*, disponível na plataforma Vimeo, assim como Alarcon (2019).

12 Ver mapa 2.

2006, em Sapucaeira. Com a identidade reconhecida oficialmente, outra fase era iniciada com a elaboração de um plano político pedagógico passível de ser trabalhado de acordo com conteúdo indígena e convencional. Ao fazer plenamente parte da vida e da organização sociopolítica das comunidades — pelo menos no contexto dos Tupinambá de Olivença —, a escola indígena está sujeita à movimentação interna do povo. Desse modo, as comunidades podem concordar ou não com a maneira de praticar a educação diferenciada e, assim, elaborar estratégias distintas que possam traduzir-se tanto no trabalhar junto com uma escola sede quanto em desvincular-se dela para trabalhar com outra.

Em 2004, os Tupinambá da Serra do Padeiro realizaram a primeira retomada, recuperação de parcelas de territórios tradicionalmente ocupados. Na primeira retomada, passou também a funcionar o anexo escolar Serra do Padeiro da então EEITO. Uma das primeiras medidas tomadas pelos Tupinambá da Serra do Padeiro sob a liderança do cacique Babau foi a desvinculação em 2005 do anexo escolar de Serra do Padeiro para tornar-se uma escola autônoma da EEITO e, então, a segunda escola indígena da TI na época. Entendo que a educação ali desenvolvida é duplamente diferenciada por atender estudantes indígenas e estudantes não indígenas oriundos de acampamentos e assentamentos de sem-terra, bem como famílias de trabalhadores rurais que vendem sua força de trabalho por "empreita" em fazendas da região. O projeto de educação escolar pensado pela comunidade atende às orientações dos anciões e dos encantados, principais entidades da cosmovisão tupinambá.

Os Tupinambá entendem que os estudantes devem ser formados para trabalhar para a própria comunidade, não para encontrar um emprego fora da aldeia ou enriquecer terceiros. Os estudos devem permitir o autodesenvolvimento da pessoa enquanto indivíduo, mas também do coletivo. No entendimento do cacique e das lideranças da comunidade, ter um em-

Mapa 2

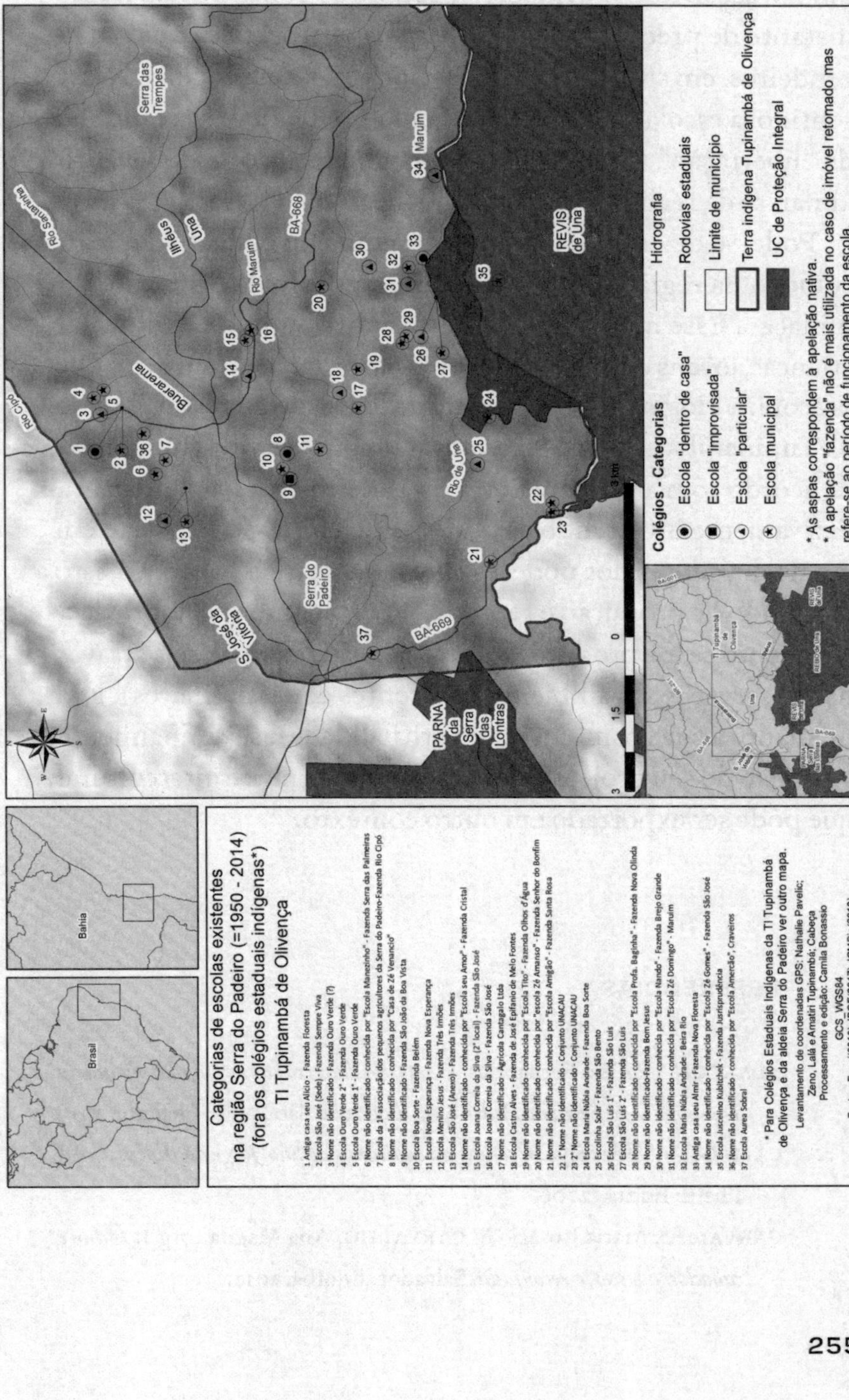
Categorias de escolas existentes
na região Serra do Padeiro (=1950 - 2014)
(fora os colégios estaduais indígenas*)
TI Tupinambá de Olivença
1 Antiga casa seu Alicio - Fazenda Floresta
2 Escola São José (Sede) - Fazenda Sempre Viva
3 Nome não identificado - Fazenda Ouro Verde (?)
4 Escola Ouro Verde 2° - Fazenda Ouro Verde
5 Escola Ouro Verde 1° - Fazenda Ouro Verde
6 Nome não identificado - conhecida por "Escola Manezinho" - Fazenda Serra das Palmeiras
7 Escola da 1ª associação dos pequenos agricultores da Serra do Padeiro-Fazenda Rio Cipó
8 Nome não identificado - conhecida por "Casa de Zé Venancio"
9 Nome não identificado - Fazenda São João da Boa Vista
10 Escola Boa Sorte - Fazenda Belém
11 Escola Nova Esperança - Fazenda Nova Esperança
12 Escola Menino Jesus - Fazenda Três Irmões
13 Escola São José (Anexo) - Fazenda Três Irmões
14 Nome não identificado - conhecida por "Escola seu Amor" - Fazenda Cristal
15 Escola Joana Correia da Silva (2° local) - Fazenda São José
16 Escola Joana Correia da Silva - Fazenda São José
17 Nome não identificado - Agrícola Cantagalo Ltda
18 Escola Castro Alves - Fazenda de José Epifanio de Melo Fontes
19 Nome não identificado - conhecida por "Escola Tito" - Fazenda Olhos d'Água
20 Nome não identificado - conhecida por "escola Zé Amanso" - Fazenda Senhor do Bonfim
21 Nome não identificado - conhecida por "Escola Amigão" - Fazenda Santa Rosa
22 1° Nome não identificado - Conjunto UNACAU
23 2° Nome não identificado - Conjunto UNACAU
24 Escola Maria Núbia Andrade - Fazenda Boa Sorte
25 Escolinha Solar - Fazenda São Bento
26 Escola São Luis 1° - Fazenda São Luis
27 Escola São Luis 2° - Fazenda São Luis
28 Nome não identificado - conhecida por "Escola Profa. Baginha" - Fazenda Nova Olinda
29 Nome não identificado-Fazenda Bom Jesus
30 Nome não identificado - conhecida por "Escola Nando" - Fazenda Brejo Grande
31 Nome não identificado - conhecida por "Escola Zé Domingo" - Maruim
32 Escola Maria Núbia Andrade - Beira Rio
33 Antiga casa seu Almir - Fazenda Nova Floresta
34 Nome não identificado - conhecida por "Escola Zé Gomes" - Fazenda São José
35 Escola Juscelino Kubitchek - Fazenda Jusrisprudência
36 Nome não identificado - conhecida por "Escola Amercão", Craveiros
37 Escola Aurea Sobral
* Para Colégios Estaduais Indígenas da TI Tupinambá de Olivença e da aldeia Serra do Padeiro ver outro mapa.
Levantamento de coordenadas GPS: Nathalie Pavelic; Zeno, Lalá e Amatiri Tupinambá; Cabeça
Processamento e edição: Camila Bonassio
GCS_WGS84
Fontes: Funai(2018), IBGE(2017), ICMBio(2018)
Colégios - Categorias
Escola "dentro de casa"
Escola "improvisada"
Escola "particular"
Escola municipal
Hidrografia
Rodovias estaduais
Limite de município
Terra indígena Tupinambá de Olivença
UC de Proteção Integral
* As aspas correspondem à apelação nativa.
* A apelação "fazenda" não é mais utilizada no caso de imóvel retomado mas refere-se ao período de funcionamento da escola.

prego que não atenda às necessidades da comunidade equivale a uma situação de escravidão, remetendo ao contexto não muito distante de precisar trabalhar para os outros, tais como os fazendeiros, em situações análogas por vezes à escravidão. Nesse sentido, a escola, sob a ótica de Paulo Freire, deve ser caminho de "libertação" (Freire, 1975; 1980; 1992; 2000; 2014) e aproximar-se da realidade da comunidade.

Pode-se dizer que se trata de um modelo educativo que incomoda na região, produzindo uma ruptura da ordem de dominação. Esse modelo escolar está contribuindo para formar crianças, jovens e adultos sob novas bases, na contramão do que preconiza a lógica governamental e a lógica de mercado. E disso os Tupinambá estão conscientes. O modo de vida tupinambá, de acordo com a variante Serra do Padeiro observada, está gradativamente invertendo as posições no contexto regional: em vez de devedores dos poderes externos, dá-se o contrário, isto é, o modo de produção e reprodução tupinambá colabora decisivamente para a produção e a reprodução regional, seja através da preservação do ambiente (nascentes e matas ciliares), seja mediante a sua cosmologia (espiritualidade), seja, finalmente, por meio do seu projeto de educação interétnica e intercultural, que pode ser exportado em outro contexto.

REFERÊNCIAS

ALARCON, Daniela Fernandes. *O retorno da terra: as retomadas na aldeia Tupinambá da Serra do Padeiro, sul da Bahia.* São Paulo: Elefante, 2019.

CAMPOS, João da Silva. *Crônica da capitania de São Jorge dos Ilhéus.* 3ª ed. Ilhéus: Editus, 2006.

CARVALHO, Maria Rosário & CARVALHO, Ana Magda (org.). *Índios e caboclos: a história recontada.* Salvador: Edufba, 2012.

CÉSAR, América Lucia Silva. *Núcleo Yby Yara — Observatório de Educação Escolar Indígena: fragmentos para uma cartografia da educação escolar indígena*. Salvador: Quarteto, 2015.

COSTA, Francisco V. F. *Revitalização e ensino de língua indígena: interação entre sociedade e gramática*. Tese (Doutorado em Linguística e Língua Portuguesa). Araraquara: Universidade Estadual de São Paulo (Unesp), 2013.

COUTO, Edilece Souza. *A puxada do mastro: transformações históricas da festa de São Sebastião em Olivença (Ilhéus-BA)*. Ilhéus: Editora da Universidade Livre do Mar e da Mata, 2001.

COUTO, Patrícia N. A. *Os filhos de Jaci: ressurgimento étnico entre os Tupinambá de Olivença, Ilhéus, BA*. Trabalho de conclusão de curso (Graduação em Antropologia). Salvador: Universidade Federal da Bahia, 2003.

COUTO, Patrícia N. A. *Morada dos encantados: identidade e religiosidade entre os Tupinambá da Serra do Padeiro, Buerarema, BA*. Dissertação (Mestrado em Antropologia). Salvador: Universidade Federal da Bahia, 2008.

COUTO, Patrícia N. A. "Do caboclo Marcellino ao cacique Babau: resistência e criminalização dos Tupinambá de Olivença" (comunicação oral), 28ª Reunião Brasileira de Antropologia (Grupo de trabalho "Ativismo indígena, etnicidade e política: mutações na configuração do indigenismo contemporâneo"). São Paulo: ABA, 2012.

FANON, Frantz. *Os condenados da terra*. Trad. José Laurêncio de Melo. Rio de Janeiro: Civilização Brasileira, 1968.

FERREIRA, Sonja M. M. *"A luta de um povo a partir da educação": Escola Estadual Indígena Tupinambá da Serra do Padeiro*. Dissertação (Mestrado em Educação). Salvador: Universidade do Estado da Bahia, 2011.

FREIRE, Paulo. *Pedagogia do oprimido*. Porto: Afrontamento, 1975.

FREIRE, Paulo. *Conscientização: teoria e prática da libertação; uma introdução ao pensamento de Paulo Freire*. São Paulo: Moraes, 1980.

FREIRE, Paulo. *Alfabetizar é preciso*. Palestra proferida por Paulo Freire durante encontro de alfabetizadores populares, em Coaraci-BA, em 12 abr. 1992. Coaraci: Fase, 1992.

FREIRE, Paulo. *Educação como prática da liberdade.* Rio de Janeiro: Paz e Terra, 2000.

FREIRE, Paulo. *Pedagogia da tolerância.* Rio de Janeiro: Paz e Terra, 2014.

LARA, Amiel Ernenek Mejía. *Estar na cultura: os Tupinambá de Olivença e o desafio de uma definição de indianidade no sul da Bahia.* Dissertação (Mestrado em Antropologia Social). Campinas: Universidade Estadual de Campinas, 2012.

LARA, Amiel Ernenek Mejía. *Contra-invenções indígenas: antropologias, políticas e culturas em comparação desde os movimentos Nahua (Jalisco, México) e Tupinambá (Bahia, Brasil).* Tese (Doutorado em Antropologia Social). Campinas: Universidade Estadual de Campinas, 2017.

LINS, Marcelo da Silva. *Os vermelhos nas terras do cacau: a presença comunista no sul da Bahia (1935-1936).* Dissertação (Mestrado em História Social). Salvador: Universidade Federal da Bahia, 2007.

MAGALHÃES, Aline Moreira. *A luta pela terra como "oração": sociogênese, trajetórias e narrativas do "movimento" Tupinambá.* Dissertação (Mestrado em Antropologia Social). Rio de Janeiro: Universidade Federal do Rio de Janeiro, 2010.

MARCIS, Teresinha. "Educação escolar indígena diferenciada: regulamentação e implantação no estado da Bahia — 1999-2007". *In*: Anais do IV Encontro Estadual de História — ANPUH-BA — História: Sujeitos, Saberes e Práticas. Ilhéus: ANPUH-BA, 2008.

ROCHA, Cinthia Creatini da. *"Bora vê quem pode mais": uma etnografia sobre o fazer política entre os Tupinambá de Olivença (Ilhéus, Bahia).* Tese (Doutorado em Antropologia Social). Florianópolis: Universidade Federal de Santa Catarina, 2014.

SANTANA, José Valdir Jesus de. *"A letra é a mesma, mas a cultura é diferente": a escola dos Tupinambá de Olivença.* Tese (Doutorado em Antropologia Social). São Carlos: Universidade Federal de São Carlos, 2015.

SANTANA, Sirlandia S. *O papel das mulheres na definição e demarcação das terras indígenas dos Tupinambá de Olivença-BA*. Tese (Doutorado em Ciências Sociais e Antropologia). São Paulo: Pontifícia Universidade Católica de São Paulo, 2015.

SILVA, Núbia Batista da. *Registro da memória da ação do Caporec e da afirmação da identidade étnica do povo Tupinambá de Olivença.* Itabuna: Fase, 2004.

SILVA, Núbia Batista da. *Educação de Jovens e Adultos e a afirmação da identidade étnica do povo Tupinambá de Olivença — 1996 a 2004.* Trabalho de Conclusão de Curso (Graduação em Educação). Ilhéus: Universidade Estadual de Santa Cruz (Uesc), 2006.

UBINGER, Helen Catalina. *Os Tupinambá da Serra do Padeiro: religiosidade e territorialidade na luta pela terra indígena.* Dissertação (Mestrado em Antropologia). Salvador: Universidade Federal da Bahia, 2012.

VIEGAS, Susana de Matos. *Terra calada: os Tupinambá na Mata Atlântica do sul da Bahia.* Rio de Janeiro: 7 Letras, 2007.

VIEGAS, Susana de Matos & PAULA, Jorge Luiz de. *Relatório final circunstanciado de identificação da Terra Indígena Tupinambá de Olivença.* Brasília, DF: Fundação Nacional do Índio, 2009.

Christian A. Cruz Cruz, Daniela M. Flores Reyes, E. Gabriel García Rodríguez, Pavel González Sánchez, Elizabeth Gómez García, Verónica Luna Hernández, Miriam V. Verástegui Juárez & Nancy Zúñiga Acevedo * Educadores populares, pesquisadores e membres do Coletivo Meridional e Intercultural de Estudos Latino-Americanos (Comiel), iniciativa de profissionais da educação que se articulam a partir de paradigmas e pensamentos americanos do século XXI, tomando como diretriz a libertação e a transformação das realidades de nosso continente — América Latina, *Nuestra América, Abya Yala*. Consideramos que os cenários de compartilhamento, vivência e existência requerem pôr em prática seriamente análises, reflexão, pesquisa, ação e participação em problemas sociais, culturais, éticos, políticos, pedagógicos atravessados pelas sociedades atuais, produto da colonização e opressão de longa data, que vivemos como parte dos povos assentados nestes territórios. O Comiel assume seu fazer pedagógico a partir da solidariedade, da utopia, da transformação e da participação em todas as lutas pela dignidade e pela vida, particularmente daqueles movimentos que se organizam de maneira horizontal não hierarquizada, antipatriarcal, contra-hegemônica, intercultural e em prol da libertação de todes es oprimides do mundo; tomando radicalmente a ideia de Paulo Freire: *ninguém liberta ninguém, ninguém se liberta sozinho, todos nos libertamos em comunhão, em comunidade.* E-mail: colectivocomiel@gmail.com.

CONSTELAÇÕES FREIRIANAS: EXPERIÊNCIAS DO COLETIVO MERIDIONAL E INTERCULTURAL DE ESTUDOS LATINO-AMERICANOS (COMIEL)

Christian A. Cruz Cruz
Daniela M. Flores Reyes
E. Gabriel García Rodríguez
Pavel González Sánchez
Elizabeth Gómez García
Verónica Luna Hernández
Miriam V. Verástegui Juárez
Nancy Zúñiga Acevedo

A partir da convocatória do curso gratuito e internacional 100 Anos de Paulo Freire: Esperançar em Tempos de Barbárie, organizado pela Universidade Emancipa e pela Universidade Federal do ABC (UFABC), o Comiel ofereceu o curso-oficina Construcción de Constelaciones Freireanas para Transformar el Mundo desde Otros Nosotros, Otras Nosotras, Otres Nosotres, Otrxs Nosotrxs, Otroas Nosotroas, em colaboração com a Universidade Iberomexicana (UIM) e o Instituto Wejën Kajën do México.

O curso-oficina foi organizado em quatro sessões com duração de duas horas cada, nas quais foram escolhidas três palavras geradoras para dirigir a construção de "constelações freirianas": (i) Corpo/território; (ii) Solidariedade; (iii) Esperança. As sessões foram coordenadas por integrantes do Comiel, com tradução de membros da Universidade Emancipa e participação de um conjunto "nosótrico" (Lenkersdorf, 2002) *nuestroamericano* conformado por representações geopolíticas de Angola, Argentina, Brasil, Chile, Colômbia, México, Peru, Porto Rico e Uruguai.

O objetivo geral foi construir *constelações freirianas* a partir da práxis (reflexão-ação), do compartilhamento de experiências e vivências em torno da educação popular proposta por Paulo Freire, considerando que todo espaço de envolvimento radical de nossa participação individual/coletiva tende a nos libertar das opressões de que somos parte. Para tanto, as sessões tiveram como propósitos:

1. *Corpo/território*: encorpar a categoria corpo/território a partir da postura freiriana para ressignificar a compreensão sobre nossas opressões.
2. *Solidariedade*: construir propostas coletivas para potencializar práticas solidárias nos territórios de incidência de cada sujeite, a partir de narrativas próprias.
3. *Esperança*: conjugar a ideia de esperança em *Nuestra América* por meio do diálogo entre participantes e suas experiências/vivências de participação/ação educativa em cenários particulares, coletivos e sociais de práxis.
4. *Constelações freirianas*: dialogar com as ideias de *corpo/território*, *solidariedade* e *esperança* imbricadas na obra de Paulo Freire, tendo como eixo articulador o *inédito viável*.

Faremos a seguir uma exposição sucinta sobre as sessões do curso-oficina, os exercícios, os momentos abordados, as dimensões entretecidas e as expressões de cada participante. Pretendemos mostrar como, abordando a obra de Paulo Freire e alguns de seus conceitos, é possível construir constelações freirianas.

O CORPO-TERRITÓRIO DAS EMOÇÕES NES ESFARRAPADES-OPRIMIDES

Falar de *corpo-território* nos convida a refletir sobre nosso estar no e com o mundo, compartilhar práticas que nos convocam a sentir a partir de outros olhares, a nomear e desvelar opressões estruturais normalizadas dentro de um sistema capitalista patriarcal. Essa categoria foi construída com base no que Paulo Freire, em *Pedagogia do oprimido*, denomina como a "consciência do mundo" e "consciência de si". Esses lampejos nos levam à proposta corporal-espacial e política de nomearmos com outros *sentipensares* (Fals Borda, 2009), a partir de uma pedagogia freiriana. Apontaremos brevemente de onde construímos o conceito de corpo-território entretecido com Freire, de maneira multidisciplinar e retomando três sentidos cujos fios nos conduzem a um processo político-formativo.

O primeiro sentido é retomado das *geografias feministas*, nas quais se ressalta o vínculo que existe entre o espaço e o poder, segundo Doreen Massey (2005). Isto é, o poder tem uma geografia que gera desigualdades, as mesmas que identificamos em *Pedagogia do oprimido*, e essas desigualdades se traduzem também em opressores e oprimidos.

Trazemos o segundo sentido do *feminismo comunitário* a partir de Linda McDowell (1999), que nos aporta uma crítica às divisões espaciais *público versus privado*, reconhecendo que a divisão dessas práticas não só parte de uma hierarquização sistemática, mas também propicia novas desigualdades. Os corpos estão situados no espaço, o qual se encontra marcado por um processo político/cultural hierárquico.

O terceiro sentido vem dos *ecofeminismos*, nos quais nossas ações estão espacialmente situadas, encarnadas em corpos diferenciados e hierarquizados. Os corpos contêm determinações físicas, ao lado das construções culturais, territoriais, simbólicas, políticas e pedagógicas, entre outras. Nisso, a relação entre comunidades de mulheres e equilíbrios entre sociedade e natureza é central.

Com base nesses três sentidos, afirmamos que em nosso corpo-território habitam interpretações políticas/formativas, cosmogonias ancestrais, saberes, desejos, memórias, feridas, sonhos individuais e coletivos. É por isso que se buscou ter uma experiência corporal do pensamento freiriano. Retomamos o conceito de "corpo consciente" de Freire e o trouxemos para nossa oficina como uma experiência político/pedagógica.

Depois da exposição e exemplificação desses conceitos, desenvolvemos um exercício de respiração consciente que nos convidou a prestar atenção ao movimento mais sutil indispensável para viver: a respiração. Através da consciência corporal atingida nesse exercício, procedeu-se a uma segunda atividade, na qual cada participante realizou um mapeamento corporal que permitia identificar sua percepção sobre si mesme e localizar, em um desenho com diferentes cores, as violências pessoais e externas que habitam nossos corpos.

As respostas obtidas ao abrir o diálogo nos mostram a importância do corpo na aprendizagem e nas tensões que, por posturas prolongadas, geram uma memória e em muitos casos várias formas de mal-estar físico prejudiciais. É a partir de uma postura de autocuidado que se propõe fazer certas pausas para um bom tratamento de nossa territorialidade, nosso corpo (Sanz, 2016).

Os resultados do mapeamento corporal giraram em torno de diferentes violências. Por exemplo: a maioria das mulheres falou sobre assédio, padrões de beleza, perfeição; enquanto os homens falaram sobre raça e cor da pele, as autoexigências e dores nos joelhos, braços, mãos e ombros.

O Comiel considera que o sentido de introjetar o tema do corpo a partir do político também é um processo formativo, já que não podemos fragmentar da nossa razão o que nos atravessa corporalmente. Nesse sentido, convidamos a refletir sobre esse tema a partir da pedagogia de Paulo Freire e reinventar os espaços formativos a partir do corporal, político, amoroso e pedagógico. Ter consciência de si nos permitirá ter consciência do mundo, encorpando as diversidades desde outros *corazonares*[1] e *sentipensares*.

PRÁTICAS SOLIDÁRIAS: PROJETOS DIVERSOS, SONHOS COMUNS

A solidariedade é um princípio central no posicionamento ético-político-pedagógico de Paulo Freire, pois é um meio para potencializar a rebeldia, a resistência e a esperança, ante o curso avassalador do capitalismo e a desumanização que este provoca em diversos âmbitos da vida des sujeites (Freire, 1987; 1997).

Com essa base, na segunda sessão indagamos sobre a concepção de solidariedade des participantes. Realizamos um exercício no qual cada pessoa compartilhou palavras que expressaram

1 O conceito de *corazonar* foi desenvolvido pela antropologia de Patrício Guerrero Arias (2012).

o que significava solidariedade. Algumas das expressões trazidas pelo grupo foram: interdependência, acompanhamento, escuta, união, respeito, cuidar do outro, empatia, comunidade, apoio, ajuda mútua, laços afetivos, ação, compartilhar, ajudar, conviver, colaboração, fraternidade, amor, irmandade, cooperação e alteridade.

A reflexão coletiva derivada do exercício visibilizou a necessidade de reconhecimento des outres quando se pratica a solidariedade, assim como a importância da sua articulação com outros princípios, como reciprocidade, responsabilidade, respeito e amor. Esses aspectos coincidem com o posicionamento de Freire (1987), cujo sentido se condensa no estabelecimento de relações de reciprocidade, compromisso e horizontalidade.

De acordo com o pedagogo, ser solidário implica uma *atitude radical* de questionamento à ordem estabelecida e de luta pela emancipação. Daí a importância de desvelar os fins da *falsa generosidade* que, apesar de suas inumeráveis formas de assistencialismo, tem como propósito reproduzir as condições de exploração que cercearam a vida de indígenas, afrodescendentes, crianças, jovens e mulheres, entre outras coletividades latino-americanas subalternizadas desde o momento da invasão europeia.

Por isso, em um segundo momento da sessão, fizemos a leitura de alguns fragmentos de *Pedagogia do oprimido* e de *Pedagogia da autonomia* para dialogar sobre as diferenças entre *falsa generosidade* e *solidariedade*. Retomando as ideias freirianas, es participantes compartilharam, a partir das suas territorialidades, situações que exemplificavam ambas as categorias.

A reflexão coletiva permitiu concluir que a vida cotidiana des sujeites sociais está majoritariamente permeada por práticas relativas à falsa generosidade, constitutivas do sistema capitalista. Não obstante, sempre é possível criar cenários de rompimento com essas práticas verticais. Nesse sentido, por meio do diálogo, postulamos que a solidariedade pode ser praticada de forma cotidiana em todos os territórios onde nos constituímos como sujeites, não está reservada a situações de emergência ou de grande necessidade como tradicionalmente se crê; a solidariedade é uma maneira de se relacionar com es outres.

A partir do posicionamento do Comiel, consideramos indispensável transitar da noção de solidariedade à de *práxis solidária*, pois as relações de apoio mútuo exigem a ação e a reflexão constantes des sujeites implicades (Cruz & Luna, 2018). Com base nesse questionamento, em um terceiro momento da sessão foi realizada uma atividade colaborativa denominada "semeadura de práticas solidárias", cujo propósito era construir propostas coletivas para praticar a solidariedade nos espaços de incidência próprios des participantes. As propostas compartilhadas foram as seguintes:

1. *Plataforma de vinculação entre vizinhos*. Poderia ser trabalhada em nosso bairro, colônia ou comunidade, a partir de onde seriam desenvolvidas ações para vincular as pessoas e dar atenção a diversas necessidades, por exemplo, de saúde e educação, considerando pessoas de qualquer idade.
2. *Educação com dignidade*. O propósito seria realizar oficinas sobre identidade para que se entenda sua pertinência na educação. Para nós, é importante que participantes compreendam o processo, sintam-se parte do espaço público e percebam que o espaço público é nosso. A compreensão de sujeite partiria do intercâmbio de diversas experiências, por exemplo, com os povos indígenas. Destacaríamos o entendimento de sujeite e sua relação de univocidade com a natureza.
3. *Revolução mambembe*. Não se trata somente de irmos de um lugar a outro, mas de transformarmos o lugar por onde passamos. Compartilhar e intercambiar vivências com/entre a comunidade e contribuir com isso para sua transformação.

> Nesse intercâmbio de experiências poderiam ser trazidas algumas problemáticas da comunidade e expostas as experiências para criar soluções. Diverses profissionais poderiam colaborar com o projeto, poderíamos trabalhar nas escolas ou outros espaços e os diálogos seriam circulares.

Ao longo da sessão, foi possível reconhecer que as diferenças entre sujeites e projetos político-pedagógicos não impedem a construção de sonhos comuns. Pelo contrário, alcançamos um *sentipensar* compartilhado, cimentado na *práxis solidária*, que nos permite caminhar perguntando e nos perguntando: como lutar pela construção de territórios que sejam habitados pela *práxis solidária*? Como evitar converter as propostas da *semeadura* em práticas assistencialistas? Quais discursos e práticas se requerem para criar brechas no muro da *falsa generosidade*? Como disputar os espaços institucionais em que incidimos para potencializar a práxis solidária?

A ESPERANÇA: MOTOR DE MUDANÇA DO MUNDO

A terceira palavra geradora em termos freirianos é *esperança*, princípio fundamental na obra do brasileiro. Um valor, um motor necessário para atuar e para a busca da transformação social. Suas características e significações foram trabalhadas em três dimensões: individual, coletiva/comunitária e social, que serviram como eixos da sessão.

Na dimensão individual, a esperança se alimenta das próprias situações, cenários e práxis des sujeites participantes, que a dotaram de intenção a partir da pergunta "o que significa a esperança?". Com isso, desencadeou-se um *corpus semântico* que alude aos sonhos, à imaginação, a um motor, ao movimento de mudança, ao combustível para a luta, uma força, uma motivação, um mundo ou realidade melhor, um caminho ou trilha para transitar, assim como um futuro, mundo ou utopia possíveis.

É preciso evidenciar as coincidências de sujeitos e verbos ativos daquilo que se espera como uma transformação, uma modificação das presentes condições em que nos encontramos cotidianamente.

No trânsito para a segunda dimensão, coletiva/comunitária, foram ampliadas as participações com ensinamentos de Paulo Freire (2014), que nos propõe a esperança como um projeto, a partir da pergunta "como nos reconhecemos nos discursos de esperança?". No exercício de abertura realizou-se uma exposição dos conceitos freirianos: situações-limite, projetos de esperança *versus* desesperança, a sombra introjetada do opressor, a transformação da realidade, o diálogo, a práxis político-pedagógica, a utopia "como a possibilidade de ser, inscrita em uma realidade histórica" (Cerutti, 1996, p. 94), e o inédito viável como "algo que o sonho utópico sabe que existe, mas que só se conseguirá pela práxis libertadora" (Freire, 2014, p. 241). Tais referências se converteram no fio comum das reflexões mais profundas sobre o fazer freiriano de nossa realidade: "Sonhar não só é um ato político necessário, mas também uma conotação da forma histórico-social de estar sendo mulheres e homens [...]. Não há mudança sem sonho, como não há sonho sem esperança" (Freire, 2014, p. 116).

Já situados nessa segunda dimensão, convidamos es participantes a representar, por meio de imagens, o entorno que condensa nossa ação esperançosa no dia a dia. As imagens se complementaram com sua descrição e reflexão oral e escrita, destacando-se a força de uma *estética latino-americana* (Roig, 1985), fundada em visualizar as forças, as intenções, o ímpeto de mudança e inclusive as resistências e indignações sobre o turbilhão das diferentes opressões que vivemos. O intercâmbio das reflexões sobre a forma como nos reconhecemos com e no *esperançar* refletiu o comum *corazonar* (a partir da palavra e da escuta), que nos permite ser participantes ativos do *inédito viável*.

Quanto à terceira dimensão, o social, a pergunta que motivou a participação foi "que tipo de proposta esperançosa reconhecemos?". Para tal, elegemos como suporte uma breve narrativa em que foram compartilhados nomes de projetos, coletivos, grupos, programas e redes que materializam a esperança em suas lutas, objetivos e intenções, nes sujeites que as sustentam e que em seu atuar cotidiano buscam uma transformação social ligada a melhorar as condições dos contextos de que fazem parte.

As três dimensões transitadas permitiram o intercâmbio com base nas histórias particulares e experiências sociais de que fazemos parte com todes es participantes da sessão, de forma que se reconheceu a *esperança* como um princípio presente em muitas situações. Também se questionou a dimensão e o suporte que deve existir para que, segundo Freire, seja provocada uma transformação no sentido de sociedades mais justas para todes. Frente a um panorama desolador, individualista e avassalador, a *esperança* se encontra no atuar diário em consonância com es outres, na aposta por horizontes nos quais se reivindiquem as identidades e histórias das pessoas, mas também dos coletivos.

Finalmente, tomando como base um vídeo de entrevista a Eduardo Galeano com a pergunta "para que serve a utopia?", abrimos a plenária, que teve como nó a mesma expressão que nos congregou ("esperançar em tempos de barbárie"). A ela foi integrada outra questão: "Como construir projetos de esperança durante a pandemia e depois dela?".

As expressões des participantes foram tecendo um profundo *sentipensar* das realidades de *Nuestra América*, que parecem se repetir nas territorialidades mais periféricas, onde a díade opressor/oprimido se torna motivo da libertação coletiva. Nas palavras de Paulo Freire (2014), é o *inédito viável*, a utopia realizável, que convoca diversas e diferentes vozes, corporalidades e escutas.

CONSTELAÇÕES FREIRIANAS

As constelações são propostas teórico-metodológicas dissidentes, que abarcam narrativas éticas, estéticas e político-pedagógicas sobrepostas a um suporte escrito, audiovisual e/ou multimídia, em que coletivamente se realizam conexões: articulação, disrupção, tensão ou problematização. Tomam a forma em que se dispõem ideias ou conceitos de um *universo discursivo* como uma totalidade possível de narrativas de uma comunidade humana (Roig, 1993), dos contextos eleitos para seu entramado a partir do compartilhamento da palavra — escrita, falada, visual, corpórea.

As constelações permitem construir uma didática de ensino-aprendizagem (Mariconde & Cuadrado, 2021) na qual se expressam lógicas diversas, abertas, para se imiscuir ou se entretecer em seu horizonte de compreensão, sejam elas de temas ou problemas, diversas temporalidades, de autores, próprias do contexto ou de outras realidades. No caso específico desse exercício, escolheu-se a obra pedagógica de Paulo Freire, já que, devido à sua preponderância crítica, não tenta impor opções, mas dialogar sobre elas, sempre submetendo sua ação à reflexão (Freire, 1982).

Essas articulações voltam ao ser humano *radical* porque tentam se inserir criticamente na raiz discursiva das realidades conflitivas e heterogêneas que se diluem nas descrições de seus enunciadores. Torna-se *radical* (Cerutti, 2007) porque tenta pôr novamente no centro do debate o diálogo, a práxis e os sujeitos heterogêneos (Cornejo, 2003).

Na construção da constelação freiriana desse curso-oficina fluíram inquietudes, reflexões, experiências e pontos de encontro entre todes es participantes, tendo ao fundo o *corpo-território*, a *práxis solidária* e a *esperança* como eixos articuladores do compartilhamento coletivo.

A constelação freiriana se tornou um cenário de luta e resistência, de participação ativa de múltiplas palavras e escutas, na qual o compartilhamento das circunstâncias em que estamos inscritos cotidianamente foram se tecendo e concentrando redes, nós, articulações, em uma expressão estética que denota posicionamentos ético-político-pedagógicos individuais, mas também coletivos. Formou-se um *conjunto nosótrico* que assume sua participação histórica de transformação dessa realidade.

O *corpo-território*, a *práxis solidária* e a *esperança* se apresentam na constelação na medida em que nós, articuladores na construção de projetos para o futuro, reconhecemos a necessidade da participação coletiva des sujeites histórique s, que assumem um caminho para transitar e não desistir dos sonhos, superando as tensões que a realidade nos infringe. Com isso, não deixamos de perceber os projetos "desesperançadores", antissolidários e de privatização do corpo-território derivados do capitalismo, das diferentes hegemonias e dos privilégios, que negam o direito de todes, o que se agudizou com a pandemia e se materializa pela opressão corporal, institucional e epistemológica.

ENSAIANDO UM FECHAMENTO

A constelação freiriana não se restringe exclusivamente a um exercício estético ou simbólico, mas também é construída e situada pelas experiências des participantes; assim, propusemos o compartilhamento de imagens, música, poesia, palavras geradoras, fotografias, comentários orais e escritos que, *narrados* a partir da experiência vivida (Delory-Momberger, 2014), enriquecem os sentidos da práxis individual e coletiva, habilitando a invenção e o descobrimento de múltiplos universos de experiências, vivências e existências. Ou seja, encontro e interação de sujeites, saberes, sentimentos, corporalidades, *sentipensares* e *corazonares*.

A *esperança*, a *solidariedade* e o *corpo-território* transitaram de palavras geradoras a ações coletivas, sendo o encontro virtual um espaço de celebração e convivência para quem participou do curso-oficina. A ressignificação dessas noções mobilizou as narrativas des sujeites para gerar sonhos, horizontes e utopias coletivas, que começam com o compromisso ético-político-pedagógico de nos assumirmos como pessoas que fazem a história de maneira radical em busca de justiça e dignidade. Pessoas que questionam as realidades para não normalizar as opressões. Ou seja, esperançar em tempos de barbárie.

REFERÊNCIAS

CERUTTI, Horacio. "¿Teoría de la utopía?". *In*: AGUERO, Oscar & CERUTTI, Horacio (org.). *Utopía y nuestra América*. Quito: Ediciones Abya Yala, 1996.

CERUTTI, Horacio. "Entrevista a Arturo Roig", *Pensares y Quehaceres*, n. 4, mar. 2007, p. 193-206.

CORNEJO, Antonio. *Escribir en el aire: ensayo sobre la heterogeneidad sociocultural en las literaturas andinas*. Lima: Latinoamericana Editores, 2003.

CRUZ, Christian & LUNA, Verónica. "La relación educador-educando como praxis solidaria". *In*: Anais do I Coloquio Internacional de Investigación Educativa. Santa Cruz Acatlán: Facultad de Estudios Superiores Acatlán, Unam, 2018.

CRUZ HERNÁNDEZ, Delmy Tania. *Una mirada muy otra a los territorios-cuerpos femeninos*. Cidade do México: Ibero, 2016.

DELORY-MOMBERG, Christine. "Experiencia y formación: biografización, biograficidad y heterobiografía", *Revista Mexicana de Investigación Educativa*, v. 19, n. 62, jul.-set. 2014, p. 695-710.

FALS BORDA, Orlando. *Una sociología sentipensante para América Latina*. Org. Victor Manuel Moncayo. Bogotá: Siglo del Hombre Editores/Clacso, 2009.

FREIRE, Paulo. *La educación como práctica de la libertad*. Cidade do México: Siglo XXI, 1982.

FREIRE, Paulo. *Pedagogía del oprimido*. 36ª ed. Cidade do México: Siglo XXI, 1987.

FREIRE, Paulo. *Pedagogía de la autonomía*. Cidade do México: Siglo XXI, 1997.

FREIRE, Paulo. *Pedagogía de la indignación*. Madri: Morata, 2001.

FREIRE, Paulo. *Pedagogía de la esperanza. Un reencuentro con la pedagogía del oprimido*. Cidade do México: Siglo XXI, 2014.

GÓMEZ GRIJALVA, Dorotea. *Mi cuerpo un territorio político*. Coleção Voces Descolonizadoras. Buenos Aires: Brecha Lésbica/Derrame, 2013.

GUERRERO ARIAS, Patricio. *Corazonar. Una antropología comprometida con la vida: miradas "otras" desde Abya-Yala para la decolonización del poder, el saber y el ser*. Madri: Academia Española, 2012.

LENKERSDORF, Carlos. *Filosofar en clave tojolabal*. Cidade do México: Miguel Ángel Porrúa, 2002.

LINDÓN, Alicia. "Corporalidades, emociones y especialidades: hacia un renovado betweenness", *Revista Brasileira de Sociologia da Emoção*, v. 11, n. 33, dez. 2012, p. 698-723.

MACHADO ARAÓZ, Horacio. "Territorios y cuerpos en disputa: extractivismo minero y ecología política de las emociones", *Intersticios: Revista Sociológica de Pensamiento Crítico*, v. 8, n. 1, 2014.

MARICONDE, María Marta & CUADRADO, María Verónica. "Constelaciones desde lo conceptual al diseño arquitectónico". *In*: Anais do VII Congreso Latinoamericano de Enseñanza del Diseño. Buenos Aires: Universidad de Palermo, Facultad de Diseño y Comunicación, 2016.

MASSEY, Doreen. *For Space*. Londres/Nova Délhi: Thousand Oaks/SAGE, 2005.

MCDOWELL, Linda. *Gender, Identity and Place. Understanding. Feminist Geographies*. Minneapolis: University of Minnesota Press, 1999.

MORENO, Mayra. "De las visualidades insurrectas a las constelaciones translúcidas. Una propuesta teórico metodológica para abordar prácticas audiovisuales disruptivas", *Revista Antropologías del Sur*, v. 7, n. 13, 2020, p. 153-78.

PAREDES, Julieta. *Hilando fino, desde el feminismo comunitario*. La Paz: Comunidad Mujeres Creando Comunidad, 2011.

PUIGGRÓS, Adriana. *De Simón Rodríguez a Paulo Freire: educación para la integración iberoamericana*. Bogotá: Convenio Andrés Bello, 2005.

MONROY ACOSTA, Richards A. & GARCÍA RODRIGUEZ, Edgar G. "Educación desde la utopía: tensiones para la liberación". *In*: RAWICZ, Daniela (org.). *Leer a Simón Rodríguez*. Cidade do México: UACM, 2020.

RIVERA CUSICANQUI, Silvia. *Sociología de la imagen*. Buenos Aires: Tinta Limón, 2015.

ROIG, Arturo. *Acotaciones para una simbólica latinoamericana*. Guadalajara: Universidad de Guadalajara, 1985.

ROIG, Arturo. *Historia de las ideas, teoría del discurso y pensamiento latinoamericano*. Bogotá: Universidad de Santo Tomas, 1993.

SANZ, Fina Ramón. *El buentrato como proyecto de vida*. Barcelona: Kairos, 2016.

Cristina Cavalcante * Doutora em ciências sociais e humanidades pela Universidad Autónoma Metropolitana — Cuajimalpa (UAM-C) do México. Colabora com o Instituto Nacional de Formação Política (Morena — Movimiento Regeneración Nacional) em atividades da Escola Nacional de Formación Política (ENFP) e da Red Nacional de Educadores Populares (Renaep), no México. E-mail: i.criscavalcante@gmail.com.

EDUCAÇÃO POPULAR PARA A FORMAÇÃO POLÍTICA: A EXPERIÊNCIA DA RED NACIONAL DE EDUCADORES POPULARES DO INFP/MORENA NO MÉXICO

Cristina Cavalcante

Paulo Freire considerava que toda educação é política. Ele nos deixou muito mais do que um método, mas uma epistemologia, um conjunto de práticas político-pedagógicas orientadas para a emancipação dos oprimidos. Foi a partir de sua obra, assim como da de pensadoras e pensadores, educadoras e educadores que deram continuidade ao seu legado, que a educação popular pôde estabelecer-se como prática educativa detonadora de processos organizativos.

A experiência que queremos compartilhar neste capítulo é fruto de um processo em que a educação popular tem sido o pilar epistemológico da formação política no interior de um partido. A Red Nacional de Educadores Populares (Renaep) faz parte de um projeto mais amplo, impulsionado pelo Instituto Nacional de Formação Política[1] (INFP) do Morena (Movimiento Regeneración Nacional), partido mexicano criado em 2011 que tem entre os seus fundadores Andrés Manuel López Obrador (AMLO), que, desde 2018, pôs o país na lista dos recentes governos progressistas latino-americanos.

Uma das críticas feitas a tais governos, em especial àqueles que passaram por crises e foram derrotados eleitoralmente por forças da direita, é a de que, ao chegarem aos poderes executivos nacionais, os partidos de esquerda teriam se centrado mais na implementação de programas sociais de distribuição de renda e inclusão social pelo consumo, deixando de lado os trabalhos de base. É certo que essa crítica não pode ser generalizada e, inclusive, pode simplificar muito a correlação de forças e as particularidades dessas distintas experiências. No entanto, se tomamos ao menos o caso brasileiro como exemplo, não deixa de ser sintomático que, depois de mais de uma década de governos do Partido dos Trabalhadores (PT), Bolsonaro tenha ganhado nas urnas com a maioria dos votos dos mais ricos e setores das classes médias, mas também mobilizando setores das classes populares.

Poderíamos dizer que a entrada "tardia" do México no chamado ciclo progressista deu ao país a oportunidade de aprender com as experiências dos países *hermanos* em diversos aspectos, e a formação política parece ser uma das grandes preocupações do governo AMLO, que, logo depois de ganhar as eleições presidenciais, anunciou a proposta de criação do INFP com o objetivo de construir "escolas de quadros" por todo o país. A Renaep, como

1 O INFP foi responsável pela tradução simultânea ao espanhol do curso 100 Anos de Paulo Freire: Esperançar em Tempos de Barbárie. A versão transmitida em espanhol está disponível no canal do instituto no YouTube.

parte desse projeto, tem a meta de que a educação popular seja a epistemologia transversal a todas as ações do instituto.

O INFP E A RENAEP

Durante o V Congresso Nacional Extraordinário do Morena, realizado em agosto de 2018, López Obrador, meses depois de vencer a eleição presidencial com 53,19% dos votos, declarou a criação de uma escola de formação política, projeto que posteriormente se efetivou com a criação do Instituto Nacional de Formação Política (INFP). Nas palavras de AMLO:

> Celebro também a proposta de criar uma escola de formação política no partido. É fundamental colocarmos sempre os ideais em primeiro lugar, os princípios, de modo que não haverá desvios, não ocorrerá o que ocorreu com outras organizações políticas que colocaram o interesse pessoal em primeiro lugar, o interesse de grupos, em vez do interesse do povo e da nação.
>
> Por isso, necessitamos de formação política. Sobretudo, trabalhar muito com os jovens, com as novas gerações, porque vamos entregar o prometido, e disso que já construímos, precisamos cuidar. Este movimento, este partido, é a esperança de milhões de mexicanos, e para que não haja "tráfico de influência", corrupção, amiguismo, sectarismo, nepotismo, e nenhuma destas chagas da política, precisamos dos ideais, dos princípios, gente que esteja disposta a legar a pobreza aos filhos, mas não a desonra. Não queremos politicagem.
>
> Não queremos chegar por chegar, não queremos nos pendurar nos cargos públicos sem um ideal, sem um princípio. Por isso, precisamos apoiar essa iniciativa, que tenhamos uma escola de formação

política para que o pragmatismo não prevaleça e, sem ideias e princípios, destrua nossa organização. O que manteve o Morena, o que fez o Morena triunfar, foram os ideais, os princípios, a congruência, e isso deve ser preservado.

O INFP iniciou formalmente suas atividades em março de 2020 e é presidido pelo cartunista político Rafael Barajas, conhecido como El Fisgón. Há uma série de projetos em desenvolvimento, entre eles a Escola Nacional de Formação Política (ENFP), impulsionada pela coordenação acadêmica do instituto, que tem mais de 23 mil inscritos e conta com cursos ministrados por reconhecidos intelectuais.[2] A Red Nacional de Educadores Populares (Renaep), que surgiu no fim de 2020, é um desses vários projetos e tem por objetivo específico a formação e a organização de educadores populares em todo o México, para desencadear processos de participação organizada, democrática e democratizadora do movimento social que impulsiona a Quarta Transformação[3] (4T) no país. Internamente, a rede almeja que a

2 Entre eles, Alejandro Álvarez, Armando Bartra, Blanca Montoya, Consuelo Sánchez, Elvira Concheiro, Enrique Dussel, Enrique Semo, Felipe Ávila, Haydeé García, Josefina Morales, Juan José Bautista, Karina Ochoa, Lucio Oliver e Magdalena Galindo.

3 A Quarta Transformação (4T) é a forma como Andrés Manuel López Obrador e o partido Morena, assim como seus militantes, nomearam o movimento social e político impulsionado por esse governo. Faz referência às três grandes transformações anteriores. A primeira transformação corresponde à independência mexicana, resultado de uma rebelião que durou entre 1810 e 1821. A segunda transformação corresponde às reformas de meados do século XIX lideradas por Benito Juárez e tem como um de seus principais marcos a separação entre Estado e Igreja. A terceira transformação compreende a revolução mexicana de 1910 e o *cardenismo* (movimento de apoio a Lázaro Cárdenas, presidente do México entre 1934 e 1940). A quarta transformação é um processo em construção. Levando em conta as

educação popular seja a epistemologia política que oriente todas as atividades desenvolvidas pelo INFP.

Parte da justificativa para a criação da Renaep vem do diagnóstico de que as crises dos governos progressistas na América Latina e a rearticulação da direita e da extrema direita na região são também uma reação à construção de um novo sentido comum oposto ao neoliberal e capitalista. Frente a esse diagnóstico, e considerando os vários obstáculos que o México enfrenta por suas particularidades nacionais e geopolíticas, considera-se urgente concentrar esforços para proporcionar formação política para a transformação do país, mediante a participação popular democrática e democratizadora.

A Renaep é composta por militantes e simpatizantes do Morena, egressos do curso de Educación Popular para la Revolución de las Conciencias, criado por Gabriela Arce e Rafael Archondo, coordenadores da rede. O curso é apresentado nas modalidades presencial e virtual, parte do catálogo de atividades oferecidas pela ENFP. Até o final de 2021, apesar da pandemia, já eram mais de trezentos educadoras e educadores populares formados em distintas regiões do país, entre os quais cerca de quarenta trabalhando em articulação nacional e tecendo redes nos estados mexicanos. A rede nacional e as redes estatais estão em processo de construção contínua, e todas as atividades são organizadas buscando a coerência com os princípios da educação popular, ou seja, a democratização, a participação e a construção coletiva.

O trabalho da rede tem sido fundamental para a formação política de aspirantes a candidatos pelo Morena, ou candidatos já eleitos, assim como para a militância e simpatizantes do partido.

/////

principais pautas da agenda política do governo AMLO, está centrada na luta contra a corrupção, na separação entre poder político e poder econômico e no fim do neoliberalismo.

Muitas das atividades foram realizadas virtualmente em função da pandemia, mas, após a redução nas taxas de contágio, também presencialmente. Os temas abordados em forma de oficina são vários e vão desde questões conjunturais e vinculadas à agenda do governo (como a consulta popular de revogação de mandatos[4] e a reforma elétrica) a temas como a história e os princípios do Morena, a história das três transformações do México e o projeto da 4T, ética para a vida e ética do militante, fetichismo do poder e o poder como serviço, economia política, neoliberalismo, governos progressistas na América Latina, movimentos sociais, golpes brandos, feminismos, entre outros.

A METODOLOGIA DA RENAEP

A Renaep concebe o método da formação política a partir do construtivismo dialético e, para o desenvolvimento de sua própria metodologia de trabalho, parte de uma síntese de propostas educativas, como a de Lev Vigotski, em sua compreensão do sujeito individual e coletivo, construído histórica e culturalmente; de Paulo Freire, que enfatiza a necessidade de partir da realidade dos sujeitos políticos e da construção coletiva dos saberes; de Carlos Núñez, que, retomando Freire, leva sua aplicação ao desenvolvimento comunitário; e, para o plane-

4 Na consulta popular de revogação de mandatos, realizada em abril de 2022, o povo mexicano decidiu pela permanência de López Obrador na presidência do país. A consulta é defendida por Obrador como parte de um exercício de democracia participativa e mobilizou a militância do Morena durante 2021 na arrecadação de assinaturas exigidas pelo Instituto Nacional Eleitoral (INE) para formalização do processo.

jamento didático, da proposta de Carlos Zarzar Charur, para quem, sendo o grupo o sujeito da aprendizagem, os objetivos de todas as atividades devem partir desse substantivo. Em um movimento de espiral ascendente do conhecimento, o objetivo final de cada atividade formativa é regressar à realidade não somente com um novo olhar, mas principalmente com propostas de transformação para a construção do sujeito coletivo, empoderado e democrático.

Partir das contribuições teóricas de Paulo Freire permite que a Renaep ponha em prática um método de educação popular para a formação política recuperando os princípios da dialética do conhecimento: prática-teoria-prática transformadora. Mediante a observação do entorno, o intercâmbio e o contraste de experiências, assim como a análise teórica da realidade e o exercício criativo para a proposição de soluções e formas de organização, a rede aposta na formação política como um processo de análise e reflexão a serviço do povo e da transformação histórica.

PAULO FREIRE NA VOZ DOS EDUCADORES POPULARES DA RENAEP

Como afirmava Paulo Freire, "ninguém educa ninguém, ninguém se educa a si mesmo, os homens se educam entre si, mediatizados pelo mundo" (Freire, 1981, p. 79) e "todos nós sabemos alguma coisa. Todos nós ignoramos alguma coisa. Por isso, aprendemos sempre" (Freire, 1989, p. 31). Nessa direção, a Renaep busca manter um intercâmbio de conhecimentos e experiências com outras organizações e movimentos sociais, tendo como horizonte seu contínuo processo de formação. A participação das educadoras e educadores populares da rede no curso

100 Anos de Paulo Freire: Esperançar em Tempos de Barbárie foi uma experiência valiosa. Depois do curso, pedimos para que alguns compartilhassem suas reflexões sobre como identificam a influência de Freire em suas práticas e organização política, e como entendem a importância da educação popular em seu atuar. Não temos a pretensão de fazer uma análise dessas respostas. Simplesmente damos voz neste capítulo àquelas e àqueles que constroem a Renaep.

Elia — Aplico muitas frases e ensinamentos de Freire na prática comunitária. Poderia começar com a mais conhecida, e não por isso menos profunda, que é "ninguém educa ninguém, ninguém educa a si mesmo. Os homens (e mulheres) se educam entre si, mediatizados pelo mundo, porque ninguém ignora tudo, ninguém sabe tudo". Essa frase rompeu meu pensamento neoliberal, esse que a vida nos impôs, com a ideia de que cada um é responsável por seu destino e que, se você se equivoca, só você mesmo deverá "se salvar". O pensamento capitalista neoliberal foi uma forma de desarticular a organização social. Durante este período, funcionou para evitar as revoluções sociais. Freire foi visionário e enunciou as chaves para nos contrapormos à despolitização da educação e colocou a educação como base para a formação e a transformação de uma comunidade. Cada vez que tenho contato com meus iguais na formação política, entendo que não estou sozinha, que não carrego o destino do mundo, mas que sou uma a mais, que aprende e ensina, e essa é a forma que construo coletivamente cada dia. Ser parte ativa de uma comunidade me permite saber qual é meu lugar, quem sou e, consequentemente, reconhecer o valor da pedagogia da educação popular como uma ferramenta social de transformação universal. Sua contribuição é qualitativa, porque a educação popular implica um processo social, e os processos não são fórmulas, não são homogêneos, nem estão calendarizados com seu resultado. Talvez por isso dê mais trabalho realizá-los, porque implica as pessoas com aquilo que fazemos, interpretamos a metodologia e a aplicamos, respeitando e entendendo as condições geográficas, sociais, econômicas e culturais da militância. Uma vez que a gente tenha contato com a educação popular, observo que sua ação política é mais criativa e muito mais comprometida, criamos redes de comunicação e o processo de interpretar nosso entorno continua, de modo que provavelmente não sejamos milhares (por enquanto), mas, onde quer que intervenhamos, são gerados mais educadores populares a favor de um projeto político que dê vida e dignidade a todas as pessoas.

Arelhy, Eluzai, Juan Carlos e Rafael — As e os indivíduos, estes que Freire chama de oprimidas e oprimidos, os sem voz, com a educação popular, percebem, observam e identificam seu entorno imediato, com a finalidade de reconhecer e atender às necessidades geradas em seu contexto, permitindo que, de maneira organizativa e comunicativa, que parta do interesse coletivo e de uma maneira crítica, busquem alternativas para se conquistar o bem-estar comum. O uso da metodologia da educação popular dispara a ação transformadora de maneira coletiva e desperta a capacidade criativa para pensar em alternativas e propostas. Gera uma identidade, permite implementar estratégias para dar soluções às necessidades ou perpetuar e favorecer o bem-estar da comunidade, fortalecendo a solidariedade, a comunicação e a organização.

Blanca — No começo foi complicado que se compreendesse o papel do pensamento de Freire, a forma [da educação] bancária utilizada sempre foi difícil de erradicar, mas pouco a pouco essa nova forma facilitou o diálogo nos coletivos sobre temas e problemas importantes para todos. O mais importante é que essa nova forma de análise envolve o pensar de todos. É uma forma até divertida com as atividades sugeridas, nas quais todos os presentes participam e colaboram para aprender e analisar um problema ou tema, para o entendimento e análise, e se sentem parte daquilo e se propõem a ações coletivas para melhorar e buscar soluções.

Jairo — Com o método da educação para a libertação das consciências, cuja origem está na dialogicidade do coletivo, ou seja, na troca democrática, participativa e horizontal de ideias, é possível realizar a práxis transformadora e libertadora que nos orienta para a ação conjunta e organizada de um grupo. Embora não seja o único método para conduzir a formação política, é sim um método universal, e ao dizer universal fazemos referência ao fato de que tanto profissionais com pós-graduação como camponeses e classe trabalhadora podem construir um mesmo nível de conhecimento, no qual todos falamos um mesmo idioma e compartilhamos nossas ideias, o que nos permite ir construindo democraticamente no coletivo. Isso faz com que a militância torne seu o conhecimento e o traduza em uma ação que impacte a organização de seu coletivo imediato, uma vez que o método propicia a participação, a reflexão, o diálogo e a análise.

Pilar — O pensamento e a prática de Freire abarcam muitos aspectos que nos permitem participar da Revolução das Consciências que estamos iniciando no México, durante a Quarta Transformação da Vida Pública. No caso da Renaep, o fazemos tendo a educação popular como metodologia. Durante os seis meses que estou colaborando com as atividades do Instituto Nacional de Formação Política do Morena, percebi aspectos fundamentais. Por exemplo: o respeito pelos membros do grupo com o qual se trabalha, todos temos experiências, vivências e conhecimentos para contribuir; todos aprendemos com todos; aprendemos para transformar, não para acumular conhecimentos; para desenvolver coletivamente os elementos da transformação da nossa realidade em favor da maioria; nos organizamos para realizar ações consensuadas em grupo. Este último é o mais difícil de alcançar devido a muitos fatores, como o desencanto da sociedade pela atuação dos funcionários [públicos, de governo]. O caminho não está feito, não existem regras, o caminho se faz ao caminhar, como dizia Machado. Em resumo, devo dizer que não é tarefa fácil, existem muitos interesses individuais que entorpecem o avanço do coletivo. No entanto, considero que é o único caminho para conseguirmos, no médio ou longo prazo, que nossa sociedade, passiva, desinformada e desanimada, construa um novo caminho pela democracia participativa e pela construção de um poder popular.

Magdalena — A metodologia da educação popular é, em si, um meio e uma ferramenta para a libertação das pessoas. Viver seus processos e momentos vai permitindo, gradualmente, saber-se como seres com valor, com capacidades, com motivação e vontade de viver. Isso lhes permite apropriar-se pouco a pouco de uma ideologia de "eu tenho valor/nós temos valor"; "eu quero um mundo diferente/nós queremos um mundo melhor"; "eu posso/nós podemos transformar", transformando nosso mundo. É um meio que favorece o consenso coletivo, a organização social em prol de ações conjuntas, a definição de metas e estratégias comuns, para melhorar a vida e o país, para um mundo mais justo para todos e todas. Além disso, fortalece o esforço contínuo e organizado para seguirmos aprendendo juntos, entre todos, uns com os outros, e sobretudo para ampliarmos horizontes, gerando compromissos de ação conjunta por algo melhor, dentro de uma espiral ascendente sempre crítica para melhorarmos nosso entorno próximo. Cada dia confirmo a crença e a fé na educação popular, na pedagogia crítica e nos postulados de Paulo Freire, como o único método que torna possível a libertação e a transformação social, tanto no México como no mundo. Seguirei persistente, insistente e consistente com essa intenção e ação, na qual Paulo Freire esteve, está e estará muito presente.

CONSIDERAÇÕES FINAIS

Construir de forma democrática, horizontal, coletiva e participativa processos de organização social para a transformação: esse é o grande objetivo da Renaep, onde a educação popular é tanto a metodologia quanto a epistemologia de seu acionar. O objetivo é ambicioso e tem como horizonte a formação de educadores populares por todo o país. E todo grande objetivo se enfrenta, na realidade concreta, com inúmeros desafios. Como menciona a educadora Elia em seu relato, confiar no processo é também compreender que eles não são fórmulas, não são homogêneos, e seus resultados dificilmente podem ser calendarizados. Contudo, através dos relatos que compartilhamos neste capítulo, consideramos que estamos diante de uma experiência valiosa para o México, assim como para o progressismo latino-americano, porque resgata a centralidade da formação de base nos processos de organização política através da educação popular como uma ferramenta de transformação social e libertação dos povos.

Construir comunidade para romper com a subjetividade neoliberal, partir da realidade de seus territórios para que as classes populares organizadas possam ser o sujeito coletivo propulsor de sua nova história. Esperamos que siga nesse sentido a construção da chamada Quarta Transformação mexicana.

REFERÊNCIAS

FREIRE, Paulo. *Pedagogia do oprimido*. 9ª ed. Rio de Janeiro: Paz e Terra, 1981.

FREIRE, Paulo. *A importância do ato de ler: em três artigos que se completam*. São Paulo: Cortez, 1989.

Maria do Socorro Pereira da Silva * Doutora em educação pela Universidade Federal do Piauí (UFPI), onde leciona no curso de licenciatura em educação do campo e no Programa de Pós-Graduação em Políticas Públicas (PPGPP). E-mail: socorroprof@ufpi.edu.br.

EDUCAÇÃO POPULAR E UNIVERSIDADE: TERRITÓRIOS FREIRIANOS

Maria do Socorro Pereira da Silva

PEDAGOGIA DA PERGUNTA: ESPERANÇAR COM CAMPONESES PELA EDUCAÇÃO POPULAR

O caráter popular atribuído por Paulo Freire à universidade pública nas "quarenta horas de esperançar" em Angicos (RN) deu sentido prático a uma concepção teórica de educação e a uma nova relação entre universidade e comunidade externa. Fundamentada na pedagogia da pergunta e em uma epistemologia dos oprimidos, a educação popular se tornou um território para o pensamento freiriano. A opção de Paulo Freire pelos oprimidos e por uma educação dialógica se transformou em princípio ao longo de sua carreira acadêmica e científica.

Essa experiência educativa questionava não apenas Paulo Freire em suas intervenções pedagógicas sobre o lugar da universidade, mas a condição de analfabetismo dos camponeses como uma produção da cultura humana. E, em escala nacional, os resultados de Angicos eram um questionamento ético e político ao governo brasileiro quanto aos elevados índices de exclusão educacional no país.

As "quarenta horas de esperançar" significavam para Paulo Freire ter esperança com os camponeses como um imperativo existencial e histórico, que se faz pela luta qualificada no campo da educação como prática de liberdade: "Uma das tarefas do educador ou educadora progressista, através da análise política, séria e correta, é desvelar as possibilidades, não importam os obstáculos para a esperança" (Freire, 1997, p. 6). Nesse sentido, a ação extensionista da universidade, em Angicos, é a esperança de esperançar. Esperança como herança crítica da realidade e como possibilidade histórica de democratização da universidade.

Considerando essa perspectiva, a universidade como território freiriano encontra na educação popular um novo campo epistemológico para a formulação de uma prática educativa protagonizada pelas classes populares em seus processos de luta por direitos e cidadania. Como em Angicos, as classes populares continuam a interpelar a atualidade da universidade, em uma formulação simples, como fizeram os camponeses, sobre como matar a "fome da palavra" se o Estado retira o direito de fazer isso de barriga cheia. "No CC [Círculo de Cultura] de Gizelda o dilema era: encher a barriga ou 'matar a fome da cabeça'" (Lyra, 1996, p. 62). No presente capítulo, a construção popular da universidade pública parte das seguintes questões: como atualizar o conhecimento científico diante das exigências das classes populares quanto à função social da universidade na democratização do conhecimento? Como a educação popular contribui para atualizar a relação universidade/comunidade externa?

Das experiências em educação popular nos contextos não escolares, procuramos destacar as ações que incidem na universidade pública: Pré-Enem Popular e Universidade Popular, evidenciando como esses projetos fortalecem a prática docente crítica, as lutas por direitos e a auto-organização das classes populares. O contexto dos projetos é o curso de Licenciatura em Educação do Campo — resultado da intervenção política das classes populares em contextos não escolares e da luta dos movimentos sociais do campo. A análise considera a perspectiva metodológica da investigação-ação participativa e uma abordagem qualitativa. Situamos nossa análise epistêmica sobre as ações que democratizam os territórios freirianos: a educação popular como uma construção teórico-prática dos oprimidos e a universidade como estrutura sociocultural nas dinâmicas históricas da oferta do ensino superior.

PEDAGOGIA DO OPRIMIDO: ENCONTRO EPISTEMOLÓGICO ENTRE CONHECIMENTO CIENTÍFICO E POPULAR

A experiência da universidade em Angicos inspirou uma concepção epistêmica de questionamento nos oprimidos sobre suas condições sociais e a exclusão educacional, passando a se perguntar: por quê? Como? Ou seja, entenderam a força política e pedagógica de dizer a sua palavra pela extensão popular. Existe certo consenso de que Paulo Freire, com sua perspectiva de extensão como ação cultural, levou a universidade ao território popular da educação. Era necessário ouvir a palavra das classes populares em seu processo educativo, mas também, indiscutivelmente, reconhecer que os saberes populares deram à universidade um novo sentido na democratização do conhecimento científico. Silva e Sampaio (2015, p. 927) analisam:

> O que hoje sabemos/estudamos/interpretamos e criticamente denominamos de pensamento freiriano foi intensamente colocado em prática com trezentos homens e mulheres, trabalhadores nordestinos, sob a orientação de um grupo de estudantes da Uni-

versidade Federal do Rio Grande do Norte (UFRN), coordenado pelo próprio Freire.

Inspirados na herança histórica da educação como prática da liberdade, atualmente as classes populares veem a universidade mais próxima, protagonizando uma epistemologia própria de educação. O interconhecimento entre uma pedagogia científica e a pedagogia do oprimido, no âmago da educação popular, resulta do pensamento dissidente frente à ciência eurocêntrica e ao paradigma tradicional de educação "para" e "sem" as classes populares. Assim, como afirma Paulo Freire:

> O que vimos chamando de pedagogia do oprimido: aquela que tem de ser forjada com ele e não para ele, enquanto homens ou povos, na luta incessante de recuperação de sua humanidade. Pedagogia que faça da opressão e de suas causas objeto da reflexão dos oprimidos, de que resultará o seu engajamento necessário na luta por sua libertação, em que esta pedagogia se fará e refará. (Freire, 1988, p. 20)

A pedagogia do oprimido passa a imprimir uma nova concepção educativa na universidade com a implantação dos cursos de licenciatura em educação do campo (Ledoc). Essa experiência é resultado das lutas dos movimentos sociais do campo pelo direito à educação. Como afirmam Batista e Silva (2020, p. 21): "Depois de cinco décadas da pedagogia do oprimido, e inspirados no pensamento de Paulo Freire, os camponeses insistem em um questionamento ético e político ao Estado brasileiro sobre suas garantias constitucionais do direito à educação pública e de qualidade". O pensamento freiriano fez da universidade lugar de pertencimento das classes populares no direito ao conhecimento científico, cujas bases são seus saberes originários.

As "quarenta horas de esperançar" como prática educativa autônoma e emancipatória do educador Paulo Freire na universidade enfatizam que "a prática docente crítica, implicante do pensar certo, envolve o movimento dinâmico, dialético, entre o fazer e o pensar sobre o fazer" (Freire, 1996, p. 42-3). Não resta dúvida: Paulo Freire acreditava que "matar a fome da cabeça" era um imperativo necessário para matar a fome da barriga e que, nesse desafio, o papel da universidade era imprescindível.

Nesse sentido, Medeiros e Silva (2021, p. 45) afirmam: "O pensamento de Paulo Freire possibilita atualizar o tempo presente quanto ao compromisso social da universidade pública para com as classes populares e a participação ativa dela na democratização do conhecimento e da ciência", visto que a "universidade não só participou da exclusão social das raças e etnias ditas como inferiores, como teorizou sua inferioridade" (Santos, 2010, p. 53).

Essa postura foi impondo às classes populares um processo de descolonização da educação tradicional, em que a educação,

> desvestida da roupagem alienada e alienante, seja uma força de mudança e de libertação. A opção, por isso, teria de ser também entre uma "educação" para a "domesticação", para a alienação, e uma educação para a liberdade. "Educação" para o homem-objeto ou educação para o homem-sujeito. (Freire, 1967, p. 36)

Assim, a pergunta inicial sobre a função social da universidade pública logo foi tomando contornos mais amplos sobre como se articulam os conteúdos, os saberes e os contextos das classes populares na democratização do conhecimento científico, a partir da perspectiva epistemológica da educação popular e de uma "ciência própria". Fals Borda (1981, p. 81-2) assim define:

> Por ciência popular — folclore, saber ou sabedoria popular — se entende o conhecimento empírico, prático, do senso comum, que tem sido a posse cultural e ideológica ancestral do povo de bases sociais,

> que lhes permitiu criar, trabalhar e interpretar predominantemente com os recursos diretos que a natureza oferece ao homem. [...] Mas o saber popular folclórico também tem a sua própria racionalidade e a sua própria estrutura de causalidade, ou seja, pode ser demonstrado que tem mérito e validade científica em si mesmo.

Os pensamentos de Paulo Freire e Fals Borda não apenas convergem do ponto de vista científico e teórico no trabalho docente que realizam entre universidade e comunidade, mas são uma opção política e pedagógica em fazer ciências com os oprimidos. Esse encontro entre educação popular e ciência própria retoma a relação entre política e educação. Nessa concepção, a dimensão política realiza-se de modo indissociável da prática pedagógica e da opção ética na formulação de uma educação emancipatória. Nesse sentido, Paulo Freire assevera:

> A prática educativa, reconhecendo-se como prática política, se recusa a deixar-se aprisionar na estreiteza burocrática de procedimentos escolarizantes. Lidando com o processo de conhecer, a prática educativa é tão interessada em possibilitar o ensino de conteúdos às pessoas quanto em sua conscientização. (Freire, 2001, p. 16)

O pensamento freiriano atualiza a emergência de um novo paradigma de produção do conhecimento e de uma educação comprometida com a realidade dos sujeitos em processo pedagógico de alfabetização e político de conscientização. Paulo Freire inspira a construção de uma educação popular fundamentada no protagonismo dos setores populares, baseada em uma ciência emergente de uma cultura que foi — e ainda tem sido — historicamente reprimida e silenciada pela ciência hegemônica eurocêntrica, enraizada nos processos de dominação e colonização do paradigma de educação.

Desse modo, a concepção de educação popular na atualidade das ações docentes na universidade tem como base o conceito de "ciência popular ou empírica que tem seus próprios elementos culturais e regras de acumulação, dedução e transmissão entre gerações" (Fals Borda, 2010, p. 364). Ou seja, os saberes populares têm no interior de sua dinâmica sua própria racionalidade e sua causalidade de ser: na trama das resistências das classes populares que ocupam a universidade, passam a imprimir um movimento intelectual de reinvenção de uma política educacional e de um projeto democrático de sociedade.

PEDAGOGIA DECOLONIAL: INCIDÊNCIA POLÍTICA E PEDAGÓGICA DA EDUCAÇÃO POPULAR NA UNIVERSIDADE

A concepção de educação popular, a ciência própria e as metodologias participativas fundamentam nossa incidência acadêmica, pedagógica e política no fortalecimento do pensamento decolonial na universidade. Descolonizar os contextos da extensão pode significar a construção de uma nova relação com a comunidade externa, colaborando nos processos de resistência e luta pela permanência na terra e pelo reconhecimento dos povos indígenas originários. Também pode ser impulsionada por uma prática docente que se organiza por meios de processos formativos nas dimensões de ensino, pesquisa e extensão. Neste estudo, destacamos brevemente duas experiências da extensão: a Universidade Popular (UP) e o Pré-Enem Popular Vale do Gurgueia.

O Projeto de Extensão Universidade Popular (UFPI — Campus Cinobelina Elvas) é uma experiência fundamentada nos princípios da educação popular, que considera: a realidade social dos sujeitos populares, a pedagogia participante, a construção coletiva do conhecimento, a transformação do social e a afirmação de um projeto de sociedade justa. A UP reafirma o interconhecimento entre saberes populares e científicos; sua prática educativa se realiza com a participação ativa dos camponeses e indígenas das comunidades rurais, fortalecendo os processos de auto-organização e as ações de incidência política das classes populares.

A atuação da Universidade Popular na comunidade rural de Laranjeiras, no município de Currais, no Piauí, tem como foco ações educativas ligadas à sustentabilidade hídrica, com atividades de proteção das nascentes como riachos e brejos e preservação ambiental das plantas nativas do Cerrado, como o buriti. A intervenção, em andamento, concentra-se em projeto aprovado pela universidade em parceria com a Associação de Trabalhadores Rurais para o desenvolvimento do agroextrativismo sustentável do buriti e do manejo florestal da planta nativa, com participação direta das mulheres camponesas e indígenas.

A UP aposta na ciência sustentável por meio da energia solar, implantando na comunidade Laranjeiras um sistema solar de bombeamento de água de poço artesanal para irrigação de roças e para produção da agricultura familiar camponesa.

A perspectiva é fortalecer a auto-organização da população rural e indígena de Laranjeiras para se tornar uma comunidade referência na região em sistemas ambientalmente sustentáveis, diante do avanço do agronegócio.

A Universidade Popular considera fundamental desenvolver produção energética a partir de matriz solar sustentável, priorizando alternativas de proteção aos recursos hídricos da comunidade como brejos e riachos, potencializando os processos de irrigação para agricultura familiar.

A UP, por meio da extensão universitária, acredita e se organiza em torno do caráter popular e da missão social da universidade no desenvolvimento de uma ciência decolonial, que esteja a serviço de ações que tenham como objetivo o fortalecimento dos territórios camponeses e indígenas no sul do Piauí. Também destaca a atualidade das exigências da comunidade Laranjeiras para ações de fortalecimento da luta indígena do povo Gamela pelo território e pelo direito à terra, diante do avanço do agronegócio na "última fronteira agrícola" do Cerrado piauiense. Essa intervenção da extensão tem sido mediada por processos formativos com os camponeses e indígenas da comunidade. A extensão é vista como lugar coletivo de produção de conhecimento. Como diz Paulo Freire:

> A ação extensionista envolve, qualquer que seja o setor em que se realize, a necessidade que sentem aqueles que a fazem, de ir até a "outra parte do mundo", considerada inferior, para, à sua maneira, "normalizá-la". Para fazê-la mais ou menos semelhante ao seu mundo. (Freire, 1983, p. 13)

A universidade é vista como parte da construção do conhecimento, e não a única detentora da ciência válida. Com os camponeses e indígenas da comunidade Laranjeiras, aprendemos que existem ciências. Assim, a educação popular como matriz formativa da extensão universitária no projeto Universidade Popular tem como concepção de extensão a ação cultural e coletiva dos processos educativos em que a universidade realiza as atividades na comunidade externa. O projeto de extensão Pré-Enem Popular atua em sentido contrário, ou seja, a universidade leva a comunidade externa, notadamente as classes populares, para dentro do espaço acadêmico com a preparação de jovens e adultos para o ingresso na universidade através do Exame Nacional do Ensino Médio (Enem). É a extensão ao contrário (Santos, 2010).

O Pré-Enem Popular Vale do Gurgueia tem catorze anos de funcionamento no Campus Professora Cinobelina Elvas (CPCE-

-UFPI). Sua prática extensionista reconhece que a participação da comunidade externa é uma questão ética e uma interpelação política frente aos níveis de exclusão educacional que enfrentam as classes populares no acesso e na permanência na universidade. O projeto atualmente oferece inscrições gratuitas e sem processo seletivo, atende a cem jovens e adultos de baixa renda e oriundos da escola pública, organizados em duas turmas de cinquenta estudantes atendidas pelos monitores-professores bolsistas e voluntários dos cursos de graduação do CPCE. O projeto se realiza na universidade, cuja estrutura de transporte, salas de aulas e materiais didáticos é oportunizada aos alunos, qualificando sua condição de estudo e permanência no projeto de extensão que se realiza pela dimensão do ensino.

Essa proposta de educação decolonial se fundamenta na educação popular, a partir da realidade dos sujeitos populares, na construção de uma educação democrática na perspectiva dos oprimidos, como sugere Freire (1967, p. 90):

> Uma educação que possibilitasse ao homem a discussão corajosa de sua problemática. De sua inserção nesta problemática. Que o advertisse dos perigos de seu tempo, para que, consciente deles, ganhasse a força e a coragem de lutar, ao invés de ser levado e arrastado à perdição de seu próprio "eu", submetido às prescrições alheias.

As classes populares em exercício docente e discente na universidade reconhecem a necessidade de assumir o protagonismo na produção do conhecimento para a reinvenção de uma educação libertadora e do acesso ao ensino superior. No Pré-Enem Popular, enfatizamos brevemente os cursos de formação dos monitores para atuação como professores e as aulas integradoras.

O curso de Formação Pedagógica e Didática é ofertado pela coordenação do projeto, visando preparar os graduandos para a atuação como professores a partir de metodologias de ensino e aprendizagem em sala de aula. O curso é oferecido em sete encontros presenciais e prevê a aplicação de uma prova didática (realização de uma aula experimental) pelos monitores em suas respectivas áreas de conhecimento.

As aulas integradoras visam possibilitar o encontro pedagógico e formativo dos alunos atendidos pelo projeto, envolver os monitores das áreas de conhecimento, garantir o acompanhamento sistemático da coordenação pedagógica e promover a participação de docentes convidados para proferir palestras sobre temas atuais na sociedade. As aulas integradoras são abertas a toda a comunidade externa à universidade.

As aulas integradoras representam espaço amplo de participação da comunidade externa no processo de qualificação para o Enem. Segundo Silva e Sá:

> Com relação *aos espaços de participação e decisão dos alunos da comunidade externa*, os monitores responderam que 50% da comunidade externa realiza "*participação na discussão dos conteúdos das aulas, interação aluno-monitor; e 25% pela participação nas aulas integradoras como espaço de sociabilidade e interação entre alunos, monitores e coordenação do projeto*". (Silva & Sá, 2021, p. 34, grifos nossos)

Assim, o Pré-Enem Popular visa garantir a participação ativa da comunidade externa a partir do esforço em desconstruir o distanciamento entre a universidade e a sociedade, além de discutir o protagonismo das classes populares para a participação cidadã como condição necessária para uma democracia participativa e democratização da universidade.

Essas experiências reafirmam o caráter da educação popular como prática educativa que recoloca o lugar da universidade a favor das classes populares, como defendido por Paulo Freire. Reafirma o trabalho docente diferenciado e qualifica a incidência política e pedagógica dos sujeitos participantes dos projetos. A educação popular reinventa o território da universidade como um lugar de pertencimento dos excluídos no acesso ao conhecimento científico e sua relação de interconhecimento entre saberes populares.

Docentes, discentes e público beneficiados nos projetos que lutam pela democratização da universidade reconhecem os limites de sua atuação na universidade, em razão da hegemonia da ciência eurocêntrica. Apesar disso, estão a esperançar com os oprimidos na luta pelo direito de ser e dizer sua palavra no mundo. A partir dessa perspectiva, a educação popular reafirma o lugar da extensão popular decolonial como possibilidade de desconstrução do paradigma de ciência eurocêntrica da universidade, abrindo portas e espaços para a troca de saberes na produção de novos modos de conhecer e fazer ciências.

A educação popular é o território epistemológico das classes populares na democratização da universidade. Assim, a universidade, pela prática educativa da educação popular, foi e continua sendo território freiriano, como lugar de construção coletiva do conhecimento e de resistência epistêmica e social que se articula pela relação entre comunidade e universidade.

REFERÊNCIAS

BATISTA, Ozaias Antônio & SILVA, Maria do Socorro Pereira da. *O perfil socioeducacional dos discentes da licenciatura em educação do campo: impasses e desafios na luta dos camponeses pela democratização da universidade*. Goiânia: Phillos, 2020.

FALS BORDA, Orlando. "Aspectos teóricos da pesquisa participante: considerações sobre o significado e o papel na participação popular". *In*: BRANDÃO, Carlos Rodrigues (org.). *Pesquisa participante*. São Paulo: Brasiliense, 1981, p. 42-62.

FALS BORDA, Orlando. "Pesquisa-ação, ciência e educação popular nos anos 90". *In*: STRECK, Danilo R. (org.). *Fontes da pedagogia latino-americana: uma antologia*. Belo Horizonte: Autêntica, 2010.

FREIRE, Paulo. *Educação como prática da liberdade*. Rio de Janeiro: Paz e Terra, 1967.

FREIRE, Paulo. *Extensão ou comunicação?* 7ª ed. Rio de Janeiro: Paz e Terra, 1983.

FREIRE, Paulo. *Por uma pedagogia da pergunta*. Rio de Janeiro: Paz e Terra, 1985.

FREIRE, Paulo. *Pedagogia do oprimido*. 25ª ed. Rio de Janeiro: Paz e Terra, 1988.

FREIRE, Paulo. *Pedagogia da autonomia: saberes necessários à prática educativa*. São Paulo: Paz e Terra, 1996.

FREIRE, Paulo. *Pedagogia da esperança: um reencontro com a pedagogia do oprimido*. 4ª ed. Rio de Janeiro: Paz e Terra, 1997.

FREIRE, Paulo. *Educação e atualidade brasileira*. São Paulo: Cortez, 2001.

LYRA, Carlos. *As quarenta horas de Angicos: uma experiência pioneira de educação*. São Paulo: Cortez, 1996.

MEDEIROS, Lucineide Barros & SILVA, Maria do Socorro Pereira da. "Extensão em Paulo Freire e exigências da atualidade nos setores populares: diálogos inter-contextos entre campo e cidade", *Revista de Educação Popular*, 2021, p. 43-64.

SANTOS, Boaventura de Sousa. *A universidade no século XXI: Para uma reforma democrática e emancipatória da universidade*. 3ª ed. São Paulo: Cortez, 2010.

SILVA, Francisco Canindé & SAMPAIO, Marisa Narcizo. "Cinquentenário das 40 horas de Angicos: memória presente na educação de jovens e adultos", *Revista Brasileira de Educação*, v. 20, n. 63, out.-dez. 2015.

SILVA, Maria do Socorro Pereira da & SÁ, Mara Franco (org.). *Educação democrática, participação popular e extensão descolonial: experiência do pré-Enem na democratização da universidade.* Teresina: Edufpi, 2021.

Inny Accioly * Doutora em educação pela Universidade Federal do Rio de Janeiro (UFRJ), pesquisadora do Coletivo de Estudos Marxismo e Educação (Colemarx/UFRJ), é professora da Faculdade de Educação da Universidade Federal Fluminense (UFF) e membro da diretoria do Grupo de Trabalho Paulo Freire, da American Educational Research Association (Aera). E-mail: innyaccioly@hotmail.com.

CAMINHOS TEÓRICOS E METODOLÓGICOS PARA A PRÁXIS A PARTIR DAS UNIVERSIDADES: INSPIRAÇÕES FREIRIANAS

Inny Accioly

A pandemia de covid-19 desvelou o grau obsceno de desigualdade e injustiça a que está submetida grande parte da população negra e indígena nas periferias do capitalismo. São populações inteiras que têm negadas as condições básicas para uma vida digna, deixadas à margem dos parâmetros de civilização, como saneamento, água potável, moradia, alimentação.

Diante da brutalidade e da desumanização que é a normalidade capitalista, este capítulo afirma que só é possível vida com dignidade se ela for uma realidade para todos. Em outras palavras, o ataque à dignidade da vida em qualquer parte do mundo é um ataque à vida no mundo inteiro. Essa afirmação traz implicações diretas para o trabalho dos educadores críticos, aqueles que se recusam a se desumanizar e se negam a subordinar a humanidade às degradações do capitalismo.

Este capítulo apresenta uma reflexão sobre a obra de Paulo Freire, desvelando caminhos teóricos e metodológicos para a práxis transformadora a partir de contextos educacionais formais. As reflexões aqui apresentadas são fundamentadas na experiência de dez anos com a práxis em universidades públicas no Brasil, em projetos e ações conectando universidades, movimentos sociais e escolas públicas. O propósito não é ressaltar casos ou projetos específicos como modelos a serem seguidos, mas debater os desafios concretos enfrentados na ação prática que são, portanto, alvo de reflexão crítica coletiva.

O EDUCADOR PRECISA SER EDUCADO

Uma das frases mais conhecidas e talvez uma das menos compreendidas de Paulo Freire é: "Educação não transforma o mundo. Educação muda pessoas. Pessoas transformam o mundo" (Freire, 1979, p. 84). A ideologia individualista impregnada em todas as dimensões da vida social derruba a potência transformadora dessa afirmação — e de toda a obra de Freire — por restringir a compreensão da sociedade à soma de indivíduos que, cada um individualmente fazendo a sua parte, transformariam o mundo.

Sobre isso, Freire afirma que "o gosto que cada pessoa demonstra pelo individualismo é a expressão particular de uma consciência social dessa pessoa" (Freire & Macedo, 2011, p. 37). Nesse sentido, Freire reafirma Marx ao compreender que, assim como o meio é formado pelos homens, o meio também forma os homens. A consciência humana é desenvolvida no contexto concreto da vida social.

> E o que defende a posição individualista? Ela dicotomiza o individual e o social. Geralmente isso não se pode concretizar, uma vez que não é viável fazê-lo. Não obstante, a ideologia individualista

> acaba por negar os interesses sociais, ou submete os interesses sociais aos interesses individualistas. [...] A posição individualista atua contra a compreensão do verdadeiro papel da ação humana. (Freire & Macedo, 2011, p. 42)

A fragmentação do social em indivíduos isolados, que não se reconhecem enquanto classe, é fundamental para a manutenção da ordem capitalista. Isso é o que Freire reafirma em *Pedagogia do oprimido* (2011) quando ressalta que a estratégia de dividir se manifesta em todas as ações da classe dominante para manter a opressão.

Contudo, a análise e a crítica da ideologia do individualismo são um processo bastante complexo, justamente porque essa ideologia põe em oposição, de um lado, o indivíduo, sua subjetividade e suas necessidades de autorrealização e, do outro, a classe, a história e a necessidade da transformação social. Enquanto essas dimensões forem consideradas excludentes e opostas, e não profundamente inter-relacionadas, a exploração do trabalho seguirá se intensificando e impossibilitando tanto a autorrealização dos indivíduos quanto a vida digna do conjunto da classe trabalhadora.

Uma vez que o capitalismo institui o fenômeno da propriedade privada como um valor inquestionável, ele reduz a vida humana a mera mercadoria destinada a propulsionar a acumulação de riqueza. Não se pode esquecer que a propriedade privada pressupõe a existência de um número de indivíduos despossuídos de propriedade, o que institui, portanto, um modelo de sociedade cindido em classes.

A noção de indivíduo, nesse contexto, é moldada em parâmetros que garantam que o fenômeno da propriedade privada permaneça inquestionável. Conforme Saviani (2003), nas sociedades escravista e feudal, as relações de exploração e subjugação eram transparentes, os senhores de escravos justificavam seus atos violentos com base na lei que assegurava que os seres humanos escravizados não eram indivíduos, mas objetos sob a sua propriedade.

Na sociedade capitalista, ao contrário, a aparência de liberdade do sujeito se torna central. Com efeito, a aparência é a de uma sociedade em que indivíduos são livres para realizar escolhas e, a partir do esforço individual, acumular riqueza. A ideologia individualista é atada ao mito da liberdade que, por sua vez, é apenas formal. O mito da liberdade encobre o fato de que a dinâmica da reprodução do capital se impõe sobre a vida humana. O capital assume a aparência de uma entidade com vida própria que não se detém diante de nenhum obstáculo de natureza ética, jurídica, política, ambiental ou cultural.

É nesse contexto social — e não fora ou acima dele — que nós, educadores, nos formamos e desenvolvemos a nossa compreensão sobre a realidade na qual estamos completamente imersos. Muitos educadores engajados na tarefa de transformar a sociedade, por estarem imbuídos da ideologia individualista, encontram dificuldades para vislumbrar que a sua ação pedagógica possa ir além da intenção de "transformar pessoas" que, por sua vez, transformariam o mundo.

O que Paulo Freire buscou expressar ao afirmar que a "educação não transforma o mundo" (Freire, 1979, p. 84) é que o caminho meramente pedagógico não é suficiente para transformar a sociedade, apesar de ser extremamente necessário. Transformar a sociedade exige trilhar um caminho prático, ativo, para além das instituições educativas.

Além disso, os sujeitos não podem se dividir entre ativos e passivos, ou entre aqueles que pensam e aqueles que agem. Ou seja, não se pode aceitar o dualismo entre educadores e educandos, pois "os educadores precisam ser educados" (Marx & Engels, 1993).

Nesse sentido, Freire dá sequência à ideia inicial afirmando que "educação muda pessoas. Pessoas transformam o mundo", pois o ser humano, ao agir sobre o ambiente, tem a capacidade de refletir sobre a ação e transformar a si mesmo, em um processo incessante de autotransformação. Conforme Freire afirma em outra obra: "Na verdade, o inacabamento do ser ou sua inconclusão é próprio da experiência vital. Onde há vida, há inacabamento. Mas só entre mulheres e homens o inacabamento se tornou consciente" (Freire, 1996, p. 12).

Modificar as circunstâncias e modificar a si mesmo deve ser um processo unitário, realizado na práxis revolucionária (Marx & Engels, 1993). Por isso, jamais poderão existir educadores que não devam ser educados.

A negação tanto do dualismo entre educadores e educandos quanto da concepção de um sujeito transformador que permanece ele próprio sem se transformar aponta para a necessidade do engajamento em uma práxis incessante, contínua (Sánchez-Vázquez, 2011).

Nesse sentido, não é possível ignorar o aspecto ético da práxis, que faz com que os sujeitos se engajem no permanente compromisso com a coerência. Dussel (2012) enfatiza que existe um dever ético na crítica ao sistema capitalista, que se expressa em uma postura ativa diante do mundo — postura reivindicada por Marx quando afirma: "Os filósofos se limitaram a interpretar o mundo de diferentes maneiras, mas o que importa é transformá-lo" (Marx & Engels, 1993, p. 128).

De forma contundente, Freire afirma que não é possível existir sem assumir o direito e o dever de optar, de decidir, de lutar, de fazer política.

> E tudo isso nos traz de novo à imperiosidade da prática formadora, de natureza eminentemente ética. E tudo isso nos traz de novo à radicalidade da esperança. Sei que as coisas podem até piorar, mas sei também que é possível intervir para melhorá-las. (Freire, 1996, p. 22)

No propósito maior de afirmação da vida, defendemos que a práxis do educador crítico deve ser guiada pelo que Dussel (2012) chama de ética da libertação, que clama pelo dever ético de transformar a realidade que causa vítimas.

> Se não assumo a responsabilidade não deixo de ser por isso responsável pela morte do outro, que é minha/nossa vítima, e de cuja vitimação sou/somos causa cúmplice, pelo menos por ser um ser humano, destinado à responsabilidade comunitária da vulnerabilidade compartilhada de todos os viventes. Sou/somos responsáveis pelo outro pelo fato de ser humano, "sensibilidade" aberta ao rosto do outro. Além disso, não é responsabilidade pela própria vida; agora é responsabilidade pela vida negada do outro. (Dussel, 2012, p. 378)

A responsabilidade pela vida humana em geral (abstrata) alcança concreticidade à medida que avançamos na análise crítica do sistema capitalista e reconhecemos as suas vítimas reais, concretas, em cujos rostos podemos reconhecer a nós mesmos.

Para que haja justiça é necessário transformar a ordem estabelecida (que produz vítimas, que nega o direito de viver), para que a *impossibilidade de viver* dessas vítimas se converta em *possibilidade de viver* e *viver melhor*. Portanto, é necessário não só garantir a reprodução da vida (especialmente a vida daqueles que historicamente têm negado o seu direito de viver), mas também o desenvolvimento da vida humana na história, ou seja, a humanização de todos os humanos.

Aqui, *viver melhor* é entendido enquanto uma busca que só pode se concretizar se for coletiva, incluindo universalmente todos os seres viventes. Esse clamor está presente na perspectiva do *buen vivir* dos povos indígenas da América Latina e também na luta dos zapatistas quando reivindicam e reafirmam a *dignidade*, a luta pela vida com dignidade.

> A dignidade é um assalto contra a separação da moral e da política, e do privado e do público. A dignidade trespassa essas fronteiras, afirma a unidade do dividido. A afirmação da dignidade não é nem uma reivindicação moral nem uma reivindicação política: é antes um ataque contra a separação da moral e da política que permite que os regimes formalmente democráticos coexistam em todo o mundo com níveis cada vez mais altos de pobreza e de marginalização social. Não é somente o "aqui estamos!" dos marginalizados, mas também do horror reprimido que todos sentimos em presença do empobrecimento e fome massivos. (Holloway, 1997, p. 9)

A partir de Holloway (1997), podemos compreender, por exemplo, que ataques às comunidades na África ou às comunidades indígenas no Brasil representam ataques à dignidade de todos os humanos.

Nessa perspectiva, a necessária transformação social só será possível com a postura ativa e persistente de pessoas que se recusam a se desumanizar e a aceitar que a humanidade seja subordinada à degradação capitalista.

A práxis de libertação é realizadora. Contudo, não é um ato final, mas o constante que relaciona os sujeitos entre si com o objetivo comum de transformar a realidade. Nesse ato constante, é fundamental que se busque a unidade entre a transformação das circunstâncias e a autotransformação, em uma postura radicalmente oposta a um utopismo ingênuo que, separando essas duas dimensões, restringe o ato pedagógico à busca pela autotransformação dos sujeitos.

INSTITUIÇÕES EDUCACIONAIS E O DESAFIO DA PRÁXIS

Sendo o capitalismo uma totalidade complexa e contraditória, compreendê-lo demanda uma teoria que auxilie a desvelar as conexões entre os fenômenos sociais, ir mais além da compreensão possibilitada pela percepção das aparências e alcançar um entendimento mais rigoroso dos fatos observáveis no dia a dia (Freire & Macedo, 2011). Conforme ressalta Kosik:

> Se a realidade é um todo dialético e estruturado, o conhecimento concreto da realidade não consiste em um acrescentamento sistemático de fatos a outros fatos, e de noções a outras noções. É um processo de *concretização* que procede do todo para as partes e das partes para o todo, dos fenômenos para a essência e da essência para os fenômenos, da totalidade para as contradições e das contradições para a totalidade; e justamente neste processo de correlações em espiral no qual todos os conceitos entram em movimento *recíproco* e se elucidam mutuamente, atinge a concreticidade. (Kosik, 1976, p. 41)

Em sua análise do método em Marx, Miriam Limoeiro Cardoso (1990) aponta que o "concreto" (aquilo que à primeira vista é reconhecido como concreto) só ganha sentido quando a análise vai descobrindo suas determinações, pois a realidade social é uma realidade determinada, os fatos sociais são como são por alguma razão. Há relações específicas que os engendram, uma certa causalidade. "A partir da análise da relação entre partes e o todo, a riqueza concreta das contradições dialéticas se desenvolve crescentemente no interior de um processo unitário, descobrindo-se assim a essência das manifestações" (Kofler, 2010, p. 61).

Para Freire, o processo educativo possibilita identificar as contradições da vida, refletir sobre elas e agir com o intuito de estancar a sua reprodução (Mayo, 2020). Nesse sentido, podemos entender a práxis como um processo dialético permanente em que reflexão crítica e ação guiada pela finalidade de transformar a sociedade estão em profunda interdependência. Portanto, não se trata de reflexão e ação sem propósito definido. Conforme afirma Sánchez-Vázquez (2011, p. 226): "Não se conhece por conhecer, mas sim a serviço de um fim. A atividade da consciência, que é inseparável de toda verdadeira atividade humana, apresenta-se a nós como elaboração de fins e produção de conhecimentos em íntima unidade".

Dessa forma, a práxis necessita da formulação (sempre coletivamente) de um resultado ideal ou um fim a atingir — como ponto de partida — e da intenção vigilante e permanente de adequar as ações de acordo com o fim estipulado. "O fim, por sua vez, é a expressão de certa atitude do sujeito diante da realidade. Pelo fato de traçar um fim, adoto certa posição diante da realidade" (Sánchez-Vázquez, 2011, p. 224).

> Da mesma forma como o operário tem na cabeça o desenho do que vai produzir em sua oficina, nós, mulheres e homens, como tais, operários ou arquitetos, médicos ou engenheiros, físicos ou professores, temos também na cabeça, mais ou menos, o desenho do mundo em que gostaríamos de viver. Isto é a utopia ou o sonho que nos instiga a lutar. O sonho de um mundo melhor nasce das entranhas de seu contrário. (Freire, 2000, p. 85)

Em consonância com o pensamento de Freire, Sánchez-Vázquez aponta importantes reflexões sobre o processo da práxis:

> A consciência deve estar constantemente ativa, peregrinando do interior ao exterior, do ideal ao material, com o qual ao longo do processo prático vai se aprofundando cada vez mais a distância entre o modelo ideal (o resultado prefigurado) e o produto (resultado definitivo e real). Isso introduz no processo, com respeito ao

> modelo ideal, uma carga de incerteza e indeterminação. A perda inevitável do fim original em todo o processo prático verdadeiramente criador (não burocratizado) não significa a eliminação do papel determinante que o fim tem em tal processo. (Sánchez-Vázquez, 2011, p. 271)

Conforme abordado, a realidade se caracteriza por ser uma totalidade complexa e contraditória, o que impõe uma série de desafios à práxis, demandando elevada atividade da consciência (reflexão crítica sobre a ação) ao longo de todo o processo. Além disso, o dever ético dos educadores impõe a necessidade de atuar concretamente para a transformação desta sociedade que põe grande parte da população diante de "situações-limite". Esse é um termo usado por Freire, inspirado na obra de Álvaro Vieira Pinto (1960), que afirma que "situações-limite" são realidades que imprimem a determinados sujeitos um freio concreto ao "ser mais", sendo, portanto, obstáculos à sua libertação. As situações-limites não são "o contorno infranqueável onde terminam as possibilidades, mas a margem real onde começam todas as possibilidades" (Pinto, 1960, p. 284). Assim, esse conceito proporciona a abertura para a transcendência histórica e descortina um infinito de atos a fazer.

Tomando como foco as universidades, são inúmeros os desafios para que possa ser estabelecida uma práxis transformadora — que, por princípio, deve ter como objetivo primordial romper os muros que separam universidade, escola e movimentos sociais.

No caso brasileiro, a escassez de recursos públicos para as universidades exige dos educadores permanente estado de luta em defesa do bem público e por melhores condições de trabalho. Nesse ponto, os sindicatos têm enorme importância.

Outra problemática é a cultura racista e elitista enraizada nas universidades. Na última década, políticas afirmativas possibilitaram que estudantes negros e de famílias de baixa renda ingressassem na universidade pública. Contudo, essas políticas não têm suficiente orçamento para assegurar que esses estudantes possam concluir os estudos. Portanto, não é possível desconsiderar o fato de que frequentar o ensino superior é um privilégio e que a luta por uma sociedade mais humana deve necessariamente envolver a luta pelo fim dos privilégios, ou seja, o reconhecimento de que o acesso ao ensino superior é um direito, assim como o acesso a moradia, alimentação, saúde, o direito à identidade cultural e ao território, ao meio ambiente equilibrado e outros.

Essas são lutas travadas por incontáveis movimentos sociais no Brasil. Historicamente, esses movimentos desenvolvem estratégias organizativas, metodologias de luta e resistência e formação política, e cumprem a importante tarefa social de manter viva a memória das lutas dos povos oprimidos.

Diversos educadores e grupos de pesquisadores vêm enfrentando o desafio da práxis nas universidades brasileiras, tendo como ponto de partida a afirmação da importância dos movimentos para a transformação da sociedade.

A intenção neste capítulo não é ressaltar projetos específicos como modelos a serem seguidos, pois não existe receita pronta para transformar a sociedade. Há uma longa trajetória a ser percorrida coletivamente. Aqui, a intenção é debater alguns dos desafios concretos enfrentados na ação prática.

CAMINHOS METODOLÓGICOS

Conforme abordado, a práxis não se constitui de ações sem propósitos definidos. Ao contrário, requer a formulação coletiva de um resultado ideal ou um fim a atingir — como ponto de partida — e uma atitude de abertura para as inevitáveis mudanças no planejamento. Portanto, não é possível estabelecer previamente uma metodologia a ser implementada. Contudo, é possível observar alguns desafios comuns enfrentados no processo. Ao identificar os desafios, torna-se possível desvelar caminhos metodológicos percorridos coletivamente de forma dialógica.

Aqui, o diálogo é compreendido em sua radicalidade, conforme defendido por Paulo Freire (2011): ser dialógico é vivenciar o diálogo, que pode ser compreendido como sendo o encontro amoroso dos homens e mulheres que, em inter-relação com o ambiente concreto, agem para transformar o mundo e, nesse processo, humanizam-se e caminham para o objetivo maior que é a humanização de todos. Portanto, ser dialógico é não invadir, não manipular, não sloganizar.

A práxis envolve caminhos que partem das urgências das lutas sociais. Freire, em *Educação como prática da liberdade* (1979), afirma:

> Uma das grandes, se não a maior, tragédias do homem moderno está em que é hoje dominado pela força dos mitos e comandado pela publicidade organizada, ideológica ou não, e por isso vem renunciando cada vez, sem o saber, à sua capacidade de decidir. [...] Apesar de seu disfarce de iniciativa e otimismo, o homem moderno está esmagado por um profundo sentimento de impotência que o faz olhar fixamente, e como que paralisado, para as catástrofes que se avizinham. (Freire, 1979, p. 50)

Renunciar à capacidade humana de tomar decisões e agir é desconsiderar que somente os humanos são seres transformadores e criadores que produzem não só os bens materiais, as coisas sensíveis, mas também as instituições sociais, suas ideias e concepções; ou seja, os seres humanos constroem a história.

Enquanto sujeitos históricos, professores e estudantes produzem e reproduzem a universidade. No Brasil, a longa tradição de luta e as greves dos professores, com o apoio das organizações estudantis, asseguram que as universidades públicas permaneçam gratuitas, apesar de todas as tentativas de privatização. Além disso, os sindicatos de professores e as organizações de estudantes têm tido enorme importância na defesa da democracia.

Freire ressalta que os seres humanos fazem a história com base nas condições concretas que uma geração herda das gerações anteriores (Freire & Macedo, 2011). A partir dessa situação é que uma geração pode dar continuidade à história ou realizar a ruptura revolucionária. Dessa forma, mesmo que as condições concretas não estejam favoráveis para a ruptura, a geração atual deve trabalhar para criar as condições para que a transformação se faça possível em algum momento futuro.

É nesse ponto que reside a importância da compreensão de que "o educador precisa ser educado", pois se faz necessária permanente autocrítica acerca da coerência das nossas ações. Nesse sentido, é preciso ter em mente que a práxis que busca romper as barreiras entre a universidade e os movimentos sociais lida necessariamente com a dimensão do tempo histórico, que nos obriga a reconhecer os limites da nossa ação e, reconhecendo os limites, agir coletivamente para a sua superação. Compreende-se que todo esforço para transformar a sociedade é um esforço coletivo, que tem uma temporalidade alargada: nos foi deixado como legado daqueles que nos antecederam e seguirá para além, com aqueles que virão depois de nós. Portanto, de maneira pacientemente impaciente, somos instados a desenvolver a capacidade de compreender que a nossa temporalidade extrapola os limites da temporalidade da nossa própria vida e que possivelmente não estaremos presentes na celebração das vitórias que tanto almejamos.

A experiência da práxis na universidade vem apontando que, além dos desafios já mencionados, existe o permanente desafio relacionado à tensão entre a noção de temporalidade na qual se estruturam os currículos universitários e as outras temporalidades que condicionam a vida social e, principalmente, os processos de luta.

A noção de temporalidade na qual se estruturam os currículos universitários (e escolares) se referencia na temporalidade cronológica, estabelecida em semestres letivos sucessivos (ou anos letivos) e ancorada em planejamentos e cronogramas. Essa temporalidade é de grande importância, pois auxilia a organizar a ação e estabelecer espaços para o encontro entre os educadores, educandos e lideranças de movimentos sociais (por exemplo, o espaço em uma disciplina curricular e uma sala de aula).

No entanto, a partir do momento em que a práxis rompe os muros, os sujeitos se deparam com as tensões provocadas por essa temporalidade: os planejamentos e cronogramas são essenciais, contudo uma práxis verdadeiramente dialógica precisa estar plenamente aberta para transformar-se no encontro entre sujeitos em territórios concretos. A noção de temporalidade exigida não é linear e carrega elevado grau de imprevisibilidade. É uma temporalidade que pode ser mais ou menos alargada, pois se apresenta condicionada pelas múltiplas dimensões da vida social: a cultura, os costumes, o clima, a economia, a dinâmica política, as relações intersubjetivas.

Por exemplo, se o processo da práxis é desenvolvido em uma região em que o meio de transporte principal é a navegação pelo rio (como em algumas localidades amazônicas), a dinâmica das águas impõe certa temporalidade às ações, que é diferente em uma cidade como o Rio de Janeiro.

Como lidar com as tensões entre a estrutura da universidade (baixo orçamento para atividades de pesquisa e extensão, infraestrutura precária, cultura altamente competitiva e elitista), a temporalidade dessa estrutura (que pode impor rotatividade entre os membros da equipe de um projeto e descontinuidades, por exemplo) e a temporalidade demandada pela concretude da práxis que, em muitos casos, demanda urgência?

A práxis requer permanente estado de atenção ao tempo presente e ao espaço (nas dimensões física, social, cultural e econômica), assim como permanente análise crítica do tempo e do espaço na dimensão histórica.

Conforme afirma Freire (2011), na existência dos seres humanos, o "aqui" não é somente um espaço físico, mas também um espaço histórico possível de ser transformado. Portanto, é extremamente importante manter viva a memória das lutas sociais dos oprimidos, suas histórias, suas ideias, seus projetos, suas insurgências e estratégias de resistência. A história dos "vencidos" — em oposição à história dos vencedores, que se torna a história "oficial" — afirma que a batalha não teve fim. Cada nova geração herda a força, a sabedoria e a garra para seguir adiante na luta.

As universidades são atravessadas por essas lutas: a luta dos que tiveram o direito à educação negado (que ocorre nos cursos de alfabetização popular nas favelas, nos cursinhos pré-vestibular etc.), a luta por moradia e alimentação (que ocorre nos centros urbanos, no meio rural e também dentro das universidades, na luta por moradia estudantil e restaurante universitário), a luta dos diversos movimentos estudantis que questionam a estrutura universitária elitista, racista e autoritária, organizam greves, protestos e ocupam a universidade exigindo direitos.

É possível desenvolver modos de ensinar e aprender que tenham como ponto de partida o fortalecimento dessas lutas? Em nossa perspectiva, isso envolve a permanente busca de possibilidades de romper a estrutura acadêmica (mesmo estando inserido nela), experienciar as tensões e contradições que emergem e refletir criticamente sobre elas. A partir dos novos horizontes que se abrem, expandir a visão coletiva sobre o que é possível e traçar horizontes que estejam além.

Por exemplo, é possível encontrar possibilidades de elaborar uma disciplina curricular que se prolongue em práticas junto a um movimento social e engaje educadores e educandos na elaboração de panfletos que deem visibilidade às demandas do movimento e documentos técnicos que sirvam de subsídio para as disputas judiciais enfrentadas por eles. Como parte da reflexão coletiva, sistematizar as estratégias adotadas e os caminhos percorridos, os contratempos e os conflitos; estudar estratégias e caminhos percorridos por outros movimentos sociais e dialogar com eles; mapear os atores sociais envolvidos nas disputas judiciais e os interesses subjacentes; buscar antever cenários prováveis se uma determinada atitude for tomada pelo coletivo ou não; e assim por diante.

Conforme mencionado anteriormente, não se conhece por conhecer, mas a serviço de um fim (Sánchez-Vázquez, 2011). As incontáveis situações-limite enfrentadas pelos movimentos sociais descortinam um infinito de atos a fazer (Pinto, 1960). Nesse caminho, a elaboração de fins e a produção de conhecimentos estão em íntima unidade.

CONSIDERAÇÕES FINAIS

O capítulo buscou apresentar uma reflexão sobre a obra de Paulo Freire para desvelar caminhos teóricos e metodológicos para a práxis desenvolvida a partir de universidades, trazendo ao debate alguns desafios concretos frequentemente enfrentados.

Defendemos que a afirmação do direito à vida com dignidade é um dever ético que traz implicações diretas para o trabalho pedagógico, exigindo o rompimento da "letargia dos indiferentes" (Gramsci, 2020) para trilhar um caminho prático, ativo, para além das instituições educativas. Nesse caminho, modificar as circunstâncias e modificar a si mesmo é um processo unitário e contínuo, realizado na práxis.

Assim, "o educador precisa ser educado" (Marx & Engels, 1993) na práxis, nas incessantes lutas por direitos e, portanto, no longo caminho coletivo do desenvolvimento da vida humana na história, ou seja, a humanização de todos os humanos.

REFERÊNCIAS

CARDOSO, Miriam Limoeiro. "Para uma leitura do método em Karl Marx: anotações sobre a 'Introdução' de 1857", *Cadernos do ICHF*, n. 30, 1990.

DUSSEL, Enrique. *Ética da libertação na idade da globalização e da exclusão*. Trad. Ephrain F. Alves, Jaime A. Clasen & Lucia Mathilde Endlich Orth. Petrópolis: Vozes, 2012.

FREIRE, Paulo. *Educação como prática da liberdade*. Rio de Janeiro: Paz e Terra, 1979.

FREIRE, Paulo. *Pedagogia da autonomia: saberes necessários à prática educativa*. Rio de Janeiro: Paz e Terra, 1996.

FREIRE, Paulo. *Pedagogia da indignação*. São Paulo: Editora Unesp, 2000.

FREIRE, Paulo. *Pedagogia do oprimido*. Rio de Janeiro: Paz e Terra, 2011.

FREIRE, Paulo & MACEDO, Donaldo. *Alfabetização: leitura do mundo, leitura da palavra*. Rio de Janeiro: Paz e Terra, 2011.

GRAMSCI, Antonio. *Odeio os indiferentes: escritos de 1917*. Trad. Daniela Mussi & Álvaro Bianchi. São Paulo: Boitempo, 2020.

HOLLOWAY, John. "La revuelta de la dignidad", *Chiapas*, n. 5, 1997.

KOFLER, Leo. *História e dialética: estudos sobre a metodologia da dialética marxista*. Rio de Janeiro: Editora UFRJ, 2010.

KOSÍK, Karel. *Dialética do concreto*. Trad. Célia Neves & Alderico Toribio. Rio de Janeiro: Paz e Terra, 1976.

MARX, Karl & ENGELS, Friedrich. *A ideologia alemã*. Trad. José Carlos Bruni & Marco Aurélio Nogueira. São Paulo: Hucitec, 1993.

MAYO, Peter. "Praxis in Paulo Freire's Emancipatory Politics", *International Critical Thought*, v. 10, n. 3, 2020.

PINTO, Álvaro Vieira. *Consciência e realidade nacional*. 2 v. Rio de Janeiro: Iseb, 1960.

SÁNCHEZ-VÁZQUEZ, Adolfo. *Filosofia da práxis*. Buenos Aires/São Paulo: Clacso/Expressão Popular, 2011.

SAVIANI, Dermeval. *A nova lei da educação (LDB): trajetória, limites e perspectivas*. Campinas: Autores Associados, 2003.

O PRISMA EMANCIPA

PARTE III

Maurício Costa de Carvalho * Geógrafo, mestre em geografia humana pela Universidade de São Paulo (USP), doutorando em ciência política pela Universidade Estadual de Campinas (Unicamp). Foi fundador da Rede Emancipa de Educação Popular em 2007, professor de ensino médio durante mais de uma década e assessor do mandato de Luana Alves (PSOL-SP) na Câmara de Vereadores. E-mail: mauriciocostacarvalho@gmail.com.

"VOLTA PRA BASE E VAI PROCURAR SABER!": A NECESSIDADE ESTRATÉGICA DA EDUCAÇÃO POPULAR CONTRA A BARBÁRIE NO BRASIL

Maurício Costa de Carvalho

Em 2018, poucos dias antes da eleição que levou Jair Bolsonaro à presidência da República, o rapper Mano Brown, sob vaias, discursava em comício do principal opositor de Bolsonaro, Fernando Haddad. As pesquisas já indicavam a vitória de Bolsonaro. No palanque, recheado de artistas e grandes figuras da esquerda, Brown proferiu um discurso épico:

> Eu não gosto do clima de festa. A cegueira que atinge lá, atinge nós também. E isso é perigoso. Não tá tendo motivo para comemorar. Tem quase trinta milhões de votos pra alcançar, e não temos quase expectativa nenhuma pra alcançar essa margem. Não estou pessimista, sou realista. Eu não consigo acreditar que pessoas que me tratavam com tanto carinho, pessoas que me respeitavam, que me amavam, que me serviam o café de manhã, que lavavam meu carro, que atendiam meu filho no hospital se transformaram em monstros. Eu não posso acreditar nisso. Essas pessoas não são tão más

> assim. Se em algum momento a comunicação do pessoal aqui falhou, vai pagar o preço. Porque a comunicação é a alma. Se não tá conseguindo falar a língua do povo, vai perder mesmo, tio. Falar bem do PT pra torcida do PT é fácil. Tem uma multidão que não tá aqui e que precisa ser conquistada ou a gente vai cair no precipício. [...] Não vim aqui pra ganhar voto. Porque eu acho que já tá decidido. Agora... se falhou, vai ter que pagar. Quem errou vai ter que pagar mesmo, certo? Não gosto do clima de festa. O que mata a gente é a cegueira e o fanatismo. Deixou de entender o povão, já era. Se nós somos o partido dos trabalhadores, o partido do povo, tem que entender o que o povo quer. Se não sabe, volta pra base e vai procurar saber.

A eleição de Bolsonaro, dado como carta fora do baralho pelo conjunto da análise política que antecedia o pleito, foi um processo que abarcou amplos setores médios e populares, arregimentando votos e militância ativa nos rincões, interiores e periferias de todo o Brasil. A iminência de um governo de extrema direita, autoritário, ultraliberal e espoliador levou, especialmente no segundo turno das eleições, ao patrocínio por parte de setores da esquerda política de uma corrida às periferias e às "bases", combinado à campanha apelidada de "vira voto", frustrada em seu intento de reversão do imprevisto cenário eleitoral. Tentava-se, naquele momento, reverter de maneira desesperada um resultado que expressava, junto das fake news e das ilegalidades eleitorais, um processo histórico muito mais profundo e refletido pelo "povão", como afirmou Brown, mas que passou batido pelas lentes dos analistas e líderes políticos e eleitorais.

Não temos aqui a pretensão de desenvolver uma análise maior sobre o conjunto desse processo. Evidentemente, há inúmeros e complexos fatores políticos, econômicos, históricos, simbólicos e sociais — que também não são exclusivos da formação socioespacial brasileira — que devem contribuir para explicar a ascensão do bolsonarismo. Consideraremos apenas, como ponto de partida, que Bolsonaro e o bolsonarismo, entre outros tantos fatores, são a expressão política de uma crise grave, mundial e multidimensional, que também se manifesta como uma *crise de estratégia*, uma crise da construção de alternativas políticas que expressem um projeto emancipador da classe trabalhadora, popular, dos de baixo.

No centenário de Paulo Freire, momento em que essa crise de projeto se expressa explicitamente no Brasil, entendemos que temos uma grande tarefa: pôr a educação popular no centro de nossa estratégia de transformação radical da realidade. Nesse sentido, ainda que parte das ideias que sugerimos aqui — construídas na prática da educação popular para qual a Rede Emancipa contribuiu ativamente em seus quinze anos de história — não tenha sido desenvolvida apoiando-se diretamente na obra de Paulo Freire, a descoberta, os estudos, o diálogo e o reencantamento das suas elaborações para os nossos desafios cotidianos são, mais do que uma possibilidade, uma necessidade estratégica.

Para nós, Paulo Freire é uma força viva, atuante, pulsante em nossa prática, em nossa luta. É um parceiro que encontramos ao longo de nossa trajetória de educação e luta populares. E com ele debatemos. De suas ideias, nos apropriamos. Questionamos. Ressignificamos. *Não foi a obra de Paulo Freire que nos levou a lutar, mas a nossa luta que nos levou a Paulo Freire*. Assim, nesse diálogo de ação e reflexão, sistematizamos alguns pontos que entendemos como fundamentais para se pensar em uma nova estratégica de mudanças, tendo como centro a necessária retomada do trabalho de base e da educação popular. A tarefa de reconstruir uma estratégia que supere o estado de coisas no Brasil é muito mais ampla e exige outras perspectivas e ferramentas. Mas aqui, a partir da nossa experiência, podemos indicar, nos apoiando em Freire, que, se a educação popular e o trabalho de base sozinhos não mudam a realidade, sem estes como parte fundamental da estratégia política tampouco a realidade muda.

Um dos principais equívocos dos projetos ditos progressistas, de esquerda ou "altermundistas", que chegaram a fazer experiências de governo nas últimas duas décadas, foi ter abandonado o trabalho de base, a organização permanente e sistemática do povo, com o povo e seguindo os interesses populares. Concomitantemente, tais projetos se postularam como "melhores gestores" do Estado capitalista e de suas políticas públicas.

Pudemos ver, ouvir e elaborar sobre esse aspecto na trajetória da Rede Emancipa nas periferias brasileiras, como movimento social e político de educação popular. Em um cenário de crise, a fragmentação e a precarização do mundo do trabalho, o abandono e as múltiplas violências de Estado contra o povo trabalhador, a tese da ascensão individual pelo consumo, a burocratização das representações e dos sindicatos, os parlamentares que veem as quebradas como curral eleitoral, o abandono das políticas reais de solidariedade ativa popular, o completo descrédito da política institucional, entre outros fatores associados à presença de um discurso autoritário, conservador e reacionário enraizado nos espaços populares, apoiado em um constante trabalho religioso e econômico, ajudam a entender que o autoritarismo ora em voga não é um fenômeno apenas eleitoral. O autoritarismo e o conservadorismo construíram suas respostas ainda mais cruéis e antipopulares, invariavelmente, ao estar presentes onde o povo está. Para além dos setores mais conhecidos da base do bolsonarismo — como a elite corrupta e corruptora, as milícias, setores militares, agronegócio e outros fanáticos —, os reacionários e autoritários edificaram sua força política amparados em uma larga rede, amplamente conhecida, multiplicada e constante nos territórios periféricos, sobretudo a partir de um papel regressivo de determinadas igrejas e mercadores da fé, que acabaram por elaborar sua política levando em conta os efeitos mais sentidos da crise, como o desemprego, a fome, a violência e o alcoolismo.

Contudo, por nosso turno, o trabalho da educação popular a partir dos programas sociais da Rede Emancipa, com os cursinhos populares pré-universitários, a educação de jovens e adultos, os projetos esportivos, a educação infantil, as campanhas de solidariedade com arrecadação e distribuição de alimentos, itens de saúde e livros, os atendimentos psicológicos, o trabalho com gestantes, as oficinas de cinema popular, o sarau, o slam, as batalhas de rap, a educação no cárcere, acolhimento de imigrantes, entre outros, também são reveladores de outro lado: há uma política radical sendo elaborada à margem dos grandes centros políticos, que não só não deve ser desprezada, como também pode participar do caminho para a imaginação estratégica fundamental da mudança. Sua inventividade está justamente em ir à raiz dos problemas mais sentidos e compartilhados pelo povo, em ser consequente com uma política de transformação que o bolsonarismo não pode levar até o fim, isto é, saber que a resolução dos problemas que envolvem a pobreza e a desigualdade social requer um programa ativo, uma mobilização permanente e uma estratégia para mudança estrutural.

Tal qual fizeram tantos outros movimentos na história,[1] com os programas sociais e comunitários vimos a possibilidade de, a partir da solidariedade ativa, desenvolver uma organização popular que nos permitisse enfrentar a visão mística sobre a realidade e enxergar caminhos para lutar por uma estratégia

1 É inestimável o exemplo do Partido dos Panteras Negras nos Estados Unidos, que, de uma organização de autodefesa da negritude contra a violência do Estado, transformou-se em uma das mais importantes experiências políticas comunitárias da década de 1960, influente até hoje. Entre as dezenas de programas de sobrevivência estavam a oferta de café da manhã gratuito para crianças, distribuição de roupas e livros, atendimento à população carcerária e seus parentes e vários programas de educação popular, saúde e cultura.

popular com influência das massas. Ninguém faz revolução de barriga vazia. Partir da presença e da solidariedade é o primeiro passo para construir um projeto político alternativo.

NOSSA EDUCAÇÃO POPULAR É SINÔNIMO DE TRABALHO DE BASE

Afastando-se de qualquer ideia de neutralidade de sua elaboração e prática pedagógicas, a obra de Freire teve como marca o compromisso com a desmistificação da realidade e o enfrentamento de uma suposta neutralidade do trabalho educativo, que tinha por trás de si o compromisso, ou no mínimo a cumplicidade, com o estado desigual de coisas, produto das injustiças desse período histórico — portanto não natural e não imutável — conhecido como modo de produção capitalista. Assim, afirmava:

> Quando eu digo "Educação Popular", refiro-me à educação para um certo tipo de classe social. A Educação Popular está relacionada, em um primeiro momento, com a educação das classes populares. [...] *O grande objetivo da educação popular está exatamente em atender os interesses das classes populares que há quinhentos anos estão sendo negados*. [...] Gostaria que a prática da Educação Popular desse alguma contribuição para a transformação radical da sociedade para que, de verdade, os grupos populares ganhem presença política, ingerência política, comando, no novo poder que deveríamos criar. *De um modo mais radical, a Educação Popular significa, para mim, caminhos, isto é, o caminho no campo do conhecimento e o caminho no campo político, através dos quais amanhã — e aí vem a utopia — as classes populares encontrem o poder*. (Freire, 2018, p. 207-8, grifos nossos)

O trabalho de base, fundamental no acúmulo político da luta contra a ditadura militar brasileira, tanto quanto na redemocratização, foi a força expressiva que possibilitou a experiência da esquerda brasileira como projeto de massas. Contudo, parece ter desaparecido como projeto estratégico, perdido entre técnicas de gestão da pobreza no capitalismo e a absorção da política pela lógica eleitoral-parlamentar. Negar a realidade do peso das instituições e das eleições seria um grave erro abstencionista. No entanto, dar forma e conteúdo radicais à disputa dos espaços institucionais é uma necessidade, sabendo que, na política oficial, as formas, os perfis, os fenótipos correspondem a marcas históricas modernas do colonialismo, da escravidão, do racismo e do patriarcado, que seguem dominantes. Mesmo sob roupagem democrática, tais marcas atuam para esvaziar a radicalidade programática e a construção de uma hegemonia popular. Esta, por sua vez, não pode ser feita sem educação popular sistemática, isto é, sem trabalho de base que não seria menos que "o resgate de uma estratégia de um caminho de luta e organização que envolve os próprios interessados no conhecimento e na solução dos desafios individuais e coletivos" (Peloso, 2012, p. 27).

Não se trata de contrapor ao elitismo algum tipo de basismo, recurso sistematicamente negado por Paulo Freire, entendido como outra forma de autoritarismo, tratando o povo como objeto — ou como sujeito menor e incompetente —, elogiando suas ações espontâneas para assegurar uma posição de dominação, o que seria em si uma posição reacionária e contra a mudança. Trata-se de, em um momento de crise global, no qual as persistentes e expressivas lutas populares ainda buscam seus caminhos programáticos e estratégicos, resgatar a construção de uma *síntese cultural* (Freire, 2011, p. 245-53). Por meio da educação popular, queremos retomar o Paulo Freire conectado com a prática dos movimentos sociais, encarando dialeticamente a relação teoria/prática, sem que se repita um desequilíbrio que, intencionalmente ou não, é produto dessa hegemonia atual das forças neoliberais e reacionárias.

Para nós, tão importante quanto *politizar a pedagogia* para evitar todo tipo de mistificação é *pedagogizar a política*, isto é, garantir que a política não esteja nas mãos dos engravatados e profissionais e não perca o que a faz radical, que é estar nas mãos do povo e com o povo construir a síntese estratégica de mudança.

RETOMAR O PROJETO "DOS DE BAIXO"

Muitas vezes, mesmo para os que se consideram revolucionários, é patente a reprodução direta e irrefletida da lógica que exclui a classe trabalhadora, com sua diversidade e força transformadora, seu protagonismo na política e nas organizações. Essa exclusão está travestida de uma suposta materialidade, tendo em vista que é parte do projeto político das classes dominantes e elites econômicas o alheamento dos pobres em relação às ferramentas mais básicas de sobrevivência, como alimentação, moradia, educação, saúde e emprego. Em decorrência disso, a exclusão da política ocorre também a partir da ausência das condições materiais para a participação. "É muito difícil formar um *quadro* popular", dizem alguns setores que se refugiam e se isolam nas universidades, na burocracia estatal ou sindical, locais endêmicos de onde se pensam a elaboração e a prática transformadoras. Ora, não deveria ser tarefa primordial de todos aqueles que querem combater o elitismo capitalista a prática permanente contra a ausência de condições materiais para luta e a exclusão dos trabalhadores da participação política? Como considerar as condições reais e a necessidade de envolvimento da grande diversidade histórica e cultural e de toda forma de conhecimento popular para um projeto contra-hegemônico?

Na prática, quando a periferia não está no centro da nossa política, o que se perde é algo elementar, fundamental para ser consequente com um projeto de transformação social. Sob o argumento de reunir as melhores condições para denunciar e combater a exploração da força humana de trabalho, não se pode ignorar o terreno da reprodução social, da batalha cotidiana da classe trabalhadora em torno de tarefas que são essenciais, mas não remuneradas, nos trabalhos domésticos, na economia do cuidado, na garantia das infâncias, na autoconstrução da moradia... Enfim, o trabalho essencial que precisa ser parte da política, feito invariavelmente por mulheres, pela negritude, por imigrantes, povos originários e superexplorados desse país.

A educação popular é imprescindível a qualquer projeto de transformação e precisa ser feita com o povo, partindo de suas características. Faz parte das mistificações e das alienações capitalistas sugerir que a escassez a que é submetida a classe trabalhadora é *apenas* um entrave para a sua participação ativa e transformadora. Os que não têm moradia e fazem sua casa com as próprias mãos, que aprendem a puxar energia e água para garantir as condições de habitação, que educam os seus e os outros filhos, que recriam formas improvisadas de produção e trabalho quando a formalidade é negada, são os que demonstram, recriando a própria sobrevivência, que a escassez é uma força que impulsiona a criatividade, que revoluciona a vida e, ao mesmo tempo, pode funcionar como contraponto ao domínio do economicismo e ao império da racionalidade produtivista na lógica política. Se não há, nem no seio do povo, uma fórmula mágica que retire a luta do terreno controlado pelas relações e forças do capital, a luta política que não leve em conta o tempo da classe trabalhadora e seus percalços está fadada a errar ou, no máximo, a acertar sozinha, o que na luta de classes dá no mesmo.

Para além do reflexo eleitoral desse distanciamento, muito bem captado no discurso de Brown, a ausência do contato prático com a base ou o esvaziamento de seu significado a partir de sua instrumentalização para fins exclusivamente eleitorais (nas disputas de aparatos sindicais ou partidários) também revelam a sistemática renúncia a um projeto de mudanças estruturais, a adaptação programática à ordem, a domesticação da organização popular, o abandono de uma estratégia revolucionária. Essas combinações entre prática e teoria, forma e conteúdo, evidenciam como elemento central a ausência de um projeto cujo protagonista seja efetivamente o povo, desde a elaboração até a execução — embora isso seja negligenciado por muitas análises.

Além disso, quando não se pensa de baixo para cima, isto é, a partir de um critério fundamentalmente de classe, deixa-se o projeto vulnerável às armadilhas do sistema político. Confundem-se os projetos de esquerda e direita, tomando a disputa da institucionalidade como única via de mudança; abre-se espaço para o *campismo*[2] e outras formas de distorção dos objetivos políticos. A estratégia acaba sendo esvaziada ou substituída pelo que seria tático. Pensar de baixo para cima é também uma maneira fundamental de, mesmo adotando os tipos mais diversos de tática, ter sempre como bússola uma *estratégia integral* (Antentas, 2017), em que a formulação política pense onde os pés pisam, conectada e elaborada junto com o povo.

2 *Campismo* é um jargão utilizado para designar setores das esquerdas que formulam suas táticas e estratégias em função de leituras bipolares das disputas políticas. Os campistas, ao identificar um inimigo poderoso, automaticamente se situam de maneira incondicional por detrás dos únicos grupos que *parecem* demonstrar forças para derrotá-lo, desconsiderando limites e contradições desses eventuais aliados e a tridimensionalidade e a multiplicidade das posições de poder. [N.E.]

CONHECIMENTO É PODER: COMPARTILHAR O CONHECIMENTO É COMPARTILHAR O PODER

É preciso, dentro de um projeto contra-hegemônico, disputar culturalmente a sociedade, se apropriar e ressignificar tudo o que ela produziu. A chamada alta cultura, as técnicas e a ciência avançadas, o conhecimento profundo sobre os mecanismos econômicos, sociais e políticos de como a sociedade funciona não podem ser negligenciados. Ao contrário, a apropriação crítica desse conhecimento, confundido com os segredos com os quais as elites se mantêm no poder, é condição essencial para a transformação. Combater o anti-intelectualismo sem cair em academicismo ou em hierarquização cultural é uma missão de todos os que querem um projeto profundo de transformações. Freire reconhece também a necessária *síntese cultural* entre massas populares e suas lideranças, como elemento central de uma ação dialógica e como "modalidade de ação que, culturalmente, se fará frente à força da própria cultura, enquanto mantenedora das estruturas em que se forma" (Freire, 2011, p. 247).

Contudo, engana-se quem pensa que, na educação popular, a tarefa de compartilhar o conhecimento seja apenas do educador. Ainda mais quando se trata de um educador político: conhecer e ser permeável ao conhecimento popular é uma necessidade estratégica. Assim, reconhecer o educando como educador, como sugeria Freire, é se abrir a um processo por meio do qual a construção política seja feita entre sujeitos, e não entre sujeito e objeto. Essa *comunhão* com as massas populares é o que permite uma unidade ideológica mais orgânica, evitando uma *sloganização* (Freire, 2011). Isso é tão importante quanto saber que a relação entre ensino e aprendizagem não desvincula ensinar/aprender em nenhum momento. Seja nas escolas ou fora delas, é fundamental que a educação popular, reconhecendo a importância de compartilhar o conhecimento, entenda que o poder também está sendo compartilhado. E, quando falamos de organizações políticas, tal tarefa é ainda mais importante: compartilhar o conhecimento, estar disponível para a aprendizagem constante com o povo e estabelecer uma ação dialógica é imprescindível não só à democracia real nas relações sociais, mas também à construção e à confiança em um projeto comum.

A EDUCAÇÃO POPULAR É UMA TECNOLOGIA ANCESTRAL — NOSSO TERRITÓRIO GUARDA A NOSSA HISTÓRIA E AS SEMENTES DA MUDANÇA

Muitos antes de nós, desenvolveram, em nosso território, técnicas ancestrais de sobrevivência, produção e cuidado. Desenvolveram também — e passaram adiante — mecanismos de educação popular e lutas em caminhos tortuosos por justiça, igualdade e liberdade. Tendo a solidariedade como marca, quilombolas, indígenas, caiçaras, caipiras, benzedeiras, rezadeiras, raizeiras, mães de santo, entre tantos sujeitos "periféricos" na história do Brasil, edificaram culturalmente aspectos de fundamental importância na formação socioespacial brasileira. A cultura popular, que sempre foi parte ativa da luta coletiva, hoje segue sendo um elemento-chave de contraponto à devastação capitalista.

Da organização dos mocambos de Angola Janga — a expressão secular do que ficou conhecido como Quilombo dos Palmares — à resistência solidária atual nos interiores, nos sertões e nas comunidades periféricas contra todos os tipos de violência do Estado, há a educação popular como eixo indispensável, que guarda não só a necessidade imperativa da luta pela sobrevivência, mas também elementos profundamente políticos — muitas vezes dispersos, pouco elaborados e fragmentados. Esses elementos apontam caminhos para um projeto de poder, de mudanças estruturais, que vá à raiz dos problemas.

Estudar a *formação socioespacial brasileira*, como propunha Milton Santos (1977), é uma necessidade para a construção de qualquer alternativa política no país. A formação social é a realidade concreta do modo de produção. Fórmulas prontas e importações mecânicas são incapazes de responder às exigências que esse modo de particularização do período histórico faz à estratégia de mudança estrutural. Daí também a importância de *pensar a política como território*. Suas formas e formações revelam o espaço da disputa de poder entre as classes e a particularização do modo de produção, sua realidade concreta. Assim, é possível entender que a educação popular foi historicamente parte fundamental da constituição do nosso território e que essa territorialidade é também um elemento estratégico de mudança.

EDUCAÇÃO POPULAR É COMBUSTÍVEL PARA A LUTA POPULAR

O aspecto da ação, combinado à reflexão, é um pilar da obra de Paulo Freire, ainda que comumente esse aspecto seja menos destacado nas obras acadêmicas. Contudo, para os movimentos e as lutas populares libertadoras ou emancipatórias, é justamente o que torna a obra de Paulo Freire imprescindível. Em sua última entrevista, o pedagogo se mostrava exultante com a marcha dos trabalhadores sem-terra, afirmando: "morreria feliz se eu visse o Brasil cheio, em seu tempo histórico, de marchas". Freire concluía que uma das razões de sua luta e de sua presença no mundo seria, como educador, "contribuir para a assunção crítica da possibilidade da passividade, para que se vá além dessa passividade, no que eu chamo de posturas rebeldes, de posturas criticamente transformadoras do mundo".[3]

Mano Brown, ao provocar o público dizendo "volta pra base", com sua postura rebelde, não estava precisamente sendo um educador popular? Ou seja, alguém para quem a passividade, o "clima de festa", revelava o descolamento do projeto em curso em relação ao povo brasileiro, que deveria ser seu autor e maior interessado?

É uma necessidade histórica pôr *em marcha* a construção de um novo projeto de mudança e de emancipação, do povo e com o povo, contra a barbárie que persiste como projeto de poder no Brasil. Para tanto, é preciso organizar todos os aspectos da vida do povo, em *comunhão* e *co-laboração*, em uma estratégia integral e em movimento. Assim como não há mudança fora da história, não há mudança que não seja superação da rigidez, da fixidez, da posição estática na qual muitas vezes se acampa, se estaciona. Para nós, da Rede Emancipa, resgatar Paulo Freire na relação entre educação e luta popular é afirmar a radicalidade e o sentido histórico da práxis da educação popular e do trabalho de base. Se não temos todas as respostas sobre como será nosso projeto estratégico de transformação social, estejamos na base e, a partir daqui, vamos procurar saber.

3 Última entrevista de Paulo Freire, exibida em 17 de abril de 1997, concedida à jornalista Luciana Burlamaqui, da TV PUC. Disponível no canal do YouTube da TV PUC.

REFERÊNCIAS

ANTENTAS, Josep M. "Imaginação estratégica e partido", *Revista Movimento*, 22 ago. 2017.

FREIRE, Paulo. *Pedagogia do oprimido*. 50ª ed. São Paulo: Paz e Terra, 2011.

FREIRE, Paulo. *Pedagogia do compromisso*. São Paulo: Paz e Terra, 2018.

PELOSO, Ranulfo (org). *Trabalho de base: seleção de roteiros organizados pelo Cepis*. São Paulo: Expressão Popular, 2012.

REDE EMANCIPA. *Emancipa: 10 anos educando para a liberdade*. São Paulo, 2017.

SANTOS, Milton. "Sociedade e espaço: a formação social como teoria e como método", *Boletim Paulista de Geografia*, n. 54, jun. 1977, p. 81-99.

Tatiane Ribeiro * Educadora popular e coordenadora nacional da Rede Emancipa no Rio Grande do Norte. E-mail: taticribe@gmail.com.

A EDUCAÇÃO LIBERTADORA E A PRÁTICA DA EDUCAÇÃO POPULAR NO BRASIL: EXPERIÊNCIAS DA REDE EMANCIPA

Tatiane Ribeiro

Pensar em educação popular e, principalmente, em como ler o mundo a partir de Paulo Freire é algo que não pode ser feito de maneira fria ou apenas acadêmica. Isso também vale para se pensar no conceito de educação libertadora em bell hooks, que é extremamente influenciado pela prática da educação freiriana. Trata-se de uma visão dialética sobre o mundo e a educação, na qual os diferentes olhares e pontos de partida geram interpretações distintas. A minha visão, de uma educadora popular nascida na zona leste da capital paulista, negra, radicada em Natal, não pode ser nem será a mesma da de outras pessoas em outras realidades. Como coordenadora nacional da Rede Emancipa, tive a oportunidade de olhar para a educação como uma ferramenta de disputa de poder para a periferia e para o povo mais pobre do país. Se informação é arma, certamente a educação é uma maneira de mudar a realidade das pessoas.

Por isso, talvez, ao pensar educação popular e seus debates, tanto Freire quanto hooks enfatizem a prática que os cerca para compreender como aplicar esses conceitos dentro de suas realidades. Se para os alunos de Freire em Angicos (RN) aprender a escrever "enxada" era central para sua liberdade, hooks experimenta na prática docente uma realidade diferente: a da educação multicultural que busca garantir que a universidade seja um espaço para todos, não apenas para as pessoas brancas.

Quando falamos sobre o que é uma educação libertadora, sabemos que ela precisa necessariamente ser antirracista e feminista para ser completa. E precisa estar conectada ao nosso momento. Se a educação não está conectada a essas lutas, não tem como ser, de fato, libertadora. Qual a cara, a raça e o gênero desses oprimidos de quem falamos? O avanço da compreensão da intersecção entre esses temas (raça, gênero e classe) deve ser um avanço, em si, também da leitura de uma educação verdadeiramente popular. Isso porque a educação libertadora é uma arma de emancipação: com ela, muda-se a realidade concreta das pessoas envolvidas nesse processo.

Olhando, por exemplo, os cursinhos populares, que construímos em uma trajetória de quinze anos da Rede Emancipa, estamos falando de milhares de estudantes que foram os primeiros em suas famílias a entrar na universidade, algo que consiste em uma mudança significativa na estrutura e na organização dessas famílias. No Brasil, uma das formas mais "simples" de ascender socialmente é pelo estudo: quanto maiores as oportunidades de estudar, maiores as chances de aumentar a renda familiar.

Em que esse acesso ao ensino superior muda a sociedade? Em primeiro lugar, transforma a produção acadêmica. Afinal, com a mudança do perfil de quem está na universidade, incrementa-se também o interesse por assuntos que antes não cabiam na própria academia. Por outro lado, muda no mesmo sentido a estrutura da comunidade em que esses estudantes estão inseridos. No Emancipa, por algum tempo usamos como mote a frase "não sabendo que era impossível, foi lá e fez". As portas da universidade, que sempre estiveram fechadas para a periferia, abrem-se a partir do processo coletivo de educação. A mudança pelo exemplo, assim como pela compreensão dos direitos que vêm junto com a educação popular, mexe com toda a comunidade e não apenas com aqueles que estão diretamente ligados aos cursinhos.

hooks sempre deixou evidente a influência de Paulo Freire sobre seu pensamento, apesar de apontar corretamente os problemas de uma linguagem e um olhar patriarcal sobre a educação. Ela traz a questão de que, se estamos falando de uma educação que é para o oprimido, uma educação construída junto com o oprimido, quem são esses sujeitos? De onde vêm? O que significam na sociedade e onde eles estão?

Ela, como mulher negra nos Estados Unidos, que nasceu e cresceu no Sul segregado, em meio a uma área rural, identificou-se profundamente com os sujeitos dos quais Paulo Freire falava.

E nesse ponto é necessário transportar e compreender as nuances e diferenças, inclusive apontadas pela própria bell hooks, na linguagem utilizada por Freire. Ela mostra que existe um problema de linguagem sexista nos textos de suas primeiras obras, já que não há inclusão em seus escritos sobre mulheres. Mas que, apesar disso, não devemos ignorar o que é apresentado de muito valioso na compreensão de quem é esse sujeito oprimido e de como construir uma educação libertadora.

Ao dizer que a educação libertadora é uma educação para os oprimidos, é preciso compreender que essa é uma educação que vai se conectar, necessariamente, com uma forma diferente de olhar a sociedade, ou seja, com uma inversão de valores. Vivemos hoje em uma sociedade extremamente patriarcal e racista, na qual os pilares para o modelo capitalista são justamente o patriarcado e o racismo. Para que exista uma educação verdadeiramente libertadora, é necessário que ela esteja conectada com uma educação revolucionária. E é dentro dessa pedagogia revolucionária que ocorre essa inversão de valores na qual a periferia se torna centro.

No Brasil, não há outra saída: a luta popular se junta com a educação popular antirracista e feminista. Tem que ser dessa forma.

Então, para que possamos construir realmente essa prática educacional, é preciso que façamos essa inversão de valores e compreendamos quem é essa periferia. Isso é importante porque existe uma série de estereótipos perpetuados na nossa sociedade, inclusive dentro da esquerda, sobre quem são os sujeitos a quem nos referimos quando falamos sobre "periferia". Por isso, essa questão requer observação e cuidado, para não incorrermos no erro da perpetuação de lugares-comuns que não necessariamente refletem a realidade.

O protagonismo de quem organiza essas periferias é de mulheres negras. Não só mulheres negras como eu, por exemplo, que, apesar de morar na periferia de Natal, tive a oportunidade de estar na universidade e me inserir em diferentes espaços onde ainda somos minoria. A organização da periferia é protagonizada também por mulheres negras que são empregadas domésticas, que organizam a luta em seus bairros, que são muitas vezes a única fonte de renda de sua família e as mais afetadas pela situação do nosso país, que atravessa uma severa crise política e econômica.

Quando conectamos o que significa, de fato, fazer uma educação que não seja uma via de mão única, num modelo em que, para além da entrega unilateral, exista a troca, essas devem ser as pessoas escutadas, porque elas protagonizam o espaço da periferia. A partir disso é que, pensando a pedagogia de Paulo Freire, é possível enxergarmos essa mudança e sermos capazes de inverter os valores e as lógicas dominantes para podermos pensar uma nova sociedade.

A metodologia de Freire, como já apresentado aqui, faz sentido porque se insere dentro da realidade das pessoas a quem propõe ensinar. No nosso caso, se vamos fazer uma educação emancipadora, precisamos dialogar sobre solidariedade. Se o nosso objetivo é conectar as lutas antirracista, feminista e por uma educação digna, o centro da nossa discussão precisará ser, necessariamente, a solidariedade. E me refiro aqui a uma solidariedade profunda, que é diametralmente oposta ao voluntarismo ou à filantropia e tem o poder de tocar a vida das pessoas de tal forma que seja possível, a partir disso, mudar a lógica da sociedade.

Eu me refiro à leitura que bell hooks tem sobre Paulo Freire no que diz respeito à ideia da ajuda autêntica. Ela diz:

> A ajuda autêntica [...] é aquela em cuja prática os que nela se envolvem se ajudam mutuamente, crescendo juntos no esforço comum de conhecer a realidade que buscam transformar. Somente numa tal prática, em que os que ajudam e os que são ajudados se ajudam simultaneamente, é que o ato de ajudar não se distorce em dominação do que ajuda sobre quem é ajudado. (Freire *apud* hooks, 2017, p. 76)

Essa é justamente a lógica da educação que buscamos construir no dia a dia da Rede Emancipa. Entendemos ser profundamente pedagógico construir espaços de solidariedade ativa, nos quais buscamos construir solidariedade mútua. É sob essa perspectiva que, por exemplo, nos cursinhos da Rede Emancipa em Natal, fazemos almoços comunitários em que cada um contribui com o que pode, e assim todos comem.

É importante ressaltar que isso não é pensado a partir da ideia cristã de caridade. O nosso ponto de vista é construído com base no entendimento de que não existem problemas ou soluções individuais. É essa compreensão do coletivo, essa subversão da lógica individualista típica do capitalismo, que faz o *círculo*[1] ser o espaço

1 Nos cursinhos populares da Rede Emancipa, os dias letivos possuem no mínimo uma hora/aula de círculo. É uma roda de debates sobre algum tema, trazido por educadores ou estudantes, na qual exercitamos o diálogo horizontal, a argumentação, as mudanças de perspectiva, a politização, o aprendizado mútuo, a escuta ativa e diversas outras

mais "rico" dos nossos cursinhos. O círculo é, antes de tudo, um espaço de troca. Um espaço onde não há professores e alunos e todos são encorajados a partilhar opiniões e experiências, para que possamos construir ativamente uma educação coletivizada.

A lógica da "ajuda autêntica", como expõe bell hooks, ou da solidariedade ativa, como nós praticamos, permite a criação de um espaço coletivo amplificado pela prática dos círculos, que não deixam de ser uma construção antirracista e feminista. Não por se tratarem de espaços formais nos quais são debatidos conceitos e teorias, mas porque incorporam e dialogam sobre a realidade dos nossos alunos e alunas. Estamos falando de alunos moradores da periferia, em sua maioria negros e negras, com um número majoritário de mulheres, que infelizmente representam também o maior número de evasões, pois na sua realidade precisam cuidar da família, ou da casa, ou dos filhos.

É no espaço do círculo, da prática pedagógica coletivizada, que os alunos trazem questionamentos e experiências que dialogam diretamente com o antirracismo e com o feminismo. Ali eles propõem, a partir da própria realidade, a discussão e o entendimento de questões que se fazem presentes no seu dia a dia. Desde violência doméstica a racismo estrutural, passando por discussões sobre o próprio modelo educacional e de acesso à universidade, são os alunos, e não os educadores, que protagonizam o debate.

É a partir dessa lógica coletiva de pensar e construir política, pedagogia e educação que vamos tecendo de fato o *esperançar* do qual falava Paulo Freire. Não como uma ação vazia, distanciada

////

características importantes da educação popular. Os círculos da Rede Emancipa foram originalmente inspirados nos círculos zapatistas que, por sua vez, carregam em sua origem algo da pedagogia freiriana. Também nos inspiramos nos círculos de cultura de Paulo Freire. Nossos círculos colocam no centro o contexto subjetivo das juventudes periféricas brasileiras, que batalham para entrar na universidade.

da realidade, ou paternalista, que busca dizer para as pessoas como elas devem agir para mudar a própria vida. O nosso esperançar mais se assemelha ao das vendedoras de ginga com tapioca nas praias de Natal, que trabalham de sol a sol na esperança de que seus filhos possam estudar, porque acreditam que somente a educação mudará a vida deles. É uma esperança ativa, com olhos no presente, mas com o coração no futuro.

Apenas com a ação é possível produzir mudanças reais. A educação é uma arma poderosíssima para fazer com que isso aconteça. A educação verdadeiramente libertadora, que é o nosso grande desafio, traz ferramentas indispensáveis para a mudança da nossa sociedade. Não existe outra forma de construção do antirracismo ou da emancipação verdadeira das mulheres que não seja pela luta e pela educação popular. Essa é a arma que devemos usar sem moderação e sem medo de nos comprometer. Devemos armar os nossos de esperança ativa e de formas concretas de pegar o futuro pelas mãos, para que seja possível mudar o mundo à nossa própria maneira.

Se queremos desenvolver outra forma de pensar e viver a vida, precisamos continuar construindo e alimentando mutuamente esse *esperançar*: essa é a razão de existir da Rede Emancipa. Seguimos com o desejo profundo de continuar construindo espaços educativos coletivizados em cada periferia, cada quebrada, cada espaço do Brasil aonde possamos levar um pouquinho da lógica do Paulo Freire: *esperançar* significa mudar a nossa realidade.

REFERÊNCIA

HOOKS, bell. *Ensinando a transgredir: a educação como prática da liberdade*. Trad. Marcelo Brandão Cipolla. São Paulo: Martins Fontes, 2017.

Angélica Tassiane dos Santos Barros * Ex-estudante do Emancipa, graduada em matemática pela Universidade Federal do Pará (UFPA), educadora popular e coordenadora do Emancipa Sevilha. E-mail: angelicatsbarros@gmail.com.

Fabíola Barroso Cabral * Graduada em filosofia pela Universidade do Estado do Pará (Uepa) e mestranda em educação na mesma instituição; é educadora popular e coordenadora do Emancipa Ananindeua. E-mail: fabiolabarrosocabral@gmail.com.

Inêz Freitas Medeiros * Graduada em pedagogia pela Universidade do Estado do Pará (Uepa), educadora popular e coordenadora do Emancipa Vila da Barca. E-mail: inzmedeiros@gmail.com.

Jorge Martins Evangelista Junior * Graduado em museologia pela Universidade Federal do Pará (UFPA), educador popular e coordenador nacional da Rede Emancipa. E-mail: jorgemartinsej@gmail.com.

Lucia Isabel da Conceição Silva * Professora na Universidade Federal do Pará (UFPA), educadora popular e coordenadora do projeto de extensão do Emancipa na mesma instituição. E-mail: luciaisabel@ufpa.br.

Paula Maíra Alves Cordeiro * Graduada em letras pela Universidade do Estado do Pará (Uepa), mestranda em educação pela Universidade Federal do Pará (UFPA),; educadora popular e coordenadora nacional da Rede Emancipa. E-mail: paulamaira16@gmail.com.

EDUCAÇÃO POPULAR NA AMAZÔNIA: DEZ ANOS DE REDE EMANCIPA BELÉM

Angélica Tassiane dos Santos Barros
Fabíola Barroso Cabral
Inêz Freitas Medeiros
Jorge Martins Evangelista Junior
Lucia Isabel da Conceição Silva
Paula Maíra Alves Cordeiro

> Nossos índios não comem ninguém
> Agora é só hambúrguer
> Por que ninguém nos leva a sério?
> Só o nosso minério
> E quem quiser venha ver
> Mas só um de cada vez
> Não queremos nossos jacarés
> Tropeçando em vocês.
> — Mosaico de Ravena, "Belém-Pará-Brasil"

Daqui da Amazônia, mais especificamente de Belém do Pará, iniciamos nosso relato sobre a contribuição, os métodos e a trajetória da Rede Emancipa, desenvolvidos no decorrer dos dez anos de atuação nessa porção do território nacional. Nossa trajetória demarca uma parcela da tradição popular e da identidade amazônida, construída através das lutas de indígenas, negros, mulheres, quilombolas, ribeirinhos, camponeses, extrativistas, coletores, pescadores, povos do campo, das águas, das florestas e das periferias urbanas. Sujeitos sociais criadores da resistência ao projeto capitalista exploratório em curso na região, que desde o período colonial deixa seus rastros de destruição em busca de commodities.

Ao construir a educação popular nos territórios em que estamos, derrubamos os estigmas e estereótipos criados sobre a região, configurados pela visão colonialista que sublinha o território como um vazio demográfico — sem gente, sem cultura, identidade, ciência, tecnologia —, abandonado à própria sorte e, por isso, necessitado de desenvolvimento e progresso. A educação popular na Amazônia é a luta para uma educação para a liberdade, como diria Paulo Freire, e para desconstruir e descolonizar.

Em 2011, iniciamos a construção da Rede Emancipa no Norte, mais precisamente na cidade de Belém, "a metrópole da Amazônia", como costuma ser chamada. Belém, com seu grande contingente populacional de pouco mais de 1,5 milhão de pessoas, padece com estatísticas alarmantes, entre as quais destacamos o pior PIB entre as capitais brasileiras, segundo o IBGE; apenas 13% da população é atendida por cobertura de coleta de esgoto, sendo apenas 0,8% do esgotamento sanitário tratado (Painel Saneamento Brasil); e, com relação ao estado do Pará, costumamos aparecer nas últimas posições do Índice de Desenvolvimento da Educação Básica (Ideb).

A cidade de Belém e o estado do Pará já foram palco de diversas lutas populares históricas, como a Cabanagem (1835-1840), que agrupou indígenas, negros escravizados e libertos, mulheres, ribeirinhos, brancos pobres e mais uma infinidade de sujeitos à margem da sociedade local, para tomar o governo da província por mais de um ano, resistindo posteriormente pelos interiores por mais de quatro anos. Em cinco anos, mais da metade da população da província foi dizimada pelas forças imperiais. A resistência histórica da Cabanagem ainda marca identidades populares atuais.

Em 2022, este é o cenário atualizado da *luta cabana*: as lutas sociais no campo, por reforma agrária, contra o latifúndio e o desmatamento desenfreado do agronegócio; nas florestas, contra as usinas hidrelétricas nos rios da Amazônia e a mineração em terras indígenas; nas cidades, por direito à moradia, saúde, educação e saneamento básico, junto às associações de moradores de bairros das periferias. A cabanagem continua, é agora. É com esse *espírito cabano* que atuamos em nosso território, singular em relação ao restante do país e, principalmente, com capacidade de mobilização a partir dos movimentos e sujeitos locais.

Não é de hoje que a educação no Brasil não é vista como prioridade para o desenvolvimento social e intelectual dos sujeitos. Paulo Freire (1987), atuando no campo da educação voltada para os oprimidos, expôs a necessidade de a educação assumir o papel de ferramenta catalisadora e impulsionadora da transformação dos sujeitos e de suas realidades. Uma educação que não mais estivesse ligada aos detentores do poder hegemônico, mas que fosse pensada e construída pelos historicamente excluídos.

É nesse sentido que os povos indígenas, ribeirinhos, quilombolas, assentados, das zonas rurais e urbanas, que compõem os movimentos populares da Amazônia, constroem importantes mobilizações de resistência e de luta contra todas as formas de exploração e imposição neoliberal na região Norte do Brasil. Isso se dá principalmente a partir da luta contra o desmatamento, a mineração, o genocídio dos povos tradicionais, a marginalização dos saberes populares e em defesa do reconhecimento das práticas sociais, culturais, políticas, econômicas e educacionais popularmente construídas.

Dessa forma, a Rede Emancipa Belém e Ananindeua, como um movimento social de educação popular, vem contribuindo para a luta popular na Amazônia por meio de uma política ampla de educação e de mobilização por direitos. Nossa proposta se estrutura a partir da organização coletiva, da mobilização social, do ensino-aprendizagem dos conteúdos do Exame Nacional do Ensino Médio (Enem) e da formação sociopolítica, entendendo a educação como direito humano fundamental para a democratização da sociedade.

A partir das mobilizações e da educação popular, estabelecemos uma relação com a Universidade Federal do Pará (UFPA). Em 2016, fomos aprovados como um projeto de extensão da universidade e, em 2021, como um programa de extensão. Atualmente, somos sete unidades de cursinhos populares pré-universitários e gratuitos, sendo duas localizadas no prédio do Instituto de Educação da UFPA, no Campus Guamá, e as demais em bairros periféricos das cidades de Belém e Ananindeua. As unidades periféricas funcionam em parceria com escolas, associações de moradores e grupos culturais. Durante cada ano, envolvemos cerca de quinhentos estudantes e 150 docentes-voluntários. Entre os educadores, a maioria é formada por estudantes de cursos de graduação ou pós-graduação da UFPA e outras universidades.

Nossa atuação também inclui ações de formação de educadores populares por meio de cursos, debates, oficinas, além de incidência política e posicionamentos públicos relacionados à defesa do direito à educação, à democracia e à justiça social. Todas essas ações se integram na proposta básica da Rede Emancipa, que é a oferta de turmas de cursinhos populares com aulas/debates das disciplinas e componentes curriculares do Enem, para que adolescentes, jovens e adultos das periferias, oriundos de escolas públicas, possam concorrer com maiores possibilidades de acesso e permanência nas universidades.

A REDE EMANCIPA BELÉM: UMA DÉCADA DE LUTA PELA EDUCAÇÃO NA AMAZÔNIA

Em 2011, a Rede Emancipa, movimento social criado em 2007 em São Paulo (que ainda se intitulava movimento social "de cursinhos populares", e não "de educação popular"), expandiu-se para outras regiões do país, entre elas a região Norte, dando início à nossa trajetória em Belém. A partir do contato com os militantes do movimento estudantil da UFPA Leila Bentes, Anderson Castro e Mary Caroline Ribeiro, foi fundado o primeiro cursinho popular da Rede Emancipa na capital paraense. A aula inaugural aconteceu em 14 de maio de 2011, na Escola Estadual Amilcar Tupiassú, no bairro da Cremação, onde o cursinho funcionou até 2012, aos sábados.

O cursinho popular recebeu o nome de Isa Cunha em homenagem à historiadora e militante paraense que teve papel importante na consolidação de movimentos sociais no Pará e foi presa e torturada na ditadura. Devido às dificuldades de estrutura do cursinho, à grande evasão de estudantes e à escassez de educadores para ministrar aulas, em 2013 a coordenação precisou paralisar as atividades para que a Rede Emancipa pudesse se reorganizar em Belém. Naquele ano, foi realizado um planejamento estratégico mais eficaz para dar continuidade ao trabalho que havia sido iniciado.

Em 2014, retomamos com uma turma na UFPA, por meio da articulação com a professora Ana Tancredi, à época diretora do Instituto de Ciências da Educação, uma valorosa militante, educadora popular e referência nos movimentos de educação do Pará. Ao estrearmos um novo espaço, com novas pessoas na equipe de professores e na coordenação, a unidade recebeu o nome de Paulo Fonteles, em homenagem ao advogado e militante dos direitos humanos que foi preso e torturado durante a ditadura militar e assassinado em 1987, a mando de latifundiários, logo depois de não se reeleger deputado estadual no Pará. A nova unidade seguiu seu funcionamento em 2015.

Em 2016, nosso cursinho foi aprovado como um projeto de extensão pelo Instituto de Educação da UFPA, sob coordenação da professora Lucia Isabel Silva, importante educadora popular e militante no campo da educação, que tem sido essencial para a relação dialógica da Rede Emancipa com a universidade, a comunidade e os movimentos sociais. A partir dessa nova etapa, houve um avanço considerável na organização e na estruturação interna do Emancipa, com maior suporte pedagógico para os estudantes e professores e aulas de segunda a sexta no turno da tarde.

Com esse apoio institucional, foi possível em 2018 expandirmos o trabalho para os territórios periféricos de Belém e a região metropolitana, na cidade de Ananindeua, construindo uma relação forte e consolidada com parceiros comprometidos, como associações de moradores de bairros, escolas públicas, comunidades católicas, movimentos culturais e organizações sociais que nos apoiam e fortalecem nossa luta em defesa da educação.

Os cursinhos populares são, em resumo, grupos e/ou coletivos que questionam a ausência de alunos das periferias e estudantes de escolas públicas — em sua maioria negros — nas universidades públicas (Mendes & Rufato, 2015). Nesse sentido, como afirmam Mendes & Rufato (2015, p. 11):

> Ainda que o objetivo deste movimento seja que os estudantes ingressem na universidade, partimos do questionamento de que sua reprovação nos exames não pode ser transferida ao plano individual ("não passou porque foi mal na prova"), mas que precisa ser compreendida na totalidade de relações sociais em que a educação está envolvida. Assim, parte-se do princípio de que a qualidade da educação nos cursinhos não pode ser aferida pelo número de apro-

vados — mas sobretudo pela capacidade que estas e estes possuem de se engajar na luta pela ampliação deste direito para o conjunto dos jovens de periferia.

Nesse sentido, nossos cursinhos populares têm um caráter multidisciplinar, com uma grade curricular que contém as diversas disciplinas do Enem, além da disciplina Atualidades. Esta propicia um espaço de construção coletiva a partir de temas ligados aos direitos humanos, ao bem viver e à luta contra as desigualdades, que auxilia na formação social e crítica, valorizando as vivências dos educandos ao trabalhar sob uma perspectiva emancipadora e não bancária, como propõe Freire (1987).

Ao longo desses dez anos, tendo como base os princípios freirianos, trabalhamos com uma concepção abrangente de aulas e de educação. Isso inclui, além das atividades em classes, debates de questões contemporâneas, cine-debates, aulões interdisciplinares, visitas guiadas com conversas em diferentes espaços da cidade, participação em atividades e eventos acadêmicos, culturais e políticos realizados nas universidades e demais instituições e atos públicos nacionais, estaduais e locais, construídos por diversos movimentos de esquerda.

EXPANSÃO NOS TERRITÓRIOS PERIFÉRICOS: A CRIAÇÃO DE NOVAS UNIDADES

ANANINDEUA — CURSINHO POPULAR EMANCIPA DOROTHY STANG (2018)

Vizinha de Belém, Ananindeua é o segundo maior município do estado do Pará, com população estimada de 540.410 pessoas. Apesar de independentes, as histórias e as relações sociais de estudo, trabalho e lazer das duas cidades são interligadas. Ananindeua é uma cidade extensa e composta por classes populares, com exceção de alguns condomínios fechados. As três universidades públicas mais acessíveis aos moradores estão localizadas em Belém.

A criação da Rede Emancipa em Ananindeua aconteceu no início de 2018, devido à grande demanda de educadores e estudantes, uma vez que o deslocamento para a região central de Belém e a falta de linhas de ônibus acessíveis dificultava a participação nos cursinhos daqueles que moravam em Ananindeua e cidades próximas, como Marituba e Benevides. Nesse sentido, a presença da Rede Emancipa em Ananindeua era urgente e reafirmava nosso compromisso com as periferias e a diminuição do sentimento de invisibilidade das zonas periféricas.

Depois de diálogos intermediados por uma educadora da Rede Emancipa, fomos acolhidos pela Escola Estadual Presidente Dutra, localizada na região limítrofe entre as cidades de Ananindeua e Marituba, firmando nossa chegada em 24 de fevereiro. Como homenageada para receber o nome da unidade, escolhemos a missionária Dorothy Mae Stang, que em 2005 foi brutalmente assassinada a mando de latifundiários, como retaliação à sua trajetória como ambientalista, educadora popular, defensora dos direitos humanos, do direito à terra para comunidades tradicionais e dos direitos das mulheres na Amazônia.

Rememorando os anos de 2018 a 2021, é possível perceber quão diverso é o contexto das educandas e educandos desse cursinho. Residentes em mais de vinte bairros distintos, além de cidades vizinhas, a unidade Dorothy Stang da Rede Emancipa já recebeu adolescentes, jovens, adultos e idosos; muitas pessoas que trabalham em período integral, estudantes de escolas públicas, adultos afastados há anos das escolas, mulheres que são mães, entre outras diversidades. Em todo esse complexo de vivências, seus relatos evidenciam o desejo de melhoria da qualidade de vida por meio da educação.

Nossas perspectivas para o futuro envolvem a consolidação do cursinho em um novo espaço e o fortalecimento do movimento social de maneira presencial. Ananindeua é uma grande cidade periférica, com presença de características urbanas, agrícolas e quilombolas, banhada por rios e conectada a nove ilhas (Oliveira & Rodrigues, 2019). As territorialidades próprias desse ambiente, compreendendo seus saberes e suas problemáticas, constituem a atualidade necessária para nossa caminhada como cursinho popular.

UFPA — CURSINHO POPULAR EMANCIPA MARIELLE FRANCO (2018)

A vereadora Marielle Franco, nascida e criada na favela da Maré no Rio de Janeiro, era uma mulher negra, bissexual, mãe e socióloga. Um exemplo na luta por direitos e em defesa das minorias que, assim como muitos ativistas políticos, foi "punida" por representar as forças do povo. Em 14 de março de 2018, sua vida foi ceifada de forma brutal com treze tiros. Marielle era uma de nós, periférica, militante, ex-aluna de cursinho popular, que acreditava na educação como ferramenta para a transformação da sociedade e, principalmente, assim como nós, queria a juventude da periferia viva.

Sua morte abalou a todos, e decidimos que a segunda unidade da Rede Emancipa na UFPA, inaugurada em 2018, com funcionamento de segunda a sexta no turno da manhã, receberia o nome da vereadora. Para nós, a conquista de mais uma unidade dentro dos espaços da universidade foi importante, pois possibilitou acolher um número maior de estudantes. Conseguimos bolsas de extensão para graduandos da UFPA e ex-estudantes do Emancipa e estreitamos as relações de diálogo com a universidade. A cada ano, seguimos perguntando "quem mandou matar Marielle?" e continuamos em luta pelo direito à educação.

MATINHA — CURSINHO POPULAR FÁTIMA BESSA (2019)

Em 2019, o cursinho popular solidário da Matinha, que já existia desde 2016, se integrou à Rede Emancipa. O cursinho, que funciona na Comunidade Católica São Pio X, guarda grande representatividade histórica, uma vez que a irmã Dorothy Stang participou de ações de educação popular no bairro e atuou na comunidade. Nesse espaço, há quadros de Darcy Ribeiro e outros intelectuais da educação nacional nas paredes do segundo andar, onde ficam as salas de aula originalmente destinadas ao ensinamento litúrgico.

O cursinho surgiu a partir do diálogo com um morador do território que faz parte de grupos culturais em Belém. O bairro da Matinha, como é conhecido popularmente o bairro de Fátima, possuía esse nome por causa da vegetação e da distância do centro da cidade nos séculos XIX e XX. A região ainda resiste ao avanço da especulação imobiliária provocada pela expansão vertical do entorno. Parte do bairro continua precária, com habitações de madeira e sem saneamento básico, ainda mais prejudicado durante o período de chuvas, com o transbordamento do canal que corta a área.

A unidade oferece turmas de segunda a sexta no período noturno e aos sábados pela manhã. O nome do cursinho homenageia uma importante educadora do bairro, a professora Fátima Bessa, na época da inauguração com 71 anos, educadora aposentada, que possui uma creche popular e participou de diversas mobilizações por melhorias na comunidade.

SEVILHA — CURSINHO POPULAR EMANCIPA ELIZABETH TEIXEIRA (2019)

Em 2019, a Rede Emancipa Belém e Ananindeua avançou para mais territórios, com quatro novas unidades em bairros periféricos da capital. Dentre elas, a unidade do Emancipa Sevilha, criada em 21 de janeiro para atender estudantes de uma grande área de ocupação urbana, o Conjunto Habitacional Jardim Sevilha, no bairro do Parque Verde e arredores.

A existência de um cursinho popular era um sonho antigo de alguns educadores e lideranças populares da área, mas somente em 2019 a proposta foi concretizada, a partir da articulação com a Rede Emancipa Belém. Depois de firmar essa parceria, iniciamos as atividades aos fins de semana na Escola Estadual Dilma Catete, localizada em um conjunto adjacente ao Sevilha, o Pedro Teixeira, pois não havia espaço físico apropriado na própria comunidade.

Sabemos que a Rede Emancipa cria vínculos para além de um cursinho. Em nosso território, este é compreendido pelos seus participantes como uma família. Exemplo disso é o almoço coletivo que acontecia em nossa unidade, em que estudantes, coordenadores e professores se juntavam para fazê-lo na própria escola. Esses almoços foram momentos de partilha, afeto, diálogo e troca de experiências, do mesmo modo que os diálogos em sala de aula e as aulas interdisciplinares e de atualidades.

Por acreditar que é necessário homenagear nossos lutadores quando eles ainda estão vivos, nomeamos a nossa unidade de Elizabeth Teixeira (cuja história é relatada no documentário *Cabra marcado pra morrer*, de Eduardo Coutinho), nascida em 1925, que é um símbolo vivo da luta e da resistência camponesa na Paraíba. Foi perseguida pela ditadura, mas não se curvou diante das ameaças e continuou sua luta por reforma agrária, trabalho com dignidade e justiça no campo.

TELÉGRAFO — CURSINHO POPULAR EMANCIPA VILA DA BARCA (2019)

A partir da articulação da Rede com a Associação dos Moradores da Vila da Barca (AMVB), comunidade pertencente ao bairro do Telégrafo, criamos nosso cursinho que carrega o nome da comunidade como forma de resistência. Sua aula inaugural ocorreu em 25 de maio de 2019, na Fundação Curro Velho, localizada no entorno da Vila, onde são realizadas diversas oficinas gratuitas para a população. Foi ali que iniciamos nossas aulas aos fins de semana.

A comunidade está situada às margens da baía do Guajará, e sua formação se deu a partir dessa relação com o rio. Seus primeiros moradores eram ribeirinhos das ilhas que ficam na margem contrária à Vila. Dado o grande número de residências de madeira suspensas por estacas acima da baía do Guajará, a Vila da Barca é considerada uma das maiores comunidades sobre palafitas da América Latina.

A Vila tem como principais características as ocupações precárias e em áreas de baixada, residências construídas de maneira rústica e sem projetos de infraestrutura, além da ausência de políticas sociais e públicas que contemplem a comunidade. Por isso, construir de forma coletiva um cursinho popular na área possibilita esperança e maior engajamento na busca pelo acesso ao ensino superior para seus moradores.

BENGUI — CURSINHO POPULAR EMANCIPA BENGUI (2019)

Em 28 de junho de 2019 chegamos a mais um território da periferia de Belém, o Bengui, a partir da articulação com a associação de moradores local. O bairro surgiu durante os processos de ocupação urbana por moradia em Belém, entre os anos 1960 e 1970, quando os espaços no entorno da rodovia Augusto Montenegro estavam em processo de desenvolvimento urbano.

Por seus moradores terem protagonizado muitas lutas em defesa de seus direitos, o Bengui se construiu como um dos bairros periféricos mais importantes de Belém em termos de mobilização popular, aglutinando movimentos e organizações sociais de relevância para a história da cidade. Entre eles, o Movimento República de Emaús, que há mais de trinta anos atua com foco nas crianças e adolescentes do bairro.

As aulas do cursinho começaram aos fins de semana, na Escola Cidade de Emaús, criada nos anos 1980 pelo padre Bruno Sechi, fundador do Movimento República de Emaús. Portanto, estar nesse espaço é muito simbólico para o Emancipa enquanto movimento social de educação popular. O nome da nossa unidade não poderia ser outro: Emancipa Bengui, em respeito a toda a história de luta do bairro e de seus moradores.

EDUCAÇÃO POPULAR E AS FESTAS NAS PERIFERIAS

> Alô, alô, alô papai, alô mamãe
> Põe a vitrola pra tocar
> Podem soltar foguetes
> Que eu passei no vestibular
> Eu agora não me iludo
> Estou com a cuca controlada
> Já não sou mais cabeludo
> Estou de cabeça raspada
> Tudo agora é alegria
> Vou alegre pintando o sete
> Com a turma na folia
> Dando tiros de confete
> — Pinduca, "Marcha de vestibular"

Unidade na diversidade, conforme defendida por Freire (2019), representa a articulação humanista — e, por isso, política e educacional — em favor da dignidade humana. Essa característica da Rede Emancipa é refletida em muitos exemplos, mas neste momento destacamos o companheirismo e a amorosidade em momentos festivos. Em seguida, registramos relatos de vivências compartilhados por duas educandas e um educando da Rede Emancipa no Pará.

O primeiro fator próprio de nossa caminhada é a organização de festas juninas realizadas por educadores e educandos entre os anos de 2017 e 2019. Essa festividade nacional é comemorada no solo paraense com características culturais próprias, como as danças, músicas e comidas que invadem as ruas do estado e também chegam ao nosso movimento. Dos ensaios de quadrilha até o momento de comemoração, esse saber popular é registrado em nossa região quase como um componente curricular.

O segundo momento de festividade vivido por membros da Rede é a comemoração coletiva da aprovação de nossos educandos nos vestibulares das universidades públicas. Meses depois, eles voltam para ajudar no Emancipa como coordenadores e professores. Nos últimos anos, a dinâmica tem funcionado da seguinte maneira: depois de anunciado o listão com os nomes dos aprovados na rádio e em outras mídias, as educadoras e os educadores visitam as casas dos calouros, em festa com a tão sonhada aprovação.

Esse momento de encontro ocorre como um cortejo e oportuniza o contato do Emancipa com familiares e amigos dos estudantes, algo único, que só acontece aqui. É uma explosão de festa, alegria, choro, renovação de esperanças e muito churrasco, além do tradicional "banho" de trigo e ovos na cabeça, embalado com a marchinha do vestibular, que há décadas faz parte da nossa tradição paraense.

O ensino construído pelos cursinhos do Emancipa alcança objetivos para além da preparação para provas. Em 2020 e 2021, por conta da pandemia de covid-19, nosso trabalho nos territórios foi interrompido, mas resistimos e lutamos, fizemos aulas on-line, cursos, formações e grandes campanhas de solidariedade ativa para pôr comida na mesa dos nossos estudantes diante da crise política, econômica e sanitária que vivemos.

Em 2022, voltamos aos nossos cursinhos presencialmente, com a chama da esperança ainda mais brilhante no coração. Sabemos que o pertencimento, a solidariedade, o companheirismo e o ensino crítico marcam todas as pessoas que passam por nós, por isso finalizamos este capítulo com três emocionantes relatos de ex-estudantes da Rede Emancipa no Pará.

STEFANY FIGUEIREDO

O caminho que travei até minha aprovação no vestibular foi árduo. Foram quatro anos tentando o Enem, dois deles só como estudante da Rede Emancipa. Não foi fácil, teve momentos em que pensei em desistir e abrir mão do meu sonho (que era passar em universidade pública), pessoas que estavam do meu lado falavam que eu não iria conseguir, que era perda de tempo todo o meu estudo (afinal, eram quatro anos fazendo Enem sem sucesso). Apesar de tudo isso, também tive pessoas que confiavam em mim e acreditavam no meu potencial, e os coordenadores, professores, ajudantes em geral do Emancipa e amigos que eu fiz eram essas pessoas. Grata por mostrar o papel importante que nós, povo periférico, temos na sociedade. Aprendi muito mais que português, matemática... Aprendi a ser crítica, a lutar pelos meus (nossos) direitos. O Emancipa é a minha segunda família. GRATIDÃO!

LUANNE VALENTE

Queria expressar a minha imensa GRATIDÃO pelo Emancipa, que, além de me abrir a oportunidade de fazer o cursinho, me ensinou a ser uma pessoa mais crítica, a conhecer meus direitos e a lutar por eles. No Emancipa eu me senti acolhida, tem professores MARAVILHOSOS que não me deixavam sair com nenhuma dúvida das aulas, além dos psicólogos que nos ajudam muito também nessa caminhada. O meu sonho é ser engenheira, então por meio do Emancipa pude realizar essa primeira etapa. Portanto, somente GRATIDÃO por todas as aulas interdisciplinares, atos, palestras, debates etc., que me fizeram ser quem EU sou hoje e a ocupar O MEU ESPAÇO dentro da universidade.

ANTONIO REIS

Entrar no Emancipa foi o início de uma transformação na minha vida. Num ponto em que eu estava desacreditado, foram eles que abriram as portas para mim. O ano que passou foi duro e com muitas batalhas, mas no fim toda a força e incentivo que me deram foram o pilar para construir minha vitória. Mas não só isso, foi na sala de aula, na convivência diária com professores e coordenadores que consegui ampliar meu conhecimento social e aprender a lutar pelos meus direitos. Hoje sei que não foi *só* uma vitória minha, mas também de todos da periferia, porque estou de fato no lugar que nossa comunidade deve ocupar. Pretos, pobres e de periferia, sempre com orgulho de quem somos e lutando pelo nosso espaço nas universidades.

REFERÊNCIAS

AMORIM, Célia *et al.* "O Bengola: uma voz de resistência em defesa da cidadania na Amazônia". *In*: Anais do XII Congresso de Ciências da Comunicação na Região Norte. São Paulo: Intercom — Sociedade Brasileira de Estudos Interdisciplinares da Comunicação, 2013.

ANTUNES, Angela; GADOTTI, Moacir & PADILHA, Paulo Roberto. "Três categorias que marcaram a pedagogia do oprimido", *Revista Educação em Perspectiva*, v. 9, n. 2, set.-dez. 2018, p. 504-26.

ARROYO, Miguel G. *Outros sujeitos, outras pedagogias*. Rio de Janeiro: Vozes, 2014.

FREIRE, Paulo. *Pedagogia do oprimido*. Rio de Janeiro: Paz e Terra, 1987.

FREIRE, Paulo. *A importância do ato de ler: em três artigos que se completam*. 3ª ed. São Paulo: Cortez, 1999.

FREIRE, Paulo. *À sombra desta mangueira*. 12ª ed. Rio de Janeiro/São Paulo: Paz e Terra, 2019.

GADOTTI, Moacir. *Histórias das ideias pedagógicas*. São Paulo: Ática, 1995.

MENDES, Maíra & RUFATO, Marcela. "Por que não passam? Cursinhos Populares e tempo curricular: uma problematização a partir de experiências da Rede Emancipa". *In*: Anais do VIII Seminário Internacional As Redes Educativas e as Tecnologias: Movimentos Sociais e Educação. Rio de Janeiro, UERJ, 2015.

OLIVEIRA, Karla Juliana da Silva & RODRIGUES, Carmem Lúcia Reis. "A região insular de Ananindeua: topônimos e suas motivações", *Revista EDUCAmazônia*, v. 22, n. 1, jan.-jun. 2019, p. 355-65.

SOUZA, Renata Durans Pessoa de. *A área de expansão de Belém: um espaço de múltiplas vivências*. Dissertação (Mestrado em Arquitetura e Urbanismo). Belém: UFPA, 2016.

Letícia Santos Pinheiro * Assistente social pela Universidade Federal Fluminense (UFF), mestranda do Programa de Pós-Graduação em Serviço Social da Universidade Estadual do Rio de Janeiro (Uerj) com bolsa Capes. Foi educadora popular no Emancipa no Degase (2020-2021) e atualmente é educadora no Pré-Vestibular Popular Educação para o Desenvolvimento Social, na Universidade Federal do Rio de Janeiro (UFRJ). É pesquisadora da Agenda Jovem na Fiocruz e compõe o Grupo de Estudos e Pesquisas Lutas Sociais e Classes Subalternas, coordenado pela profa. Katia Iris Marro (UFF). E-mail: leticia.piinheiro@gmail.com.

Marília Bittencourt Bovolenta * Bacharel em ciências sociais pela Universidade Federal do Rio de Janeiro (UFRJ), licencianda em ciências sociais pela Universidade Federal Fluminense (UFF) e mestranda do Programa de Pós-Graduação em Educação da UFRJ com bolsa Capes. Foi educadora popular no Emancipa no Degase (2020-2022) e atualmente é coordenadora estadual da Rede Emancipa RJ e coordenadora nacional da Universidade Emancipa. Atuou como pesquisadora em diferentes projetos e compõe o Coletivo de Pesquisa Colemarx-UFRJ. E-mail: lila88bittencourt@gmail.com.

Olga Grichtchouk * Bacharel em ciências biológicas pela Universidade Federal do Estado do Rio de Janeiro (Unirio), mestra em neurociências pela Universidade Federal Fluminense (UFF) e doutoranda em fisiologia no Instituto de Biofísica Carlos Chagas Filho, da Universidade Federal do Rio de Janeiro (IBCCF-UFRJ). Em 2019, ingressou como educadora popular no Emancipa no Degase; desde 2016 atua com facilitação de dinâmicas e educação popular com jovens em situação de rua, em privação de liberdade e em acolhimento institucional no Rio de Janeiro. E-mail: ogrichtchouk@gmail.com.

É POSSÍVEL EDUCAR PARA A LIBERDADE EM UM ESPAÇO DE PRIVAÇÃO DE LIBERDADE? CONSIDERAÇÕES SOBRE EDUCAÇÃO POPULAR, SOCIOEDUCAÇÃO E AS LUTAS PELA VIDA NO RIO DE JANEIRO

Letícia Santos Pinheiro
Marília Bittencourt Bovolenta
Olga Grichtchouk

QUESTIONAR SEMPRE

Durante a pandemia, muitos de nós fomos submetidos ao isolamento social. Ainda que em nossas casas, infelizmente sem um plano solidário de garantia de isolamento digno para todas e todos, experimentamos os efeitos de um forte distanciamento social. Convidamos o leitor para uma reflexão. Como tal isolamento poderia contribuir para a melhoria de vínculos na sociedade? Não poderia. Trazemos algumas de nossas considerações e acúmulos a partir do trabalho militante em educação popular, dentro de unidades socioeducativas destinadas à internação de crianças e adolescentes, no Departamento Geral de Ações Socioeducativas (Degase), na cidade do Rio de Janeiro.

Até os dezoito anos, podendo se estender até os 21 anos, crianças e adolescentes devem ser tratados pelo Estado como sujeitos de direito, segundo as normas do Estatuto da Criança e do Adolescente (ECA). Diante de tais avanços na garantia de direitos, compreende-se que a criança e o adolescente são penalmente inimputáveis, visto que não são maiores de idade e estão em fase de desenvolvimento. Diante disso, na faixa etária entre doze e dezoito anos, o adolescente, ao cometer ato infracional, possui o direito de cumprir medida socioeducativa através de advertência, obrigação de reparar os danos, prestação de serviços à comunidade, liberdade assistida, semiliberdade e internação. Em termos práticos, significa que os adolescentes têm um sistema próprio para serem "assistidos" pelo Estado, o Sistema Nacional de Atendimento Socioeducativo (Sinase). Trata-se de conquistas importantes para atenuar a vulnerabilidade de adolescentes diante das políticas de segurança do Estado. São marcos garantidores que, embora muito insuficientes, devem ser reivindicados e cobrados quanto à sua efetivação. É preciso destacar quanto tais normativas que garantem esses direitos são recentes, seja o ECA de 1999 ou o Sinase de 2012.

Mas por que esses jovens estão lá? Por que tantos? Por que, mesmo com a existência de diversas medidas socioeducativas, o espaço da internação em regime fechado se constitui muitas vezes como a primeira providência a ser tomada pelo Estado? Por que anos passam e as cenas se repetem: meninos entram, meninos saem, meninos entram de novo? Como deve ser a socioeducação? Qual a sua finalidade? Qual deve ser nossa relação, enquanto movimento social e enquanto cidadãos deste país, com a pauta do encarceramento da juventude negra e pobre? Qual deve ser nossa relação com o sistema de direitos que temos hoje e o contexto político de quem os dirige? Como, afinal, enfrentar a barbárie?

ENXERGAR O PROBLEMA

A Rede Emancipa iniciou sua atuação "no cárcere" em 2017, somente dez anos após sua fundação. Apesar de defendermos os direitos adquiridos a partir dos marcos do ECA e do Sinase, não podemos omitir que a internação tem sua face de cárcere.[1] E precisamos compreender a luta dos adolescentes encarcerados como parte da luta contra o encarceramento em massa da juventude negra e pobre de nosso país.

Como começamos essa atuação? A partir de aulões dos pré-universitários organizados pela Rede, observamos uma desproporção imensa no perfil de gênero dos estudantes (majoritariamente feminino). A diminuta participação de adolescentes do gênero masculino era algo que saltava aos olhos. Onde estavam os meninos? A cidade de São Gonçalo, como muitas das periferias das grandes metrópoles, possui uma população majoritariamente negra e pobre (conforme dados do IBGE, de 2010). A juventude não encontra uma estrutura de serviços que garanta seus direitos, sejam os equipamentos educacionais e de saúde que estão precarizados, sejam equipamentos culturais capazes de garantir a infância e a adolescência em sua integralidade. Muitos jovens se veem compelidos a largar a escola e contribuir para a renda das suas casas. Com a pandemia, os processos de desescolarização se tornaram ainda mais evidentes. O desemprego e a instabilidade financeira que acometem as famílias pobres lançam os jovens em busca de soluções que o Estado não garante. A juventude se encontra refém e à mercê

1 Destacamos a importância de reivindicar o termo "internação" para os adolescentes, pois reforça uma vitória de que jovens são inimputáveis. No entanto, queremos aqui tratar do aspecto prático, imediato e simbólico que a privação de liberdade constitui. Devemos segurar o que temos nas mãos, mas sem deixar de avançar.

das disputas territoriais entre tráfico e milícias, que seguem em busca do controle dos lucros da venda do varejo da droga e das rotas de distribuição. Estamos falando de vítimas do trabalho infantil tratados com a chaga do encarceramento juvenil. Notamos que os adolescentes que deveriam ser nossos estudantes estavam no Degase. E não poderia ser outra a tarefa da educação popular: *ir até onde o povo está*.

Segundo o *Anuário Brasileiro de Segurança Pública* (FBSP, 2021), pessoas negras compõem 56% da população brasileira e representam, ano após ano, pelo menos 70% do total de vítimas de mortes violentas no país. Em 2020, 78,9% das vítimas de intervenção policial no Brasil eram pessoas negras, 98,4% eram homens e 76,2% eram jovens de 12 a 29 anos. Apesar do número significativamente menor de vítimas mulheres, o percentual saltou de 0,8% em 2019 para 1,6% em 2020. Além disso, o Rio de Janeiro foi o município brasileiro com o maior número absoluto de mortes decorrentes de intervenção policial.

Estamos diante do fato de que pessoas negras são as maiores vítimas de assassinato no Brasil e as maiores vítimas de intervenção policial; e a maioria da população encarcerada no Brasil é negra. Da população prisional da qual se tem informação sobre cor/raça, 66,3% são negros (FBSP, 2021). Também são jovens de até 29 anos que conformam 48,6% da população prisional. Os presos são majoritariamente homens, negros e jovens, a mesma população que é a maior vítima das mortes violentas intencionais no país. Estamos diante dos ecos da escravização do povo negro, do racismo estrutural e da violência de Estado.

Em 2016, a Universidade Federal Fluminense (UFF), em conjunto com o Degase, realizou uma pesquisa sobre a trajetória de vida de jovens privados de liberdade. Entre os entrevistados (selecionados aleatoriamente), 76,2% se declaravam negros, 96,7% eram do sexo masculino, e 81,1% tinham entre dezesseis e dezoito anos. No momento da apreensão, 74% não estavam estudando. Praticamente 30% relataram ter sofrido violência por um de seus responsáveis, e 86% relataram ter sofrido violência policial. A vivência desses jovens, infelizmente, está marcada por violências e falhas nas garantias de seus direitos.

Ainda segundo a mesma pesquisa, 78,8% dos atos infracionais desses adolescentes não envolvem grave ameaça, sendo de menor potencial ofensivo. Vemos constantemente adolescentes negros periféricos aparecendo nos noticiários apenas em casos criminosos, sendo retratados como bandidos e delinquentes. O reforço desse estereótipo faz com que passemos a enxergar essas pessoas como criminosas em sua essência, como se carregassem o crime na alma e fossem irrecuperáveis. Assim, o abuso contra o sujeito e/ou sua morte passam a ser tacitamente desejados (Misse, 2010). A vivência desses jovens, então, é cada vez mais marginalizada, e suas aspirações, apagadas. Diz Almeida (2018, p. 94), sobre a violência do Estado e a necropolítica:

> O estado de sítio, longe de ser exceção, será a regra, e o inimigo, aquele que deve ser eliminado, será criado não apenas pelas políticas estatais de segurança pública, mas pelos meios de comunicação de massa e os programas de televisão. Tais programas servirão como meio de constituir a subjetividade adaptada ao ambiente necropolítico em que impera o medo. O racismo, mais uma vez, permite a conformação das almas, mesmo as mais nobres da sociedade, à extrema violência a que populações inteiras são submetidas, que se naturalize a morte de crianças por "balas perdidas", que se conviva com áreas inteiras sem saneamento básico, sem sistema educacional ou de saúde, que se exterminem milhares de jovens negros por ano no que vem sendo denunciado há anos pelo movimento negro como genocídio.

FAZER O QUE ALCANÇA: EDUCAÇÃO COMO PRÁTICA DA LIBERDADE E DO AFETO

Paulo Freire expõe que jamais entendeu a educação como uma experiência fria, em que emoções, desejos e sonhos devessem ser reprimidos (Freire, 1996). No entanto, onde há dominação não há espaço para o afeto (hooks, 2003 [2021]). Como, de forma contraditória, pode ser construído um território de afeto em um espaço de dominação de corpos jovens negros? É possível educar para a liberdade em um espaço de privação de liberdade? Essas são perguntas difíceis de responder, com toda a certeza. O que entendemos, como educadoras e educadores em um espaço de privação de liberdade, é que os adolescentes ali presentes não possuem o direito de viver a adolescência em sua total potência e completude, tanto quanto sua infância não foi protegida anteriormente. Muitos educandos do Emancipa no Degase, ao serem questionados sobre seus planos de futuro, respondem *que não se enxergam vivos* em um futuro muito distante. O(a) educador(a), portanto, manobra dentro do espaço de internação como um(a) motivador(a) de todos os potenciais que borbulham em cada adolescente, visto que estar vivo naquele momento já o torna uma potência revolucionária.

A adolescência, vista por muitos como apenas uma fase de transição entre a infância e a idade adulta, é um período de grande importância para o corpo e a sociedade. Esse processo de desenvolvimento é marcado por mudanças corporais, fisiológicas e psicológicas, além de ser acompanhado pela construção da identidade e da visão de mundo (Dahl *et al.*, 2018). Tendo em mente o período de desenvolvimento dos jovens, o(a) educador(a) pensa e constrói em conjunto com os educandos as possibilidades de florescimento de saberes e perspectivas de vida.

O cuidado deve ser redobrado para não cair em um papel de salvacionismo, enxergando os educandos de forma estereotipada, isentos de autonomia e desejos. Na postura de "dominador" e/ou "salvador", o(a) educador(a) exibe seu conhecimento, modo de pensar, linguagem e posicionamento corporal como corretos. Adotar um diálogo vertical, sem que haja reflexão sobre o ato de libertação, é fazer as pessoas caírem em uma espécie de "engodo populista" (Freire, 2018).

A ação libertadora deve tentar, por meio da reflexão e da ação, germinar a independência (Freire, 2018). O(a) educador(a) deve dar abertura para outros saberes e construir uma linguagem comum com os educandos, respeitando a individualidade e trajetória de cada um(a). De uma perspectiva freiriana, ninguém educa ninguém e nem a si mesmo, somos educados em comunhão. A partir desse olhar, podemos perceber a educação como uma atividade não apenas social, mas também afetiva, que envolve a compreensão de que cada indivíduo é essencial na troca de conhecimentos, sendo educador(a) e educando(a) ao mesmo tempo (Freire, 2018; 1996).

Ocupamos com determinação o espaço que nos é cedido pela unidade socioeducativa, cientes da necessidade e do papel que cumpre a educação popular como ferramenta de emancipação social. Buscamos realizar atividades com temas que atravessem o contexto de vida dos educandos. O objetivo dessas atividades não é inserir conteúdos que julgamos essenciais para sua formação, mas gerar reflexões, diálogos e conexões. A cada momento juntos, perguntamos sobre o que gostariam de conversar e como gostariam de se expressar (por exemplo, com desenhos, música, escrita, dança, gestos, palavras). Os jovens que se encontram nesse espaço não são privados de liberdade apenas física; são também privados da liberdade de suas próprias formas de expressão, privados de afeto e da liberdade de existir. Estabelecemos nosso período de aula/atividades como um tempo de estimulação do *sentir* e *ser a si próprio* — todas as pessoas presentes, inclusive os educadores, que também estão no lugar de educandos.

Luiz Rufino (2021) descreve a educação como balaio de experiências e "repertório de práticas miúdas, cotidianas e contínuas, que serpenteiam no imprevisível e roçam possibilidades para plantar esperanças, amor e liberdade". E continua:

> A educação como parte de uma aprendizagem das coisas do mundo permite um contínuo refazer de si — autônomo, livre e em permanente afetação pelo outro. [...] Estamos sempre a aprender e, ao nos lançarmos nessa jornada, estamos a nos refazer na relação com o outro. Aprender implica afeto, está relacionado primeiramente à esfera do sentir, ou seja, do viver e do pulsar essa vivacidade tecendo diálogos que primam por uma relação ética com quem se tece. (Rufino, 2021, p. 19)

Nunca podemos nos esquecer que as pessoas não estão desligadas e apartadas da sociedade. Nos espaços de diálogo (e acolhimento), provoca-se uma percepção crítica da realidade somada às possibilidades de ações para transformação (Freire, 2018). Nesse sentido, a educação também se expressa como ato amoroso, uma inscrição afetuosa e solidária que sente e vibra no tom da partilha (Rufino, 2021).

ALCANÇANDO UM POUCO MAIS: EXPERIÊNCIA PRÁTICO-PEDAGÓGICA NO CAI BAIXADA

Em 2021, expandimos nossa atuação para mais uma unidade socioeducativa do Degase, o Centro de Atendimento Intensivo em Belford Roxo (CAI Baixada). Nesse espaço, nos confrontamos diretamente com um território marcado pelas próprias contradições e contrariedades de uma guerra às drogas, que apenas existe para controlar e matar pobres e negros no Brasil. Essa internação está situada em uma área tomada por uma determinada facção — isso se torna nítido nos muros que cercam a internação e nas barricadas nas ruas. Já os adolescentes submetidos à medida socioeducativa pertencem majoritariamente a uma facção rival à do bairro. A relação com o tráfico de drogas e a violência de Estado é um atravessamento direto na nossa dinâmica de aula, embora estabeleçamos um ambiente que não reduza o adolescente ao seu vínculo com o tráfico, pois não nos importa saber de qual facção ele é ou qual cargo exercia; o que nos importa é conhecer quem é aquele adolescente pelo nome e não por um número, como são chamados dentro da internação.

É nesse ambiente carregado de tantas tensões que conhecemos garotos que fazem incríveis trabalhos manuais com dobraduras, que gostam de conversar, argumentar e, acima de tudo, serem ouvidos. Diante disso, a dinâmica da aula segue uma estrutura pedagógica de fortalecimento da escrita, oralidade e leitura. A partir desse tripé, conduzimos temas importantes da realidade brasileira e também de interesse dos próprios adolescentes, ou seja, avaliamos formas em que conseguimos levantar temas relevantes da sociedade e também assuntos que os instiguem.

Em uma das aulas, realizamos um júri no qual a turma se dividia em advogados na defesa dos homens (associados ao patriarcado), enquanto outros deveriam ser os advogados de defesa dos direitos das mulheres. Sabemos da importância de construir abordagens feministas, já que o machismo é uma questão presente de forma latente no cotidiano desses adolescentes, mesmo sendo tão jovens. Porém, ao dividirem a turma entre defensores dos direitos das mulheres e "defensores do patriarcado", os adolescentes construíram formas de argumentação sobre esses pontos que confrontavam também a própria vivência deles. Um exemplo foi o argumento de que a mulher deveria ficar em casa porque era sua obrigação cuidar do ambiente doméstico, enquanto o homem traria o sustento trabalhando fora. Contudo, tal argumento logo foi quebrado quando um dos adolescentes que defendiam as mulheres abordou o fato de que, entre as mães deles, a maioria cuidava sozinha dos filhos e da casa. Sendo mães solo, tinham de trabalhar para trazer sustento. A partir dessa dinâmica, levantamos um tema sobre feminismo sem nem ao menos utilizar a palavra "feminismo" ou "patriarcado". Tal atividade rendeu reflexões que só foram possíveis pois estivemos, enquanto educadoras, abertas para construir um diálogo sobre um tema delicado na sociedade a partir do ritmo deles e de suas vozes. Ao final da atividade, pedimos para que escrevessem sobre o tipo de homem que gostariam de se tornar. Embora alguns tenham dificuldade de escrita, tentamos fortalecer tanto a escrita quanto a autonomia de seus pensamentos sobre determinadas questões.

Não é um desafio simples construir práticas pedagógicas emancipatórias em espaços dominados pelo controle do Estado. Porém, também não é possível que haja qualquer tipo de atuação neutra frente à realidade. Se viver é tomar partido, ao construir um norte de atuação cunhado a partir de uma educação como prática de liberdade e afeto, devemos nos atentar aos detalhes tão complexos que uma simples dinâmica de aula na educação popular carrega.

ENFRENTAR AS CONTRADIÇÕES

Não são poucas as contradições com que nos deparamos quando frequentamos uma instituição como o Degase. Todos nós, na vida cotidiana, precisamos mediar as contradições que nos são impostas. Atuar nesse tipo de lugar nos impõe uma consciência aguda da nossa condição de "subordinação imposta". Não queremos que essa instituição prossiga em sua tarefa de encarceramento da juventude. Não queremos mais que nenhum jovem entre ali. Queremos que os que estão ali saiam o mais rápido possível. Não queremos um modelo de socioeducação pautado no controle, no autoritarismo e na disciplina. No entanto, nossa mera ausência dentro de uma instituição com a qual não concordamos não muda a realidade e pode ampliar as chances do processo de "fechar os olhos", da vista embaçada, da negação, da alienação.

Durante os cinco anos de atuação com educação popular do Emancipa no Degase, muitas lutas já foram travadas. Para além da atuação direta com os jovens, é nosso papel militante estar presente nas lutas por uma vida digna. Ainda mais as lutas relacionadas diretamente à juventude e a suas famílias periféricas. Nossa organização é uma decorrência direta do "amanhecer contra a redução da maioridade penal", que em 2015 e 2016 travou uma árdua disputa na sociedade para resguardar os marcos constitucionais. Mais recentemente, o sindicato dos agentes socioeducativos buscou mudar a vinculação da categoria para a pasta de Segurança Pública, em busca de benefícios trabalhistas, escapando da desvalorização dos trabalhadores da educação, em contraste com a valorização de órgãos repressivos de segurança. Através da Proposta de Emenda à Constituição (PEC) 33/19, de autoria de Max Lemos (PSDB), a Assembleia Legislativa do Estado do Rio de Janeiro (Alerj) aprovou transformar agentes socioeducativos em agentes de "segurança socioeducativa", com tratamento de *policiais penais*. Esse fato, em si, revela os riscos de que a luta da educação popular seja desintegrada pelo tema da segurança. Em busca de melhores condições de trabalho, essa mudança de pasta reforça a cultura policial, em vez da cultura educacional, na socioeducação. Observamos que a ausência desse debate dentro das instâncias educativas, no âmbito educacional, acaba por abandonar a juventude à sorte de políticas socioeducacionais marcadas pela lógica da segurança pública e da repressão, num estado que é a raiz do bolsonarismo e do milicianato.

É preciso uma dose de coragem para atuar em locais tão críticos. E uma dose a mais de resistência para que, nos moldes freirianos, possamos refletir sobre como nossa ação pode transformar a realidade. Se enfrentar as contradições muitas vezes beira o insuportável, virar as costas não pode ser uma opção. Por isso, entendemos a necessidade de disputar a socioeducação com métodos da educação popular, lutando pela aplicação de medidas alternativas que não sejam o encarceramento. Para tanto, não basta o trabalho direto com os jovens, mas uma atuação política na sociedade que dispute as concepções de segurança pública, combata os discursos de criminalização da pobreza e estigmatização da juventude negra e pobre nas mídias e atue também junto ao Judiciário e a todos os órgãos de defesa da criança e do adolescente.

Os agentes socioeducativos não são nossos inimigos. É preciso compreender que todos estamos subordinados a uma lógica capitalista de sociedade, que nos impõe trabalhos que não desejamos, apenas para que possamos garantir nosso sustento. Talvez, e esperamos que sim, educadores populares do Emancipa se tornem agentes socioeducativos e atuem por outra cultura institucional nos marcos da socioeducação, contra a superlotação de unidades de internação de jovens, pela aplicação de "penas" alternativas, pela regulamentação da venda de drogas em nosso país. Nesse sentido, temos como tarefa reivindicar que o ECA seja garantido com urgência hoje, não amanhã.

ARTICULAR LUTAS E SOMAR FORÇAS PARA AVANÇAR

Buscamos permanentemente construir articulações com entidades e organizações que trabalham na socioeducação ou com familiares dos que estão na socioeducação, buscando encadear a luta contra o encarceramento com a luta contra o genocídio da população negra e pobre. Na concretude, isso significa desenvolver laços de luta e de prática concreta. A educação é um vínculo, acontece entre pessoas em relação. Educamos uns aos outros mediados pelo mundo, como dizia Freire (2018). Então, como testemunhas de uma realidade, presenciamos. Atuamos com os jovens em busca da construção de vínculos que possam ser permanentes e possam seguir através dos polos territoriais da Rede Emancipa. E em nossos encontros quinzenais, como equipe de educadores populares, refletimos acerca dos desafios encontrados, analisamos a conjuntura, consideramos as notícias e tudo o que pode tocar nossa atuação imediata, mas que também toca nossa vida, como pessoas que experimentam essa mesma sociedade e suas violências. Nosso trabalho é local, e nosso local é parte da totalidade.

Se muito vale o já feito, mais vale o que será.

REFERÊNCIAS

ALMEIDA, Silvio Luiz de. *O que é racismo estrutural?* Belo Horizonte: Letramento, 2018.

DAHL, Ronald E. *et al.* "Importance of Investing in Adolescence from a Developmental Science Perspective", *Nature*, v. 554, 2018, p. 441-50.

FÓRUM BRASILEIRO DE SEGURANÇA PÚBLICA (FBSP). *Anuário brasileiro de segurança pública: 2021*. São Paulo: FBSP, 2021.

FREIRE, Paulo. *Pedagogia da autonomia: saberes necessários à prática educativa*. 25ª ed. São Paulo: Paz e Terra, 1996.

FREIRE, Paulo. *Pedagogia do oprimido*. 65ª ed. São Paulo: Paz e Terra, 2018.

HOOKS, bell. *Teaching Community: A Pedagogy of Hope*. Nova York: Routledge, 2003 [Ed. bras. *Ensinando comunidade: uma pedagogia da esperança*. Trad. Kenia Cardoso. São Paulo: Elefante, 2021].

MENDES, Claudia Lucia Silva & JULIÃO, Elionaldo Fernandes (org.). *Trajetória de vida de jovens em situação de privação de liberdade no sistema socioeducativo no estado do Rio de Janeiro*. Rio de Janeiro: Degase, 2018.

MISSE, Michel. "Crime, sujeito e sujeição criminal: aspectos de uma contribuição analítica sobre a categoria 'bandido'", *Lua Nova*, n. 79, 2010, p. 15-38.

RUFINO, Luiz. *Vence-demanda: educação e descolonização*. Rio de Janeiro: Mórula, 2021.

Líbia Aquino * Pedagoga, doutora em educação pela Universidade Federal do Rio Grande do Sul (UFRGS). É educadora popular na Rede Emancipa em Guaíba (RS). E-mail: libiaquino@gmail.com.

APONTAMENTOS DESDE GUAÍBA (RS) SOBRE AS PERCEPÇÕES DO TRABALHO REALIZADO NA REDE EMANCIPA — ALFABETIZAÇÃO

Líbia Aquino

Com a intenção de se contrapor e resistir a um projeto educacional dominante, a educação popular acontece no interior dos grupos populares e está baseada nos princípios da efetiva participação do povo, da constante transformação do homem e de um projeto político de sociedade mais justa e humana. Desse modo, esse modelo educacional tem o propósito universal de estar a serviço dos interesses e projetos das classes populares e por elas estabelecidos.

Normalmente acontece como uma prática não institucionalizada; no entanto, isso não significa que ela se reduza a sinônimo de educação não formal. Pelo contrário, ela é tão formal quanto a rígida e burocrática educação escolar. O que podemos destacar como diferença entre a educação escolarizada e popular é, por exemplo, a valorização de espaços informais e sua riqueza metodológica. Por que riqueza metodológica? Porque, segundo Paulo Freire (1979, p. 27), “não é possível fazer uma reflexão sobre o que é a educação sem refletir sobre o próprio homem”.

O homem, segundo ele, é um ser inconcluso e, tendo consciência de sua inconclusão, busca aprender para transformar e evoluir através da educação. Para isso, ele não pode ser objeto; deve, sim, ser o próprio sujeito de seu processo de aprendizagem.

A alfabetização de adultos se dispõe a impulsionar a realidade social para a mudança e interferir conscientemente nessa realidade. Ser consciente da ação por si só já é uma tarefa árdua, faz parte do cotidiano e deve ser constante, para possíveis alterações, encontros e caminhos a serem descobertos. O acolhimento solidário, refletido na prática pedagógica, possibilita que o processo de ensino-aprendizagem se reflita na visão dos sujeitos, gerando reflexões e revelando opiniões.

O trabalho de alfabetização de adultos em Guaíba (RS) teve seu nascedouro em um projeto de estágio de acadêmicas do curso de pedagogia da Universidade Luterana do Brasil (Ulbra). Essas acadêmicas romperam um ciclo que era histórico e compreendia a realização do estágio curricular obrigatório em escolas da rede pública municipal que se dedicavam à alfabetização de adultos. Nesse contexto, o estágio acontecia dentro de uma estrutura institucional onde a prática necessariamente seguia os parâmetros já praticados pela escola. Dessa forma, a proposta de alfabetização pela teoria do conhecimento de Paulo Freire acabava não acontecendo.

Em 2018, surgiu a ideia de utilizar-se do estágio para propor um curso de formação de educadores dentro da proposta freiriana, um desafio aceito pela Rede Emancipa. O projeto foi apresentado aos coordenadores da rede, que imediatamente concordaram em participar, e se desenvolveu na sede do Emancipa em Porto Alegre. Na sequência, no mesmo ano, mais exatamente em agosto, foi implementado o projeto de alfabetização de adultos no município de Guaíba. Para o início do curso, buscaram-se estudantes de forma diferente daquela proposta por Paulo Freire. Fizemos uma pesquisa junto ao fórum eleitoral e constatamos que havia um grande número de analfabetos na cidade. Na oportunidade, o bairro mais populoso também era o bairro com o maior número de pessoas analfabetas; aproximadamente 2,5 mil pessoas. O passo seguinte foi divulgar o curso nos estabelecimentos comerciais do bairro, bem como nas cinco escolas públicas da região, cuja população é de cinquenta mil habitantes.

A secretaria municipal foi contatada para conseguirmos uma sala de aula — o que nos foi negado. Dessa forma, fez-se contato com um pastor morador do bairro, de uma comunidade da igreja Assembleia de Deus, o qual imediatamente colocou o espaço à disposição, depois de reunir-se com os futuros educadores, que à época eram estudantes do curso de pedagogia.

A igreja fica numa extremidade do bairro Santa Rita, próxima ao terminal de ônibus. É um prédio pequeno, de madeira, e nos foi cedido para utilização aos sábados. E assim, em agosto de 2018, iniciou-se o projeto da Rede Emancipa de Alfabetização com adultos na faixa etária dos 30 aos 62 anos. Em 2019, uma escola municipal do mesmo bairro ofereceu uma sala de aula para que o projeto continuasse, agora dentro de uma escola pública que oferece Educação para Jovens e Adultos (EJA) para estudantes já alfabetizados.

Durante todo o período de desenvolvimento do projeto, são realizadas reuniões periódicas de estudos e planejamento entre os educadores, que são todos ativistas da Rede Emancipa e profissionais da educação das redes públicas. Inclusive, durante o primeiro e o segundo semestres de funcionamento, também foi campo de estágio para outros estudantes de pedagogia que tiveram seu estágio curricular validado pela Rede Emancipa.

A leitura constante dos escritos de Paulo Freire é e foi fundamental para a realização do trabalho, e basilar para a continuidade do projeto. Sobre as dificuldades encontradas no cotidiano do nosso trabalho, a *Pedagogia do oprimido* traz a seguinte citação:

> O radical, comprometido com a libertação dos homens, não se deixa prender em "círculos de segurança", nos quais aprisione também a realidade. Tão mais radical, quanto mais se inscreve nesta realidade, para, conhecendo-a melhor, melhor poder transformá-la. Não teme enfrentar, não teme ouvir, não teme o desvelamento do mundo. Não teme o encontro com o povo. Não teme o diálogo com ele, de que resulta o crescente saber de ambos. Não se sente dono do tempo, nem dono dos homens, nem libertador dos oprimidos. Com eles se compromete, dentro do tempo, para com eles lutar. (Freire, 1987, p. 27)

Com o início da pandemia de covid-19, em março de 2020, nossas atividades foram suspensas. Mesmo assim, a tarefa emergencial da prática de acolhimento solidário sempre esteve na rotina do nosso grupo de alfabetização de adultos. Nossos educandos e educandas não são apenas represados no sistema de ensino, mas também em outros serviços, como saúde, moradia etc. Desse modo, durante a pandemia, sempre estivemos lado a lado com visitas, telefonemas, suporte sobre como acessar alguns serviços, fosse com um apoio mais burocrático ou até mesmo afetivo. Sempre estivemos lado a lado no cotidiano dos estudantes, inclusive com as aulas no formato virtual, individual, via celular. Isso impediu que não sentíssemos a mesma frustração relatada pelos demais grupos do Emancipa nacionalmente, porque, mais do que o conteúdo pedagógico, a educação popular se propõe a ir além do currículo pensado pelo sistema e romper com a lógica da "educação formal" ao ocupar-se dos temas da vida cotidiana e fazer deles ferramenta de alfabetização inclusiva e emancipatória.

Dessa forma, o papel também formal da educação popular se estabelece e permite que o processo de alfabetização realmente venha ao encontro do que se propõe. Assim sendo, essa alfabetização cumpre papel político ao superar o sentido da alfabetização lecto-escrita, ampliando para além, com a alfabetização feminista, ecológica, política, filosófica, sociológica, matemática, na espacialidade, na solidariedade, na virtualidade e na ludicidade. É essa alfabetização que permite ao sujeito resolver as situações que lhe são apresentadas no dia a dia, e não a matemática pela matemática ou a gramática pela gramática, mas sim porque tem um significado real, valoroso, que impulsiona naturalmente a romper com as amarras do sistema que adestram e, assim, perpetuam as relações de poder.

Considera-se também basilar a rede de significados e significações que cada um deles construiu ao longo da vida, que variam atualmente entre dezessete e sessenta anos, o que se revela nas histórias de vida e se conecta a cada novo saber, levando à produção de novas tessituras e impedindo a fragmentação nesse processo de construção da escrita.

Em tempos de pandemia, com destaque para o caos vivido em nosso país, que enfrentou um governo genocida e negacionista, um governo que não proveu o acesso à vacinação, compreendemos que, para além da crise sanitária instituída pelo governo, vive-se uma crise de desumanização. E, sobre isso, encontra-se na *Pedagogia do oprimido* a seguinte passagem:

> A desumanização, que não se verifica apenas nos que têm a sua humanidade roubada, mas também, ainda que de forma diferente, nos que a roubam, é distorção da vocação do *ser mais*. É distorção possível na história, mas não vocação histórica. Na verdade, se admitíssemos que a desumanização é vocação histórica dos homens, nada mais teríamos que fazer, a não ser adotar uma atitude cínica ou de total desespero. A luta pela humanização, pelo trabalho livre, pela desalienação, pela afirmação dos homens como pessoas, como "seres para si", não teria significação. Esta somente é possível porque a desumanização, mesmo que um fato concreto na história, não é, porém, *destino dado*, mas resultado de uma "ordem" injusta que gera a violência dos opressores e esta, *o ser menos*. (Freire, 1987, p. 30)

Desde o início da pandemia não se percebeu no governo Bolsonaro traços de humanidade que se revelassem em políticas públicas. O enfrentamento à crise sanitária se fez sem vacinação, com ínfimo repasse de auxílio financeiro para as famílias pobres. Aliás, a maioria dessas famílias é coordenada e sustentada por mulheres, que em grande número são mães solo. Essas mulheres e esses homens da periferia das cidades trabalham durante o dia na rua para levar comida à noite a seus filhos e agregados.

Pode-se afirmar que o trabalho realizado pela Rede Emancipa, em nível nacional, em todas as frentes que atua, foi fundamental para a preservação da vida dos sujeitos que vivem na periferia das grandes cidades. Da mesma forma, a formação dos educadores e demais ativistas da rede, durante o ano do centenário de nascimento de Paulo Freire, alavancou o nosso trabalho, bem como ampliou a nossa rede. A formação continuada durante o ano de 2021 serviu para dar visibilidade aos trabalhos em curso e ampliou um leque de acesso à rede para todos os que tinham interesse em conhecer o trabalho que é realizado e somar-se a ele. Nossa tarefa é cultivar o que se faz para que se multiplique muito mais.

REFERÊNCIAS

ANTUNES, Anaí. *Cartilha multiplica Emancipa: curso de formação de educadores alfabetizadores da Rede Emancipa.* Rede Emancipa: Porto Alegre, 2018.

FREIRE, Paulo. *Educação e mudança.* Rio de Janeiro: Paz e Terra, 1979.

FREIRE, Paulo. *Pedagogia do oprimido.* 29ª ed. Rio de Janeiro: Paz e Terra, 1987.

Bárbara Figueiredo Souto * Militante da Rede Emancipa desde 2018, coordenadora do Cursinho Popular Darcy Ribeiro, professora do Departamento de História e do Programa de Pós-Graduação em História da Universidade Estadual de Montes Claros (Unimontes). E-mail: barbara.souto@unimontes.br.

Kleber Barbosa Oliva Filho * Militante da Rede Emancipa desde 2013, professor de história na educação básica (SEE/MG) e mestrando do Programa de Pós-Graduação em Educação na Universidade Federal dos Vales do Jequitinhonha e Mucuri (UFVJM). E-mail: kleberoliva@yahoo.com.br.

Maria Alice Mendes Pereira * Militante na Rede Emancipa desde 2020, professora de história na educação básica (SEE/MG) e mestranda no Programa de Pós-Graduação em História na Universidade Federal de São Paulo (Unifesp). E-mail: malicemp135@gmail.com.

Mônica Maria Teixeira Amorim * Militante da Rede Emancipa desde 2019, colaboradora do Cursinho Popular Darcy Ribeiro e professora do Departamento de Métodos e Técnicas Educacionais da Unimontes. E-mail: monicamorimsa@gmail.com.

Samira Xavier Machado * Militante da Rede Emancipa desde 2013, coordenadora do Cursinho Popular Darcy Ribeiro, professora de geografia na educação básica (SEE/MG) e mestra em desenvolvimento social pela Unimontes. E-mail: samira.xavier@educacao.mg.gov.br.

O PENSAMENTO DE PAULO FREIRE COMO REFERÊNCIA PARA AS AÇÕES DO CURSINHO POPULAR DARCY RIBEIRO DA REDE EMANCIPA EM MONTES CLAROS (MG)

Bárbara Figueiredo Souto
Kleber Barbosa Oliva Filho
Maria Alice Mendes Pereira
Mônica Maria Teixeira Amorim
Samira Xavier Machado

Há trinta anos, o patrono da educação brasileira nos convidou a pensar e a agir com esperança, por meio de seu livro *Pedagogia da esperança*, publicado originalmente em 1992. Esse convite irresistível direcionado a nós, educadores(as), foi escrito com raiva e amor para nos inquietar e impulsionar a luta necessária em prol da educação democrática e da cidadania ampla. Com muita sabedoria, Paulo Freire escreveu: "Aí está uma das tarefas da educação democrática e popular, da *Pedagogia da esperança* — a de possibilitar nas classes populares o desenvolvimento de sua linguagem, jamais o blá-blá-blá autoritário e sectário dos 'educadores'" (Freire, 2021, p. 56). E cá estamos nós, querido Paulo, educadores(as) populares sem aspas, refletindo, nos movimentando e organizando ações coletivamente, para que se concretize o "mundo novo" que você mostrou ser possível construir. Sabemos que são tempos difíceis para sonhadores, mas, com os pés no chão, de mãos dadas e olhar no horizonte, seguimos esperançando.

Neste capítulo escrito a várias mãos, mostrando o "cadinho" de cada sujeito envolvido nessa jornada, refletimos sobre a relevância do pensamento de Paulo Freire nas ações do Cursinho Popular (CP) Darcy Ribeiro da Rede Emancipa, sediado em Montes Claros, na região norte de Minas Gerais. Para tanto, organizamos o texto em três partes, iniciando por um resgate histórico da Rede Emancipa em nosso município, passando por uma análise mais direta da articulação entre as perspectivas freirianas e os trabalhos desenvolvidos por educadores(as) e educandos(as) no CP, e terminando com algumas considerações finais.

A HISTÓRIA DA REDE EMANCIPA EM MONTES CLAROS

Em 2013, iniciamos as primeiras reuniões de organização da Rede Emancipa em Montes Claros por meio do CP Darcy Ribeiro, sendo esse o primeiro cursinho da Rede Emancipa em Minas Gerais. Posteriormente, a Rede se expandiu para as cidades de Alfenas, Belo Horizonte, Ibirité, Varginha, Cambuí, Pouso Alegre, Manga, dentre outros municípios. Recentemente, iniciamos trabalhos em Diamantina.

A organização do CP Darcy Ribeiro contava com atividades desenvolvidas por quinze voluntários(as) que, para além das aulas ministradas de todas as disciplinas do currículo escolar do ensino médio, atuavam na construção de diversas práticas pedagógicas, como saraus, círculos de debate, espaços de formação política e atividades coletivas de financiamento do projeto.

A escolha de homenagear nosso conterrâneo Darcy Ribeiro, ao nomearmos nosso CP, deu-se por sua vasta trajetória de luta em defesa de uma educação pública transformadora. Antropólogo e educador, Darcy nasceu em Montes Claros em 26 de outubro de 1922 e foi um grande lutador pela causa indígena, tendo realizado estudos em várias aldeias do Brasil e escrito vasta produção sobre os povos originários, suas múltiplas etnias e implicações antropológicas e sociais. Perseguido pela ditadura civil-militar brasileira, durante o exílio Darcy publicou o livro a *Universidade necessária* (1969), no qual defendeu que a transformação do Brasil deveria ocorrer a partir de universidades que trabalhem e tenham como diretriz a superação do subdesenvolvimento, da dependência e dos problemas sociais que assolam, sobretudo, os(as) sujeitos(as) periféricos(as) da nossa sociedade. Tal como nosso conterrâneo, defendemos que as universidades públicas brasileiras sejam ocupadas pela população à qual sempre foi negado esse direito. Portanto, entendemos que defender sua memória e apresentar sua trajetória aos(às) educandos(as) é importante para podermos sonhar com uma universidade que, de fato, se preocupe em combater as injustiças sociais.

Desde a aula inaugural, em 6 de abril de 2013, um dos nossos eixos de trabalho já era colocar a periferia como centro. Por isso, fizemos a escolha de iniciar a atuação no bairro mais distante do centro de Montes Claros: São Geraldo 2. Esse bairro vivia diversos problemas, como esgoto a céu aberto, violência e falta de locais de lazer para juventude. Com o CP, os moradores passaram a ter, dentro da Escola Estadual Francisco Peres, um espaço para pensar coletivamente e de forma crítica a realidade que vivenciavam. Já nos nossos primeiros contatos com os(as) educandos(as), ao falarem sobre suas realidades e o que sonhavam para o futuro, percebemos que, para aqueles(as) jovens, o ensino superior não era um horizonte "permitido" de se almejar. Eram frequentes perguntas como: "Quanto paga para estudar na universidade pública?". Nesse sentido, tornou-se imprescindível a criação de espaços para discussão sobre o ensino superior público e, sobretudo, as possíveis formas de acesso a esse direito: Enem, Sisu, vestibular tradicional, Paes, Prouni e outros.

Em 2014, continuamos os trabalhos na mesma localidade com aulas, círculos e monitorias. Ao final de dois anos de atuação, conseguimos aproximadamente 75 inscritos(as) para as turmas, sendo estudantes de primeiro, segundo e terceiro anos do ensino médio. Nesse período, nos construímos e amadurecemos enquanto educadores(as) e pudemos comemorar mais de vinte aprovações nas instituições de ensino superior de Montes Claros.

No ano seguinte, em razão do fechamento de turmas de ensino médio na escola em que estávamos inseridos e, por conseguinte, diminuição da demanda, passamos a atuar na Escola Estadual Profa. Cristina Guimarães, no maior bairro da periferia de Montes Claros, o Major Prates. Com isso, ocorreu um grande aumento no número de inscritos(as), mais de 250 pessoas, o que exigiu que cinco turmas fossem criadas, sendo uma delas destinada à educação de adultos que estavam havia anos sem estudar. No decorrer de 2015, tivemos a oportunidade de debater diversos temas político-sociais nos Círculos do Emancipa, espaço essencial de participação de todos(as) os(as) estudantes, organizados(as) em círculos, que se dedicam a debates horizontais sobre questões sentidas e vivenciadas na própria pele, como o racismo, a violência contra as mulheres, a LGBTfobia, o direito à cidade, entre outros. Naquele ano, nosso movimento ocupou a praça do bairro para construir uma grande aula pública, em 30 de junho, na qual debatemos com a comunidade e dissemos "Não!" à proposta de redução da maioridade penal, em pauta no Congresso com a PEC 115/2015.

Em 2016 e 2017, a fim de tentar diminuir a evasão de estudantes por dificuldades de deslocamento, passamos a atuar em duas diferentes regiões. Aos sábados pela manhã o CP funcionava na Escola Estadual Profa. Dulce Sarmento, e à tarde na Escola Estadual Monsenhor Gustavo. Em cada um desses anos tivemos em média duzentos(as) estudantes inscritos, interessados(as) em se preparar para o Enem e outros vestibulares.

Em 2018 e 2019, permanecemos somente na E. E. Prof. Dulce Sarmento e conseguimos atender um número ainda maior de estudantes. Foram mais de 350 inscrições em 2018 e 419 em 2019 no CP Darcy Ribeiro. Desde 2016, conseguíamos garantir a alimentação de nossos(as) estudantes durante o período de aulas, obtida com organização e mobilização de professores(as) e estudantes engajados(as) em campanhas de arrecadação (venda de feijoadas, rifas, bazar etc.). Também conseguimos material didático doado, como apostilas e livros. Percebemos que, apesar de a evasão de estudantes ter sido um problema presente em todos os anos do CP Darcy Ribeiro, garantir o lanche e o material didático foi uma forma de reduzir o número de desistências.

Em 2020, nos tornamos oficialmente um projeto de ensino e extensão da Universidade Estadual de Montes Claros (Unimontes), visando contribuir para a formação dos(as) acadêmicos(as) dos cursos de licenciatura da referida universidade por meio do compromisso com as causas sociais, unido aos debates e práticas de educação popular. Nosso objetivo é uma formação crítica e socialmente responsável dos(as) futuros(as) professores(as). Atualmente, recebemos estudantes das licenciaturas da Unimontes para realizar estágio curricular obrigatório no CP Darcy Ribeiro e asseguramos a certificação de todas as pessoas que constroem o movimento social em Montes Claros. Em decorrência da crise sanitária global e do cenário de transmissão da covid-19, o CP Darcy Ribeiro passou a funcionar em formato remoto, com encontros on-line em plataformas digitais. Foi um grande desafio de adaptação e concentração para estudantes e professores(as).

Ainda assim, em 2020 somamos 330 inscrições de estudantes e mantivemos uma equipe com cerca de cem educadores voluntários, que atuaram no projeto Arte Emancipa (uma adaptação virtual dos círculos), no acompanhamento solidário dos(as) alunos(as) em pequenos grupos de mensagens,[1] nas ações de solidariedade ativa,[2] na coordenação do CP, no planejamento pedagógico e em atendimentos psicológicos e jurídicos.

Em 2021, obtivemos 189 inscrições no CP Darcy Ribeiro e observamos que o cenário de crise sanitária e econômica contribuiu para uma redução do número de jovens inscritos(as). Sempre pautados pelo compromisso de melhor conhecer nossa realidade, a exemplo do que fizemos nos anos anteriores, em 2021 traçamos um perfil dos(as) nossos(as) matriculados(as), considerando as seguintes variáveis: gênero, etnia, tipo de escola em que cursou o ensino médio, renda, ocupação e rela-

1 O acompanhamento solidário foi uma ação pedagógica sugerida nacionalmente pela Rede Emancipa, na tentativa de nos aproximarmos da realidade dos(as) estudantes para conseguir dar um suporte mais específico conforme as demandas apresentadas. Para tanto, formamos grupos pequenos no WhatsApp (com no máximo dez estudantes), para que um(a) tutor(a) realizasse o acompanhamento, dando dicas de organização de estudos, recebendo retorno sobre a metodologia adotada no CP e identificando demandas de atendimento psicológico e necessidades materiais.

2 A solidariedade ativa foi uma ação organizada nacionalmente pela Rede Emancipa, com campanhas de arrecadação de alimentos, materiais de higiene, máscaras e livros a serem doados para comunidades periféricas nas quais atuamos, buscando o diálogo político com as pessoas durante a entrega das doações.

ção de trabalho. Os dados a seguir foram obtidos a partir das fichas de inscrição preenchidas pelos(as) próprios(as) educandos(as) em 2021.

Em relação ao gênero, constatou-se que 76,6% das estudantes do CP se reconheceram como do gênero feminino e apenas 22,3% se reconheceram como do gênero masculino, sendo que 1% se declarou agênero ou não binário. Relativo à etnia, 75,3% se declararam pretos(as) e pardos(as), 23,6% brancos(as) e 0,5% indígenas.

Entre os 189 estudantes do CP em 2021, 94% cursaram o ensino médio na rede pública, 3,5% estudaram na rede privada, e 2,5% foram estudantes de escola técnica. No que diz respeito ao mercado de trabalho, entre os(as) estudantes que buscaram vagas no CP Darcy Ribeiro, 40,9% responderam que estavam à procura de emprego, 39,4% afirmaram que não trabalhavam, e 8,9% apresentavam vínculo empregatício com carteira assinada.

Por fim, a respeito da renda familiar, 27% responderam possuir renda familiar menor que um salário mínimo, 56% de um a dois salários mínimos, 12,5% de dois a três salários e 4% acima de três salários. A breve análise dos dados dos(as) matriculados(as) no CP Darcy Ribeiro nos possibilita concluir que, majoritariamente, o cursinho atende mulheres pretas e/ou pardas, egressas da escola pública, com famílias de baixa renda. Elas, além do ingresso na universidade, preocupam-se com o ingresso no mercado de trabalho. Esse perfil se mantém e se assemelha aos levantamentos feitos em anos anteriores no CP Darcy Ribeiro, bem como aos resultados indicados no estudo realizado por Samira Machado (2020).

Historicamente excludente, a universidade pública nos últimos anos registrou um processo de ampliação das possibilidades de acesso para as camadas populares, demonstrando algum avanço no sentido de tornar-se mais democrática e popular, conforme apontou Machado (2020). Esse cenário foi igualmente constatado pela V Pesquisa Nacional de Perfil dos Graduandos das Ifes — 2018,[3] que revela que mulheres, negras, egressas do ensino médio público e com renda per capita de até 1,5 salário mínimo compõem uma fatia crescente do perfil dos discentes.

Completando nove anos de história, o CP Darcy Ribeiro busca se manter coerente com seus propósitos e objetivos iniciais, ou seja, a luta por uma educação pública, gratuita, de qualidade e laica. Ao longo desse período, a Rede Emancipa, através do CP Darcy Ribeiro, construiu uma significativa experiência que agrega várias ações dirigidas para a promoção de justiça social, bem como participou e fortaleceu diversas ocupações, greves e lutas na cidade e na região, posicionando-se enquanto movimento construído pela juventude periférica e organizando, ao lado dos(as) trabalhadores(as), a defesa da democracia e da educação emancipadora. Em 2022, além das atividades educativas com estudantes e de formação de educadores(as), iniciamos uma nova frente de trabalho: a *alfabetização emancipatória*, que busca fazer jus à perspectiva freiriana da alfabetização, auxiliando catadores(as) de materiais recicláveis a ler não apenas as palavras, mas também a ler criticamente o mundo.

Assim, nossa prática educativa se revela guiada pelo anseio de transformação social. Além da inspiração em Darcy Ribeiro e sua defesa da educação pública e da universidade pública para todos(as), nossa pedagogia se inspira fortemente no legado freiriano. A seguir detalhamos a presença do pensamento de Paulo Freire na experiência desenvolvida no CP Darcy Ribeiro.

3 *V Pesquisa nacional de perfil socioeconômico e cultural dos(as) graduando(as) das Ifes – 2018*. Uberlândia/ Brasília: Observatório do Fórum Nacional de Pró-Reitores de Assuntos Estudantis (Fonaprace)/ Associação Nacional dos Dirigentes das Instituições Federais de Ensino Superior (Andifes), 2019.

O PENSAMENTO DE PAULO FREIRE E A EXPERIÊNCIA NO CP DARCY RIBEIRO EM MONTES CLAROS

Desde os primeiros passos do CP Darcy Ribeiro, inspirados(as) pelas orientações da Rede Emancipa, o trabalho realizado é atravessado pelo pensamento de Paulo Freire. As diretrizes da Rede Emancipa, conforme indica Machado (2020, p. 80), têm como pauta a defesa "da educação pública, do direito à educação, da autonomia docente, da formação crítica de estudantes", sendo a Rede Emancipa "uma proposta que confronta as orientações neoliberais e atua pela construção de uma nova ordem social — menos injusta, menos feia e malvada, como defendia o mestre Paulo Freire".

O compromisso com a transformação social, com a construção de uma sociedade mais justa e democrática, que é fundante na pedagogia freiriana e presente nas diretrizes da rede, também o é nos trabalhos que realizamos no CP Darcy Ribeiro — e aqui destacamos experiências desenvolvidas tanto com estudantes quanto com educadores(as).

Como foi dito anteriormente, a pandemia alterou drasticamente os planos feitos para o ano de 2020. A empolgação e a ansiedade das primeiras reuniões de acolhimento e formação de educadores(as) foram substituídas por incertezas, dúvidas e angústias. Era preciso agir, repensar metodologias, abordagens e, o mais importante, refletir como alcançar os(as) estudantes num contexto tão incerto.

Apesar das dificuldades impostas pela pandemia, o CP Darcy Ribeiro conseguiu manter suas atividades e aulas de maneira remota durante todo o ano de 2020. No ano seguinte, já mais adaptados(as) à nova realidade, o CP manteve e ampliou sua atuação. Tudo isso foi possível pelo trabalho realizado de maneira coletiva. Destacamos que o posicionamento dos(as) estudantes sobre as aulas e metodologias foi o fundamento para a adaptação e a manutenção do CP. Logo, a metodologia usada se alterou diversas vezes ao longo desse período, respondendo ao diálogo entre educadores e educandos e às demandas que surgiam. Outro fator relevante nesse contexto foi o maior envolvimento dos(as) militantes do CP Darcy Ribeiro com as ações da Rede Emancipa e da Universidade Emancipa nacionalmente, somando na construção de formações, cursos e aulões.[4]

Para entender melhor nossa atuação em 2020 e 2021, é interessante descrever como o CP organizou seu contato com os(as) estudantes. O primeiro passo foi testar diferentes frentes — usamos Telegram, WhatsApp e redes sociais. Contudo, os grupos que mais tiveram adesão (WhatsApp) se mostraram uma plataforma difícil de manter contato com todos(as) estudantes. Foi a partir daí que se formou um método fundamental para a manutenção do CP: além do grupo principal com todos os estudantes e educadores, foram criados grupos pequenos, cada um com um(a) tutor(a) da equipe do CP e uma média de dez estudantes. Esse espaço se tornou uma ferramenta importante de proximidade e diálogo em meio à pandemia, que chamamos de acompanhamento solidário, como sugeriu a Rede Emancipa nacionalmente.

Alguns meses depois do início da pandemia, os(as) educadores(as) do CP Darcy Ribeiro sentiram a necessidade de maior interação e troca, uma vez que o isolamento social dificultava a conversa entre educadores de diferentes áreas do conhecimento. Dessa demanda, surgiram as formações de educadores populares do CP, inicialmente quinzenais e depois mensais. As forma-

4 Várias atividades promovidas pela Rede Emancipa e pela Universidade Emancipa nacionalmente, no contexto da pandemia, podem ser acessadas pelo canal do YouTube Rede Emancipa Movimento Social de Educação Popular (@RedeEmancipa).

ções têm sido espaços quase terapêuticos, sempre aos sábados e com um número considerável de integrantes. Nelas, abordamos diversos temas de interesse para os(as) professores(as) que lutam por uma educação popular e de qualidade. Cada ciclo de formação foi elaborado por uma equipe composta a partir do próprio quadro de militantes do CP. Até o momento, tivemos quatro ciclos formativos — um por semestre — cujos temas foram, sucessivamente: "Conceitos e práticas da educação popular", "Desigualdades sociais e racismo na formação histórica e na atualidade da sociedade brasileira", "O pensamento de Paulo Freire e sua contribuição para a educação brasileira" e "Reformas e projetos atuais na educação básica".

É possível perceber como Paulo Freire norteia as ações do CP Darcy Ribeiro, num constante diálogo entre educadores(as) e educandos(as) e entre cada um desses grupos, o que também pode ser observado na criação do clube do livro,[5] que surgiu de forma espontânea e auto-organizada entre os(as) estudantes do CP em 2021.

A preocupação com uma formação crítica dos sujeitos, presente no pensamento de Freire, que parte do questionamento à educação bancária, é algo que orienta as diversas atividades de formação de jovens para o acesso ao ensino superior em nosso CP, assim como orienta as diversas atividades de formação dos(as) educadores(as) então realizadas. Os processos formativos desenvolvidos são profundamente alinhados com a ideia de que "formar é muito mais do que puramente treinar" (Freire, 1996, p. 9), ou seja, há um cuidado no trabalho com

5 Os(as) estudantes criaram um grupo no WhatsApp, onde combinam as obras a serem apreciadas e agendam as datas para os debates. Os(as) educadores(as) também foram convidados(as) a participar. Os encontros acontecem em salas de conferência virtuais.

os(as) estudantes de modo que estes percebam que a formação no cursinho não é dirigida para um mero acúmulo de informações para a aprovação no vestibular, mas a uma formação que lhes permita ampliar sua leitura do mundo por meio da construção de conhecimentos críticos e, mais que isso, compreender seu lugar no mundo e assumir o protagonismo na construção de uma sociedade mais justa.

De igual modo, a formação de educadores(as) se faz a partir da compreensão de que "a gente se forma, como educador, permanentemente, na prática e na reflexão sobre a prática" (Freire, 2001, p. 58). A reflexão crítica sobre a prática envolve pensar a própria prática a partir do diálogo com a teoria, de modo a ampliar nossa compreensão sobre o que fazemos, como e por que fazemos. Envolve, por conseguinte, a busca da unidade teoria-prática. Para Freire (1996, p. 24), a "reflexão crítica sobre a prática se torna uma exigência da relação teoria/prática sem a qual a teoria pode ir virando blá-blá-blá e a prática, ativismo".

Em outras palavras, as práticas educativas no interior do CP se fazem assentadas não em uma concepção bancária de que educar é transmitir conteúdos que são passivamente memorizados pelos(as) estudantes, mas em uma educação que possa levar educandos(as) e educadores(as) "a posições mais indagadoras, mais inquietas, mais criadoras" (Freire, 1983, p. 96). Logo, entendemos a educação enquanto processo de humanização, de conscientização e de libertação dos sujeitos. De *humanização* porque se trata de um processo que permite a cada um(a) de nós nos fazermos mais empáticos e solidários, melhorarmos como pessoa; de *conscientização* e *libertação* porque nos possibilita ampliar nossa compreensão do real, indagar a realidade, construir conceitos e desconstruir preconceitos, entender mais criticamente o mundo e o nosso lugar no mundo, atuar cotidianamente pela transformação das desigualdades e das injustiças sociais que vivemos.

CONSIDERAÇÕES FINAIS

A partir da compreensão de educação popular apresentada neste capítulo, nossas ações no CP são direcionadas por um conjunto de saberes que aprendemos com Freire e entre os quais ressaltamos: o diálogo, o respeito aos saberes dos(as) educandos(as), a corporificação das palavras pelo exemplo, a ética, o querer bem, o reconhecimento da importância da educação e a esperança. Buscamos empreender uma educação pautada no diálogo, que, por sua vez, funda-se na disposição para ouvir, na escuta ativa, na horizontalidade da relação estabelecida. Nesse sentido exercitamos a reflexão constante para não cairmos em posturas arrogantes e autoritárias, o que nos aproxima da busca da coerência discurso-prática, da necessária corporificação das palavras pelo exemplo.

Igualmente nos direciona o respeito aos saberes dos(as) educandos(as), que se fundamenta na preocupação em conhecer suas histórias de vida e culturas, em ampliar suas leituras de mundo, promover sua curiosidade e pensamento crítico. Não poderíamos deixar de mencionar a ética solidária e ecológica, enquanto compromisso com a vida em todas as suas manifestações — a vida das pessoas, dos animais, das plantas, do planeta. Ética que demanda amorosidade nas relações que estabelecemos, que impulsiona o "querer bem" ao outro, promovendo um processo recíproco de crescimento interpessoal. Ainda nessa direção, nos movemos em repúdio a toda forma de discriminação, que abarca o combate a discriminações e a desconstrução de preconceitos, em um processo permanente de expulsão do opressor que vive dentro de nós. Também apostamos cotidianamente na importância da educação para construção do "inédito viável",[6] reconhecendo que "a educa-

6 O inédito viável diz respeito ao sonhado e não vivido. Para Freire (1992, p. 51), não podemos viver sem nos questionar acerca do amanhã,

ção sozinha não transforma a sociedade, mas sem ela tampouco a sociedade muda" (Freire, 2000, p. 31).

Das muitas presenças de Freire em nossas vivências cotidianas, sua compreensão do que é esperança e seu chamado para a luta nos guiam — e nos fortalecem — em cada ação da educação popular. Ensinar exige "esperança", nos elucidou Freire (1996, p. 80). E não se trata da esperança que espera, mas da esperança ativa, de esperançar na prática outros mundos possíveis, com mais justiça e igualdade, apostando na história como devir e transformação. Tudo isso exige de nós discernimento quanto aos nossos projetos, reflexão e ação contínuas.

Sendo assim, os(as) educadores(as) e educandos(as) do CP Darcy Ribeiro, desde 2013, têm desenvolvido e aprimorado cotidianamente as ações para que a coerência teórico-prática da Rede Emancipa, inspirada no patrono da educação brasileira, seja cada vez mais efetiva. Nesse sentido, enfatizamos a importância da formação permanente dos(as) educadores(as), sempre dispostos a aprender e ensinar juntos(as); da relevância da estruturação em rede — de militância e de afeto — cada vez mais forte e esparramada no território brasileiro; da qualidade e da criticidade da educação construída em nossos cursinhos; da centralidade do trabalho coletivo e respeitoso; da fundamentalidade das intervenções sociais, através de atos de rua, ativismo digital e solidariedade ativa; e, por fim, da crescente produção acadêmica sobre educação popular feita por militantes da Rede Emancipa, mostrando a relevância do nosso movimento também no tensionamento entre os muros da academia e a construção de pontes entre universidades e comunidades,

/////

"sobre o que virá, a favor de que, contra que, a favor de quem, contra quem virá; sem nos interrogar em torno de como fazer concreto o 'inédito viável' demandando de nós a luta por ele".

estimulando a constituição de pesquisadores(as) populares e conhecimentos críticos. Afinal, Freire (2000, p. 26) nos ensina que "mulheres e homens podem mudar o mundo para melhor, para fazê-lo menos injusto" e que isso não se dá por meio de sonhos sem raízes e puras ilusões, mas a partir de projetos práticos que considerem nossa realidade concreta. Insiste que não é possível "pensar em transformar o mundo sem sonho, sem utopia ou sem projeto".

Acrescenta, enfim, que a realização dos sonhos "não se verifica facilmente, sem obstáculos. Implica, pelo contrário, avanços, recuos, marchas às vezes demoradas. Implica luta" (Freire, 2000, p. 26). Seu chamado para a luta também aparece na dedicatória de *Pedagogia do oprimido*: "Aos esfarrapados do mundo e aos que neles se descobrem e, assim descobrindo-se, com eles sofrem, mas, sobretudo, com eles lutam". Seu pensamento e seu chamado nos inspiram a esperançar com as periferias, em nossas experiências no CP, em defesa de uma escola pública de qualidade, socialmente referenciada para todos(as), bem como de uma universidade popular e plural e uma sociedade mais igualitária e democrática.

REFERÊNCIAS

AMORIM, Mônica M. T.; CHAVES, Gabriel R. & MACHADO, Samira Xavier. "O Cursinho Popular Darcy Ribeiro da Rede Emancipa em tempos de pandemia da covid-19: um relato da experiência com o ensino remoto". *In*: Anais do XIV Fórum de Ensino, Pesquisa, Extensão e Gestão. Montes Claros: Unimontes, 2020.

FREIRE, Paulo. *Educação como prática da liberdade*. 17ª ed. Rio de Janeiro: Paz e Terra, 1983.

FREIRE, Paulo. *Pedagogia da autonomia: saberes necessários à prática educativa*. 5ª ed. São Paulo: Paz e Terra, 1996.

FREIRE, Paulo. *Pedagogia da indignação: cartas pedagógicas e outros escritos*. São Paulo: Editora Unesp, 2000.

FREIRE, Paulo. *A educação na cidade*. 5ª ed. São Paulo: Cortez, 2001.

FREIRE, Paulo. *Pedagogia do oprimido*. 60ª ed. Rio de Janeiro: Paz e Terra, 2016.

FREIRE, Paulo. *Pedagogia da esperança: um reencontro com a pedagogia do oprimido*. 28ª ed. São Paulo/Rio de Janeiro: Paz e Terra, 2021.

HORACIO, Heiberle H. "Formação docente, pensamentos indígenas, de(s)colonial e filosofias africanas na disciplina Filosofia do Cursinho Popular Darcy Ribeiro". *In*: SILVA, Clécio D. (org.). *Formação docente: experiências metodológicas, tecnológicas e práticas*. Ponta Grossa: Atenas, 2021.

MACHADO, Samira Xavier. *A democratização do acesso ao ensino superior no Brasil e os cursinhos populares da Rede Emancipa*. Dissertação (Mestrado em Desenvolvimento Social). Montes Claros: Unimontes, 2020.

MACHADO, Samira Xavier; AMORIM, Mônica M. T. & IDE, Maria Helena S. "Cursinho Popular Darcy Ribeiro: uma experiência de educação popular em Montes Claros". *In*: PAULA, Andréa M. N. R. & AMORIM, Mônica M. T. (org.). *Movimentos sociais, identidades e territorialidades*. Montes Claros: Editora Unimontes, 2020.

RODRIGUES, Jéssica L. S. *Por uma nova periferia: um estudo de caso do Cursinho Popular Darcy Ribeiro em Montes Claros-MG — 2020-2021*. Trabalho de Conclusão de Curso (Graduação em Geociências). Montes Claros: Unimontes, 2021.

SOUTO, Bárbara F. "O impacto da pandemia de covid-19 nas ações do Cursinho Popular Darcy Ribeiro (Rede Emancipa/Unimontes)". *In*: Anais do XV Fórum de Ensino, Pesquisa, Extensão e Gestão. Montes Claros: Unimontes, 2021.

SOUTO, Bárbara F. "'Conhecimento não é coisa só de cabeça, conhecimento é de corpo inteiro': diálogos sobre educação popular e ensino de história a partir de experiências no Cursinho Popular Darcy Ribeiro (Rede Emancipa/Unimontes)". *In*: ALMEIDA, Ivete B. S. & RIBEIRO

JÚNIOR, Florisvaldo P. (org.). *Ensino de História em perspectiva decolonial.* São Leopoldo: Oikos, 2022.

SOUTO, Bárbara F. & RODRIGUES, Jéssica L. S. "Cursinho Popular Darcy Ribeiro: experiência extensionista em contexto de pandemia". *In*: Anais do XIV Fórum de Ensino, Pesquisa, Extensão e Gestão. Montes Claros: Unimontes, 2020.

SOUTO, Bárbara F. & SOARES, Clarissa R. "Educação popular e ensino de história em debate: reflexões e experiências a partir do Cursinho Popular Darcy Ribeiro/Rede Emancipa". *In*: BUENO, André; CREMA, Everton & MARTÍN, Nilson J. (org.). *Ensino e aprendizagem histórica.* Rio de Janeiro: Sobre Ontens/Unespar, 2020, p. 144-9.

Josefina Lopes Simões * Educadora popular da Rede Emancipa, mestra em letras pela Universidade de São Paulo (USP), na área de Linguística aplicada e ensino de português como língua não materna. E-mail: falecomjosefine@gmail.com.

A EDUCAÇÃO POPULAR NO ENSINO DE PORTUGUÊS COMO LÍNGUA DE ACOLHIMENTO (PLAC) PARA IMIGRANTES EM SÃO PAULO

Josefina Lopes Simões

Moacir Gadotti (2007, p. 23) uma vez escreveu que "o legado de luta e de esperança de Paulo Freire não pertence a uma pessoa ou a uma instituição. Pertence a quem precisa dele". Como educadora popular e coordenadora de um projeto de português como língua de acolhimento (PLAc) para imigrantes em situação de vulnerabilidade, junto com um cursinho popular pré-universitário que acolhe imigrantes e brasileiros, refletir sobre o legado de Paulo Freire é uma atividade constante. Antes de analisar a importância da educação popular freiriana no contexto da imigração, pretendo esclarecer alguns termos sobre o meu trabalho como pesquisadora e educadora popular.

O PLAc é um ramo dentro da linguística aplicada (LA). Essa área surgiu da necessidade de pesquisas voltadas ao ensino de imigrantes em situação de vulnerabilidade. Para entender a importância do PLAc é preciso conhecer algumas características da imigração. A imigração é um fenômeno humano que se modifica de acordo com as tensões políticas, territoriais, sociais e econômicas do mundo contemporâneo. Segundo a Declaração Universal dos Direitos Humanos (1948), as pessoas não deveriam ser caracterizadas por sua origem, condição de vida, cor de pele ou qualquer marcador de diferença. No entanto, quando se analisa a imigração, na prática, uma das propriedades que se estabelecem para garantir ou não direitos a uma pessoa imigrante é seu tipo de visto e de onde ela vem. Minhas observações em trabalho de campo e na construção do movimento social da Rede Emancipa me mostraram que, no Brasil, se o imigrante vier do Norte global, muitas portas se abrem.

Até 2018, o Brasil era signatário de vários tratados que acolhiam imigrantes em várias situações sociais: refugiados (sírios, congoleses, sudaneses, venezuelanos), imigrantes ambientais (haitianos), apátridas (palestinos), entre outros. No entanto, as portas abertas não garantem que um imigrante encontre seus direitos. No caso da educação, aprender a língua portuguesa é um fator primordial para que o imigrante consiga se estabelecer no país. Todavia, a pátria brasileira fornece poucos cursos institucionalizados de ensino de língua portuguesa específicos para o público imigrante. Consequentemente, diversas regiões brasileiras com um contingente grande de imigrantes demandam cursos de português da própria sociedade. Normalmente, as cidades com forte presença imigrante não possuem professores e espaços especializados para esse público, e, portanto, o curso de português é muitas vezes implantado em igrejas, ONGs e movimentos sociais, formados por voluntários sem experiência que aprendem na prática como lecionar PLAc. Tais cursos nascem de uma necessidade emergencial.

Atuo como voluntária nessa área há alguns anos, mas foi em 2019 que entrei na Rede Emancipa de Educação Popular. Me tornei coordenadora de um cursinho pré-universitário para imigrantes e brasileiros interessados em continuar seus estudos depois da escola. Hoje, coordeno um curso de PLAc juntamente com o cursinho popular. O formato atual do projeto surgiu no início de 2020, com a chegada da pandemia. Na época, eu trabalhava como voluntária em um projeto de PLAc, em uma escola no centro da cidade de São Paulo. Passei a coordenar os dois projetos concomitantemente: o cursinho popular da Rede Emancipa e o curso de PLAc.

Nessa época, foi estabelecido pelos colegas de coordenação da Rede Emancipa que mantivéssemos o cursinho popular de forma virtual. No entanto, naquele momento o curso de PLAc do outro projeto foi paralisado. Eu não tinha certeza de que os estudantes imigrantes conseguiriam participar das aulas on-line, já que a própria escola estava desestruturada com a pandemia e desconectada da realidade dos alunos.

A chegada da pandemia de covid-19 subtraiu vários direitos da população imigrante mais vulnerável de São Paulo. Em 2020, me vi auxiliando estudantes de diversas formas. Eram cotidianos os relatos da xenofobia que sofriam, da falta de recursos básicos, como alimentos, e de acesso ao sistema de saúde. Muitos não conseguiam pagar aluguéis — e por isso enfrentavam ordens de despejo — nem obter conexão de internet para que pudessem estudar. Assim, meu trabalho se expandiu para outras dimensões da vida dos imigrantes, para além do PLAc. Me vi trabalhando noite e dia tentando auxiliar esses estudantes das formas que estavam ao meu alcance.

Ainda em 2020, estar no movimento de educação popular foi crucial. Se por um lado os problemas apareciam, a força do trabalho coletivo dentro do movimento social também foi fundamental. Todos se ajudavam, buscando as mais diversas formas de organização e de ações que pudessem auxiliar essas pessoas a conseguirem pelo menos o básico: alimentos, moradia e acesso ao SUS. Ao observar a prática da Rede Emancipa, percebi que o movimento de educação popular estava criando conexões com as realidades dos estudantes imigrantes do PLAc. A rede estava dando suporte efetivo a esses estudantes, por meio de iniciativas de solidariedade ativa, cartilhas sobre crise sanitária e vacinação, formação política e cursos gratuitos on-line.

Foi nesse tempo que percebi, seguindo as palavras de Gadotti, que o trabalho de PLAc pertencia ao movimento de educação popular.

EDUCAÇÃO POPULAR E FREIRIANA: A CONSCIÊNCIA DO SUJEITO IMIGRANTE ENQUANTO PARTÍCIPE DA SOCIEDADE DE DESTINO

Aprendi Freire lendo seus livros e também com pessoas que conviveram ou se dedicaram à sua pedagogia para realizar ações educativas e de reflexão sobre o mundo. Moacir Gadotti, bell hooks e outros fazem parte dessa literatura.

Foi com Gadotti (2007, p. 24) que iniciei meus estudos sobre educação popular. Ele descreve que as práticas de educação popular se iniciaram na América Latina na década de 1950. O professor escreveu sobre a educação popular com um maravilhoso pensamento pedagógico universal, desenvolvido na América Latina com o intuito de colaborar nos saberes e nas lutas pela melhoria da vida dos trabalhadores e por sua libertação de situações sistemáticas de opressão. Paulo Freire foi um dos principais representantes da educação popular com vocação libertária, e até hoje seu pensamento transforma e inspira muitos grupos e organizações educacionais populares.

Machado (2012, p. 151) diz que a educação popular é formada principalmente de um paradigma educativo teorizado e aplicado por Paulo Freire, que possui como objetivo a conscientização e a mobilização das classes populares, a partir da teoria freiriana aplicada de acordo com a realidade e a valorização do conhecimento vindo do povo, de um trabalho de base ética e política com o intuito de promover a transformação social. Para essa autora, a educação popular é uma ação que envolve metodologias dialógicas que encorajam todos os envolvidos a se engajarem na luta coletiva pela emancipação dos seres humanos. Está geralmente presente nos trabalhos sociais em comunidades, organizações de mobilização popular, ONGs e movimentos sociais. Em tais espaços, a educação popular se tornou uma tática de resistência desde o período da ditadura iniciada em 1964, quando tal abordagem foi considerada uma "prática subversiva" pelos militares.

Pensando pedagogicamente, a partir dos anos 1980 alguns setores do sistema educacional passaram por uma transformação curricular, cuja base foi formada por certos conceitos de educação popular que Freire defendia com o intuito de democratizar o acesso às escolas. Dessa história, o sensato é a compreensão de que a educação popular é uma forma de acolher e colaborar para a educação de grupos e indivíduos oprimidos por um sistema no qual a efetivação de políticas públicas educacionais não acontece de forma satisfatória.

Atualmente, as tensões econômicas, políticas, territoriais e sociais do mundo impactam as situações de imigração. Na prática, ser bem-vindo em outro país depende de fatores como a cor da pele, a nacionalidade e a quantidade de dinheiro que o indivíduo possui. A grande maioria dos meus estudantes é de pretos ou pardos, vindos de países conhecidos como parte do Terceiro Mundo, ou do Sul global. Embora muitos deles possuam educação formal, algumas vezes com mestrado e doutorado, essas características são insuficientes para que consigam uma vaga no mercado de trabalho. A situação piora muito se o imigrante não pode se comunicar na língua do país de destino.

Pensando na questão linguística, é interessante entender que Freire e Macedo (2015, p. 88) defendiam a língua como cultura, como uma força que intermedeia o conhecimento, assim como também é conhecimento. Os autores refletiram sobre a linguagem das classes dominantes constituídas por pessoas brancas e ricas no Brasil, em contraponto à linguagem dos operários e camponeses. Para eles, esses diferentes "falares" fazem parte do português brasileiro e devem ser vistos e refletidos de acordo com o conhecimento das posições sociais que ocupam, mas nunca devem ser considerados inválidos. Na minha experiência com alunos, os diferentes falares que passam pelo projeto do PLAc são mensagens que precisam ser consideradas por todos os educadores, de qualquer escola, independentemente do sotaque. Mas como considerar o falar de uma pessoa que não foi acolhida? Como escutar alguém que não se enxerga como parte da sociedade devido às diversas opressões que sofre continuamente?

Nossa proposta era fazer com que os estudantes compreendessem seu estudo da língua portuguesa como um meio para "ganhar voz", para poder usar essa voz para transformar sua condição, bem como incentivar que esse poder se fortaleça na sua rede de apoio entre imigrantes. Ou seja, o PLAc gera um poder de pertencimento social, popular, para os imigrantes. Esse é um dos objetivos da Rede Emancipa nesse contexto.

O PROJETO BITITA EMANCIPA COMO EDUCAÇÃO POPULAR PARA O PLAC

Dentro da Rede Emancipa de educação popular, trabalhar com PLAc mostrou uma oportunidade de encontrar vários indivíduos imigrantes que estavam isolados, sem acesso ao curso de línguas, ainda antes da pandemia.

O projeto Bitita Emancipa, aos moldes de Freire e da educação popular, trabalha de forma coletiva e solidária, sempre com reuniões entre os voluntários sobre nossas práticas pedagógicas, assim como estudos sobre educação popular, ensino crítico e interculturalidade. De 2020 para cá, conseguimos algumas vitórias, tais como aprendizes que voltaram a estudar no EJA, outros que foram aprovados em processos seletivos para cursos técnicos, um que foi aprovado no vestibular comunitário da UFSCar (administração) e outros que foram aprovados em universidades públicas como USP (história e filosofia) e Ufes (ciências biológicas), provando que a educação popular é eficiente em dar respostas para as demandas do direito à educação. Seis meses depois do início da pandemia, em meados de 2020, resolvi reiniciar o projeto de PLAc de maneira on-line. Sendo coordenadora pedagógica, meu maior desafio era como os estudantes iriam acessar a internet sem dinheiro. Resolvi, então, juntar o projeto de PLAc com o cursinho da Rede Emancipa de Educação Popular e busquei fundos para o pagamento da internet dos estudantes, somando as duas iniciativas que antes caminhavam paralelas.

Pensando ainda na reflexão de Gadotti (2007, p. 24-6), a educação popular se desenvolveu dentro de um paradigma teórico que atua na codificação e decodificação dos temas geradores das lutas populares e busca colaborar com os movimentos sociais que expressam essas lutas. Em minha vivência, compreendi que a educação popular pode ser vista como uma forma de luta contra o impacto da pobreza e da desigualdade social na vida de grupos e indivíduos oprimidos que estão dentro do contexto migratório. Ainda pensando em Gadotti (2007, p. 24-6), as possibilidades de futuro da educação popular são extensas, pois esse tipo de movimento popular possibilita uma visão das práticas educacionais como produção de saberes, e não apenas como transmissão de conhecimento. Com isso concorda Pontual (2019, p. 160) quando escreve que a educação popular é um modelo de desenvolvimento educacional que colabora para a justiça social, promovendo a igualdade de gênero e étnico-racial e auxiliando na superação das desigualdades, uma vez que respeita a subjetividade dos oprimidos. Ademais, essa é uma pedagogia que pode caminhar com várias práticas e metodologias educacionais diversificadas, criando uma teia de construção de saberes. No caso do PLAc, trata-se de uma oportunidade para estabelecer círculos de diálogo entre diferentes culturas, o que resulta em um trabalho de base fortalecido pelas ideias de democracia, interculturalidade, diversidade e plurinacionalidade.

Atualmente, o projeto Emancipa Bitita conta com uma equipe voluntária de 52 educadores populares, sendo nove pessoas na coordenação, assim como responsáveis pela comunicação e redes sociais. Nem sempre projetos de educação popular acontecem com coordenação horizontal, concentrando a liderança em uma ou duas pessoas. No nosso caso, pelo contrário, são muitas pessoas na coordenação, e todas as decisões são tomadas em conjunto.

Dessa forma, apesar de o projeto acontecer com poucos recursos financeiros, o fato de estarmos atrelados a uma rede, que se conforma como um movimento social, permitiu que fizéssemos parcerias com algumas instituições universitárias e participássemos de editais. Isso porque muitos estudantes precisam de certificados para buscar emprego no mercado de trabalho e até para, no futuro, conseguir sua permanência no Brasil. Portanto, tais parcerias certificadas têm um papel importante para a demanda dos trabalhadores imigrantes que buscam nosso curso.

Finalmente, o que ninguém esperava era o alcance do projeto, que passou de um território restrito (centro da cidade de São Paulo) ao território nacional (on-line), com alunos imigrantes de todas as regiões do Brasil, que estavam impossibilitados de aprender português por causa da falta de cursos em suas comunidades. Com a junção do cursinho popular com o PLAc, pensou-se em conjunto formas de buscar fundos para o pagamento parcial da internet para os alunos. E foi assim que iniciamos o que é hoje um projeto com 52 voluntários e 150 estudantes de diversas nacionalidades, com culturas e subjetividades múltiplas, imigrados para quase todas as regiões do Brasil.

CONSIDERAÇÕES FINAIS

Este relato é uma demonstração da prática do movimento de educação popular dentro de iniciativas que apoiam imigrantes em cursos de PLAc. Os cursos de PLAc representam muito mais do que "aprender português"; trata-se se integrar e inserir em uma nova sociedade e aprender a lutar pelos direitos sociais e políticos por meio da linguagem. Embora na atualidade a causa do PLAc seja acolhida por muitas ONGs e voluntários, é dentro do movimento de educação popular que podemos nos fortalecer em rede a fim de lutar por políticas públicas efetivas e por uma educação menos opressora, mais equitativa, que colabore para o pensamento crítico, para emancipação social e superação das desigualdades.

Pontual (2019, p. 159-64) descreve que as práticas da educação popular precisam ser vistas como parte dos direitos humanos, por serem expressões de resistência e liberdade de pessoas oprimidas. No caso, estamos trabalhando com o fortalecimento dos sujeitos imigrantes, que vivem em situação de vulnerabilidade e sofrem adversidades e preconceitos. É a partir da educação popular que se formam novos saberes e ressignificações das aulas, permitindo que esses imigrantes tenham autonomia e reconheçam que possuem uma voz para lutar, o que pode trazer diferenças importantes em seu cotidiano. No caso dos professores, é a partir dessa rede de trocas e aprendizados que podem elaborar e ressignificar suas práticas, fomentando um trabalho de base sólido e desenvolvendo uma pedagogia crítica por meio da relação teoria-prática.

Precisamente, penso agora que é nos processos de educação popular que se aplicam as concepções da pedagogia crítica de Freire. O objetivo é trazer aos jovens e adultos trabalhadores o entendimento do seu próprio eu, a reflexão sobre seu lugar de pertencimento para, a partir daí, superar suas condições de vida (escassez e precariedade de moradia, saúde, alimentação, transporte, desemprego). A vida dos trabalhadores imigrantes pode ser transformada pela educação popular.

REFERÊNCIAS

FREIRE, Paulo. *Ação cultural para a liberdade*. 6ª ed. Rio de Janeiro: Paz e Terra, 1982.

FREIRE, Paulo. *Pedagogia da autonomia*. 36ª ed. Rio de Janeiro: Paz e Terra, 1996.

FREIRE, Paulo. *Pedagogia da esperança: um reencontro com a pedagogia do oprimido*. 6ª ed. Rio de Janeiro: Paz e Terra, 1999.

FREIRE, Paulo. *Política e educação*. 7ª ed. São Paulo: Cortez, 2003.

FREIRE, Paulo & MACEDO, Donaldo. *Alfabetização: leitura do mundo, leitura da palavra*. 7ª ed. Rio de Janeiro: Paz e Terra, 2015.

GADOTTI, Moacir. "Paulo Freire e a educação popular", *Revista Trimestral de Debate da Base*, ano 31, n. 113, 2007, p. 21-7.

HOOKS, bell. *Ensinando a transgredir: a educação como prática da liberdade*. Trad. Marcelo Brandão Cipolla. São Paulo: Martins Fontes, 2017.

MACHADO, Aline M. B. "Serviço social e educação popular: diálogos possíveis a partir de uma perspectiva crítica", *Serviço Social e Sociedade*, v. 109, mar. 2012, p. 151-78.

PONTUAL, Pedro C. "Educação popular e participação social: desafios e propostas para hoje". *In*: CÁSSIO, Fernando (org.). *Educação contra a barbárie: por escolas democráticas e pela liberdade de ensinar*. São Paulo: Boitempo, 2019, p. 159-64.

Tatiana de Souza Montório * Mestra em políticas públicas pela Universidade Federal do ABC (UFABC) e membra da Escola Pós-Graduar. E-mail: tamontorio@yahoo.com.br.

Alessandra Garcia Nogueira Lucio * Mestranda do Programa de Pós-Graduação do Núcleo de Estudos das Diversidades, Intolerâncias e Conflitos da Universidade de São Paulo (Diversistas/USP) e coordenadora do Itéramãxe. E-mail: alelllucio@gmail.com.

Maria Simone Euclides * Professora adjunta da Universidade Federal de Viçosa (UFV) e coordenadora do Educagera. Email: maria.euclides@ufv.br.

Eliane Alves da Silva * Pesquisadora de pós-doutorado em ciências humanas e sociais na Universidade Federal do ABC (UFABC) e membra da Escola Pós-Graduar. E-mail: elalves2014@gmail.com.

ESPERANÇAR EM MUITAS VOZES: O TRABALHO COM AS CAMADAS POPULARES PARA O INGRESSO NA PÓS-GRADUAÇÃO

Tatiana de Souza Montório
Alessandra Garcia Nogueira Lucio
Maria Simone Euclides
Eliane Alves da Silva

"Amanhã [...] vou entrar no meu trabalho de cabeça para cima" (Freire, 2015). Essa frase é lembrada por Paulo Freire, ouvida de um trabalhador analfabeto com quem o educador trabalhara em um processo de alfabetização de adultos. É que o trabalhador, continua Freire, referindo-se aos efeitos potentes de uma educação emancipadora, "descobrira o valor da sua pessoa, afirmava-se" (Freire, 2015).

Afirmar-se, "erguer a cabeça", postar-se criticamente. Efeitos de uma educação emancipadora, capaz de produzir reflexão e autorreflexão do sujeito sobre o seu próprio lugar no mundo. No texto acima, Freire (2015) faz referência às potências criadas pela educação emancipadora em meio a pessoas analfabetas, que podem, por meio dela, subverter lugares de subalternização. Mas sabemos que os processos de subalternização podem atravessar a experiência de todos os segmentos sociais marginalizados, em seus diferentes níveis de formação: da escola que expulsa à universidade, cujas lógicas operantes (excludentes, elitistas) impedem o acesso ou a permanência.

Para os segmentos sociais marginalizados, acessar o ensino superior muitas vezes nem sequer vem a configurar-se como sonho (Piotto & Alves, 2016). Impõe-se a percepção de que "não é para mim", quando não a ignorância (total ou parcial) sobre os processos, os rituais de acesso, os modos de funcionamento, especialmente da universidade pública. O conhecimento (sobretudo o de nível universitário) aparece como um lugar de poder, barreira ou fronteira que separa o mundo acadêmico da vida cotidiana da maior parte daqueles que estão fora dele. Ora, lembra hooks, "o ambiente acadêmico é separado somente quando trabalhamos para torná-lo assim" (hooks, 2019, p. 168).

É nessa problematização que se inserem as experiências narradas neste capítulo, vivenciadas por três coletivos universitários voltados à preparação de segmentos sociais marginalizados para o ingresso no mais elevado nível de formação superior: a pós-graduação. Coletivos que visam enfrentar as barreiras que se põem entre a universidade, a realização da pesquisa e os grupos socialmente desfavorecidos: pessoas pretas, pardas, indígenas, LGBTQIA+, imigrantes, refugiados, pessoas com deficiência, educadores populares, moradores das quebradas e favelas, oriundos de escolas públicas e de famílias de trabalhadores.

As experiências relatadas foram discutidas em uma roda de conversa intitulada Educação como Prática de Liberdade, Pesquisa como Prática Transformadora: Camadas Populares na Pós-Graduação, que reuniu mais de cem participantes no encontro realizado virtualmente em 10 de setembro de 2021, no curso 100 anos de Paulo Freire: Esperançar em Tempos de Barbárie.

Os projetos se ancoram no princípio da educação como prática de liberdade, no sentido expresso por Freire (2015) e retomado por hooks (2017; 2019): processo de formação crítica, de reflexão e autorreflexão, que confronta as forças de dominação e subalternização, recusando-se ao ajustamento e à acomodação e reclamando maior igualdade e dignidade.

Os projetos resgatam, igualmente, o potencial da pesquisa como prática transformadora que atravessa os próprios sujeitos nela envolvidos, os programas de pós-graduação de destino dos estudantes, a comunidade universitária. Tendo desnaturalizado as relações de poder que fazem da universidade espaço "para poucos", ingressantes na pós-graduação olharão criticamente para as forças estruturadoras de desigualdades dentro do espaço acadêmico, podendo incidir sobre elas. Ao mesmo tempo, o ingresso de públicos historicamente alijados da universidade faz com que nela ingressem também novos temas, experiências e conhecimentos que não poderão ser ignorados, exigindo novas metodologias, novas perspectivas teóricas e metodológicas. Produz-se transformação.

Essas são algumas das perspectivas que alinhavam as experiências narradas a seguir. Perspectivas que questionam as relações estruturadoras de desigualdades educacionais e impedem o acesso de grupos socialmente marginalizados à pós-graduação, posicionando-se frente a elas. Consciência crítica que se converte em ação, como preconiza Freire (2015), lembrado por hooks (2019):

> Nomear e identificar o problema simplesmente não resolve o problema; nomear é apenas um estágio no processo de transformação. É a coragem para viver nossas vidas conscientemente e para agir que nos permitirá implementar novas estratégias e objetivos. (hooks, 2019, p. 155)

POR UMA UNIVERSIDADE SEM MUROS: A EXPERIÊNCIA DA ESCOLA PÓS-GRADUAR (UFABC/UNIVERSIDADE EMANCIPA)[1]

Pós-graduar, substantivo feminino, verbo no infinitivo que demonstra transitividade. Nomes não são apenas sonoridades, são resultados de reflexão, construção, materializam uma intencionalidade.

A Escola Pós-Graduar é isso. Espaço de construção, de conexão. É a ponte entre os excluídos e algumas oportunidades. Trata-se de uma jornada iniciada em 2019 que vem se consolidando, buscando caminhos para ampliar ainda mais a efetivação de seus propósitos.

Nasce como proposta de um grupo de pesquisa chamado Política, Políticas Públicas e Ação Coletiva (3PAC), que desde sua origem, em 2010, estrutura-se agregando pesquisadores de dentro e de fora da Universidade Federal do ABC (UFABC), onde é sediado. Em sua origem, o grupo, coordenado por um docente da universidade,[2] voltava-se à discussão e à orientação de projetos, incluindo aqueles que futuramente seriam candidatos aos processos seletivos de mestrado e doutorado.

É comum nas universidades a presença de grupos de pesquisa, mas a construção, nesse caso, tem sutilezas que o diferem dos padrões. A UFABC surgiu em 2005 como uma universidade interdisciplinar, cuja porta de entrada não se daria da forma tradicional — vestibulares e escolha por cursos específicos —, mas por uma forma de ingresso que reforça uma trajetória e valo-

1 Para conhecer e participar da Escola Pós-Graduar, acesse: ufabc.net.br/posgraduar.

2 Prof. Dr. Sidney Jard da Silva, um dos idealizadores da Escola Pós-Graduar e seu atual coordenador.

riza uma política pública, o Exame Nacional do Ensino Médio (Enem). Além disso, possui uma grade de entrada comum a todos (bacharelados interdisciplinares), exigindo a escolha por uma determinada especialidade apenas posteriormente.

Esse contexto é importante, pois expressa uma vocação: a de ser vanguarda em pautar políticas afirmativas e transformadoras (Jard da Silva, Pinezi & Zimerman, 2012). O 3PAC nasce neste espírito: espaço que abre a discussão para o aluno trabalhador, para a equidade, para a horizontalidade entre aluno e professor.

O amadurecimento do grupo e a própria natureza de sua composição — agregando pós-graduandos e futuros candidatos, a maior parte oriunda de famílias trabalhadoras — fazem emergir as preocupações que dão origem à Pós-Graduar: como atuar, como agir efetivamente para a construção de uma universidade democrática e inclusiva de verdade.

Mas era preciso criar as condições para fazer emergir ideias e trocas de experiências. Assim é que, por dois dias, parte do grupo se reuniu em um espaço à beira-mar, com o propósito do diálogo e da provocação para pensar o "novo".[3] Não saímos dali com um projeto pronto, mas sinalizamos um caminho: criar um espaço, uma escola preparatória para o ingresso de minorias na pós-graduação.

Para passar de proposta de um grupo de pesquisa a projeto efetivo foram necessárias parcerias, dentro e fora da universidade. Destaque-se, de início, o apoio da Pró-Reitoria de Extensão e Cultura (ProEC) da UFABC, com o registro da proposta como projeto de extensão. Logo vieram as parcerias, internas e externas à universidade, dentre as quais a Rede Emancipa e a

3 Naquele momento, a leitura de Boaventura de Sousa Santos (2011) foi uma grande inspiração para os diálogos, pelo convite para pensar a universidade do século XXI de forma emancipadora.

Unas/Heliópolis, presentes na fundação da escola e que aproximam, efetivamente, extensão universitária e movimento social, ajudando, inclusive, a definir o nosso público-alvo.[4] As parcerias são parte do que encontramos no caminho e, ao mesmo tempo, o que viabiliza a caminhada. Nesse percurso, também encontramos o Itéramãxe (USP) e o Educagera (UFV), cujas experiências serão relatadas adiante.

A Escola Pós-Graduar iniciou suas atividades em 2020, em meio ao contexto pandêmico. O contexto desafiou o grupo, exigindo reformulação da proposta, como alterar as aulas presenciais para aulas remotas, entre outras coisas. Nossa inexperiência e a incerteza quanto à situação emergencial poderiam ter levado à suspensão do projeto, mas era necessário seguir. E seguimos. Já eram sólidas as parcerias estabelecidas, já ganhara forma o sonho que nos movia. Esperançamos. Abrimos trinta vagas. Inscreveram-se cinquenta pessoas. Acolhemos todas.

Foram montadas turmas de elaboração de projetos, orientadas por membros do grupo e parceiros. Mas sabíamos que enfrentaríamos a barreira do idioma. Quantos candidatos deixam de ingressar em processos seletivos com excelentes projetos por esbarrarem no conhecimento de línguas? A estratégia foi erguer as mangas e buscar espaços e pessoas com habilidades no ensino de inglês e espanhol e vontade de compartilhar. Formaram-se, então, as turmas de idiomas para fins específicos.

Naquele primeiro ano tivemos oito ingressantes em programas de pós-graduação, a maioria absoluta em universidades pú-

4 A Pós-Graduar tem como público-alvo: pessoas pretas, pardas e indígenas (PPI), educadores populares, moradores da favela de Heliópolis e região, imigrantes e refugiados ou solicitantes de refúgio e população LGBTQIA+. Parte das vagas é aberta à ampla concorrência. Todos devem ser oriundos de escolas públicas ou terem sido bolsistas de escolas privadas.

blicas. Para os demais, sabemos que a experiência acadêmica propiciada pelo curso também conta para escolhas futuras, na pós-graduação ou em outros caminhos.

Prestes a iniciar o terceiro ano de atividades, a Pós-Graduar possui hoje bagagens valiosas, processos aprimorados, revistos e redesenhados. Conta atualmente com dois bolsistas para apoiar as ações. A UFABC reconhece esse espaço, valoriza e apoia as práticas.

Nessa construção, entendemos que somos capazes de transformar dor em luta, ideal em prática e de aprender ensinando. Esperançar em tempos de barbárie é mirar no horizonte uma perspectiva, virar a chave do não para o sim, do impossível para o possível. Não é se alimentar de sonhos, é transmutar sonhos em ações. Só é possível seguir em união, cocriando e em ação. A inércia não transforma; a prepotência e a ingenuidade nos paralisam. A experiência da Pós-Graduar tem nos ensinado que sonhar com uma universidade sem muros é possível, real e está acontecendo.

Quando Paulo Freire sonhou uma escola livre, sustentada no pensamento crítico e na inclusão dos mais pobres, acreditou ser possível. A Pós-Graduar reafirma e se engaja nessa aposta política. É um coletivo que se estrutura dia após dia em práticas educacionais que acolhem, incluem e apoiam alunos e alunas interessados em ingressar na pós-graduação. Os desafios são inúmeros, e devemos ter a capacidade de compreender que educação é movimento, reflexão e mudança. É sair do lugar em que se encontra e arriscar o novo. O olhar é interdisciplinar, ampliado e muda constantemente. Resiliência e resistência são a bússola dessa aventura.

Este capítulo é um convite a inspirar-se e fazer pensar em como cada educador, aluno, instituição de ensino, rede, cursinho podem fazer mais e melhor. É olhar para tempos de barbárie e desmonte das políticas educacionais e pensar estratégias concretas de transformação, de ação em tempo real. Esperançar nunca foi tão urgente e necessário como hoje.

O ESPERANÇAR DE MULHERES NEGRAS: A EXPERIÊNCIA DO ITÉRAMÃXE (USP)[5]

O projeto de mentoria preparatória para a pós-graduação em humanidades Itéramãxe, que carrega o significado de "perseverar", origina-se do sonho e da ação de mulheres negras. Vem se estruturando desde 2020, e seu objetivo é preparar pessoas pertencentes a grupos vulnerabilizados para o ingresso em cursos de pós-graduação do Programa Diversitas da Universidade de São Paulo (USP) e outros programas de humanidades. A proposta é que estudantes que possuem graduação e são egressos do ensino médio em escolas públicas ou foram bolsistas de escolas particulares, mulheres, negros, pessoas com deficiência, refugiados, indígenas e LGBTQIA+ de comunidades carentes ingressem na pós-graduação. Seu foco principal é oferecer conhecimentos teóricos e metodológicos que permitam a essas pessoas conceber e escrever projetos de pesquisa para serem apresentados em processos seletivos de pós-graduação de instituições públicas no Brasil. A mentoria também se debruça sobre o ensino de inglês e espanhol para os processos seletivos, já que o exame de línguas é parte eliminatória das seleções.

A fim de realizar um trabalho interdisciplinar, conectado com a realidade externa da universidade, foi firmada parceria com a UFABC em 2021, através da Escola Pós-Graduar, que possui consolidada experiência de trabalho com o público, por meio de parcerias com coletivos e instituições engajadas em ações em comunidades periféricas e na educação popular.

A parceria nos fez ampliar a visão sobre a importância dessas ações de inclusão e nos proporcionou a proximidade com outras

5 Para mais informações, acesse o perfil do Itéramãxe no Instagram (@iteramaxe).

grandes ações, como o Emancipa e o Educagera, que se engajam nessa luta pela educação e na luta pelos direitos educacionais negados a grande parte da população.

O convite para uma roda de conversa no curso 100 anos de Paulo Freire, feito pelo Emancipa e Pós-Graduar, foi revestido de muita potência e fortalecimento de pontos comuns na luta pela educação e igualdade social. Esse encontro mostrou o quanto esperançar é algo necessário para a transformação de uma sociedade como um todo, quando é possível trilhar os caminhos da educação. Como diz bell hooks:

> Nosso encontro teve aquela qualidade de doçura que continua, que perdura por toda a vida; mesmo que você nunca mais fale com a pessoa, nunca mais lhe veja o rosto, sempre pode voltar, em seu coração, àquele momento em que vocês estiveram juntos e ser renovada — é uma solidariedade profunda. (hooks, 2017, p. 82)

Ao recordar e dimensionar toda a discussão existente no encontro, consideramos a extrema importância da categoria de práxis, pois acreditamos que a educação não deve se limitar a pensar o mundo; existe uma urgência de transformá-lo, de articular os conhecimentos produzidos pela humanidade em sua totalidade, com o propósito de atingir uma sociedade melhor, com menos injustiças e desigualdades. É por isso que a educação é tão importante nesse processo, pois ela é capaz de desnudar o pensamento, de promover uma revolução com pensamentos críticos, de nos fazer assumir uma nova postura diante da vida e da realidade objetivada.

É importante lembrar que a população negra e as pessoas advindas das periferias e de escolas públicas carregam com elas, por anos, uma defasagem educacional. A situação se estende até o ingresso no ensino superior para aqueles que, com um pouco de sorte e muita luta, fazem a graduação em instituições privadas, pela dificuldade de acesso às instituições públicas. Assim, o propósito do Itéramãxe, como o dos outros projetos aqui apresentados, é o de preparar mentorados de camadas socialmente desfavorecidas e historicamente excluídas da sociedade para ingressar em programas de pós-graduação em termos de maior igualdade de oportunidade com estudantes de classes sociais mais favorecidas, que dispõem de condições mais apropriadas para desenvolver seus estudos preparatórios para a pós-graduação. Sabemos que a universidade não é o paraíso, como afirma hooks (2017). Mas o ingresso das camadas desfavorecidas pode ajudar a transformá-la a partir de dentro.

> A academia não é o paraíso. Mas o aprendizado é um lugar onde o paraíso pode ser criado. A sala de aula, com todas as suas limitações, continua sendo um ambiente de possibilidades. Nesse campo de possibilidades temos a oportunidade de trabalhar pela liberdade, de exigir de nós e dos nossos camaradas uma abertura da mente e do coração que nos permita encarar a realidade ao mesmo tempo em que, coletivamente, imaginamos esquemas para cruzar fronteiras, para transgredir. Isso é a educação como prática da liberdade. (hooks, 2017, p. 273)

A educação e a pesquisa permitem transgressão e liberdade quando se nota a possibilidade de as pessoas andarem com as próprias pernas, seguras de si e sem precisar de arrimo estatal, pois este terá cumprido o seu papel. A prática social empreendida pelos três coletivos aqui apresentados permite criar condições ao desenvolvimento dos indivíduos, caracterizando-se por uma prática de valorização da pessoa humana. Reconhecemos a desigualdade como ponto de partida, mas o esperançar está na igualdade no ponto de chegada (Freire, 2013). Entendemos que a educação é uma atividade ativa (Saviani, 2012) e transformadora para todos que dela participam, já que, como lembra Freire (1996), somos seres inacabados.

PENSAR E CONSTRUIR UMA "PLURIVERSIDADE": A EXPERIÊNCIA DO EDUCAGERA (UFV)[6]

Assim como Nilma Lino Gomes (2003), compreendemos que o ciclo de desvantagens objetivas e subjetivas (econômicas e simbólicas), tendo a intersecção de raça, classe e gênero como elementos estruturantes e articulados entre si, incide de modo direto na trajetória de estudantes pobres e pretos e mulheres cis, pretas e não cis. Os efeitos desse acúmulo de desvantagens se fazem perceber na invisibilidade, tanto numérica quanto qualitativa, da presença desses sujeitos nos espaços públicos das instituições de ensino superior. Com suas próprias lógicas de seleção e permanência, as universidades públicas reforçam e reproduzem as lógicas presentes na sociedade como um todo; logo, racismo, sexismo e as ideias da heteronormatividade permearão esse lócus de saber/ser/poder.

Embora acompanhemos avanços significativos no que tange à criação de políticas públicas que favorecem a entrada de estudantes pobres e pretos nos cursos de graduação e pós-graduação no ensino superior, por meio do Projeto de Lei 3.489/2020, que complementa a Lei de Cotas 12.711/2012, isso não garante que essa população adentre esses espaços. A lógica do mérito, combinada com outros elementos, como o domínio de determinado tipo de capital cultural e simbólico, ainda atua como peneira na qual apenas alguns conseguem subverter as estruturas.

Como salientou José Jorge de Carvalho (2006), a universidade ainda é um reduto de confinamento racial da branquitude, e esta pouco reflete sobre a ausência de outros corpos (negros/as, indí-

6 Para mais informações, acesse o Instagram do Educagera (@educagera).

genas e LGBTQIA+) no espaço acadêmico. Consequentemente, o espaço universitário se torna um lugar longínquo, reservado apenas para algumas "mentes brilhantes". Na pós-graduação, esse reduto vai se afunilando ainda mais. Os "códigos de conduta" e "organização" para o ingresso elegem pré-requisitos que se distanciam da realidade de quem sempre esteve à margem dos ditos saberes científicos, como a de proficiência em língua estrangeira e a escrita de projetos "científicos", além da ausência de professores/as orientadores/as nas temáticas étnico-raciais, de gênero e sexualidades. Tudo isso, somado às artimanhas do racismo e do sexismo, distancia a população preta e pobre dos nichos acadêmicos.

A educação sempre foi pauta importante para o povo negro, pois possibilita o acesso a oportunidades no mundo do trabalho e impulsiona mudanças sociais, dentre elas a reeducação para as relações raciais. A ideia de um curso preparatório para a pós-graduação advém tanto das experiências vividas por nós, sujeitos negros de camadas populares que contrariam as lógicas desse ciclo de desvantagens econômicas e raciais, como de um desejo coletivo de criar estratégias, ainda que parciais, para contribuir com o ingresso de estudantes pobres e pretos nos cursos de pós-graduação. A proposta parte das cosmopresenças do grupo de pesquisa e ensino Educação, Gênero e Raça (Educagera), registrado no Conselho Nacional de Desenvolvimento Científico e Tecnológico (CNPq) e gerido por um grupo de estudantes de graduação, pós-graduação e professoras da Universidade Federal de Viçosa (UFV). Enquanto grupo de pesquisa, vem desenvolvendo desde 2018 atividades concernentes ao diálogo aberto sobre as questões raciais e o racismo na universidade.

Além do curso ora proposto e de atividades como o estudo das obras *Memórias da plantação*, de Grada Kilomba, e *Pele negra, máscaras brancas*, de Frantz Fanon, também foi realizado em 2020 o curso de extensão universitária Epistemologias Negras. Em 2021, realizamos um curso de formação racial junto aos membros das comissões de heteroidentificação racial da UFV. Essas ações tiveram como ponto de partida criar estratégias de debates sobre racismo e antirracismo e o desejo de contribuir de modo efetivo com vistas a combater o racismo institucional e o epistemicídio.

Apoiado e inspirado em experiências em andamento em outras instituições, como a Escola Pós-Graduar, da UFABC, e o cursinho preparatório para o Enem (Pré-Enem) da Universidade Federal do Piauí (UFPI/Campus Bom Jesus), o Curso Preparatório para a Pós-Graduação do Educagera, da UFV, tem como propósito contribuir para o acesso das ditas minorias (negros, pobres, quilombolas, indígenas e LGBTQIA+) nos cursos de pós-graduação (mestrado e doutorado) em universidades públicas e para a democratização do ensino superior. As atividades realizadas possibilitam o conhecimento e o diálogo sobre os elementos que compõem a escrita acadêmica e os caminhos de pesquisa e elaboração de projetos, de modo que os(as) estudantes possam adquirir novos aportes teóricos e metodológicos para a participação em processos seletivos nos programas de pós-graduação.

O Curso Preparatório para a Pós-Graduação foi composto das seguintes atividades: (a) oficinas de elaboração de projetos de pesquisa; (b) oficinas sobre escrita de textos dissertativos; (c) oficinas sobre processo de seleção (edital, currículo e entrevista); e (d) eventuais seminários/aulas públicas. Além disso, os(as) estudantes tiveram a oportunidade de receber correções e comentários avaliativos de seus projetos e textos dissertativos desenvolvidos ao longo do curso. Na edição inaugural, o curso ocorreu entre os meses de julho e dezembro de 2021, na modalidade remota (à distância), com encontros quinzenais nas sextas-feiras, das 16h às 18h, totalizando uma carga horária de sessenta horas de duração.

A equipe do curso foi composta por integrantes do Educagera e convidados(as) externos(as) à instituição que, na participação dos aulões públicos, trouxeram questões teóricas e políticas para continuarmos o diálogo/debate e embates sobre a inserção da população preta, pobre e LGBTQIA+ no ensino superior.

O caminho que nos move é a luta pela pluriversidade, por outras epistemologias no ensino superior, o rompimento com o epistemicídio, a inserção de temáticas concernentes às realidades sociais e raciais e, consequentemente, proposições significativas no campo científico, dada a busca por uma ciência decolonial que tenha gênero, raça e classe como elementos estruturantes de análise e práxis.

Ademais, a realização do Curso Preparatório para a Pós-Graduação visa somar e multiplicar presenças nas ausências, levando assim quantitativa e qualitativamente mais estudantes negros(as), LGBTQIA+, indígenas e pobres aos programas de pós-graduação do país, provocando suturas nas ideias fixas de "lugares" e "não lugares" para as ditas minorias nos espaços públicos e de saber/ser/poder.

CONSIDERAÇÕES FINAIS

Os desafios postos à democratização da universidade pública brasileira são grandes. Em que pesem os importantes efeitos criados pelas políticas de ação afirmativa, que têm aumentado a representatividade dos grupos socialmente desfavorecidos no espaço acadêmico, o caminho a percorrer ainda é longo até que se possa chegar a uma universidade efetivamente democrática. Ademais, trata-se de avanços que vêm sendo duramente atacados no contexto mais recente de desmonte das políticas públicas e sociais no país.

Mas, diante dos desafios, é preciso agir. As experiências relatadas neste capítulo noticiam formas de ação que combinam imaginação, ousadia e coragem. Nenhum dos projetos partiu de fórmulas prontas. E todos ainda enfrentam, no cotidiano, desafios vários, que tentamos responder pela busca de parcerias e pelo trabalho colaborativo. Para fazer frente aos desafios e avançar, foi preciso imaginar jeitos, formatos, construir alianças, inovar, pensar formas de fazer acontecer. Esperança de mudança ancorada na ação, como nos ensina Freire.

Sob uma perspectiva pedagógica emancipadora, o trabalho com as camadas populares para o acesso à pós-graduação, empreendido pelos três projetos relatados, configura-se como um compromisso político de justiça social. É grande seu potencial de transformação. Passa pela vida dos estudantes que, inicialmente desacreditados ou inseguros, (re)descobrem o potencial de suas pesquisas e recuperam os planos de pós-graduação como possibilidade efetiva. Mais que isso, desnaturalizam os processos sociais que até então os mantiveram longe da universidade, podendo, assim, confrontar-se com eles.

O potencial de transformação passa, ainda, pelos voluntários dos projetos, ao descobrirem (e realizarem) seu potencial de contribuição e ação transformadora diante de desafios vivenciados ou percebidos criticamente.

São ações que também produzem eco no interior das universidades que sediam os projetos, ao questionarem modos de funcionamento e envolverem diferentes sujeitos e programas em ações e parcerias, não raro de forma inédita. Ademais, a ampliação da presença dos grupos sociais minorizados no universo acadêmico lança também desafios transformadores para as universidades de acolhida. Esses grupos trazem consigo experiências e saberes que, historicamente construídos como ausências, desvalorizados, emergem como presenças (Santos, 2007) e provocam a universidade, exigindo a reflexão e a adoção de novas perspectivas e abordagens teóricas, metodológicas, políticas.

Trata-se de fazer do conhecimento acadêmico uma ponte e não uma fronteira que separa os que supostamente o detêm daqueles que a ele não têm acesso, por razões históricas não questionadas. Os projetos relatados neste capítulo dão mostras disso. Mas vão além. Partem também da perspectiva de que nas lutas também se produz conhecimento, como lembra Nilma Gomes (2017). E sabemos que, para a maioria da população brasileira, o direito à educação só se efetiva pela luta. Promessa de emancipação. Um jeito de ser livre (hooks, 2019).

REFERÊNCIAS

CARVALHO, José Jorge de. "O confinamento racial do mundo acadêmico brasileiro", *Revista USP*, n. 68, 2006, p. 88-103.

FREIRE, Paulo. *Pedagogia da autonomia: saberes necessários à prática educativa*. 25ª ed. São Paulo: Paz e Terra, 1996.

FREIRE, Paulo. *Pedagogia da esperança: um reencontro com a pedagogia do oprimido*. Rio de Janeiro: Paz e Terra, 2013.

FREIRE, Paulo. *Educação como prática da liberdade.* Rio de Janeiro: Paz e Terra, 2015.

GOMES, Nilma Lino. "Cultura negra e educação", *Revista Brasileira de Educação*, n. 23, mai.-ago. 2003.

GOMES, Nilma Lino. *O movimento negro educador: saberes construídos nas lutas por emancipação.* Petrópolis: Vozes, 2017.

HOOKS, bell. *Ensinando a transgredir: a educação como prática de liberdade*. Trad. Marcelo Brandão Cipolla. São Paulo: Martins Fontes, 2017.

HOOKS, bell. *Erguer a voz: pensar como feminista, pensar como negra*. Trad. Cátia Bocaiuva Maringolo. São Paulo: Elefante, 2019.

JARD DA SILVA, Sidney; PINEZI, Ana Keila Mosca & ZIMERMAN, Artur. "Ações afirmativas e inclusão regional: a experiência da Universidade Federal do ABC", *Revista Brasileira de Estudos Pedagógicos*, v. 93, n. 233, 2012, p.147-65.

PIOTTO, Débora Cristina & ALVES, Renata Oliveira. "O ingresso de estudantes das camadas populares em uma universidade pública: desviando do ocaso quase por acaso", *Revista de Educação*, v. 21, n. 2, mai.-ago. 2016, p. 139-47.

SANTOS, Boaventura de Sousa. *Reinventar a teoria crítica e reinventar a emancipação social.* São Paulo: Boitempo, 2007.

SANTOS, Boaventura de Sousa. *A universidade do século XXI: para uma reforma democrática e emancipatória da universidade*. 3ª ed. São Paulo: Cortez, 2011.

SAVIANI, Dermeval. *A pedagogia histórico-crítica: primeiras aproximações*. 11ª ed. Campinas: Autores Associados, 2012.

Ana Carolina Paz * Psicóloga (CRP 13/5820), atua em consultório particular com abordagem psicanalítica e também é redutora de danos. Mestra em antropologia, especialista em saúde mental e em educação em saúde para preceptores do SUS, atualmente é doutoranda em antropologia no Programa de Pós-Graduação em Antropologia da Universidade Federal da Bahia (PPGA/UFBA). E-mail: paz.anacarol@gmail.com.

Ângela Bernardes * Psicóloga (CRP 06/51008) pela Universidade Federal de Uberlândia (UFU). Mestra em educação pela Universidade Nove de Julho (Uninove). Atua há dezoito anos na área social, com foco em adolescência e juventude, educação, esporte, desenvolvimento humano e formação de professores.

Paula Figueiredo * Psicóloga (CRP 06/139.086) e orientadora profissional. Mestra e doutoranda em psicologia social pelo Instituto de Psicologia da Universidade de São Paulo (USP). Coordenadora do eixo de orientação profissional do Núcleo de Psicologia da Rede Emancipa. E-mail: paulamoraisfigueiredo@gmail.com.

Raquel Almeidah * Psicóloga (CRP 02/16295) pela Pontifícia Universidade Católica de Minas Gerais (PUC-Minas), com experiência de mais de dezesseis anos no atendimento clínico. Atua em articulações institucionais e em programas sociais e de direitos humanos em âmbito federal, estadual e municipal, no atendimento psicossocial a crianças, adolescentes, famílias. Coordena o apoio psicológico no Núcleo de Psicologia da Rede Emancipa. E-mail: raqcastanheira@gmail.com.

NÚCLEO DE PSICOLOGIA EMANCIPA: SURGIMENTO, CONTRIBUIÇÕES E ATUAÇÕES

Ana Carolina Paz
Ângela Bernardes
Paula Figueiredo
Raquel Almeidah

O Núcleo de Psicologia Emancipa foi criado no auge da pandemia de covid-19, a partir de um movimento iniciado em 7 de junho de 2020 por iniciativa de quatro psicólogas(os)[1] já participantes da Rede Emancipa. Depois de uma aula do curso Pandemia e Periferias, foi realizado convite às(aos) profissionais de diversas regiões do país, em suas diferentes vertentes de atuação e saberes, para se unir voluntariamente e contribuir com ações junto à rede, pois, se por um lado essa pandemia evidenciava, por meio da circulação do vírus — que em pouco tempo atingiu vários países —, o quanto vivemos em um mundo interconectado, aparentemente sem barreiras, por outro, suas consequências na vida das pessoas se apresentaram distintas.

1 Eliezer Andreoli, Luana Alves, Patrícia Santos e Rodrigo Santos.

A chegada da pandemia afetou diretamente nossa vida, instalando em todos o medo de contaminação, adoecimento e morte, de si e dos entes queridos. Não obstante, foram desastrosas as consequências nos âmbitos da saúde, econômico, social e emocional para aqueles que se apoiavam na geração de renda informal, vínculos de trabalho precários e/ou dependentes dos fluxos de pessoas nas ruas, espaços públicos ou outros ambientes de consumo. Muitos, diante desse quadro, viram-se sem fonte de renda, em sua maioria moradores da periferia, negros e pobres. Esses têm sido alguns dos principais grupos populacionais mais afetados nos anos pandêmicos.

Aquilo que se apresentava inicialmente como uma "crise sanitária" (Latour, 2020)[2] logo se revelou uma crise do sistema capitalista, que em nosso país tem profundas heranças escravocratas, patrimonialistas e patriarcais. Dessas heranças decorre a adoção de políticas públicas excludentes ao longo de nossa história, impondo desigualdades socioculturais ligadas às questões de classe, étnico-raciais, de gênero, entre outras, e marcando a geografia social de nossas cidades com a segregação espacial e a assimetria de acesso a bens, serviços e direitos, como saúde, moradia, trabalho digno e estável etc.

Por crise entende-se que ela é sempre passageira, transitória, mas, para grande parte da população brasileira, especialmente os pobres e a população indígena e negra, aquilo que a pandemia ensejou é uma realidade insistente: o sentimento de insegurança

2 Latour aponta que essa crise sanitária é decorrente de um regime climático que promove uma "mutação ecológica duradoura e irreversível", fruto do sistema de exploração, produção e desenvolvimento capitalista. Portanto, soma-se a uma série de consequências da adoção não só do modo de produção capitalista, mas também do modo de vida engendrado por ela.

e de ameaça à vida. Assim, a pandemia só veio catalisar os diversos problemas estruturais do país (Melo & Cabral, 2020).

Para piorar o sentimento de insegurança da população brasileira, não houve em âmbito nacional um consenso acerca das condutas de enfrentamento à pandemia entre a comunidade científica — orientadas em sua maioria pelas diretrizes da Organização Mundial da Saúde (OMS) —, estados da federação e autoridades do governo federal. O que se apresentava como uma crise sanitária, econômica e social logo acirrou a crise política, culminando em ações marcadas pela descrença na ciência, exonerações e trocas de ministros da Saúde. Diante disso, estava evidente que as desigualdades socioculturais preexistentes à pandemia faziam com que as periferias sofressem de forma mais grave suas consequências, inclusive na saúde mental dessa população.

Entendendo que a saúde mental está estreitamente relacionada com o lugar que as pessoas ocupam na sociedade em que vivem, o qual impacta diretamente suas experiências, potencialidades, desafios, entre outros aspectos que interferem nos horizontes vislumbrados como possíveis, juntamente com a importância do papel do psicólogo no campo social, na educação e na saúde, tornava-se urgente debruçar-se sobre o tema. É preciso lembrar que a saúde mental é concebida como decorrente de um equilíbrio dinâmico entre as dimensões biopsicossociais da vida, considerando, portanto, o corpo em meio ao ambiente/contexto/mundo em que vive e o modo como se relaciona com ele (OMS, 2002). Dessa maneira, a saúde mental de uma pessoa e seu coletivo é atravessada por determinantes sociais como: classe; sexo/gênero/orientação sexual; faixa etária; raça/cor/etnia/; conflitos; doenças e debilidades; família; desastres naturais; condições climáticas etc.

A importância da saúde mental e sua relação com o social são reconhecidas pela OMS desde a sua origem, o que se reflete na própria definição de saúde como "não simplesmente a ausência de doença ou enfermidade", mas como "um estado de completo bem-estar físico, mental e social". Assim, a saúde mental está relacionada ao modo particular como a pessoa lida com seu corpo em meio às exigências da vida e como negocia seus interesses e desejos, aprendizados, habilidades e capacidades, valores morais e crenças, afetos e emoções. Por outro lado, podemos pensar também a saúde mental em dimensão coletiva, considerando os grupos populacionais em meio ao seu contexto sociocultural. É conjugando esse entendimento mais amplo que a Rede Emancipa vem atuando no campo da saúde mental.

Considerar todos esses elementos apresentados é fundamental para que o sofrimento das pessoas da periferia não seja naturalizado e aplainado. Esse olhar tornou-se ponto de partida para a construção de estratégias de luta e enfrentamento e do surgimento do Núcleo de Psicologia Emancipa. Desde o início, a ação do núcleo sempre esteve pautada pelo compromisso com o combate à injustiça social e pela construção de estratégias de luta e enfrentamento às desigualdades sociais que caracterizam o Brasil e dizem respeito à vida das pessoas da periferia.

Trata-se, portanto, de uma psicologia que questiona a neutralidade, pois entende que essa ideia é uma forma de reforçar a lógica hegemônica. O intuito é acolher o sofrimento psíquico dos apoiadores da rede (estudantes, professores, coordenadores) com o propósito de uma atuação feminista, antirracista e decolonial. Nessa acepção, a psicologia é entendida enquanto ato político e busca, portanto, ser acessível a todas as pessoas. Partindo dessas considerações, o Núcleo de Psicologia foi se organizando e se ampliando. Atualmente, conta com dois eixos de atuação, que traremos a seguir.

O trabalho é um importante lócus da construção da identidade. Articula-se com expectativas, trajetórias pessoais e educacionais, formas de ser e estar no mundo e de dar sentido às experiências. Entretanto, as desigualdades sociais interferem drasticamente nas oportunidades de trabalho e geração de renda, bem como nos caminhos que se apresentam como possíveis aos diferentes sujeitos e grupos sociais. Dentre os desafios enfrentados no atual cenário brasileiro, destacam-se os altos índices de desemprego, precarização do trabalho e desalento. Verifica-se cada vez mais um descompasso entre a busca pela humanização, de um lado, e as formas de organização do trabalho e da vida no capitalismo neoliberal, de outro.

A redução drástica do número de candidatos inscritos no Enem em 2021 — o menor índice dos últimos treze anos — é outro exemplo emblemático das dificuldades diante das quais uma psicologia atuante no campo da educação popular precisa se posicionar. Cabe ressaltar, ainda, o alto índice de abstenção do Enem 2020, consequência não apenas da pandemia de covid-19, mas da desastrosa gestão do governo Bolsonaro em todas as esferas e do acirramento de desigualdades sociais. A baixa adesão de estudantes dos cursinhos às aulas on-line ressaltou a preocupação quanto à evasão. Entretanto, diante de um momento marcado por incertezas diversas, é fundamental não perder de vista o futuro e construir alternativas que articulem o pessoal e o coletivo.

Os sujeitos são histórica e socialmente construídos, e, portanto, também o é o próprio futuro: "Não haveria ação humana se o homem não fosse um projeto, um mais além de si, capaz de captar sua realidade, de conhecê-la para transformá-la" (Freire, 2019, p. 55). Nesse sentido, é importante lembrar que os projetos pessoais não estão descolados de um projeto social: só se é sujeito no mundo na relação com outras e outros, e é na realidade material e cotidiana que desafios, reflexões e construções de projetos tomam forma (Bohoslavsky, 1983). É fundamental reconhecer o lugar de sujeito sem desconsiderar que esse se forja em uma sociedade extremamente desigual, haja vista que ela tem impactos nas possibilidades de reconhecimento do próprio valor e de construção de horizontes a longo prazo.

Na Rede Emancipa, um questionamento tem se revelado de suma importância para pensar tanto a desigualdade no acesso à educação quanto a construção de caminhos emancipatórios: por que, afinal, muitos estudantes não passam no vestibular para as universidades públicas, notadamente aqueles das periferias do Brasil? Desse modo, a atuação problematiza a ideia de que a qualidade da educação é medida pelos índices de aprovação no vestibular, questionando, assim, a própria lógica que conforma esse exame e seu caráter excludente. Destaca-se a existência de um projeto segregacionista de educação, que contribui para o acirramento das desigualdades e a ampliação dos privilégios para os grupos que já os detêm.

Nesse panorama, são necessários o engajamento na luta pela democratização do ensino superior (Mendes & Rufato, 2015) e a construção de espaços para além das disciplinas e conteúdos do vestibular, que possibilitem a reflexão crítica, a articulação entre campos do saber e a construção da autonomia, a exemplo dos círculos e do tempo livre, atividades já consagradas na rede. A Orientação Profissional Emancipa, inicialmente sob a denominação de Projeto de Vida, se constrói nessa direção: trata-se de "um espaço em que a dúvida é possível", como marcou um estudante em um dos encontros mediados pelas psicólogas da rede.

Dar lugar à dúvida e à discussão é extremamente enriquecedor, na medida em que permite romper estereótipos, estimular a emergência das contradições e possibilitar a formulação de novas sínteses, a fim de formar sujeitos capazes de agir sobre a realidade, refletindo criticamente sobre suas experiências (Barreto, 1992). Entende-se que pensar em projetos de vida, educação e trabalho a partir de uma perspectiva emancipatória implica pensar o projeto de uma sociedade em que caibam todas as pessoas. Isso envolve os projetos pessoais e coletivos e demanda uma ação interdisciplinar que implique a psicologia, a orientação profissional, a educação popular, as ciências sociais e os mais diversos campos do saber, além da militância e dos sujeitos sociais em suas práticas concretas.

Toma-se como pressuposto básico a ideia de que é preciso humanizar aquilo que a sociedade insiste em desumanizar, implicando os sujeitos em seus projetos em um contexto estrutural nitidamente injusto, mas no qual a educação e o trabalho são elementos fundamentais para a organização da vida. Essa perspectiva demanda tomar partido e pensar em estratégias neste momento histórico, social e político, com suas dificuldades e contradições. A seguir, traremos as modalidades em que acontecem as ações da Orientação Profissional Emancipa.

AÇÕES DA ORIENTAÇÃO PROFISSIONAL NOS CURSINHOS

Cada profissional identifica um cursinho de educação popular da Rede Emancipa, de preferência mais próximo de sua residência, para facilitar o acesso. Há uma primeira aproximação com a equipe que atua nesse cursinho, por meio das coordenações, que acolhem a(o) profissional interessada(o). A partir daí, acontecem combinações entre a equipe, de acordo com agendas e possibilidades locais. Algumas experiências que já foram construídas: encontros de orientação profissional, rodas de conversa, plantões, encontros temáticos, podendo ser pontuais, semanais, quinzenais ou mesmo mensais. Essas experiências são compartilhadas em encontros chamados Bate-Papos Pedagógicos, com o propósito de discutir temas e refletir sobre a prática.

AÇÕES DA ORIENTAÇÃO PROFISSIONAL NOS ATENDIMENTOS INDIVIDUAIS

É possível que estudantes desejem um acompanhamento profissional para seu processo de escolha, mas não consigam participar dos encontros realizados nos cursinhos, em sua maioria aos sábados, por motivos diversos. Assim, cada profissional pode realizar atendimentos individuais com estudantes da rede, mediante supervisão e acompanhamento.

Existe um formulário de inscrição, aberto para todo o território nacional, que os estudantes preenchem para que sejam atendidos. O formato virtual, que aconteceu até a presente data, favorece que pessoas de cidades diferentes e distantes possam ser atendidas. Entretanto, esses atendimentos também poderão se dar de forma presencial, mediante o afrouxamento das medidas de restrição criadas durante a pandemia.

O QUE FOI REALIZADO EM 2021

Foram realizados encontros de integração das(os) novas(os) psicólogas(os), com discussão de textos sobre psicologia e orientação profissional. Tivemos também atendimentos em grupo na disciplina "orientação profissional", inserida na grade curricular dos cursinhos. A periodicidade é definida entre a coordenação e a(o) profissional, que passa por um processo de territorialização. Para divulgação, foram enviados vídeos e textos via WhatsApp convidando estudantes a participar do grupo de discussão.

Além dos atendimentos grupais, foram realizados atendimentos individuais em orientação profissional, voltados para tratar das escolhas de estudos, vida e trabalho. A duração média é de doze sessões, número que varia de acordo com a demanda. Os encontros de supervisão dos atendimentos individuais em orientação profissional aconteceram semanalmente para discussão dos casos individuais em andamento. Em 2021, os encontros de supervisão tiveram início em 5 de julho, se encerraram em 8 de dezembro e foram retomados ao longo de 2022.

Houve também: acolhimentos e conversas com estudantes dos cursinhos, voltados para a compreensão de demandas pontuais e encaminhamentos para o apoio psicológico, se necessário; conversas com professoras(es) e coordenadoras(es), fosse para acolhimento, escuta e encaminhamento, ou para o planejamento de atividades conjuntas; participação nas reuniões e discussões dos cursinhos com o intuito de pensar em atividades e formas de lidar com as questões específicas do território; rodas de conversa e *lives* para discutir questões como saúde mental, vestibular, informação profissional etc.; e o bate-papo pedagógico com as(os) profissionais atuantes no então Projeto de Vida Emancipa, para discutir os atendimentos realizados em grupo nos cursinhos.

Foi realizada também em 2021 a II Jornada de Orientação Profissional da Rede Emancipa: O Futuro em Disputa Agora. Em parceria com o Instituto Sedes Sapientiae, a jornada, realizada em dois dias, contou com a participação de profissionais do Núcleo de Psicologia, estudantes e docentes dos cursinhos da rede, coordenadoras(es) e apoiadoras(es) da Rede Emancipa, estudantes do curso de especialização em Orientação Profissional e Carreira do Instituto Sedes Sapientiae (sob supervisão de docentes do curso), professores universitários, além de convidadas(os) diversas(os). A programação contou com oficinas, entrevistas, depoimentos e palestras sobre temas relacionados a acesso a universidade, vestibular, permanência universitária, mundo do trabalho, escolhas e trajetórias de estudos e trabalho.[3]

APOIO PSICOLÓGICO EMANCIPA

> Não sei, não sei. Não devia de estar relembrando isto, contando assim o sombrio das coisas. Lenga-lenga! Não devia de. O senhor é de fora, meu amigo mas meu estranho. Mas, talvez por isto mesmo. Falar com o estranho assim, que bem ouve e logo longe se vai embora, é um segundo proveito: faz do jeito que eu falasse mais mesmo comigo. (Guimarães Rosa, 1994, p. 48)

Na graduação, quantos dos seus colegas eram negros(as), indígenas, trans e/ou oriundos de periferia? Dos pensadores e teóricos que você leu, quantos não eram homens brancos? Quantos deles criticaram o etnocentrismo na produção do conhecimento? Quantas teorias e práticas destacavam seu compromisso com o combate às desigualdades socioculturais? Quantas utilizavam o gênero como categoria importante de análise e intervenção dos fenômenos sociais? Quais autoras(es) contemporâneas(os) você estudou? Quantas pessoas LGBTQIA+, negras e/ou pobres você atendeu em sua clínica?

Tais perguntas surgem como provocações não só acerca do acesso e da permanência no ensino superior, como também nos fazem problematizar (enquanto tornar problema de questiona-

3 O resultado se encontra no canal do YouTube da Rede Emancipa, 6 nov. 2021.

mento, crítica, investigação e intervenção) a formação de muitos profissionais de psicologia e as bases conceituais nas quais alicerçam suas práticas. Podemos aqui nos questionar quem são esses estudantes, que se tornarão profissionais e, por sua vez, irão atuar e produzir conhecimento na área, num movimento cíclico de reprodução dessa práxis psicológica.

Acreditamos que as teorias psicológicas focadas no sujeito psicológico apartado do seu meio social e cultural, criadas em contextos sócio-históricos muito discrepantes da realidade brasileira e/ou que desconsideram em suas análises elementos como classe social, gênero, raça/etnia e orientação sexual, podem assim apresentar limites significativos. Dito isso, o Apoio Psicológico busca uma práxis da psicologia clínica antirracista, decolonial e antimanicomial, entendendo essa clínica de forma ampliada, crítica e política.

A atividade clínica em psicologia pode se dar por meio de muitas perspectivas teóricas e por muitos modos de trabalho. O apoio é constituído dessas diferentes abordagens teóricas no campo da psicologia, atravessadas, contudo, por muitos outros saberes, como direitos humanos, antropologia, educação, aqueles advindos do campo da saúde, de urbanismo e cidades, estudos decoloniais, feministas etc. Todavia, há como pilares centrais as concepções de que a constituição subjetiva se dá em relação dialética com o contexto histórico e sociocultural; e de que a educação popular e a psicologia se colocam como instrumentos para conscientização e mudança, fundamentalmente unidas em uma prática militante de enfrentamento às desigualdades socioculturais.

Diante disso, nos perguntamos: estar no centro, estar na periferia, importa? O que essa relação centro-periferia diz acerca da sociedade? Como escutar a partir disso? Dissemos anteriormente que entender o sofrimento humano é entendê-lo a partir do modo de inserção do sujeito em uma determinada cultura, sociedade e ambiente de vida. Quando reportamos a essa dimensão contextual, em certa medida, estamos falando do modo como construímos coletivamente nossa visão do mundo, subjetividade e corporalidade, que, por sua vez, resultam e são resultantes da maneira como interagimos e nos relacionamos com tudo aquilo que constitui o contexto, humanos e não humanos: outras pessoas, animais, entidades espirituais ou religiosas, clima e terreno, crenças e valores morais, leis e políticas públicas, construções e objetos variados etc.

Estamos dizendo também do modo como percebemos, sentimos e elaboramos, como negociamos os diversos interesses e necessidades com imposições e restrições, possibilidades e oportunidades, saberes e recursos disponíveis e afetos desenvolvidos. Nessas relações, ao mesmo tempo que se constrói o meio, constrói-se o próprio sujeito. Daí a importância de que aqueles que se põem em escuta concebam aquele que fala na sua relação com o mundo de vivência. Para nos colocarmos no lugar de escuta, é importante também escutar o seu mundo, esses lugares e territórios. Como diria Guimarães (2020), o lugar é uma fala que se expressa nas dinâmicas da vida e nos conflitos do sujeito.

Essa fala nos diz de um mundo e territórios marcados por relações alicerçadas em machismo, patriarcado, racismo e neoliberalismo sustentado pela noção de meritocracia da sociedade brasileira contemporânea. E ainda, de modo geral, num ambiente caracterizado por fundo individualista, imediatista e baseado na felicidade a todo custo. Torna-se assim evidente que há uma pressão ainda maior sobre a população com menos recursos financeiros, que se percebe excluída da lógica de direitos e de cidadania, em um modo de vida fora das possibilidades reais de tal concretização. Desse modo, é fator primordial a oferta de escuta a esses sujeitos. Faz-se necessária

> a construção de uma escuta clínica que leve em conta a especificidade de tais pessoas e situações, e que trabalhe a necessidade de uma qualificação que habilite psicólogos e psicanalistas a detectarem as

> sutis malhas da dominação e a não confundirem seus efeitos com o que é próprio do sujeito. (Rosa, 2020, p. 2)

Por outro lado, a pandemia de covid-19 colocou para nós, profissionais do cuidado e da escuta, a tarefa de trabalhar como psicólogas(os) fisicamente distantes das pessoas escutadas. Pela internet, por telefone e mensagens de texto, enfim, temos buscado formas de tornar possível a escuta em meio à catástrofe que nos atinge de várias formas distintas. Uma distância não só imposta diante da necessidade de distanciamento social frente à pandemia, mas também pela multiplicidade de territórios envolvidos na constituição dessa rede de cuidado e ação social, desde aqueles interessados em escuta e apoio psicológico até os profissionais psicólogos(as), distribuídos nas cinco regiões do país. Nosso trabalho também tem sido construir espaços a partir de outra dimensão da presença.

Atualmente, estamos realizando um mapeamento da equipe do Apoio Psicológico, o qual evidencia o espraiamento do alcance das ações do apoio a partir da vinculação de psicólogos de diversos territórios do país. A partir desse mapeamento, temos como proposta ampliar a oferta, trazer novas modalidades de práticas e engendrar ações mais territorializadas e mais bem articuladas aos cursinhos e outras ações da Rede Emancipa. Além disso, aposta-se, por meio de mapeamento e visibilidade territorial, fortalecer encaminhamentos corresponsáveis junto à rede pública de cuidado, saúde, assistência, proteção e cidadania desses territórios, numa tentativa de produzir e reivindicar acesso à saúde e outras formas de direitos. Por ora, estruturamos as ações do Apoio Psicológico em dois eixos de atuação regulares e complementares entre si, os quais traremos a seguir.

ACOMPANHAMENTO PSICOLÓGICO INDIVIDUAL

O Apoio Psicológico do Núcleo de Psicologia da Rede Emancipa vem oferecendo suporte e atenção psicológica on-line, gratuitamente e em âmbito nacional, aos alunos, coordenadores e professores, sobretudo durante a travessia de momentos difíceis e decisivos, acompanhados de diferentes queixas de sofrimentos emocionais e psíquicos, afetivos e sociais. São atendidas todas e quaisquer demandas psicológicas, para além daquelas relacionadas à escolha profissional e que se apresentam nos processos de aprendizagem.

Para serem acompanhados pelo Apoio Psicológico, os interessados se inscrevem preenchendo formulário elaborado pela equipe, disponibilizado e divulgado junto às redes sociais da Rede Emancipa, perante abertura de vagas de horários junto às(aos) psicólogas(os) voluntários e colaboradores. Tal formulário nos fornece inúmeras informações, como demandas, queixas principais e perfil sociodemográfico, que nos orientam na priorização e na distribuição dos casos junto à equipe. Jovens e adultas(os) são atendidas(os) com protocolos distintos. Os adolescentes são encaminhados para os profissionais que atendem essa faixa etária e a eles, menores de dezoitos anos, é solicitada uma autorização e uma entrevista com os responsáveis, tanto a fim de respeitar os princípios éticos da prática profissional e o Estatuto da Criança e do Adolescente (ECA), como para conhecer melhor as particularidades de cada dinâmica familiar.

O acompanhamento psicológico tem seguido princípios da psicoterapia breve, com acompanhamento de curto prazo e foco na queixa/demanda inicial. Atualmente vem acontecendo no formato de doze sessões, com atendimentos semanais e hora marcada, estabelecida de acordo com os horários de disponibilidade do inscrito e dos profissionais. A abordagem utilizada nos atendimentos varia de acordo com a adesão teórica do profissional. A partir do momento que a(o) psicóloga(o) absorve o caso, ela(e) passa a ser responsável pela conduta, assim como pela elaboração e guarda de prontuário, contando com o suporte de outras(os) profissionais voluntárias(os) para o manejo dos casos clínicos nos encontros de intervisão.

INTERVISÃO

A proposta dos encontros de intervisão é ofertar um momento de troca de experiências, compartilhamentos de saberes tácitos e a partir de diferentes abordagens teóricas entre os profissionais nas discussões de casos clínicos. É por meio deles que também se discutem e constroem possibilidades de encaminhamento dos casos atendidos para a rede de cuidado, atenção, assistência e proteção social pública ou gratuita, comunitária, fora da Rede Emancipa, de acordo com as necessidades, interesses e demandas dos assistidos do apoio.

Esses encontros de intervisão promovem a evocação de temas de estudo e discussão entre a equipe, afinamento político-ético-profissional, o fortalecimento dos vínculos e o sentimento de coletividade, auxiliando no processo de formação continuada e permanente dos próprios psicólogos, na construção do processo de organização do apoio e constituição de uma rede profissional de apoio. As intervisões têm sido um espaço importante de construção, discussão, aprendizado e troca, fortalecendo as(os) profissionais em seus fazeres no Apoio Psicológico Emancipa. Juntamente com o acompanhamento psicológico individual, temos seguido com essas ofertas, considerando que a conquista da palavra diante de alguém que escuta é, verdadeiramente, um ato político (Guimarães, 2020).

O Apoio Psicológico contou com cinquenta psicólogas(os) voluntárias(os) ao longo do ano, ofertando o acompanhamento psicológico individual não só para professores, alunos e coordenadores dos cursinhos. Foram 133 pessoas inscritas para o atendimento psicológico. Entre elas, 51 se identificaram como mulheres cis, 71 como homens cis, e dez pessoas se identificaram como "outros". Quanto à autoidentificação étnico-racial, 76 pessoas se reconhecem como pardas/negras, 51 pessoas como brancas, uma pessoa como mestiça, duas como amarelas de origem asiática e três pessoas não declararam. Diante da ampliação do público atendido, observou-se o aumento da demanda e, consequentemente, o surgimento de uma fila de espera de até dois meses. Entretanto, foi possível atender a toda a demanda. Foram aproximadamente 1,6 mil horas de escuta individual.

Foram realizados 72 encontros de intervisão com quatro duplas de psicólogas atuando. Cada momento teve a duração de 1h30, quinzenalmente. Outras atividades desenvolvidas foram: conversas com professoras(es) e coordenadoras(es), com o objetivo de divulgação das ações de apoio, articulação e acolhimento de suas demandas, escuta e encaminhamentos; e os encontros de integração das(os) novas(os) psicólogas(os), com o intuito de apresentação da Rede Emancipa, da proposta, do funcionamento e da luta, assim como do Apoio Psicológico e do Núcleo de Psicologia, com trocas sobre a trajetória profissional, experiências e expectativas e discussão sobre as possibilidades de atuação e engajamento junto à Rede Emancipa.

O ano de 2021 ainda contou com as rodas de conversa Saúde Mental em Tempos Sombrios, a partir de agosto. Essa atividade aconteceu em parceria com o Grupo de Estudos e Pesquisa em Etnografias Urbanas (Guetu/UFPB) e o Projeto de Extensão em Atenção Multiprofissional à Saúde Mental de Estudantes Universitários (Same/UFPB). As rodas foram ofertadas mensalmente, abertas ao público geral por meio de inscrição prévia. Elas aconteceram on-line, com duas horas de duração. Destacam-se entre pessoas participantes aquelas que se encontravam na fila de espera para atendimento individual do Apoio Psicológico da Rede Emancipa.

CONSIDERAÇÕES FINAIS, OU ABERTURAS PARA SEGUIR EM FRENTE...

O que foi construído até o momento no Núcleo de Psicologia da Rede Emancipa, em suas duas frentes de atuação — a Orientação Profissional Emancipa e o Apoio Psicológico —, certamente vem se mostrando como dispositivos potentes, não só no acolhimento das demandas subjetivas, ligadas ou não aos processos de ensino-aprendizagem, orientação profissional e/ou sofrimento psíquico, daqueles vinculados à Rede Emancipa, mas, especialmente, no fortalecimento de si e no enfrentamento às injustiças sociais. Por meio de acolhimento, escuta e demais ações do núcleo, observa-se espaço de fala para se tornar consciente sobre o mundo ao redor, desenvolver uma visão crítica e postura ativa diante dele, possibilitando o questionamento e engendrando um agir para transformação de si e do mundo. Tornar-se um agente de mudança. Tais ações vêm se firmando como alicerce para a continuidade do trabalho, sobretudo mediante a urgente necessidade de ter um governo que atue voltado às necessidades de quem mais precisa. E, nessa batalha, acreditamos que os espaços de escuta e acolhimento, reflexão crítica e construção de possibilidades são imprescindíveis.

REFERÊNCIAS

BARRETO, José Carlos. *A discussão: um poderoso instrumento educativo*. São Paulo: Vereda, 1992.

BOHOSLAVSKY, Rodolfo. *Vocacional: estratégia, tática, técnica*. São Paulo: Martins Fontes, 1983.

ERIKSEN, Thomas Hylland & NIELSEN, Finn Sivert. *História da antropologia*. Trad. Levindo Pereira. Petrópolis: Vozes, 2007.

FREIRE, Paulo. *Pedagogia da autonomia*. Rio de Janeiro: Paz e Terra, 1996.

FREIRE, Paulo. *Pedagogia do oprimido*. 71ª ed. Rio de Janeiro: Paz e Terra, 2019.

GUIMARÃES, Daniel. "Convite à prática pública de psicanálise", *Outras Palavras*, 23 jun. 2020.

GUIMARÃES ROSA, João. *Grande sertão: veredas*. Rio de Janeiro: Nova Aguilar, 1994.

LATOUR, Bruno. "Imaginar gestos que barrem o retorno da produção pré-crise", Trad. Déborah Danowski & Eduardo Viveiros de Castro, N-1 Edições, 29 mar. 2020.

MELO, Carlos & CABRAL, Sandro. "A grande crise e as crises brasileiras: o efeito catalizador da covid-19", *Gestão e Sociedade*, v. 14, n. 39, 2020, p. 3.681-88.

MENDES, Maíra Tavares & RUFATO, Marcela de Andrade. "Por que não passam? Cursinhos populares e tempo curricular: uma problematização a partir de experiências da Rede Emancipa". *In*: Anais do VIII Seminário Internacional As Redes Educativas e as Tecnologias: Movimentos Sociais e Educação. Rio de Janeiro, UERJ, 2015.

ORGANIZAÇÃO MUNDIAL DA SAÚDE (OMS). *Relatório mundial de saúde — Saúde mental: nova concepção, nova esperança*. Lisboa: OMS, 2002.

ROSA, Miriam Debieux. "Uma escuta psicanalítica das vidas secas", *Revista Textura*, v. 2, n. 2, 2002, p. 42-7.

Jairo Maurano Machado * Universidade Emancipa; membro da Comissão Permanente de Acessibilidade e Inclusão do Tribunal Regional do Trabalho da 15ª Região. E-mail: jairomaurano@gmail.com.

Adriana da Silva Maria Pereira * Universidade Emancipa; mestranda no Programa de Mestrado Profissional em Educação Inclusiva da Universidade Estadual Paulista (Profei/Unesp). E-mail: adri38pereira@gmail.com.

Miriam Viridiana Verástegui Juárez * Universidade Emancipa; doutoranda em educação especial na Universidade Federal de São Carlos (UFSCar). E-mail: mvvjuarez@estudante.ufscar.br.

EDUCAÇÃO POPULAR ANTICAPACITISTA: REFLEXÕES SOBRE ACESSIBILIDADE NA UNIVERSIDADE EMANCIPA

Jairo Maurano Machado

Adriana da Silva Maria Pereira

Miriam Viridiana Verástegui Juárez

Não é difícil vislumbrar que a ideia de educação como movimento libertador, proposta por Paulo Freire, muito se relaciona com a estrutura da luta anticapacitista. Ora, é preciso deixar de lado o pensamento de construir um caminho para as pessoas com deficiência e seguir uma trajetória que seja efetivamente traçada com elas.

Certamente, ao abandonarmos essa perspectiva de enxergar as pessoas com deficiência como meros alvos de nossas ações para entendê-las como efetivas participantes da sociedade, e de tudo o que acontece nela, teremos muito mais a contribuir para a superação do capacitismo, assim entendido como o ato de julgar alguém pelo que pode ou não pode fazer (Aydos, 2021).

Nesse sentido, a Universidade Emancipa (UE) tem ampliado cada vez mais os esforços para combater o capacitismo que existe ainda dentro das lutas sociais, como na educação popular.

A luta das pessoas com deficiência por uma educação emancipatória não é recente, porém nem sempre os discursos de inclusão chegam nesse caminho.

Devemos compreender que, para a pavimentação de uma realidade efetivamente acessível e inclusiva, diversas concepções atravessaram esse contexto. Mais que isso, diversos também são os contextos que envolvem as pessoas com deficiência quando se pretende pensar em uma luta que seja legitimamente social.

Assim, pretendemos, por meio do presente capítulo, delinear as ações que a UE tem feito durante a criação dos cursos on-line realizados nos anos de 2020-2021 e, a partir disso, refletir acerca de como essas práticas são atravessadas pelas diferentes concepções de deficiência e como se nutrem da perspectiva freiriana, no sentido de primeiro pensarmos o "porquê" e não o "como" da acessibilidade, de modo a evidenciar uma eventual dialogicidade nesse processo, levando em conta também as tensões que dele podem se derivar.

PAVIMENTANDO UMA TRAJETÓRIA: DAS CONCEPÇÕES SOBRE DEFICIÊNCIA ÀS AÇÕES DE ACESSIBILIDADE NA UNIVERSIDADE EMANCIPA

Em tempos mais antigos, as pessoas com deficiência eram vistas como seres endemoniados ou divinos. Mais especificamente no âmbito educacional, é possível identificar desde o século XVIII uma sistemática para pessoas com deficiência pautada em diversas perspectivas pedagógicas. Porém, no século XIX houve um forte apego à etiologia orgânica nervosa do diagnóstico clínico e estatístico, que trouxe o conceito de normalidade da psicologia científica (Pessotti,2014). Essa ideia ainda se manifesta em vários outros setores.

De outra parte, hoje há também a compreensão de que a deficiência não decorre unicamente de fatores biologizantes, mas está intrinsecamente ligada à ideia de interação com as barreiras existentes no ambiente que impedem a participação social. Nesse sentido, a deficiência se apresenta à medida que a participação social e o consequente exercício da cidadania são cerceados por obstáculos das mais diversas ordens (físicas ou comportamentais).

Essa inovação teórica enseja o que denominamos de *perspectiva biopsicossocial* e decorre do modelo social da deficiência cuja criação advém dos estudos do grupo chamado de *Disability Studies*.

Por esses estudos, denotamos que questões relacionadas à deficiência extrapolam conceitos metafísicos e biológicos, pois sofrem forte influência social, pautada nas relações de exercício do poder de classes dominantes sobre as dominadas, especialmente com o avanço do sistema capitalista, uma vez que a deficiência é preponderantemente entendida como uma tragédia, um desvio da norma.

Nesse contexto, como assevera Piccolo (2012), a eficiência passa a ser indicada como a pedra de toque do capitalismo. Logo, aqueles que dela se desviem ou não atendam ao que se compreende por eficiência são considerados seres desviantes, ou *outsiders*.

Ocorre que diversas falhas permeiam esse raciocínio entre eficiência e deficiência. Primeiramente, a eficiência é instituída pelos que possuem justamente o domínio, que exercem o poder sobre os demais na sociedade. Assim, eles próprios instituem unilateralmente o conceito daquilo que é a norma e daquilo que é o desvio.

Em segundo lugar, a deficiência, assim vislumbrada como fruto socialmente estabelecido, tem como consequência a atribuição de rótulos àqueles que a possuem; isto é, além das características biológicas e/ou físicas oriundas de alguma lesão, a pessoa acaba por ser rotulada pela sociedade por alguma atribuição correlacionada com aquelas características, seja de ordem corpórea ou funcional. É esse estabelecimento de relações que dá sustentação ao capacitismo.

Todo esse quadro faz inferir que a deficiência é atualmente compreendida como um processo de opressão social, em que as pessoas com deficiência estão sujeitas a consequências que vão muito além da lesão que as acomete, haja vista que a própria sociedade, supostamente perfeita, a todo momento lhes impõe inúmeros obstáculos, tanto de ordem arquitetônica quanto comunicacional ou mesmo atitudinal.

É sobre essa opressão que devemos focar nossa atenção, pois é ela que retroalimenta a estrutura do capacitismo. Se entendermos que a cultura da normalidade pressupõe tanto uma expectativa de padrão de funcionamento biológico como um preceito de sistema produtivo (Diniz, Barbosa & Santos, 2009), poderemos perceber que, na realidade, não estaríamos falando necessariamente de questões unicamente biológicas. Ora, antes mesmo de pensar sobre quem supostamente não atende a esses padrões, devemos refletir primeiro: por quem a norma é estabelecida? Quem gerou essa expectativa? Qual sistema produtivo é esse? Qual sua finalidade?

Ao trazermos esses questionamentos, poderemos compreender que fatores que vão muito além dos biológicos se inserem na discussão do capacitismo, aqui sintetizado como o ato de julgar a capacidade de alguém poder fazer ou não alguma coisa em razão da própria deficiência (Aydos, 2021). Por esse pensamento, por exemplo, pessoas cegas seriam mais hábeis para as áreas do conhecimento que envolvam música, ao passo que as pessoas surdas teriam mais habilidade para trabalhar em lugares extremamente barulhentos.

Seja no mercado de trabalho ou na educação, o capacitismo tende a gerar um obstáculo ainda maior às pessoas com deficiência. Não bastasse a barreira existente por conta do próprio ambiente, independentemente da ação humana, esse ato de julgar a capacidade acaba se constituindo mais oneroso à luta daquelas pessoas.

É como se, mesmo com a vigência de uma perspectiva biopsicossocial, as outras concepções ainda permanecessem coexistindo, pondo as pessoas com deficiência em condições de seres miseráveis ou divinos, que fogem à norma e por isso são desviantes do padrão instituído pela sociedade. Na realidade, essas concepções sempre estão presentes.

É por isso que precisamos primeiramente compreender por quem a norma foi instituída, assim como quem estabeleceu esse suposto padrão. Posteriormente, devemos compreender quais os caminhos disponíveis para a superação desses equívocos que acabam por posicionar as pessoas com deficiência como sujeitos de segunda categoria.

Acreditamos que um desses caminhos reside justamente na garantia de um movimento pautado na educação popular e emancipatória. E, por ser popular, é imprescindível que a participação das pessoas com deficiência também seja considerada.

A existência de uma luta social que não agregue todos aqueles oprimidos na sociedade não é uma luta efetiva; e, como nos ensina Freire (1987), passamos apenas a reproduzir um círculo vicioso em que o oprimido pretende se tornar opressor e perpetuar essa dinâmica. Precisamos entender que a educação emancipatória deve caminhar em paralelo à libertação daquele sistema. No caso das pessoas com deficiência, o mesmo raciocínio deve ser adotado. Tanto é assim que desde 2020 a Universidade Emancipa tem realizado algumas ações que promovem a acessibilidade e garantem a participação das pessoas com deficiência em seus cursos e eventos.

Por isso, o compromisso que a UE tem feito, por meio das ações dos militantes coordenadores dos cursos realizados entre os anos de 2020 e 2021, é sem precedentes. A pauta da acessibilidade tem sido visível e se configura como um antecedente viabilizado durante a pandemia de covid-19, nos cursos on-line.

Assim, é necessário registrar as atividades realizadas até então, de modo a ressaltar a perspectiva teórico-política na qual se baseia — uma educação popular emancipatória e anticapacitista, que pensa a acessibilidade desde uma perspectiva relacional e coletiva. Dessa forma, essas experiências poderão subsidiar as novas ações que contemplem sempre, na luta da educação popular, as pessoas com deficiência.

A partir disso, um dos primeiros eventos que contemplaram a realidade das pessoas com deficiência foi o curso Pandemia e Periferias. No contexto pandêmico, a conversa aberta Capacitismo e Pandemia: Educação, Saúde e Trabalho[1] foi pensada para refletir sobre o contexto desse grupo; porém, não havia intérprete de Língua Brasileira de Sinais (Libras), audiodescrição ou qualquer outra forma de acessibilidade para pessoas com deficiência. Foi nessa primeira conversa que se tornou possível que a palestrante tivesse acesso ao conteúdo da conversa através da legendagem artesanal e voluntária de dois militantes da rede. Do mesmo modo, outras pessoas surdas podem até hoje ter acesso ao conteúdo, graças a duas intérpretes de Libras voluntárias.

Naquela ocasião, foi necessário reafirmar a importância do diálogo tanto para explicar para a palestrante que não havia recursos financeiros para pagar a estenografia e que as legendas seriam feitas manualmente, quanto com a coordenação da UE, para custear uma plataforma de videochamada que permitisse inserir as legendas.

O sucesso não foi pleno, pois fazer legendas ao vivo traz muitos erros de digitação, porém foi possível fazer a conversa e, o

1 Disponível no canal do YouTube da Rede Emancipa, 26 ago. 2020.

mais importante, dialogar e entender o contexto vivenciado, sem que isso constituísse impedimento para discutir coletivamente o que estava acontecendo com as pessoas com deficiência durante a pandemia.

Isso nos evidenciou o quanto é primordial trazer à tona temáticas relacionadas à pessoa com deficiência, principalmente na pandemia(mônio), durante a qual surgiu uma Nova Política Nacional de Educação Especial, propondo um retrocesso em relação aos avanços até então conquistados, não só nas representações sociais e históricas no âmbito da deficiência, como também nos direitos garantidos ao longo de aproximadamente trinta anos de luta por uma educação inclusiva, pautada no indivíduo biopsicossocial.

Com essa experiência foi possível perceber quanto trabalho havia pela frente para que esse grupo de pessoas pudesse se somar à luta da UE. Por isso, no curso seguinte, Democracia, com a parceria da Universidade Federal de Minas Gerais (UFMG), foi possível que cada aula tivesse interpretação em Libras, considerando assim a acessibilidade para pessoas surdas. Porém ainda ficavam excluídas pessoas com outras deficiências, como as que requerem audiodescrição.

Já o curso Saúde Coletiva e Periferias contou com a parceria da Universidade Federal de São Carlos (UFSCar) e com o Informa-SUS, que já vinha trabalhando com conteúdo acessível para pessoas surdas. Foi possível assim caminhar além e acrescentar a audiodescrição às nossas atividades, em parceria com a Universidade Estadual do Ceará (Uece) e a Universidade Federal do Ceará (UFC). Com essa ação, foram contempladas pessoas com deficiência auditiva e visual.

Além disso, destacam-se todas as questões de organização necessárias dentro do curso, o que não é tarefa fácil, porque as necessidades de pessoas com deficiência ainda não são consideradas prioridade. Isso demanda uma argumentação muito mais insistente e persuasiva dentro do grupo para que esse espaço seja mantido. Contudo, as trocas foram riquíssimas.

Cabe então ressaltar aqui a importância de ter as universidades caminhando na luta conosco, pois graças a elas conseguimos obter uma formação sobre audiodescrição e legendagem, o que provocou que nos cursos subsequentes a UE pudesse realizar esse trabalho com seus próprios membros.

Uma das pautas que ainda não foram consolidadas é o grupo de trabalho de acessibilidade dentro da UE. Há no formulário de inscrição a solicitação da autodeclaração das pessoas com deficiência, assim como as necessidades de acessibilidade. Com isso, procuramos manter um diálogo com elas, por meio da criação de um grupo de WhatsApp para conversar com os estudantes e saber quais pontos poderiam ser aprimorados. No entanto, houve pouca participação. Por conta disso, em outras atividades chamamos participantes interessados no tema para compor o grupo e transversalizar com mais força essa pauta no âmbito da UE, porém sem conseguir uma organização constante.

Ainda assim, a pauta se manteve presente no curso 100 Anos de Paulo Freire: Esperançar em Tempos de Barbárie. As discussões sobre a temática tiveram continuidade, e disso decorreu a percepção de que essas ações fazem parte da UE, e, nessa ocasião, também confirmamos que as experiências passadas colaboraram para trazer mais estudantes com deficiência — no total de 623 — para discutir conosco nos cursos.

Embora se trate de um aspecto quantitativo, apresenta bastante relevância, pois mostra que não temos que esperar ter pessoas com deficiência pedindo que seu direito à informação seja cumprido, mas sim devemos pensar junto com elas sobre o que é preciso para tê-las conosco, já que "só nas bases populares e com elas poderíamos realizar algo de sério e autêntico para elas" (Freire, 1967, p. 102), somando-nos à luta pela educação emancipatória e anticapacitista. Esse raciocínio nos leva à compreensão de que nossas condutas não devem ser pautadas no equivocado sistema da gestão da acessibilidade sob demanda:

> Tais categorias podem parecer complexas em um primeiro momento, mas, quando começamos a exercitar estas concepções e posturas na prática, vamos percebendo o quanto ações que muitas vezes entendíamos como direcionadas para uma pessoa com um "tipo de deficiência" na realidade englobam uma prática de inclusão de várias outras corporalidades e formas de estar no mundo. Se continuarmos a pensar na rampa "para o cadeirante", na legenda "para o surdo", na audiodescrição "para o cego", acabamos pressupondo que, se não há pessoas com estas deficiências no espaço, estes recursos são desnecessários, e continuaremos tendo, como consequência, a gestão da acessibilidade "sob demanda".[2]

Partimos então do pensamento acima transcrito para defender nossa convicção de que a acessibilidade não é unicamente composta por práticas isoladas e destinadas a uma só pessoa, isto é, uma finalidade a ser atingida, descolada até mesmo de nossas motivações pessoais. Pelo contrário, a acessibilidade deve ser compreendida durante o seu próprio processo de construção. É por isso que entendemos que a acessibilidade não consiste simplesmente "no que fazer" ou "como fazer", mas sim "por que fazer". A acessibilidade não é um fim, mas um meio. Sua existência é relacional.

Nada mais natural, então, que vislumbrar a educação como caminho para a construção de um ambiente legitimamente aces-

2 COMITÊ DEFICIÊNCIA E ACESSIBILIDADE DA ASSOCIAÇÃO BRASILEIRA DE ANTROPOLOGIA. *Contracartilha de acessibilidade: reconfigurando o corpo e a sociedade.* Brasília/São Paulo/Rio de Janeiro: ABA/Anpocs/Uerj/Anis/Conatus/Naci, 2020.

sível e inclusivo, que seja de fato libertador. Nesse sentido, uma das linhas propostas para conquistar uma educação emancipatória e anticapacitista é a perspectiva de fazer COM as pessoas com deficiência e não SOBRE ou para elas, em detrimento de uma visão assistencialista, pois essa ideia ainda permeia vários setores, inclusive nas pautas do governo atual.

Por isso a luta das pessoas com deficiência deve ser a luta de todos e todas, visto que desde os anos 1940 elas têm se associado para lutar por seus direitos, obtendo um auge entre os anos 1960-1980, quando no Brasil se conseguiu uma quebra de instituições que davam serviços às pessoas com deficiência para grupos de pessoas organizadas que administravam os serviços para elas mesmas (Amorim, Rafante & Caiado, 2019).

Esse período marca uma perspectiva que não deve ser esquecida, pois as pessoas com deficiência são atores dotados de ação, que decidem sobre a própria vida e a da comunidade. A ideia dos estudos emancipatórios sobre deficiência, expressada assim a partir da década de 1990 (Barnes, 2012), faz referência à pesquisa, mas pode bem aplicar-se à organização em coletivos ou à militância, porque tem como finalidade mudar a ideia do fazer sobre ou para elas, e propõe o fazer com elas, pois isso permite a sua participação efetiva e não simulada (Hart, 1993; Moraes, 2010).

A partir desse prisma, as pessoas com deficiência são produtoras de conhecimento, de modo que o desafio é cumprir com essa meta, pois nem todas as formas de participação promovem agência. A ideia então dessa educação emancipadora é que continue com os caminhos propostos pela Universidade e a Rede Emancipa, educação popular e emancipatória, inclusive para as pessoas com deficiência, sendo essas participantes ativas que se envolvem no processo de transformação social, desde seu conhecer situado e não neutro (Gesser, Block & Mello, 2020; Moraes, 2010).

Assim, exortamos as pessoas a pensar a educação sempre na dialogicidade, na construção coletiva, em que a pessoa com deficiência possa encontrar caminhos para transformar uma sociedade opressora através da sua própria ação. A deficiência passa a ser entendida como uma categoria política, que também sofre opressão e discriminação. Por isso, a experiência e o conhecimento das pessoas com deficiência se somam à luta contra as pedagogias hegemônicas que pensam no alunado como homogêneo.

Além disso, contribuem para a luta contra a ideologia da produtividade como único recurso da realização pessoal, pois requeremos pensar na educação com respeito aos distintos tempos dos alunos, assim como às suas distintas formas de aprender (Aguiló Bonet & Jantzen, 2017).

Sendo assim, pensar em desenvolver uma educação popular, que abarque todos e todas, inclusive as pessoas com deficiência, não pode partir de uma ingênua ideia de que será uma tarefa fácil e livre de tensões históricas e culturais.

Bueno (2008) já nos alertava quanto ao perigo de sermos levados por essa ingenuidade de acreditar no apelo das políticas educacionais quanto à construção de uma sociedade inclusiva, que só tende a caminhar em direção à inclusão, quando o mais adequado, diríamos, seria a "construção de uma sociedade crescentemente democrática, que gradativamente fosse incorporando a massa de deserdados produzidos por políticas injustas e de privilegiamento das elites sociais" (Bueno, 2008, p. 57).

E construir uma sociedade democrática, que ofereça todas as condições de acesso à educação e, consequentemente, promova "o bem de todos, sem preconceitos de origem, raça, sexo, cor, idade e quaisquer outras formas de discriminação", como preconiza a Constituição de 1988, só será possível se construirmos junto com as bases populares uma consciência crítica que oportunize uma integração com a realidade e, posteriormente, uma ação crítica do sujeito ancorada no processo de democratização; ou seja, construir de forma coletiva uma educação "realmente instrumental, porque integrada ao nosso tempo e ao nosso espaço e levando o homem a refletir sobre sua ontológica vocação de ser sujeito" (Freire, 1967, p. 106).

Algo primordial em tempos de barbárie e genocídio das minorias, com o agravamento da crise sanitária durante o isolamento social por conta da pandemia de covid-19 no Brasil, e de ataques à história de luta e resistência de décadas pelos direitos das pessoas com deficiência.

Só com ações formativas e espaços informais de educação propícios para a discussão e a reflexão de temáticas relacionadas à inclusão, mesmo diante das tensões que esses assuntos podem provocar em cada sujeito, torna-se viável avançarmos de forma relacional e dialógica no processo de construção de uma sociedade democrática e emancipatória

É nesse contexto que as bases construtoras da Universidade Emancipa/Rede Emancipa demarcam na história desse movimento de luta por uma educação popular e progressista o movimento das pessoas com deficiência no âmbito não só da acessibilidade nos cursos de formação, mas também como um diálogo permanente entre os participantes do movimento, em prol de viabilizar uma relação com os preceitos defendidos por Paulo Freire no que tange à emancipação e ao protagonismo do indivíduo no processo de sua formação intelectual e da luta por direitos perante a marginalização e as desigualdades sociais.

Para isso, defendemos a ideia de continuidade da dinâmica pautada no que Freire (1967) chamou de método "ativo, dialogal, crítico e criticizador", no qual a construção de saberes leva em consideração a vivência de cada palestrante, e não o "recheio" no seu currículo Lattes, e o encontro com sobreviventes da barbárie cotidiana enfrentada pelas minorias nesta sociedade brasileira capitalista e neoliberal.

CONSIDERAÇÕES FINAIS

Desde 2020, o contexto pandêmico causado pela propagação da covid-19 tem demandado dos indivíduos a criação e a manutenção de novas formas de existir no mundo, seja no aspecto educacional, cultural ou mesmo no lazer.

Em relação às pessoas com deficiência, isso não foi diferente. Contudo, emergiu dessa nova realidade o fato de que esse grupo já há muito tempo vinha sendo tolhido de participar e de interagir plenamente nesses contextos, o que se explica pela falta de acessibilidade nos ambientes, inclusive virtuais.

Na tentativa de superar as barreiras que acabam deixando aqueles ambientes inacessíveis, a Universidade Emancipa/Rede Emancipa tem envidado esforços no sentido de agir em consonância com suas próprias políticas e missões, de propiciar e garantir a autonomia das pessoas por meio da educação popular e emancipatória.

Assim, durante os eventos por ela promovidos nos anos de 2020 e 2021, houve a preocupação de garantir a participação de pessoas com deficiência, por meio da implementação de medidas destinadas a oferecer algum nível de acessibilidade, fosse pela legendagem, pela oferta da audiodescrição ou de intérpretes de Libras.

Durante essa trajetória, foi possível perceber inicialmente certa resistência em garantir esses espaços, mas, ao mesmo tempo, houve um crescimento considerável de participantes com alguma deficiência.

Pudemos também identificar que a cada curso realizado a temática da acessibilidade se mostrava ainda mais presente, de modo que a rede teve de buscar parcerias para construir ambientes acessíveis e, simultaneamente, capacitar os seus próprios militantes.

Esse cenário só vem a corroborar a nossa compreensão de que a acessibilidade não deve se restringir tão somente a práticas isoladas, como a legendagem de um evento ou a audiodescrição de um vídeo, por exemplo. É evidente que essas medidas são muito importantes para a garantia da participação das pessoas com deficiência, mas devemos vislumbrar a acessibilidade para além disso. Necessitamos compreender que ela é atravessada por diversos contextos, assim como as pessoas que dela necessitam.

Acreditamos que a efetiva acessibilidade somente pode se materializar mediante o estabelecimento de um processo de construção que seja dialógico e democrático. Logo, concluímos que não é possível pensar em acessibilidade para pessoas com deficiência sem a sua própria contribuição. Por isso, devemos agir com elas, e não para elas.

É isso inclusive o que aponta o modelo social da deficiência, "nada sobre nós sem nós". Consequentemente, se essas práticas de acessibilidade forem assim discutidas, provavelmente conseguiremos atingir uma sociedade efetivamente acessível, pois pautada na dialogicidade durante a construção desses processos, o que vai ocasionar, por conseguinte, um movimento cíclico de praticar, discutir o que foi praticado e em seguida praticar novamente.

Esse movimento é o que pode garantir uma educação emancipatória e legítima, pois, como podemos extrair das lições de Paulo Freire, devemos pensar inclusive sobre o caminho a ser percorrido para a libertação por meio da educação, e não somente no destino que pretendemos alcançar.

REFERÊNCIAS

AGUILÓ BONET, Antonio & JANTZEN, Wolfgang. "Educación inclusiva y epistemología del sur: contribuciones a la educación especial", *Nómadas — Revista Crítica de Ciencias Sociales y Jurídicas*, v. 51, n. 2, 2017, p. 275-96.

AMORIM, Joyce Fernanda G.; RAFANTE, Heulália Charalo & CAIADO, Kátia Regina M. "A organização política das pessoas com deficiência no Brasil e suas reivindicações no campo educacional", *Revista Educação Especial*, v. 32, 2019, p. 1-26.

AYDOS, Valéria. "Construindo o 'bom trabalhador': inclusão de pessoas com deficiência no mercado de trabalho", *Etnográfica*, v. 25, n. 2, ago. 2021, p. 289-314.

BARNES, Colin. "The Social Model of Disability: Valuable or Irrelevant". *In*: WATSON, Nick; ROULSTONE; Alan & THOMAS, Carol (org.). *Routledge Handbook of Disability Studies*. Londres: Routledge, 2012.

BUENO, José Geraldo da S. "As políticas de inclusão escolar: uma prerrogativa da educação especial?". *In*: BUENO, José Geraldo da S.; MENDES, Geovana M. L. & SANTOS, Roseli A. dos (org.). *Deficiência e escolarização: novas perspectivas de análise.* Araraquara/Brasília: Junqueira & Marin/Capes, 2008.

DINIZ, Debora; BARBOSA, Lívia & SANTOS, Wederson Rufino dos. "Deficiência, direitos humanos e justiça", *Sur, Revista Internacional de Direitos Humanos*, v. 6, n. 11, dez. 2009, p. 64-77.

FREIRE, Paulo. *Educação como prática da liberdade*. Rio de Janeiro: Paz e Terra, 1967.

FREIRE, Paulo. *Pedagogia do oprimido.* 17ª ed. São Paulo: Paz e Terra, 1987.

GESSER, Marivete; BLOCK, Pamela & MELLO, Anahí. "Estudos da deficiência: interseccionalidade, anticapacitismo e emancipação social". *In*: GESSER, Marivete; BOCK, Geisa & LOPES, Paula (org.). *Estudos da deficiência: anticapacitismo e emancipação social.* Curitiba: CRV, 2020.

HART, Roger. "La participación de los niños: de la participación simbólica a la participación auténtica", *Ensayos Innocenti*, n. 4, 1993.

MORAES, Marcia. "Pesquisar COM: política ontológica e deficiência visual". *In*: MORAES, Marcia & KASTRUP, Virgínia (org.). *Exercícios de ver e não ver: arte e pesquisa com pessoas com deficiência visual*. Rio de Janeiro: Nau, 2010.

PESSOTTI, Isaías. *Deficiência mental: da superstição à ciência.* São Paulo: Ed. da ABPEE, 2014.

PICCOLO, Gustavo M. *Contribuições a um pensar sociológico sobre a deficiência.* Tese (Doutorado em Ciências Humanas). São Carlos: Universidade Federal de São Carlos, 2012.

NÔ STA DJUNTU! ESTAMOS JUNTOS! O SURGIMENTO DO EMANCIPA MALÊS

Emancipa Malês

A transcrição a seguir[1] reproduz partes da aula inaugural do cursinho Emancipa Malês, realizada on-line em 14 de maio de 2022. Trata-se da primeira e ainda embrionária experiência internacionalista de cursinho popular, envolvendo dezenas de educadores e centenas de estudantes do Brasil, de Guiné-Bissau, Cabo Verde e Angola. O Emancipa Malês é uma iniciativa da Rede Emancipa em parceria com a extensão da Universidade da Integração Internacional da Lusofonia Afro-Brasileira (Unilab), instituição fundada em 2008 e pioneira na democratização do ensino superior público para estudantes de países falantes do português fora do Brasil. Suas aulas e atividades estão voltadas para a realização da prova específica de ingresso nos cursos de graduação da Unilab e são planejadas para acontecer de maneira híbrida (encontros presenciais, encontros virtuais e videoau-

1 Transcrição realizada a partir do áudio gravado por Sabrina Balsalobre, Andreia Cristina Mendes Mosso e Cidália Mendes Correia Tavares. Revisão e edição de Daniela Mussi.

las), com vistas a fortalecer laços internacionais e territoriais em defesa da educação.

ANDREIA MOSSO (COORDENADORA DA REDE EMANCIPA EM CABO VERDE): Estou nesse projeto que gosto muito, e o Brasil é minha segunda pátria. Primeiro Cabo Verde, depois Brasil. Tenho um amor muito grande pelo Brasil, por isso estou aqui e gostaria que outras pessoas em Cabo Verde pudessem ter essa oportunidade. Sei o quanto é importante o papel da educação em nossa vida, é um elevador social. Estou nessa causa, vida longa.

ALFA DOS SANTOS (COORDENADOR DA REDE EMANCIPA EM GUINÉ-BISSAU): Bom dia, Brasil, boa tarde aos demais países. Sou de Guiné-Bissau, fiz parte da segunda turma de estudantes formados pela Unilab na Bahia, hoje sou mestrando na UFBA, também na Bahia, e coordeno a Rede Emancipa em Guiné-Bissau. Sinto grande orgulho em poder coordenar esse projeto e ajudar toda a população guineense que acredita em uma mudança pela educação. Estou muito feliz, lutamos muito por esse dia e finalmente conseguimos.

YERMA TOMÁS (COORDENADORA DA REDE EMANCIPA EM ANGOLA): Bom dia, sou estudante do curso de saúde em Angola, sou produtora artística há mais de um ano. Vivi um ano na Romênia estudando línguas e cultura. Sou muito grata em fazer parte da Rede Emancipa, sinto que é uma oportunidade muito grande para os jovens em Angola devido à dificuldade que existe em ter acesso à educação, a uma formação de qualidade, porque existem muitos jovens em Angola que esperam ter uma oportunidade como esta, mas infelizmente não têm a possibilidade de fazer parte, infelizmente não têm a possibilidade de ter uma educação de qualidade em Angola ou em qualquer outra parte do mundo. Sou muito grata por fazer parte da Rede Emancipa.

ARY SANTOS (COORDENADOR DA REDE EMANCIPA EM ANGOLA): Olá a todos(as) que estão no cursinho, sou Ary Campos, coordenador da Emancipa em Angola. Sou da área de direito. Tenho também o privilégio de ter esse contato com o Brasil ao longo dessa trajetória na área da militância. É um prazer e um orgulho muito grande poder fazer parte da rede e poder trabalhar juntos, e ter essa oportunidade com estudantes angolanos que estão aqui em Angola, porque no nosso país tem sido muito difícil essa questão da educação. Achamos que essa oportunidade que a Emancipa Malês está a trazer é uma boa oportunidade para todos. Que seja um projeto que realmente venha a beneficiar a todos. E muito obrigado.

DANIELA MUSSI (COORDENADORA DA UNIVERSIDADE EMANCIPA): Olá, bom dia e boa tarde para todos que estão chegando no cursinho da Emancipa Malês, bom dia especialmente para educadores, coordenadores, para todos que se envolveram na construção desse evento que é a realização de um sonho, um dia de muita alegria. É até engraçado pensar que podemos ser o sonho de alguém, e vocês são o nosso sonho realizado nesse encontro. Paulo Freire tem uma frase que é muito citada de um livro chamado *Pedagogia do oprimido* — importante para entender a visão da educação popular que emancipou e continuou emancipando muitas pessoas e movimentos sociais pelo mundo —, e eu acho que não tinha entendido essa frase totalmente até o dia de hoje: "Ninguém educa ninguém, ninguém educa a si mesmo, os homens se educam entre si mediatizados pelo mundo". Hoje na Rede Emancipa podemos entender exatamente o que isso significa, estamos colocando o mundo aqui, estamos colocando as fronteiras abaixo, estamos apresentando as possibilidades de emancipação pela educação popular como possibilidade global, atravessando realidades, línguas, culturas. Essa é uma conquista da Emancipa Malês, tornar Paulo Freire uma realidade prática de transformação do mundo pela educação.

A Rede Emancipa está há quinze anos no Brasil, lutando pela educação pública e pelo acesso à universidade para quem é fadado a não ter acesso pelas desigualdades sociais que existem entre diferentes países, mas também entre nós aqui no Brasil, e que são muito grandes. Nunca foi tão importante o Emancipa Malês como agora, basta olhar para a queda dramática, ao longo dos últimos anos, do número de estudantes inscritos para realizar o Exame Nacional do Ensino Médio (Enem), principal forma de avaliação para ingresso nas universidades públicas brasileiras pelos estudantes brasileiros, especialmente as universidades federais. O Enem tem sido uma ferramenta importante de democratização do acesso à universidade no Brasil, pois com uma única prova é possível acessar as vagas em qualquer universidade pública. Essa prova não absorve estudantes estrangeiros, pois continua existindo um exame de ingresso internacional para estudantes, e a Unilab, em particular, realiza uma prova específica para ingresso em seus cursos de ensino superior.

Pelo seu caráter de vanguarda na realização de uma prova voltada especialmente para não brasileiros, a Unilab possui uma posição estratégica para a luta pelo direito internacional dos povos à educação pública no Brasil. Ela ajuda a tornar o direito à educação uma realidade internacional, e gosto de repetir isso porque é importante para que se entenda o cursinho não como um favor, algum tipo de caridade, mas como uma ferramenta para organizar a luta por esse direito. As vagas no vestibular da Unilab são um direito dos estudantes de Guiné-Bissau, de Cabo Verde, de Angola, Moçambique, Timor Leste... Não são privilégios, e, nesse sentido, a organização do cursinho popular é, antes de mais nada, uma necessidade de todas as pessoas aqui presentes.

Os dados do Enem ao longo do tempo mostram que o ingresso na universidade pública foi profundamente ameaçado pela pandemia, pela crise econômica que o Brasil enfrenta hoje e por uma crise política e cultural. Está em curso um projeto de desmantelamento profundo do ensino superior e da pesquisa pública no país, que é gravíssimo e pode pôr a estrutura universitária em questão nos próximos anos. Não resta dúvida de que esse ataque mira justamente os lugares onde a solidariedade se constrói e a luta popular pela educação se torna uma realidade inevitável. Destacar isso, para que possamos sair daqui não apenas com a tarefa individual dos estudos, como também com o compromisso da luta coletiva, é uma forma de dar um passo à frente na realização dos sonhos que muitas vezes são postos na gaveta e reprimidos. Muitas vezes pensamos: não vou fazer isso agora, não tenho condições, vou deixar meu sonho escondido dentro da gaveta, reprimido. Aqui é o momento para abrir essa gaveta, tirar esses sonhos, colocá-los em marcha mais uma vez. Para isso, também temos uma tarefa coletiva que é de construir essa solidariedade entre os países que estão aqui reunidos e construir e fortalecer a existência da Emancipa Malês em cada um dos países.

Emancipa Malês é conexão digital, é internet, é integração cultural internacional e também luta do território, luta da construção em cada cidade, em cada lugar onde vivemos e onde os nossos vivem, para que o sonho da universidade se torne um sonho possível para todos. Vamos perceber, também, que começamos a lutar pela universidade e pela educação e terminamos lutando por muitas outras coisas, já que, quando a educação se torna uma luta verdadeira, ela também aproxima e educa outras lutas. Nesse sentido, sintam-se à vontade para fazer do Emancipa Malês um chão de todas as lutas, um lugar para ensinar e aprender, mediatizados pelo mundo, a fazer melhor, a fazer por mais. Parabenizo o Emancipa Malês nesta manhã, nesta tarde maravilhosa, neste dia que nunca vai acabar porque estará sempre em nossa memória. Gostaria de dizer que, para a Rede Emancipa, este é um passo histórico, estamos *escrevendo e fazendo histórias*, e que bom que fazemos isso em muitas línguas. Vou até arriscar, sabendo que vou errar, mas vou arriscar falar em voz alta em língua crioula o nosso lema que é *Nô sta djuntu*. Estamos juntos. Vida longa, Emancipa Malês.

CIDÁLIA TAVARES (COORDENADORA DA REDE EMANCIPA MALÊS): Oi, pessoal, bom dia e boa tarde a todos, todas e todes. É com enorme satisfação que estou hoje aqui neste grande dia que é a nossa aula inaugural, gostaria de agradecer a presença de todos que estão aqui e agradecer às pessoas que contribuíram de forma direta e indireta para que este evento se tornasse uma realidade, estou muito emocionada.

NEMBALI MANÉ (COORDENADOR DA REDE EMANCIPA MALÊS): Olá, pessoal, sou Nembali Mané, sou da Guiné-Bissau, bolsista voluntário de Emancipa Malês, e com enorme prazer de estar aqui, porque acredito que muitas pessoas que estão aqui estão onde eu estava desde estar a terminar o ensino médio, à procura de para onde vou, o que é que vou fazer. Perante essa problemática, acredito que não podia fazer algo melhor a não ser estar aqui na Rede Emancipa, para trazer o sucesso dos nossos irmãos. Sou estudante da Unilab, estou no sexto semestre da pedagogia, já me formei em ciências humanas, agradeço aos coordenadores e às demais pessoas que estão aqui porque estão num bom caminho. Acredito que vão atingir os vossos objetivos com certeza, é só força a todos vocês, obrigado.

SABRINA BALSALOBRE (COORDENADORA DA REDE EMANCIPA MALÊS): Maravilhoso, vou citar também os nossos educadores, os(as) professores(as) que estarão juntos conosco realizando esse cursinho até outubro: Habina Luís Nanque, Israel da Gama, João Eusébio Imbatene, Joarsem Embaló, Josias Francisco, Milton Binga. Agradeço a presença desses(as) companheiros(as) que estão aqui conosco fazendo a Rede Emancipa Malês acontecer de verdade. A Rede Emancipa possui a maior importância na área da educação popular neste momento, para começarmos a pensar nos desafios que enfrentamos para essa construção em cada um dos países aqui reunidos.

YERMA TOMÁS (ANGOLA): Em Angola, mesmo quando entramos na universidade com um objetivo, com uma expectativa, acabamos frustrados por não termos essas nossas expectativas satisfeitas. A maioria possui essa expectativa de ter uma formação de qualidade, mas não, encontra mais dificuldades. Além de você não receber uma educação de acordo com aquilo que você perspectivou, você acaba tendo inúmeros gastos, porque aqui as universidades são lugares distantes de onde as pessoas moram. As pessoas têm que se deslocar, gastar muito dinheiro para chegar e para ter acesso ao material que é disponibilizado por essas universidades.

A maior parte dos jovens que procura por esse ensino público, que infelizmente não é suficiente, porque não atende à demanda, acaba procurando formas de emigrar ou procurar instituições que oferecem essa oportunidade de ter uma formação fora de Angola. Lá permanecem um período bem longo, trabalhando e buscando formas de custear as suas próprias formações fora do país, porque vai ser uma formação independente. Vão ter que abandonar a família e abandonar todas aquelas pessoas que eram responsáveis por eles aqui, por seus estudos aqui. E, caso decidam mesmo, muitos dos seus familiares não estão dispostos a custear o ensino, uma formação fora de Angola. E simplesmente deixam com que essas pessoas tomem as decisões por si mesmas. Elas têm que trabalhar. Eu tenho um amigo em particular que ficou mais de cinco anos trabalhando para que pudesse hoje ter uma formação fora de Angola. Ele está neste momento no Brasil, mas é um período em que você tem um desgaste psicológico e físico muito grande. Tudo porque você não acredita no sistema educativo que o teu país oferece e porque você quer ter uma formação boa e de qualidade fora de Angola.

Esses são problemas que deveriam preocupar os governos, tanto na criação de universidades quanto na construção de nosso ensino de base. Infelizmente isso não acontece, não recebem a atenção que deveriam e não mudam aspectos que são básicos e são fáceis de ser identificados, que já estão aos olhos de todos há tempos. Infelizmente, ainda são poucas as instituições que oferecem a oportunidade de conquistar uma formação fora de Angola, e as que oferecem impõem custos — e custos elevados — para ter acesso a essa mesma formação. Em alguns casos, vamos para um outro país e temos que nos adaptar a uma realidade geralmente hostil e sabendo que, quase sempre, vamos ter que custear tudo também ali, desde o princípio ao fim, para que possamos ficar esse tempo de formação fora de Angola e longe de todos, amigos, família etc.

ALFA DOS SANTOS (GUINÉ-BISSAU): Eu vou tentar resumir em três pontos o desafio ou a dificuldade que a Guiné-Bissau encontra atualmente. Primeiro ponto: considero que a educação na Guiné-Bissau assenta sobre o sistema educativo influenciado pelo domínio colonial português. Não podemos fugir disso. O que eu quero dizer com isso? Eu quero dizer que as práticas, as formas, os conteúdos, os materiais didáticos são baseados nos modelos, nas cópias dos europeus, sobretudo de Portugal, que eles nos deixaram. E até hoje esse rastro ainda tem suas raízes no país. O que isso traz para a nossa sociedade e para os estudantes, sobretudo para os jovens? É olhar a educação portuguesa como um modelo entre todos os países da língua oficial portuguesa.

Por isso, hoje, tem uma fuga enorme dos jovens guineenses com o intuito de estudar em Portugal. É um sistema que eles escolhem, que eles acham que é melhor, em relação a todos os outros países de língua oficial portuguesa. Então, eu acho que precisamos trabalhar isso. Precisamos ensinar na nossa realidade, falar sobre Guiné-Bissau. Falar sobre a nossa cultura, a nossa língua, a nossa história. Não continuar grudado na história da civilização europeia, entre outras histórias.

Segundo ponto que eu considero é a centralização do sistema educativo das universidades e das maiores escolas na capital. Hoje, se você for à Guiné-Bissau, você vai perceber que temos uma universidade do Estado, que é a Universidade Amílcar Cabral, com um único campus na capital, que é Bissau. Isso vai fragilizar ainda mais o sistema de ensino nas demais regiões: Bafatá, Oio, Gabu, entre outras. Essa centralização da educação faz com que muitos jovens não tenham a oportunidade de estudar. Para você fazer uma universidade, precisa se deslocar da sua cidade para Bissau, que é o único local onde você pode ter essa oportunidade de estudar. Então, mais tarde eu vou falar disto: qual é a oportunidade que a Rede Emancipa pode trazer para os jovens, sobretudo das regiões que chamamos de interior do país?

Terceiro ponto que eu considero que é também um dos desafios é a língua. Não podemos negar isso. Somos um país multilíngue que apresenta, segundo os pesquisadores, cerca de 22 línguas étnicas. Essas línguas são faladas em regiões diferentes por grupos diferentes. Temos ainda o guineense, que é considerado língua nacional. A língua que vai unir todo esse povo, fazendo uma "ponte" para podermos nos compreender. Cada um na sua realidade, na sua região, tem influência de uma língua determinada: ou fula, ou balanta, ou mandinga, ou manjaco. Então, certamente, se você for aprender na escola, você vai aprender em português. De novo vai entrar a influência da colonização. Todo mundo vai considerar a língua portuguesa como obrigatória, impedindo essa pessoa de falar a língua materna (a língua em que se sente mais à vontade para discutir a matéria na sala de aula). Isso, de qualquer forma, vai fragilizar a aprendizagem, vai contribuir para o fracasso escolar, sobretudo dos alunos que estão nas regiões consideradas interiores.

A Unilab e o Brasil estão dando uma contribuição enorme para a educação de Guiné-Bissau. A Unilab está ensinando os seus estudantes a ter um olhar crítico sobre a educação, sobre a sua realidade, sobre a valorização da sua cultura e tudo que abrange a educação. Isso também é papel da Rede Emancipa. É tentar descentralizar a educação. É tentar dar oportunidade àquelas pessoas de *periferia*, como dizem aqui, que não têm oportunidade, que nunca sonharam que, um dia, podem ingressar em uma universidade pública. A Rede Emancipa é para aquelas pessoas que chamamos lá de "coitado", aquelas pessoas pobres, de baixa renda. Ela vai ajudar essas pessoas, instruir essas pessoas e dizer que não tem universidade pública na Guiné-Bissau, em Angola, em Cabo Verde. No Brasil tem. Você pode fazer parte a partir do momento em que você acreditar que a Rede Emancipa pode instruir e mostrar os caminhos que você pode andar para conquistar os seus sonhos de um dia ingressar em uma universidade pública. Basicamente é isso. Eu falei sobre a influência colonial, sobre a centralização da educação na capital e as outras regiões que, entre aspas, foram invisibilizadas pelos nossos Estados. E também a não valorização da nossa língua local como um companheiro que pode andar junto com o português para poder facilitar a aprendizagem no nosso contexto. Muito obrigado por poder compartilhar.

ANDREIA MOSSO (CABO VERDE): Vou fazer uma breve apresentação de como conheci a Rede Emancipa, da razão para trazer este projeto aqui para Cabo Verde, depois vou fazer uma breve explanação sobre os principais temas que nós temos aqui em termos da educação. Em seguida, vou falar brevemente sobre as universidades que temos aqui. Para começar, conheci o trabalho da Rede Emancipa em maio de 2020, através do curso Pandemia e Periferias. Logo fiquei encantada com a Rede Emancipa, que é um projeto que leva educação e formação gratuita a muitas pessoas que não têm a possibilidade de ter acesso a um ensino de qualidade.

Eu quero aqui dizer que, atualmente, não trabalho na área da educação. Eu trabalho na área da cultura, mas eu já fui professora. A educação é uma área que me interessa muito. Um dos fatores pelos quais eu quis trazer este projeto da Rede Emancipa, esta causa, aqui para Cabo Verde, foi porque, com a pandemia, ficou de uma forma mais escancarada que um dos maiores problemas sociais e econômicos que nós enfrentamos aqui deve-se à baixa escolaridade. Por exemplo, nós encontramos uma grande parte da população que está no setor informal e não tem acesso ao sistema de proteção social. Essa informalidade está ligada em grande parte à dificuldade do acesso ao mercado formal e, portanto, está relacionada com o acesso à formação e à educação. Temos o caso das empregadas domésticas, que foram uma das classes que mais sofreram durante a pandemia por não ter acesso aos sistemas de proteção social. Então, eu achei interessante que tivesse essa iniciativa aqui de forma a trazer o empoderamento às pessoas.

O Emancipa Cabo Verde foi criado em novembro de 2020. Já são dois anos. De lá pra cá, já fizemos algumas atividades e queremos continuar. Neste momento, estamos com este projeto do acesso à Unilab pela Rede Emancipa Malês. Mas também aqui há uma outra área que é de grande interesse, que está ligada à minha área também, que é arte-educação. É um projeto que usa as manifestações artísticas — teatro, dança, música, pintura, fotografia — como forma de inclusão social. Tem como objetivo oferecer oficinas nessas áreas artísticas, como eu já disse, como forma de educação social. Eu tenho muito interesse nessa área em particular. Há também alfabetização de jovens e adultos, que eu quero que seja uma forma de atuação da Rede Emancipa localmente. Aqui temos uma grande taxa de abandono escolar e iliteracia entre os jovens, em particular. Então, acho importante atuarmos também nessa área.

Bom, em relação aos desafios que nós encontramos em termos de educação, o ensino elementar básico tem quatro anos e ainda não é acessível a todas as crianças. Nós encontramos várias crianças que não vão para as escolas. Por exemplo, as crianças cujas mães trabalham no setor informal, que vão vender no mercado, as crianças ficam na rua sem ninguém para tratar delas. Elas não vão para o jardim, para escolas. Então, nós temos um grande número dessas crianças que não estão no ensino elementar básico, que não estão em jardins. Outro problema é quanto ao ensino secundário, que também está com um número reduzido de alunos. É uma situação bastante complicada. Ao nível do corpo docente, em relação ao ensino elementar básico e ao ensino secundário, na maioria, os professores não possuem uma formação adequada. No último censo realizado, apenas 19% tinham formação adequada na área de educação.

Nós temos uma grande evasão escolar em Cabo Verde, como eu já tinha referido anteriormente. Essa evasão é vista principalmente entre os rapazes. As meninas ainda frequentam mais. Alfa comentou a respeito da oficialização do crioulo. Aqui em Cabo Verde, a língua oficial é o português, mas nossa língua materna é o crioulo. Neste momento, o governo está estudando uma forma de oficializar o crioulo, mas é um assunto que causa bastante polêmica, porque nós temos várias variantes de crioulo aqui. Na cidade da Praia, nós temos um crioulo. Em cada ilha tem uma variante. Não sabemos qual vai ser a variante, como vai ser esse processo, qual é a variante que vai ser oficializada. Isso está gerando certa polêmica. Claro que cada ilha puxa a sardinha para o seu crioulo ser oficializado. Em Cabo Verde, estamos vendo que muitos alunos têm problemas com o aprendizado do português. É uma situação que atualmente preocupa-me muito, especialmente pela exigência da língua para estudos fora do país.

Em relação ao ensino superior aqui, já temos várias universidades. Na cidade da Praia, na Ilha de São Vicente... O governo tem projeto de implantar universidade na Ilha do Fogo, na Ilha do Maio. Contudo, o acesso à formação superior segue difícil. As universidades são privadas, os alunos pagam para fazer essa formação. Também outra questão que me preocupa muito tem a ver com a qualidade de ensino que as universidades prestam. Os alunos também não têm bolsa e nem todos conseguem pagar mensalidade, que é cara. Não é acessível a todos os bolsos. Então, muitos alunos entram para a universidade, mas depois muitos são obrigados a sair, porque eles não conseguem dar continuidade ao ensino.

Outro problema ligado à universidade é que aqui nós temos um grande número de universidades, mas, quando entramos na universidade, queremos ter acesso ao trabalho. Em Cabo Verde, principalmente na camada mais jovem, estamos com uma grande parcela de pessoas desempregadas, e muitas pessoas saem do país. No último censo, éramos quinhentas mil pessoas, e essa população segue diminuindo. Só nos Estados Unidos, a população de cabo-verdianos é maior do que a população local no país. As universidades têm que criar protocolos com o mercado de trabalho. Eles também deviam fazer alguma coisa nesse sentido, para que, quando um aluno entrar numa universidade, que ele tenha alguma chance, alguma garantia de que vá conseguir um emprego. A maioria desses jovens não tem meios, eles não têm bolsa, não têm nada. O dinheiro sai do próprio bolso. Pelo menos queremos ter uma garantia: eu faço o esforço, mas pelo menos eu vou ser recompensado. Mas não, eles fazem o esforço, depois ficam no desemprego. Eles já têm o diploma. E a única saída para nós é a emigração.

A emigração acaba sendo uma alternativa para outro país. E nós crioulos já temos esse dilema, desde o tempo dos *claridosos*. Eu não sei se vocês conhecem os *claridosos*, que foi uma corrente que apareceu um pouco antes da altura da independência. São escritores que escreviam sobre a situação da ilha, sobre problemas da ilha, sobre problemas do colonialismo. Falavam muito também sobre a emigração. Porque nós queremos ficar no nosso país. Temos esse dilema: ter que partir, mas querer ficar. Nós, cabo-verdianos, não queremos emigrar. Queremos ficar no nosso país, mas nós estamos obrigados. Não é que nós queremos sair. Nós sabemos o quanto é difícil ser estrangeiro, ser preto, ser negro num país estrangeiro. Então, queremos ficar no nosso país. Mas continuamos com este dilema: ter que partir, mas nós queremos ficar. Esse é o dilema do povo cabo-verdiano.

SABRINA BALSALOBRE (REDE EMANCIPA MALÊS): Muito importante ouvir as reflexões bastante semelhantes sobre a situação da educação em Angola, Guiné-Bissau e Cabo Verde. No Brasil, nós temos educação pública e privada. Educação pública significa gratuita e com assistência estudantil (bolsas, subsídio para moradia e alimentação etc.), ao passo que educação privada é aquela na qual se paga matrícula, mensalidade etc. Outro elemento importante é que, entre nós, a educação pública não significa filantropia, pois a atual Constituição do Brasil, em seu artigo VI, considera a educação um direito fundamental para a garantia da cidadania. Isso significa que a educação é para nós um caminho estratégico para o desenvolvimento nacional por meio de investimentos estatais, importante conquista democrática comparável ao direito à saúde gratuita e universal que fundamentou a construção do nosso Sistema Único de Saúde (SUS).

Nessa experiência democrática, observamos que, quanto menos a educação for pública, maior será a dependência da população diante de elites econômicas e políticas. Nos últimos anos, isso se tornou mais visível, com a aprovação, em 2017, de uma Emenda Constitucional que impôs severos cortes ao orçamento federal para a educação e saúde públicas em todos os níveis. Na prática, se esse desinvestimento não for revertido, isso significará danos profundos para a educação, a ciência, a democracia e a soberania brasileiras. Nossas universidades públicas são importantes para a formação em grande escala de profissionais qualificados, pesquisadores de ponta e cidadãos conscientes, críticos e ativos. A nossa Unilab é um exemplo. A sigla significa Universidade de Integração Internacional da Lusofonia Afro-Brasileira, ela existe desde 2008, presente nas cidades de São Francisco do Conde (Bahia) e Redenção (Ceará). Na Bahia, nosso campus é interiorizado, fica no Recôncavo Baiano e se chama Campus dos Malês, uma referência à história da resistência negra à escravidão. A Unilab recebe todos os anos centenas de estudantes de todas as regiões do país e de outros países falantes da língua portuguesa em diversos cursos, promovendo não só a integração entre diversos povos e línguas como o desenvolvimento econômico local. Um exemplo.

As vagas que ainda hoje sobram nos cursos de graduação da Unilab precisam ser ocupadas, e por isso estamos aqui hoje fundando a Rede Emancipa Malês. São grandes as dificuldades que a universidade brasileira enfrenta hoje e grandes os desafios de retomada efetiva do caráter estratégico e internacional da educação pública que construímos nas últimas décadas como direito dos brasileiros, brasileiras, cabo-verdianas, angolanos, guineenses, moçambicanos... do mundo! *Nô sta djuntu*!

Alexandre da Trindade * Doutorando em educação na Universidade de Cambridge e membro fundador do Coletivo Latino-Americano de Pesquisa em Educação em Cambridge (Clarec). E-mail: ad988@cam.ac.uk.

Juliana Spadotto * Mestra em educação pela Universidade de Cambridge e membro do Coletivo Latino-Americano de Pesquisa em Educação em Cambridge (Clarec). E-mail: jas319@cam.ac.uk.

A CELEBRAÇÃO DO LEGADO DE PAULO FREIRE E A PROPOSTA DE UMA CONFERÊNCIA POPULAR NA UNIVERSIDADE DE CAMBRIDGE

Alexandre da Trindade

Juliana Spadotto

O ano de 2021 marcou o centenário do nascimento de um dos educadores mais influentes de todos os tempos: Paulo Freire. E motivou uma série de celebrações promovidas por instituições acadêmicas e movimentos sociais em todo o mundo. O legado de Paulo Freire tem contribuído para reflexões nas ciências sociais e entre organizações populares que vão além da educação. Tais reflexões envolvem também economia, política, cultura e questões críticas sociais como gênero, raça e justiça ambiental. Além disso, os pensamentos de Freire contribuem com questionamentos sobre como o poder, a política, a colonialidade, a justiça e a ação social estão relacionados ao debate sobre o papel da educação e como ela pode ser compreendida como um meio para a transformação social.

Na Universidade de Cambridge, Inglaterra, um coletivo de estudantes acadêmicos latino-americanos da Faculdade de

Educação identificou na ocasião dessa celebração a oportunidade para fomentar naquela instituição tradicional e hegemônica um debate mais amplo sobre a educação crítica, popular e emancipadora proposta por Freire. Foi a partir desse contexto que surgiram a inspiração, as articulações e a proposta para a realização da Conferência de Estudantes: Os Pensamentos de Paulo Freire na Atual Pesquisa na Educação — uma iniciativa com um propósito ousado e transgressor, desenvolvida por meio de uma colaboração entre o Coletivo Latino-Americano de Pesquisa em Educação em Cambridge (Clarec) e a frente de trabalho Universidade Emancipa, parte do movimento social brasileiro de educação popular Rede Emancipa. O presente capítulo tem como objetivo produzir um registro histórico do que o desenvolvimento dessa iniciativa envolveu e sistematizar essa experiência, que fez parte de uma programação de atividades promovida pela Universidade Emancipa e pelo coletivo Clarec para celebrar o legado de Paulo Freire no ano de seu centenário.

No presente capítulo, compartilhamos algumas reflexões sobre a experiência de organizar uma conferência inspirada na filosofia freiriana que teve como principal objetivo promover um espaço para o encontro de perspectivas diversas em torno da educação emancipadora proposta por Paulo Freire. Uma proposta de espaço em que a curiosidade, o diálogo e a descoberta mútua pudessem encontrar um ambiente fértil para que novas relações e ideias fortalecessem o ideal da educação popular, transgressora e revolucionária. Primeiro apresentamos brevemente o contexto que promoveu o oportuno encontro entre um coletivo de estudantes acadêmicos em Cambridge, no Reino Unido, e um dos movimentos de educação popular mais atuantes e relevantes no Brasil na atualidade. Na sequência, discutimos como a proposta de realizar uma conferência de estudantes para celebrar o legado de Paulo Freire na Universidade de Cambridge se desenvolveu a partir de um ambiente acolhedor e fértil no qual havia uma comunhão de valores e propósitos dos dois grupos, Clarec e Universidade Emancipa, e o desejo comum de promover a educação popular. Ao relatarmos tal experiência, discutimos alguns pensamentos de Paulo Freire e proposições relacionadas à educação popular que surgiram no desenvolvimento dessa iniciativa, levando-nos a refletir sobre como deveria ser pensada uma "conferência de estudantes" a partir de uma perspectiva freiriana. Finalmente, compartilhamos as reflexões, inspirações e utopias que tal experiência fortaleceu nos dois grupos.

O ENCONTRO ENTRE CLAREC E UNIVERSIDADE EMANCIPA

O Clarec é um coletivo de estudantes latino-americanos de doutorado e mestrado na Universidade de Cambridge, que surgiu em 2020 com a proposta de tornar a América Latina, seus conhecimentos e demandas mais visíveis no contexto daquela instituição tradicional e hegemônica, bem como promover o reconhecimento das epistemologias latino-americanas e apoiar os esforços de descolonização do meio acadêmico no contexto daquela instituição (Mignolo, 2018). Além disso, de acordo com seu manifesto,[1] o coletivo tem como missão democratizar os espaços e conhecimentos que seus membros acessam naquela universidade, reconhecendo suas posições privilegiadas naquele ambiente acadêmico restrito e elitista. Por fim, o Clarec é também um espaço de acolhimento social e cultural para seus membros, que visa fortalecer laços e

1 O manifesto do Coletivo Latino-Americano de Pesquisa em Educação em Cambridge (Clarec) pode ser acessado em clarec.org.

identidades regionais de forma a tornar a jornada acadêmica mais significativa, bem como ser um espaço utópico e aberto às possibilidades no desenvolvimento de ações e práticas que permitam explorar de forma mais abrangente o propósito transformador que o coletivo visa alcançar (Oliveira, 2022). Em suas práticas mais comuns, o coletivo organiza grupos de estudos e seminários apresentados por seus membros ou por palestrantes convidados que desenvolvem estudos ou pesquisas relacionadas ao contexto latino-americano. Os espaços e eventos promovidos pelo Clarec são predominantemente abertos não apenas à comunidade acadêmica da Faculdade de Educação em Cambridge, mas também a outros interessados, da academia ou fora dela, que compartilhem valores e interesse pela educação crítica e emancipadora.

No início de 2021, os membros do Clarec viram na celebração do centenário de Paulo Freire a oportunidade de promover na Faculdade de Educação em Cambridge um debate mais amplo sobre a educação crítica e popular e tornar mais visível naquela instituição o contexto social, político e cultural da América Latina. Embora Paulo Freire e seus pensamentos estejam presentes na grade curricular do curso de graduação e de certos programas de mestrado na Faculdade de Educação, e vários de seus livros traduzidos para o inglês estejam disponíveis em várias bibliotecas da Universidade de Cambridge, o debate mais recorrente sobre as ideias e propostas de Freire tende a ficar restrito a determinados grupos acadêmicos que se interessam pela pedagogia crítica e pelas teorias apresentadas na sua principal obra, *Pedagogia do oprimido*. Além disso, percebemos que estudar os pensamentos, as teorias e os diversos conceitos desenvolvidos por Freire a partir de uma instituição europeia hegemônica como a Universidade de Cambridge adiciona níveis de dificuldade na compreensão dos seus textos, dado o significativo distanciamento em relação aos contextos históricos de injustiça social e opressão nos quais Freire esteve envolvido e a partir dos quais desenvolveu seus trabalhos. Dessa forma, a celebração do centenário de seu nascimento se tornou também uma oportunidade para promover iniciativas em que Paulo Freire e seu trabalho pudessem ser mais bem contextualizados e discutidos.

Um primeiro momento de inspiração sobre o que poderia ser essa celebração do legado de Freire em Cambridge veio pelo conhecimento da iniciativa promovida pela Universidade Emancipa. O que chamou a atenção do coletivo no programa proposto por esse movimento social de educação popular frente a tantas outras iniciativas que estavam surgindo para celebrar o centenário de Paulo Freire foi o caráter popular, inclusivo e diverso, principalmente a proposta de desenvolver um programa colaborativo, envolvendo o engajamento de diversos grupos sociais e instituições acadêmicas no Brasil e fora. Tal proposta motivou o Clarec a se aproximar e se apresentar como um grupo interessado em desenvolver uma atividade em parceria. Como comentado anteriormente, considerando os propósitos do Clarec de democratizar os espaços que seus membros ocupam, de tornar mais visíveis perspectivas e epistemologias latino-americanas e de contribuir no descolonizar da academia, foi vislumbrada naquela possibilidade uma valiosa e promissora relação entre os dois grupos que compartilhavam o desejo de expandir o conhecimento em torno dos pensamentos de Paulo Freire e da prática da educação popular. O coletivo também visualizou a potencial contribuição do Clarec no fortalecimento do movimento ao fomentar novos espaços que pudessem ampliar o alcance do debate promovido por seus militantes.

Enquanto os primeiros contatos e a relação entre o Clarec e a Universidade Emancipa se desenvolviam, o coletivo em Cambridge iniciou o planejamento da celebração dos cem anos de nascimento de Paulo Freire na Faculdade de Educação, já inspirado pelo programa que a Universidade Emancipa começava a divulgar naquele momento.

A CELEBRAÇÃO DE PAULO FREIRE NA UNIVERSIDADE DE CAMBRIDGE

A celebração do centenário de Paulo Freire na Universidade de Cambridge se deu a partir da proposta de um programa colaborativo por meio de uma série de eventos que aconteceriam ao longo de duas semanas. Essa proposta de colaboração com grupos de pesquisa e centros de estudos vinculados à Faculdade de Educação envolveria atividades acadêmicas e culturais que promovessem discussões em torno do trabalho de Freire, como seminários, palestras, grupos de leitura, conferências, mesas de diálogo e performances teatrais. Considerando que as ideias de Freire situam a educação e a pedagogia como processos políticos, sociais e culturais amplos e diversos, envolvendo várias áreas do conhecimento (Freire, 1985), a proposta do coletivo foi engajar tais grupos acadêmicos numa reflexão sobre como os pensamentos de Freire se relacionam com o que investigam e discutem e, a partir disso, desenvolver atividades abertas que fariam parte da agenda celebrativa. Tal convite foi estendido para outros grupos de fora da comunidade acadêmica da Faculdade de Educação[2] e estudiosos interessados nas propostas de Paulo

2 Os grupos e as instituições que participaram da organização da celebração do centenário de Paulo Freire na Universidade de Cambridge foram: Cambridge Educational Dialogue Research (Cedir); Cambridge Latin American Research in Education Collective (Clarec); Cambridge University Brazilian Society (Cubs); Centre of Latin American Studies (Clas); Centro Integrado de Educação de Jovens e Adultos (Cieja); Decolonising Language Education Collective (DLEC); Escola Nacional Florestan Fernandes (ENFF); Faculty of Education Research Student Association (Fersa); Grupo de Análise de Política de Inovação (Gapi — Unicamp); Instituto Paulo Freire; Knowledge, Power and Politics Research Cluster (KPP); Leadership for Learning (LfL); Movimento dos Trabalhadores Rurais

Freire, com o objetivo de ampliar visões e perspectivas no debate que seria promovido. Além disso, com o intuito de tornar esse programa o mais democrático e acessível possível, todos os eventos foram planejados para serem acessados on-line por participantes e palestrantes, e, para algumas dessas iniciativas, foi disponibilizada tradução simultânea inglês-português-inglês.

Nesse calendário de celebrações, o Clarec definiu cinco iniciativas que o coletivo coordenaria diretamente através dos seus membros, somando-se a outras dez iniciativas desenvolvidas pelos grupos participantes que aceitaram o convite de construir essa agenda colaborativa. Entre essas iniciativas coordenadas pelo Clarec destacamos a formação de quatro grupos de leitura do livro *Pedagogia do oprimido*, sendo três virtuais, um em português, outro em espanhol e outro em inglês; e um grupo presencial na Faculdade de Educação. A entusiasmada recepção dessa iniciativa deu frutos, motivando posteriormente a origem de um grupo de leitura autogerido pelos próprios participantes no qual o Clarec e a Universidade Emancipa hoje atuam como facilitadores, e cujo propósito é seguir lendo e dialogando com obras relacionadas ao pensamento freiriano, como no caso de livros da educadora bell hooks (2020; 2013). Outra iniciativa promovida pelo Clarec foi a realização de um evento cultural que apresentou o Teatro do Oprimido e encenou pela primeira vez na Faculdade de Educação da Universidade de Cambridge uma atividade aberta e gratuita, presencial e on-line, do Teatro Forum, um método teatral que se baseia em ideias e propos-

/////

Sem Terra (MST); Psychology, Education and Learning Studies Research Group (Pels); Research for Equitable Access and Learning Centre (Real); Universidade Emancipa; Universidade Federal de São Paulo (Unifesp); University of East Anglia (UEA).

tas de Paulo Freire (Boal, 2019).[3] Essa celebração do legado de Paulo Freire também teve como importante marco uma iniciativa em que o Clarec, com o apoio da Cambridge University Brazilian Society (Cubs) e do Movimento dos Trabalhadores Rurais Sem Terra, viabilizou a instalação e inauguração de uma estátua de Paulo Freire na Universidade de Cambridge. E, finalmente, destacamos a conferência Os Pensamentos de Paulo Freire na Atual Pesquisa na Educação, atividade co-organizada pelo Clarec e pela Universidade Emancipa, que discutiremos a seguir.

UMA CONFERÊNCIA DE "ESTUDANTES"

A Conferência de Estudantes: Os Pensamentos de Paulo Freire na Atual Pesquisa na Educação teve como objetivo inicial promover um encontro de perspectivas e diálogos sobre a educação como meio de transformação social a partir do pensamento e da obra de Paulo Freire, convidando estudantes e ex-estudantes da Faculdade de Educação da Universidade de Cambridge e de outras instituições acadêmicas para enviar resumos de pesquisas realizadas ou em andamento. Porém, esse objetivo viria a sofrer alguns ajustes, uma vez que, quando a parceria entre Clarec e Universidade Emancipa se concretizou para organizar de forma colaborativa a conferência, o planejamento dessa atividade já estava avançado e seguia um formato tradicional de conferências acadêmicas. Etapas como a definição do título e a divulgação do

3 A gravação do evento cultural Seminário Teatro do Oprimido & Workshop Teatro Fórum está disponível no YouTube do Clarec, 17 nov. 2021.

chamado para submissão de resumos que apresentava os objetivos e os critérios de seleção de trabalhos já haviam sido iniciadas.

Nesse contexto, e a partir da visão e da experiência compartilhadas pelo movimento social, já nos primeiros encontros entre os organizadores da conferência foi consensual a necessidade de uma remodelação do objetivo da iniciativa que, por consequência, o tornou suficientemente ousado, transgressor e desafiador para uma atividade desse tipo realizada em uma universidade tradicional como Cambridge: desenvolver uma conferência com princípios e formato o mais próximos possível do que propõe uma educação popular e freiriana. Porém, considerando que o projeto já estava em andamento e seguia um modelo bastante convencional, tal proposta produziu uma série de dilemas e construtivas reflexões no grupo sobre como ajustar aquele projeto já iniciado. Destacamos neste relato três questões principais que produziram valiosas discussões e aprendizados.

Primeiro, a questão do que significa ser "estudante" naquela proposta de "conferência de estudantes". Originalmente, a ideia de realizar uma conferência destinada exclusivamente a estudantes se deu pelo fato de que, num contexto de universidades europeias, os espaços de apresentação de trabalhos, como conferências, seminários e congressos, tendem a ser bastante segmentados. Dessa forma, é comum haver eventos específicos destinados para estudantes, outros para os *early careers* (recém-formados) e outros para que acadêmicos mais experientes e professores apresentem seus trabalhos. Nessa tradicional forma de conceber conferências, é raro haver eventos em que os três públicos compartilhem o mesmo ambiente como palestrantes. Contrariamente a esse modelo, o grupo organizador da conferência entendeu que, numa proposta de educação popular, um espaço de troca de saberes e aprendizado mútuo acontece em todas as direções, entre estudantes, professores e acadêmicos, seja qual for o estágio de desenvolvimento de carreira daqueles que estão se apresentando e dos participantes. Numa perspectiva freiriana, não deve haver ensinamento unidirecional, de via única educadores-educandos, e tais hierarquias intelectuais devem ser superadas a partir de princípios que sustentam que somos seres incompletos e que a superação de tal "incompletude" se dá através do compartilhamento recíproco do conhecimento entre indivíduos e grupos sociais, de forma a alcançar um melhor entendimento do mundo e das possibilidades de se relacionar com ele. Nesse sentido, foi acordado que, embora já estivesse nomeada e divulgada como uma "conferência de estudantes", a ideia de "estudante" deveria ser "afreirianada" — alargada e aproximada da proposta freiriana — de forma a considerar que qualquer um poderia se reconhecer como "estudante" naquela proposta de conferência. A partir dessa concepção, foi definido pelo grupo organizador que não apenas estudantes acadêmicos poderiam submeter trabalhos, como também qualquer interessado ou interessada em aprender, discutir e compartilhar suas reflexões sobre os pensamentos de Paulo Freire, e que, dessa forma, se reconhecesse como "estudante", independentemente da posição hierárquica na carreira acadêmica.

Segundo, a questão do processo e dos critérios de seleção dos trabalhos acadêmicos para a conferência. Numa típica conferência acadêmica das ciências sociais, a chamada para submissão de trabalhos é um processo fundamentalmente meritocrático e envolve a seleção dos melhores resumos inscritos através de um processo classificatório baseado em determinados critérios subjetivos de avaliação. Como o chamado desta conferência já havia sido publicado seguindo aquele modelo tradicional, os critérios previamente divulgados envolviam (i) relevância do tema para o escopo da conferência; (ii) estrutura do texto: clareza e coerência; (iii) clareza nas questões de pesquisa; (iv) descrição da metodologia científica; (v) fundamentação teórica; (vi) robustez dos resultados/observações; (vii) criatividade e inovação; e (viii) avaliação crítica sobre o assunto. Particularmente o item "robustez dos resultados/observações" foi problematizado com maior intensidade pelo grupo organizador por questionar nas ciências humanas e sociais o que significa "resultados" e o fato de o adjetivo "robusto" ser subjetivo e indefinido. Além disso, já nos primeiros encontros do grupo organizador, chegou-se a um consenso de que uma proposta de conferência a partir da perspectiva da educação popular não deveria resultar em trabalhos "selecionados" e "recusados". Em vez disso, todo autor ou autora que submetesse um resumo deveria ter oportunidade de apresentar seu estudo e suas reflexões.

Diante do dilema de como atuar em relação a esse processo de avaliação incoerente já divulgado publicamente, e como comportar todos os trabalhos submetidos em uma agenda limitada pelo tempo e pelos recursos financeiros que cobririam, por exemplo, os custos de tradução simultânea, o grupo organizador endereçou algumas ações paliativas que, embora não alcançassem uma solução ideal, minimizariam o impacto de um processo excessivamente meritocrático, hierárquico, injusto e excludente. Foi então acordado pelo grupo que, embora os trabalhos fossem passar por aquele processo de avaliação de critérios informado no chamado para publicação, a decisão final sobre como os trabalhos seriam apresentados na conferência seria baseada em três outras premissas.

Primeiro, que todos os trabalhos submetidos seriam classificados como "selecionados" e, portanto, não haveria nenhum trabalho recusado, desde que apresentasse um resumo com ideia clara e coerente com a proposta da conferência. Segundo, que os trabalhos submetidos seriam divididos em dois grupos de modelos de participação: um grupo em que os(as) autores(as) apresentariam seus trabalhos ao vivo no dia agendado para a conferência; e outro grupo no qual autores e autoras deveriam gravar em vídeo a apresentação do seu trabalho e enviar em formato digital para ser divulgado pelos canais de comunicação utilizados pela conferência, como YouTube, Instagram e Facebook. E, terceiro, que a diversidade no perfil de autores — em termos de gênero, regiões geográficas onde vivem, idiomas falados, instituições afiliadas, e se o (a) autor(a) estaria na conferência presencialmente ou on-line — seria um critério-chave para estabelecer quais trabalhos seriam apresentados no dia da conferência e quais trabalhos seriam enviados em formato digital. Além disso, o tema do resumo foi considerado como critério para definição dos grupos, de forma a permitir maior diversidade de temas nas apresentações que seriam realizadas no dia da conferência e assim explorar a abrangência do impacto do trabalho de Paulo Freire nas diferentes áreas do conhecimento.

Uma terceira questão tem a ver com o fato de que o propósito dessa iniciativa era fomentar um ambiente dialógico, principalmente considerando que as premissas adicionadas para selecionar os grupos participantes ofereciam a oportunidade de promover o encontro de autores com perspectivas muito diversas, mas que tinham em comum o interesse em discutir os pensamentos de Paulo Freire. Mais uma vez, o grupo se viu diante de um dilema: possibilitar o maior número possível de autores que apresentariam no dia da conferência, possibilitando que mais vozes fossem ouvidas; ou dedicar mais tempo para o diálogo do que seria apresentado. Talvez essa tenha sido a questão mais difícil de se chegar a um consenso, porque envolvia a escolha entre favorecer a democratização daquele espaço para que mais pessoas pudessem acessá-lo apresentando seus trabalhos ou priorizar o diálogo e a troca de conhecimentos entre todos os que acessassem a conferência — autores, participantes e organizadores. O grupo optou por incluir mais autores apresentando seus trabalhos, o que impactou de forma significativa a proposta da promoção do diálogo, que praticamente não existiu durante a realização da conferência. Além de não ter sido possível a realização de uma sessão de perguntas e respostas, a conferência atrasou o seu término em mais de duas horas.[4]

Apesar de limitarmos esse relato às três questões discutidas anteriormente, acreditamos que há espaço para muitas outras reflexões sobre o que pode vir a ser um espaço mais democrático, inclusivo e dialógico, que seja capaz de promover uma conferência a partir de uma filosofia verdadeiramente freiriana e alinhada a uma perspectiva da educação popular. Pensamos, fundamentalmente, em um modelo de conferência que assegure um espaço acolhedor, seguro, criativo e provocativo para aqueles e aquelas que desejam trocar conhecimentos, construir aprendizados mútuos e exercitar práticas da educação emancipadora. Acreditamos que temos a partir da parceria Clarec e Universidade Emancipa uma oportunidade preciosa para testar formatos, conceitos e critérios que, de um lado, contribuam subvertendo, transgredindo ou revolucionando espaços como os da Universidade de Cambridge, que através do seu prestígio promovem e influenciam globalmente um modelo de educação hegemônica que cada vez mais se torna instrumental e mercantilista; e, de outro, fortaleçam movimentos sociais, ampliando os limites da sua atuação e do alcance dos impactos produzidos pela ação dos seus militantes. Nesta conferência de "estudantes", podemos identificar algumas contribuições e impactos iniciais positivos nesse sentido.

Estudantes secundaristas, de mestrado e doutorado e professores da educação popular residentes em regiões periféricas

4 A questão da falta de tempo para promover o diálogo no dia da conferência motivou a realização de outro encontro entre autores e organizadores (membros do Clarec e da Universidade Emancipa), para que aquele espaço de conversa fosse estabelecido.

conseguiram um espaço para apresentar suas ideias e acessar conhecimentos produzidos em uma das universidades mais prestigiadas do mundo. Pela primeira vez, estudantes de Cambridge tiveram contato com estudantes, professores e militantes de movimentos sociais que estudam, refletem e escrevem sobre ideias de Paulo Freire a partir de uma realidade muito mais próxima daquele contexto de opressão e injustiça social no qual ele desenvolveu suas ideias e trabalhos, que demanda transformação com urgência. E, finalmente, pela primeira vez, a Faculdade de Educação em Cambridge promoveu uma experiência transgressora de educação popular, que envolveu o encontro de interessados na educação crítica e revolucionária pensada por Paulo Freire, provenientes das mais diversas regiões, contextos culturais e áreas do conhecimento.[5] Esperamos que este relato e esta sistematização sirvam como inspiração para que outros indivíduos e grupos promovam encontros, parcerias, articulações e novas experiências que tenham a filosofia freiriana e a proposta subversiva e emancipadora da educação popular como um norteador.

5 No total, foram submetidos 64 resumos de trabalhos que envolviam reflexões sobre os pensamentos de Paulo Freire na atual pesquisa em educação de autores de países como Brasil, Reino Unido, Argentina, Filipinas, China, Espanha, França e Portugal e que discutiam os mais diversos temas sociais, culturais, políticos e econômicos, como no caso de trabalhos que abordavam contextos de pandemia, privação de liberdade e migrações forçadas; questões indígenas, raciais e de gênero; formação de professores; e metodologias de aprendizado através da arte e da cultura.

REFERÊNCIAS

BOAL, Augusto. *The Theatre of the Oppressed*. Londres: Pluto Press, 2019 [Ed. bras.: Teatro do oprimido e outras poéticas políticas. São Paulo: Editora 34, 2019].

FREIRE, Paulo. *The Politics of Education: Culture, Power and Liberation.* Westport: Bergin & Garvey, 1985.

FREIRE, Paulo. *Pedagogia do oprimido*. Rio de Janeiro: Paz e Terra, 1987.

HOOKS, bell. *Ensinando a transgredir: a educação como prática da liberdade*. Trad. Marcelo Brandão Cipolla. São Paulo: Martins Fontes, 2013.

HOOKS, bell. *Ensinando pensamento crítico: sabedoria prática*. Trad. Bhuvi Libanio. São Paulo: Elefante, 2020.

MIGNOLO, Walter. "What Does It Mean to Decolonize?". *In*: MIGNOLO, Walter & WALSH, Catherine (org.). *On Decoloniality: Concepts, Analytics, Praxis*. Durham: Duke University Press, 2018.

OLIVEIRA, Alexandre da Trindade e. "The Functions of Education and Reflections on the Role of Researchers Engaged in an Academic Collective". *In*: Cambridge ESRC DTP: Annual Postgraduate Conference. Cambridge: Universidade de Cambridge, 2022.

Thiago B. Mendonça * É diretor de cinema, roteirista e montador. Bacharel em ciências sociais e mestrando em cinema na Escola de Comunicação e Artes da Universidade de São Paulo (ECA-USP), dirigiu a série *Vozes da floresta* e os longas-metragens *Jovens infelizes ou um homem que grita não é um urso que dança* (vencedor da Mostra de Cinema de Tiradentes 2016), *Um filme de cinema*, *Curtas jornadas noite adentro* e *Os grandes vulcões*. É cofundador e docente da iniciativa Cinemancipa, uma escola de cineastas populares vinculada à Rede Emancipa. E-mail: thiago.mendonca@usp.br.

UM NOVO MUNDO, UMA NOVA IMAGEM DO MUNDO: CINEMANCIPA E O AUDIOVISUAL NA EDUCAÇÃO POPULAR CONTEMPORÂNEA[1]

Thiago B. Mendonça

No momento em que este capítulo é escrito, nos recuperamos de uma crise sanitária sem precedentes no Brasil, com mais de 650 mil mortes em um país onde a subnotificação de óbitos é muito comum. Um processo acelerado por atos deliberados do governo Bolsonaro contra a vacinação e os protocolos de distanciamento. Foi nesse contexto de morte e dor que surgiu o Cinemancipa (Escola de Cinema Popular), em versão virtual, posto que não poderíamos realizar encontros presenciais.[2]

1 Agradeço à minha amiga Daniela Mussi pelas sugestões ao texto e pela parceria e dedicação em todo o processo de construção do Cinemancipa.

2 O primeiro curso do Cinemancipa, dedicado ao cinema documentário, contou com a participação de realizadoras(es) do cinema brasileiro de diversas gerações (em ordem alfabética: Caio Lazaneo, Cristina Amaral, Joel Yamaji, Marco Escrivão, Priscyla Bettim, Renato Coelho e o autor deste capítulo), além de contar com um grupo de monitoria

Ele nascia em um momento em que não podíamos nos manifestar nas ruas e éramos bombardeados por falsas notícias que, no entanto, não eram suficientes para esconder a destruição que vivíamos em todos os aspectos: humano, sanitário, educacional, cultural, ambiental, sob ameaça de um golpe de Estado que seria uma "questão de tempo", segundo o deputado Eduardo Bolsonaro, filho do então presidente. Um momento tão perverso quanto 1964, quando outro golpe de Estado, que durou 21 anos, concretizou-se.

O Cinemancipa surge de três vontades não excludentes: permitir que pessoas das classes populares possam elaborar sua visão crítica da produção audiovisual e suas formas de hegemonia; propor filmes importantes e pouco conhecidos da cinematografia global como alternativas para o cinema industrial hegemônico; e, por fim, formar uma nova geração de cineastas populares que, apropriando-se da linguagem do cinema e das artes, possa criar uma rede combativa, criativa e de longo alcance de arte e comunicação, comprometida com as mudanças sociais necessárias em um país tão perversamente desigual.

Em 2021, realizamos a primeira experiência de escola on-line de cinema popular, com mais de três mil pessoas inscritas de todo o Brasil. Foi um passo importante, ainda que, diante da ambição apresentada acima, os resultados fossem tímidos. Por outro lado, permitiu perceber que, com empenho continuado, esse sonho poderia ser alcançado. A ativação da aliança entre cinema, povos tradicionais e periferias, em um momento em que mesmo as forças organizadas de esquerda perdem a dimensão da luta pela verdade para abraçar o discurso corrente de "disputas de narrativas", é imprescindível. É um momento

/////

formado por alunes da professora Daniela Mussi (UFRJ), que preparou comigo a coordenação geral das atividades.

em que as artes são duramente perseguidas e as estruturas culturais públicas, sucateadas, de modo possivelmente tão aterrador quanto no regime civil-militar.

Há semelhanças e diferenças entre o contexto da ditadura e o presente, passados mais de cinquenta anos do golpe de 1964. Destacamos alguns pontos necessários à compreensão do fazer audiovisual popular contemporâneo e as responsabilidades que o acompanham: são tempos que se assemelham pelo império da mentira e hipocrisia, pelo apoio de uma parcela significativa da elite econômica a essas e outras práticas autoritárias, pelo uso generalizado da violência e pela forte presença militar no poder. Em certo sentido, porém, estamos distantes de 1964, pois desta vez a direita golpista e os militares chegaram ao poder pelo voto, diante de uma esquerda desmoralizada e sem projeto claro. Os tempos diferem também pelo papel central conquistado pelo audiovisual, que hoje produz um volume incalculável de lixo, que alimenta a alienação dos diversos segmentos sociais brasileiros.

A elite brasileira, tal como Victor Frankenstein, criou um monstro que se tornou incontrolável. A ambição desmedida trouxe desgraça e destruição. Como no livro de Mary Shelley, o pavor causado pela aparência do monstro levará a seu abandono. E o abandono o levará a cometer crescentes atrocidades. Diferentemente do monstro clássico, porém, Bolsonaro nada aprenderá nesse caminho. O destino trairá a obra? Ou, como no romance, criador e criatura se destruirão, abrindo espaço para que outros no futuro relembrem com horror o que foi feito destes "tristes trópicos"?[3]

3 No filme *Horror Palace Hotel* (1978), de Jairo Ferreira, o cineasta Julio Bressane afirmava, refletindo sobre o Brasil, que o "horror não está no horror", no cinema de terror de um cineasta como José Mojica Marins, mas no próprio país que fomentava a criação deste cinema. Mojica seria um gênio justamente por dar forma a essa experiência.

O Brasil protagonizou nos últimos anos cinco crises simultâneas, uma espécie de laboratório do fim do mundo, tornando-se um dos centros globais da catástrofe contemporânea: a crise ambiental, a crise pandêmica, a crise econômica, a crise política e, por fim, a crise moral em um país que promove todo tipo de arbitrariedades e massacres sobre seu povo pobre e vulnerável (índies, negres, travestis, imigrantes e, com a pandemia, velhes e doentes, mais propensos à morte por covid). Chegamos ao mais alto grau da barbárie que a experiência pretensamente democrática do Brasil conheceu e, mais uma vez, nos negamos a tentar desvendar o mistério de como caímos em tal abismo. As respostas prontas e parciais soam frágeis diante de tamanha destruição. Perante tal quadro, o que teria o cinema a dizer para a sociedade? Não seria ele supérfluo? Há tempos as imagens não possuíam tamanha importância para pensar o mundo, e, por isso, a responsabilidade no seu fazer ganha novo sentido e peso.

O cinema tomou forma em paralelo com os sonhos de emancipação do século XX. Participou de revoluções, questionou ditadores, denunciou a miséria e a violência, ousou sonhar com outras formas de sociabilidade e se chocou com os donos do poder. Se por um lado sempre houve o audiovisual hegemônico e seu projeto de alienar o olhar e reificar as ideologias dominantes, também houve um século de cinema libertário. Do cinema revolucionário russo aos surrealistas, do neorrealismo aos novos cinemas, obras transgressoras ultrapassaram os limites vigentes e buscaram outras formas de ver o mundo, questionando a passividade do público, transformando-o em colaborador ativo a partir de sua reflexão e crítica. Nem mesmo a chamada "crise das utopias" conseguiu balançar esse universo paralelo do audiovisual. É a esse universo que hoje se coloca o imperativo de falar a verdade. Não se trata de "disputar narrativas", como quer um certo cinema, oferecendo algo pronto, mas tornar visível, ainda que fragmentariamente, as ilusões narradas. Desconstruir o tempo do dinheiro, hipnótico, a partir de outras temporalidades, discursos e pensamentos. Contrastando a alienação, um cinema que se emancipa busca a imaginação e assume o desafio de prefigurar, por meio dela, outros mundos, outros tempos, outras formas de vida.

Vivemos um tempo de derrota das formas autoproclamadas de luta. O esgotamento do planeta, da vida e das subjetividades é uma realidade acelerada, uma marcha eletrônica fúnebre. O fim da humanidade e do planeta é aceito e mesmo imaginado como destino. É como se o horizonte dos desejos e aspirações possíveis tivesse se reduzido a algo menos que nada. Diante dessa realidade, a luta pela imaginação não é uma questão de gosto, mas de vida.

Um mundo que vale a pena é uma imagem a ser construída. Esta não se realiza como *continuum* de uma tradição, mas como montagem sempre inacabada e ruidosa dos fragmentos do que o capitalismo dos massacres destruiu e dispersou para triunfar. São essas imagens, profundamente autorais, diversas e críticas, com um sincero compromisso com a verdade e com a vida, que podem nos ajudar a buscar outra sociedade. Essa busca tem como horizonte a liberdade, palavra devorada pelo capital, sendo utilizada hoje para significar exatamente o seu reverso: a liberdade no consumo.

O poeta e cineasta Pier Paolo Pasolini alertava que o pior fascismo, mais perverso do que o vivido na Itália na primeira metade do século XX, era o *fascismo de consumo*, que tornava a cultura homogênea e pasteurizada, destruindo as diferenças, reduzindo as temporalidades do homem comum ao tempo do capital e reduzindo a linguagem e o comportamento àquilo que os sistemas educacionais e culturais hegemônicos ditavam como correto. Não educamos mais para a liberdade. Ao contrário, domesticamos corpos para o trabalho especializado. A cultura, por sua vez, já não busca a emancipação e o pensamento crítico, mas o entretenimento e o consumo. O fascismo de consumo nos convenceu de que há divergência entre o divertimento e o conhecimento. Cabe ao cinema negar essa divisão: o cinema popular que buscamos é uma forma de pensamento que busca libertar a percepção, e não pode haver maior satisfação para uma pessoa do que a liberdade do perceber e do saber.

O cinema também nos traz essa possibilidade bonita de conhecer, trocar e aprender com outros povos e culturas. Uma alteridade radical que nos obriga a um exercício de escuta e observação, ao mesmo tempo que nos põe na posição de observados e nos faz julgar a nós mesmos e nossos valores sob o olhar de um outro. Esse exercício de ser eu e um outro (na formulação de Rimbaud, *eu sou um outro*) nos possibilita construir, na diferença, encontros de profunda transformação.

Certa vez, em uma conversa com Raimundão, sábio líder seringueiro do Acre, perguntei: “O que é liberdade?”. Sem titubear, ele respondeu:

> Liberdade pra mim é falar aquilo que eu tenho consciência que é verdade. Liberdade pra mim é eu ter direito de viver na minha casa, com minha família, sem estar sendo incomodado por ninguém. Liberdade pra mim é eu ter oportunidade de ver meus companheiros tendo uma relação de vida igual à minha, porque eu aprendi que a gente não deve ser individualista. Quanto mais for coletivo, melhor. Liberdade é eu ter o direito de ir e de vir pra onde e de onde eu quiser.

Dificilmente um filósofo construiria uma imagem de liberdade, sem titubear, de forma tão concreta e honesta como Raimundão. A firmeza de sua resposta me tocou, modificou minha forma de pensar. Falo de maneira individual porque a experiência do cinema passa por uma alteridade radical que é coletivizada e posta à prova. Aprender com Raimundão não nos faz seringueiros, não faz com que carreguemos suas dores e suas experiências, mas faz com que tenhamos um comprometimento ético com sua forma de vida e seu pensamento. E de alguma forma transforma nossa maneira de nos colocarmos no mundo e de construirmos nossas imagens. Devolvemos essa transformação em forma de filmes questionadores de um mundo que fere a existência dos povos tradicionais.

Aprendemos muito com os filmes de Andrea Tonacci, um dos autores que foram trabalhados com nossos alunos no Cinemancipa. Tonacci buscava compreender os condicionamentos e as violências que vivia urbanamente a partir de sua aproximação com os povos indígenas: "essa busca de conhecimento da minha liberdade, do meu índio, do eu índio, do ser homem livre, eu achava que era um caminho de conhecimento que eu poderia aprender também".[4] Tonacci aprendeu com o mundo dos originários e deixou em seus filmes um legado coletivo de imagens para indígenas e não indígenas, em uma rica experiência compartilhada, que não é de um filme, mas de uma existência.

Vivemos um novo momento do mundo, que exige uma revisão radical não só das artes, mas de todos os campos que buscam horizontes emancipatórios. Já não é possível falar em desenvolvimento e progresso com a mesma inocência com que utilizávamos essas expressões há um século. A cada dia essas palavras se transformam diante do esgotamento do planeta. É preciso ressignificar as palavras, povoá-las de novos sentidos ou simplesmente abandoná-las no cemitério das expressões em desuso. A velha máxima das barricadas de 1968, "A imaginação no poder", volta à ordem do dia com uma nova potência: é preciso reinventar a vida no planeta. É preciso imaginar um novo modo de se relacionar com o mundo, reinventar a ideia de comunitário,

4 Conversa com Andrea Tonacci, parte do filme *Jovens Infelizes ou um homem que grita não é um urso que dança* (2016), dirigido pelo autor.

dar nova existência à cidadania. Um novo tipo de comunitarismo, ou de comunismo, no qual as ideias, a criação e o conhecimento sejam valorizados em detrimento das mercadorias.

Nenhuma imagem é inocente. Em meio a nosso fracasso, um movimento internacional de tendência fascista tomou forma, aproveitando as crises cada vez mais frequentes do capital. Utilizando-se do obscurantismo para conquistar corações e mentes, não se envergonham de apontar como inimigo central as ideias iluministas que deram origem à Revolução Francesa e à sociedade moderna. Cabe aos movimentos emancipatórios um processo radical de esclarecimento, pelo qual a informação, o desenvolvimento sensível e a narrativa criteriosa dos processos históricos sejam centrais. Em que as bandeiras mestras levantadas pelo Iluminismo — liberdade, igualdade e fraternidade — sejam levadas às últimas consequências. Não há fraternidade com uma estrutura bélica e policial homicida. Não há igualdade se não atacarmos os preconceitos étnicos, religiosos e de gênero. Não há liberdade se o pensamento não for livre, se não conseguirmos dialogar e viver entre diferentes, e se povos mais vulneráveis, como os indígenas, não forem defendidos em seu modo de vida. A esquerda e a arte precisam reaprender a sonhar e vislumbrar outro futuro. A construção de um cinema popular precisa levar em conta o "devir" contemporâneo, procurando um caminho por um cinema que seja, ao mesmo tempo, *não idealista, porém utópico*.

A extrema direita no Brasil (e não só aqui) ocupou o terreno do descontentamento com uma política destrutiva. Táticas militares e discurso de aniquilação do "inimigo", enaltecimento da religiosidade, das relações heteronormativas, do poder masculino, das armas, da tortura e das execuções em massa. Defesa do obscurantismo e do direito de mentir e de iludir o povo. Imposição para toda a sociedade de valores religiosos e morais fundamentalistas, pregando, a partir da manipulação eficaz das imagens, o cancelamento radical das diferenças. Um ataque sem precedentes à educação e à cultura, elegendo entre seus inimigos centrais o pensador Paulo Freire, autor que defendia uma forma de ensino que visava à emancipação, à autonomia e à liberdade. Perseguição a todos os opositores, muitas vezes resultando em assassinato de militantes contrários (como Marielle Franco e tantas outras lideranças). Destruição do meio ambiente, dos povos tradicionais e da floresta amazônica em nome de um desenvolvimento suicida. O pretenso moralismo dessa extrema direita não os impede de possuir vínculos explícitos com máfias do crime organizado, com quem dividem o poder e com quem contam no caso de um golpe de Estado.

Esse projeto obscuro não se resume a Bolsonaro e só poderá ser derrotado em definitivo por outro projeto que não tenha como centro a propaganda e a mentira. É no combate a essa lógica destrutiva que devemos afirmar mais uma vez a máxima de Brecht sobre a necessidade de dizer a verdade, mesmo que essa nos seja inconveniente. É incômodo, por exemplo, apontar para os avanços sociais insuficientes que tivemos depois da redemocratização, para a intocada concentração dos meios de comunicação, para as políticas de encarceramento em massa (entre os governos FHC e Dilma Rousseff, estima-se que a população carcerária se multiplicou em sete vezes), para a tímida política ambiental e para o poder soberano do agronegócio, para a tacanha política indigenista, para os incessantes abusos cometidos contra a população negra nas favelas, para os assassinatos em massa cometidos por agentes de segurança de Estado e para a militarização da vida e da política (das UPPs às intervenções do Exército em favelas, passando pela Lei Antiterror, o legado é de causar rubor a qualquer observador atento). Não construímos contrapontos à hegemonia da indústria cultural, não buscamos uma educação emancipatória e uma imagem radical para essa emancipação. A ideia de formar cineastas populares passa por quebrar essa hegemonia e criar outros processos de construção de narrativas.

Todos os projetos de reforma de base que deram origem ao golpe de 1964 foram tristemente abandonados depois da queda da ditadura. A autocrítica que precisa ser feita não é de um partido, mas de todos os que sinceramente acreditam em outro projeto de mundo. Se quisermos derrotar o fascismo, precisaremos ser mais do que bons gestores do capital. Precisaremos acreditar que outras formas de viver são possíveis. A verdadeira religião a ser derrubada é a do capitalismo, que impera absoluto sobre todos os modos de vida. O Brasil já nasceu moderno, inserido no fluxo de capitais mundiais, como fornecedor privilegiado de matérias-primas. É de uma mercadoria, o pau-brasil, que surgiu o seu nome.

A modernidade sempre foi presente e destrutiva em nossa história. Fratura exposta do capitalismo, sempre fomos a vanguarda das formas mais sofisticadas de exploração. Não somos atraso, somos o modelo. E escondemos de nós mesmos que o que chamávamos modernidade era signo da barbárie, enquanto o que pensávamos "arcaico" nos apontava o futuro. Os povos tradicionais podem hoje nos oferecer exemplos de equilíbrio com a natureza, de culturas que escapam do crivo do mercado, de modos de vida que prescindem do consumo desenfreado. Eles nos ensinam que podemos usufruir a tecnologia sem destruir tudo à nossa volta e que precisamos de pouco para uma vida justa e fraterna. Nos mostram que a verdadeira educação se constrói na experiência comunitária. Não é com discursos, mas com práticas concretas, que percebemos a mais bela crítica à ideia de progresso. Em um momento de crise radical de paradigmas, quando sentimos a necessidade de resistir à barbárie, é com esses povos que se reinventam e sobrevivem a tantas catástrofes que podemos aprender. Não é coincidência que muitos povos indígenas brasileiros se apropriaram da linguagem cinematográfica para contar a seu modo suas formas de (vi)ver o mundo.

Seremos todos derrotados se, depois de tantas mortes, a vida simplesmente voltar ao normal. O signo da morte nos ronda e vai muito além da pandemia. Conseguiremos, como sugeriu Aílton Krenak, em uma engenhosa referência às *Mil e uma noites*, adiar o fim do mundo? Quais ideias e imagens nascerão dessa dura experiência? Ela fortalecerá nossa subjetividade ou servirá só às novas formas hegemônicas de controle populacional e comercialização de conteúdos virtuais em massa? Conseguiremos construir um outro cinema, em contraponto ao cinema hegemônico, ou seremos tragados pela irrelevância?

Há uma pequena fagulha que insiste em não se apagar. É ela que poderá iluminar a encruzilhada apresentada pelas imagens. Alguns rirão de tão quixotesco intento. Soa mais fácil acreditar na destruição do planeta do que em um mundo digno de ser vivido. É este o projeto que ilumina o nascimento do Cinemancipa. Cabe ao cinema popular participar desse reencantamento da vida, povoando as imagens de sentido. Contra a destruição, a verdade. Contra a mistificação, o conhecimento. Contra o ilusionismo, a imaginação.

Estela Costa * Estudante de letras na Universidade Federal de Minas Gerais (UFMG), é bolsista de extensão desde 2021 no programa Pensar a Educação, Pensar o Brasil, exercício que a levou à montagem do curta *Reverberações freireanas* e a ministrar a oficina pela Rede Emancipa. Transita entre análise discursiva, escrita e audiovisual. E-mail: estela.costat@gmail.com.

Letícia Pires * Cientista social pela Universidade Federal de Minas Gerais (UFMG) e graduanda em jornalismo pela Universidade Federal do Rio de Janeiro (UFRJ). Atua como pesquisadora nas áreas de antropologia e moda e trabalha de maneira diversa no campo do audiovisual. Contribuiu e criou projetos como diretora de arte, roteirista e assistente de direção. E-mail: leticiasepires@gmail.com.

Thiago Rosado * É graduado em licenciatura em teatro pela Universidade Federal de Minas Gerais (UFMG), com período sanduíche na Universidade do Algarve em Faro, Portugal, e mestrando pelo Programa de Mestrado Profissional em Educação da UFMG. Documentarista, dedica-se à pesquisa em cinema e educação. E-mail: rosado.thiagot@gmail.com.

COMO FAZER UM FILME FREIRIANO? RASTROS DE UM PROCESSO[1]

Estela Costa

Letícia Pires

Thiago Rosado

VEM, PODE ENTRAR, FIQUE À VONTADE

Cara leitora ou leitor freiriana(o),

Talvez você tenha chegado até este último capítulo depois de ler todos os outros artigos deste livro-diálogo, ou simplesmente folheou o livro e escolheu vir até aqui. Seja por um caminho ou por outro, você já deve ter percebido quão diversas, plurais, ricas e valiosas são as reverberações de Paulo Freire ao longo da história nestes últimos cem anos. Seu legado e suas reverberações continuam em muitas educadoras, professoras, pesquisadoras, intelectuais, líderes, alunos e qualquer pessoa que em algum momento teve um olhar atento para seus pensamentos.

1 O filme *Reverberações freireanas* está disponível no canal do YouTube do Pensar a Educação, Pensar o Brasil (@PensarEdu), 19 set. 2022. Recomendamos aos leitores que assistam ao filme antes de ler este capítulo.

Este capítulo é mais uma dessas incontáveis reverberações ao longo do tempo, e talvez, quando concluída a leitura, você seguirá criando novos movimentos com novos significados a partir de Paulo Freire. A escrita deste capítulo foi feita diretamente por seis mãos de três pessoas que em 2021 estiveram envolvidas na criação de um filme sobre a obra de Paulo Freire.

Neste capítulo iremos expor pensamentos, diálogos, afetações e o percurso realizado na criação do filme intitulado *Reverberações freireanas*. Historicamente, as criações cinematográficas quase sempre foram fechadas e elitistas, e, diante disso, nosso movimento vai ao encontro da ideia de abrir os códigos do cinema, a fim de que todas e todos possam não apenas assistir aos filmes, mas assistir a como eles foram criados e, a partir disso, ter autonomia para poder criar seus próprios filmes, bem como obter mais ferramentas para que a fruição no cinema seja ainda mais potente.

PRIMEIRAS CONVERSAS: UMA BREVE APRESENTAÇÃO DO PROCESSO

A ideia de fazer um filme freiriano surgiu dentro do EPA, o Estúdio de Produção Audiovisual do programa de extensão Pensar a Educação, Pensar o Brasil (1822-2022), da Universidade Federal de Minas Gerais (UFMG). O programa, criado em 2007 na Faculdade de Educação da mesma universidade, une ensino, pesquisa e extensão através da comunicação pública da ciência, incentivando e promovendo projetos dentro do campo da educação. O EPA é um deles e tem como objetivo construir diálogos entre o audiovisual e a educação — seja por meio da criação de filmes e documentários, seja por meio de um debate aberto sobre esses temas.

A concepção inicial da produção, idealizada por Thiago Rosado, propunha um filme baseado no método do cinema de arquivo, em que usássemos imagens que estão no mundo para reverberar o pensamento freiriano — sem que fosse preciso expor imagens diretas do pensador. Veio daí o título do filme: *Reverberações freireanas*. Nesse contexto, seria possível, para além de propor uma abordagem diferenciada para o filme, lidar com um dos maiores desafios ao longo do processo: a pandemia de covid-19 e a realização de uma produção em modo quase completamente remoto. Além da ausência de encontros presenciais, o contexto pandêmico representou muitas questões profissionais e pessoais para o processo, pois influenciou nos métodos utilizados, no engajamento da equipe e na própria construção da obra — nos questionamos inúmeras vezes se seria possível criar e produzir em um cenário de colapso social.

Mesmo nesse contexto, a equipe formada por integrantes do EPA, profissionais do audiovisual, estudantes de graduação e interessados na obra de Freire se propôs a reverberar o pensador por meio de um processo distinto de cinema. Estávamos ancorados em desejos de produção que não se conformavam com uma criação tradicional, pois queríamos uma produção o mais horizontal possível, sem divisão hierárquica de funções no projeto, construindo uma obra final que dialogasse com o contexto em que estávamos inseridos, a partir de um processo que fosse tanto produtivo quanto pedagógico.

O processo foi pensado levando em consideração essas premissas, que ditaram a organização de um cronograma e a estruturação da metodologia inicial de trabalho. A princípio, organizamos reuniões semanais para a construção das bases do filme, pensando e pesquisando conjuntamente sobre cinema de arquivo e algumas abordagens necessárias a partir da antropologia visual. Em seguida, organizamos encontros com pesquisadores renomados sobre a obra de Freire, em um movimento de aprofundar os conhecimentos sobre o educador e construir bases teóricas e experimentais sobre suas produções. Os diálogos com Carla Moreira, Fernanda Ananda, Isaac Pipano, Leôncio Soares, Lúcia Alvarez e Sabrina Tenório Luna trouxeram reflexões e discussões extremamente relevantes ao projeto. Vale demarcar aqui que a equipe não tinha como objetivo a construção de um documentário científico ou biográfico sobre o intelectual, mas se propunha, sim, a reverberar suas reflexões e inflexões a partir de um ponto de vista contemporâneo.

Posteriormente, partimos para um movimento de busca de imagens, selecionando e pesquisando cortes de matérias jornalísticas, áudios, imagens de programas televisivos e de arquivos públicos nacionais do audiovisual. Nesse percurso, precisamos nos adaptar às contingências que o próprio processo nos trouxe: na dificuldade de encontrar imagens, construímos uma planilha com "verbetes freirianos"[2] escritos ao longo dos encontros, que se tornaram uma referência para essa atividade. Se estávamos travados na montagem inicial do filme, construíamos pedaços dele a partir das imagens selecionadas. Fato é que a metodologia utilizada para a produção foi se modificando e sendo reconstruída durante o projeto, à medida que levamos em conta nossas próprias demandas e indagações.

A montagem, etapa final, foi representativa das mudanças e dos tensionamentos de um processo não tradicional de produção. Nela, todos os movimentos propostos ao longo da constru-

2 Os "verbetes freirianos" foram construídos a partir de destaques verbais que nos perpassaram ao longo do processo, sendo tanto falas ou frases da equipe ou dos pesquisadores convidados ao longo das reuniões quanto parágrafos e citações retirados diretamente das obras de Paulo Freire.

ção do filme se misturaram e, com alguns encontros presenciais em que mergulhamos diretamente na ilha de edição, foi possível costurar um roteiro e construir uma montagem que abarcasse as imagens e as narrativas do processo. Nesse movimento, percebemos que a construção do filme se deu a partir de muitas mãos, tanto as da equipe quanto as dos pesquisadores convidados ou dos participantes da oficina feita em parceria com a Rede Emancipa — que será detalhada adiante neste capítulo.

Para além disso, ao longo da produção, documentamos todo o processo em um videocast intitulado *Fofocas freireanas*,[3] cujos episódios eram gravados depois de cada encontro da equipe. Nele foi possível conceber um registro vivo da construção, de forma a ser um método de abertura dos códigos do cinema e da efetivação de uma feitura mais horizontal do processo, além de um registro do percurso feito. A etapa de finalização do filme infelizmente não esteve presente no videocast, devido às urgências de fim de semestre da equipe. No entanto, esperamos neste capítulo apresentá-las brevemente como uma síntese do movimento de construção de um "filme freiriano" — que, como dito, representa não só a elaboração de uma obra que se baseia em Paulo Freire, mas nos parece também dizer de um processo que busca em si mesmo ser construído através do diálogo, das pedagogias e de um método distinto de fazer cinema.[4]

3 Os episódios do videocast estão disponíveis na playlist Fofocas Freireanas no canal do Pensar a Educação, Pensar o Brasil no YouTube.

4 Essa proposição também se relaciona com a própria equipe que construiu o filme, na medida em que esta foi composta por corpos que fogem do padrão referendado de quem produz cinema no país. Através dos diversos marcadores sociais que nos perpassam, construímos o filme também a partir de nossas próprias subjetividades.

AS "IMAGENS DESVIADAS"

A pandemia nos trouxe uma condição de produção caseira, em que a distância uns dos outros implicava a impossibilidade de pegar os equipamentos de filmagem e fazer um filme apenas por meio da captação direta. Não seria possível ir a escolas ou assentamentos, por exemplo, gravar com líderes, professoras ou alunos. Essa condição nos aproximou do cinema de arquivo, que é uma prática cinematográfica antiga e tem ganhado certa popularidade, principalmente em documentários. Nesse método, os criadores se utilizam de imagens preexistentes para criar uma narrativa fílmica, com imagens de arquivo que não nasceram necessariamente para esse fim, mas que, através do processo de montagem, vão se constituindo a partir das intenções de seus criadores. As imagens são deslocadas de seus espaços originais, ou espaços nos quais elas estão arquivadas, e ganham outra força através do cinema. As imagens de arquivos podem estar em lugares plurais como álbuns de família, imagens de VHS, reportagens de TV, câmeras de segurança, YouTube, bancos de imagens privados, imagens de acervos públicos como Arquivo Nacional, Cinematecas etc.

Esse tipo de criação, como dito, foi muito oportuno para nós, uma vez que poderíamos construir todas as etapas do filme de maneira on-line, incluindo, é claro, a própria pesquisa dessas imagens. Nesse ponto a pandemia nos impôs mais uma condição: todas as imagens selecionadas deveriam estar disponíveis necessariamente na internet, uma vez que seria inviável visitar presencialmente acervos físicos. Dentro dessa condição espacial que o cinema de arquivo oferece, escolhemos seguir o caminho das "imagens-que-estão-aí"[5] (Migliorin & Pipano, 2018), ou seja, imagens apanháveis na internet, encontradas em redes sociais, como YouTube e Facebook, ou disponibilizadas por emissoras de televisão aberta, arquivos públicos digitalizados etc.

Queríamos buscar imagens que de certa forma fossem populares, marcantes e estivessem até mesmo no imaginário público televisivo e da internet brasileira. O que nos moveu na criação foi sempre buscar sentidos nas imagens que estão no mundo e poderiam reverberar as obras de Paulo Freire na contemporaneidade. Assim, como já apontamos, nosso filme nunca pretendeu ser um filme sobre a vida de Freire ou sobre o método freiriano, mas nosso horizonte de desejo sempre esteve relacionado com a composição de algumas reverberações freirianas através de sentidos trazidos por nós em imagens de arquivo.

Dessa maneira, o propósito da montagem do filme era desviar as imagens de seus fluxos naturais — constantemente propostos sem reflexão crítica e em posição alienante — para o centro da narrativa e da estética fílmica, sempre sob a luz das reverberações freirianas. Essa proposta se deu influenciada pelo pensamento de Guy Debord, a partir do qual a pesquisadora Anita Leandro escreve que o desvio é como uma "ação capaz de mudar o curso dos acontecimentos e de interferir nos rumos da sociedade mercantil" (Leandro, 2012, p. 6). Acreditávamos que as imagens retiradas

5 As "imagens-que-estão-aí" dizem sobre as imagens públicas disponíveis em redes sociais, YouTube, TVs, que circulam livremente e são de fácil acesso. A expressão/conceito é desenvolvida no artigo "Imagens-que-estão-aí: a montagem e o espectador em uma pesquisa com educação" (Migliorin & Pipano, 2018) e foi por nós discutida no encontro de Isaac Pipano com a equipe do filme. Nesse artigo, os autores discorrem sobre os desdobramentos políticos e estéticos a partir da montagem e da recepção do público de seu filme, também realizado com imagens de arquivo, intitulado *Educação* (2017).

da internet e da televisão, já vistas e reprisadas centenas de vezes, ganhariam outras perspectivas se postas em um filme que busca justamente tensionar novos sentidos para as imagens.

Em um dos *frames*, surge a imagem de trabalhadores em Serra Pelada, algo que povoa o imaginário social brasileiro acerca do garimpo de ouro. Provavelmente, se apenas falarmos o nome Serra Pelada em qualquer região do Brasil, é possível que a maioria das pessoas imagine fotos e vídeos desses trabalhadores, chamados de formigas, carregando sacos de terra em uma cratera enorme. Essas imagens circularam e continuam circulando em programas de televisão, internet, redes sociais, livros de história etc., mas nossa intenção ao colocá-las no filme é desviá-la do fluxo desse imaginário comum e espetacular e criar condições, através da montagem, para que sejam percebidas e digeridas com a força estética e política que as próprias imagens têm nelas mesmas, ou seja, por exemplo, do fato cruel de que milhares de homens foram submetidos a condições precárias e violentas de trabalho.

Como expresso por Leandro (2012), tal movimento de desvio permite a "atualização das imagens, seu retorno ao presente. Essa possibilidade de ver de novo e, sobretudo, de ver de outra forma, restituirá, ao espectador, uma experiência do tempo e do espaço" (Leandro, 2012, p. 7). Esse desvio se potencializa com todos os elementos constitutivos do filme, ou seja, desde o nome que aparece em letras brancas no início, a trilha sonora, os cortes, créditos das imagens etc., de forma que a montagem do filme se estabelece de uma maneira política e com posicionamento claro de suas criadoras, tensionando as imagens-que-estão-aí ao trazê-las para uma obra fílmica.

IMAGENS E O ESPERANÇAR: ALGUNS DIÁLOGOS POSSÍVEIS

À luz da teoria freiriana, a pesquisadora da atualidade e professora Nilma Lino Gomes expõe em sua obra *O movimento negro educador* — no capítulo em que trata sobre a emergência das pedagogias — a dificuldade de interpretar saberes propostos a partir de uma perspectiva conjunta. Para Gomes (2017), dada a regulação mercadológica da educação, a criação síncrona que visa à criticidade se torna ausente.

Ao realizar um movimento de inserir questões no corpo do texto, a autora passa a indagar se há uma educação humanizada e de que forma se educa para a diversidade. Tais pontos confluem com a fala de Paulo Freire nos primeiros minutos do nosso filme, pois o teórico traz ao espectador o questionamento sobre se há possibilidade de educar sem esperança e diversidade. É exatamente nesse ponto que as imagens de arquivo começam a apresentar a narrativa que gostaríamos de pôr em debate a partir do cotidiano, daquilo que é popular e por vezes passa despercebido.

Segundo Gomes, "Paulo Freire analisa que os processos de humanização trazem consigo a desumanização. Mas isso não significa, para esse autor, perda de esperança" (Gomes, 2017, p. 44). Assim, a autora conclui que o modo conforme a teoria freiriana percebe a humanização através dos oprimidos coloca a educação num núcleo de tensão e, então, propicia discussões que de fato serão efetivas conforme as subjetividades de um povo.

Já na vertente linguística e semiótica, é válido apresentar a perspectiva de Charaudeau (2010), de que os discursos circulam no meio midiático enquanto representações, e, nesse âmbito, a exibição destas permite uma construção de identidade que difere os grupos, além de promover o reconhecimento entre os indivíduos. Desse reconhecimento, surgem também as exclusões, que, segundo o teórico, geram a faísca de discussão daquilo que nos rodeia e nos torna cidadãos "donos de si", ou seja, a educação. Com isso, Charaudeau aponta que:

> Quando as revistas populares começaram a se aproveitar da vida privada das estrelas do *show business*, era para tornar público o privado; quando a televisão moderna mostra os políticos, com esposa e amigos em programas que tratam de problemas da vida cotidiana, ou mesmo íntima, é para tornar público outro privado; quando se fazem programas com indivíduos anônimos que são transformados em heróis por um dia diante do público e das câmeras, como nos *reality shows*, trata-se ainda de tornar público o privado. (Charaudeau, 2010, p. 117)

A partir disso, o linguista conclui que, no contexto dessas reconstruções em série do que é considerado público/privado, o que hoje adota uma postura transgressora posteriormente tende a se tornar normal, haja vista sua inserção no cotidiano e em momentos de debate.

É possível analisar que acontece um diálogo de sucesso entre as perspectivas de Gomes, Freire e Charaudeau. Elas se complementam ao passo que nós, utilizadores do cinema de arquivo para extração de significados, conseguimos direcionar discursos atemporais para a perspectiva educacional como técnica de detalhar não somente o que é enunciado, mas também o que é omitido à primeira vista das imagens.

PEDAÇOS DE UM FILME E OS ENCONTROS FREIRIANOS

Em setembro de 2021, quando estávamos no início da montagem do *Reverberações freireanas*, propusemos, nos eventos complementares do curso 100 Anos de Paulo Freire: Esperançar em Tempos de Barbárie, a oficina intitulada Como Fazer um Filme Freiriano? Rastros de um Processo,[6] realizada em parceria com a Universidade Emancipa. A atividade foi pensada como um espaço de troca em que fosse possível construir diálogos para além daqueles desenvolvidos entre a equipe de produção do documentário; ou seja, não pretendíamos "ensinar" ou "explicar" como fazer um filme freiriano; pelo contrário, nosso objetivo era compartilhar e, ao mesmo tempo, construir o processo junto com os interessados no tema. Assim como definido na metodologia de produção, fazer um filme "a portas fechadas" com um grupo seleto de pessoas estava longe de ser nosso objetivo, ainda que houvesse muita dificuldade de alcançá-lo, sobretudo por causa da pandemia.

Dessa forma, durante dois dias, em contato com os quase cinquenta participantes de vários estados do Brasil, conseguimos dialogar sobre temas centrais da criação do filme, ouvindo histórias pessoais, relatos de vida e comentários preciosos de professoras, pesquisadoras, artistas e estudantes interessadas tanto na obra de Freire quanto na produção audiovisual. Durante o encontro, apresentamos cortes do filme e propusemos que as próprias participantes integrassem a equipe, por meio do compartilhamento de imagens que poderiam estar no projeto e

6 O curso e a oficina foram gravados e estão disponíveis em: emancipapaulofreire.wordpress.com/sobre-certificados-e-atividades-extra-curso/.

da indicação de novos cortes, ângulos e ícones. Em se tratando de cinema de arquivo, foi possível discutir sobre as inúmeras interpretações e possibilidades das imagens, considerando as potências de impacto e de apresentação que a obra, quando finalizada, poderia ter.

Percebemos como a oficina representou, durante todo o processo, um dos momentos em que o "fazer freiriano" foi mais explícito, na medida em que foi produzido um diálogo amplo entre as muitas mãos que, naquele momento, também construíram o filme, determinando uma experiência pedagógica e plural. O diálogo cinematográfico se estabeleceu ali, e, mesmo que os integrantes da oficina não tenham diretamente selecionado arquivos, operado o programa de edição ou produzido o roteiro, eles estavam presentes nesses processos, na medida em que o núcleo de produção — e o próprio filme — foi afetado e se deixou afetar (Favret-Saada, 2005) pela oficina e por todos os participantes.

O mesmo aconteceu na primeira exibição do filme finalizado, que também foi pensada como uma pré-estreia para todos que participaram de forma direta ou indireta do processo. A ideia, assim como na oficina, baseou-se não só em apresentar a obra, mas também em ouvir e dialogar sobre a produção, procurando compreender como o filme seria recebido. No encontro, em que participaram os membros da equipe, os pesquisadores convidados ao longo do processo, alguns participantes da oficina e outros amigos e amigas convidados, dialogamos sobre nossas próprias escolhas e limitações, compartilhando algumas angústias e decisões e recebendo diretamente as primeiras impressões do público.

Nesse contato, percebemos como o filme propunha não só uma narrativa dialógica — marcada pelo cinema de arquivo e pela inexistência da voz em off —, mas também trazia em si inúmeras interpretações em relação às imagens. Mesmo que se identifique uma escolha política na montagem e nas próprias imagens selecionadas, percebemos como o olhar do público não se dá de maneira imediata, universal, mas pode variar de acordo com as próprias camadas pessoais de interpretação dos espectadores. Ao longo da exibição, ouvimos algumas das diversas formas como o filme pode ser interpretado, reconhecendo sua relação com o pensamento freiriano ou com o contexto social e político em que estamos inseridos.

A partir desse encontro, pudemos também reconhecer como a escolha da montagem, "um filme que cabe dentro de uma sala de aula", foi indispensável, na medida em que esperamos que a obra se torne um campo propulsor de debates nas salas de aula ou em qualquer ambiente em que seja exibido. As falas de Freire, as imagens de violência policial contra estudantes ou as diversas "imagens do Brasil" podem nos fazer pensar não só sobre o contexto e a história da educação no país, mas também podem ser a criação de novos caminhos de interpretação e investigação em que os espectadores se inserem. A percepção das imagens em conjunto, como experienciado na primeira exibição, pode sensibilizar, abalar ou até mesmo revoltar quem assiste às cenas — em um movimento compartilhado que pode determinar a construção de um novo filme através dos olhos de quem o assiste.

Nesse sentido alguém pode perguntar (e já perguntaram) se alguma imagem do filme pode ser interpretada de forma "ruim" ou se alguma imagem pode ser lida e até defendida ou utilizada como sendo não progressista ou conservadora, ou seja, se nossas intenções com o filme podem não ficar tão claras, sobretudo por não haver uma voz em off guiando a narrativa. A nossa preocupação com essa questão não dura mais que alguns segundos, pois criamos o filme para um outro, um interlocutor, um espectador emancipado. "O espectador também age [...] ele observa, seleciona, compara, interpreta" (Rancière, 2012, p. 17), e por isso depositamos confiança nele. Como expresso por Migliorin e Pipano (2018):

> O que é então esta confiança no espectador? É acreditar em sua capacidade de comparar, fazer associações, se colocar diante das imagens, ser afetado, rejeitar gestos e discursos. A abordagem crítica das imagens não vem de uma fala organizada pelo filme, mas da capacidade dos espectadores em operar intelectual e sensivelmente com as imagens. (Migliorin & Pipano, 2018, p. 57)

Acreditamos que o encontro do filme com o espectador se estabelece com alteridade e troca constante, uma experiência com o corpo. Durante a primeira exibição, Rafael Trindade, integrante da equipe e responsável pela mixagem e pela equalização do som, apontou que o filme tem o poder de fazer olhar para as imagens. Essa colocação revela como o cinema tem uma pedagogia própria em suas imagens, que se apresenta também como oportunidade de criar experiências estéticas para o espectador — mas esse é assunto para outro texto.

RASTROS PARA O FUTURO

As reverberações freirianas por meio do cinema parecem contribuir não só para a perpetuação do legado de Paulo Freire, mas também demonstram como o cinema pode ser um campo reflexivo, uma arma de combate. Ao longo da feitura do filme, percebemos como muitas lutas travadas por Freire ainda precisam ser sustentadas, de maneira que seu pensamento não só continua vivo e atual, mas também precisa ser cada vez mais rememorado e reverberado na contemporaneidade. Depois da finalização e da primeira exibição do filme, questionamo-nos se a partir dele era possível ter mais desesperança ou esperança sobre o mundo em que vivemos. É impossível encontrar uma resposta absoluta para essa questão, mas, por ora, podemos pensar que as reverberações freirianas podem nos apontar para um esperançar — em que a revolta pelas desigualdades e as angústias expostas nas imagens que estão no mundo se convertem em luta pela transformação.

Esperamos que os próximos passos do filme se insiram nesse movimento, de forma que o legado de Freire e as reverberações propostas na produção atinjam muitas outras pessoas: alunos e professores, movimentos sociais, trabalhadores, pesquisadores e todos que toparem construir novos caminhos freirianos. Torcemos para que esses encontros criem, a cada olhar, um novo filme, com novas interpretações, novos diálogos e novos desvios das imagens — de forma que o próprio documentário e suas imagens sejam desmembrados em si por quem os vê (ou constrói).

A produção de um "filme freiriano" se torna também um rastro de que é possível não só produzir novos diálogos a partir do cinema, mas também de que podemos construir novos métodos a partir de processos mais horizontalizados e plurais. Os caminhos pedagógicos podem também aparecer na produção, em um movimento em que se constrói a tentativa de abertura dos códigos do cinema e abertura de diálogos perante as imagens manipuladas, costuradas e reinterpretadas em um filme. Esperamos que você, que chegou até o fim deste capítulo, nos encontre no filme e contribua para a construção desse universo.

REFERÊNCIAS

CHARAUDEAU, Patrick. "Do espaço público". *In*: CHARAUDEAU, Patrick. *Discurso das mídias.* 2ª ed. Trad. Ângela M. S. Corrêa. São Paulo: Contexto, 2010.

FAVRET-SAADA, Jeanne. "Ser afetado", Trad. Paula Siqueira, *Cadernos de Campo*, v. 13, n. 13, 2005 p. 155-61.

GOMES, Nilma Lino. *O movimento negro educador: saberes construídos nas lutas por emancipação.* Petrópolis: Vozes, 2017.

MIGLIORIN, Cezar & PIPANO, Isaac. "Imagens-que-estão-aí: a montagem e o espectador em uma pesquisa com *Educação* (2017)", *Revista Científica/FAP*, v. 18, n. 1, jan.-jun. 2018, p. 51-64.

LEANDRO, Anita. "Desvio de imagens", *Revista da Associação Nacional dos Programas de Pós-Graduação em Comunicação — E-Compós*, v. 15, n. 1, jan.-abr. 2012.

RANCIÈRE, Jacques. *O espectador emancipado*. Trad. Ivone C. Benedetti. São Paulo: Martins Fontes, 2012.

PROGRAMA DO CURSO 100 ANOS DE PAULO FREIRE: ESPERANÇAR EM TEMPOS DE BARBÁRIE

ANEXO

CURSO 100 ANOS DE PAULO FREIRE: ESPERANÇAR EM TEMPOS DE BARBÁRIE

Curso realizado de 5 de agosto a 5 de outubro de 2021 no canal da Rede Emancipa de Educação Popular no YouTube (@RedeEmancipa), disponível na playlist 100 anos de Paulo Freire: Esperançar em Tempos de Barbárie. Todas as aulas e eventos complementares podem ser assistidos nas gravações disponíveis em: emancipapaulofreire.wordpress.com.

PROGRAMA PRINCIPAL

5 ago. 2021 — Encontro 1 (inaugural)

100 anos de Paulo Freire: esperançar em tempos de barbárie

Fátima Freire (educadora e filha de Paulo Freire), Moacir Gadotti (diretor do Instituto Paulo Freire), Maurício Costa (Rede Emancipa).

12 ago. 2021 — Encontro 2

Educação como prática da liberdade: de Angicos (RN) ao golpe de 1964

Dimas Brasileiro Veras (IFPE), Sérgio Haddad (Ação Educativa), Nima Spigolon (Unicamp).

19 ago. 2021 — Encontro 3

Pedagogia do oprimido: exílio no Chile e influência na América Latina

Jacques Chonchol (ex-ministro da Agricultura do Chile), Andrés Donoso (Universidad de Chile), Joana Salém (USP/Emancipa), João Colares (Uepa).

26 ago. 2021 — Encontro 4

Freire na África, luta anticolonial e antirracismo

Andreia Mosso (Emancipa Cabo Verde), Ednéia Gonçalves (Ação Educativa), Maurilane Bicas (USP), Douglas Gonçalves (Emancipa-SP).

2 set. 2021 — Encontro 5

Freire secretário municipal de Educação em São Paulo

Lisete Arelaro (USP), Iracema Nascimento (USP), Eduardo Januário (USP).

9 set. 2021 — Encontro 6

Freire, marxismos e feminismos

Tati Ribeiro (Emancipa RN), Giovanna Marcelino (USP/Emancipa), Roberto Leher (UFRJ).

16 set. 2021 — Encontro 7

Territórios freirianos e lutas sociais contemporâneas

Paulo Galo (Entregadores Antifascistas), Alessandro Mariano (Coletivo de Educação MST), Socorro Silva (UFPI).

23 set. 2021 — Encontro 8 (encerramento)

Paulo Freire e a educação brasileira hoje

Sônia Couto (Instituto Paulo Freire), Daniela Mussi (UFRJ/Emancipa), Daniel Cara (USP, Campanha Nacional pelo Direito à Educação).

CONVERSAS ABERTAS DA UNIVERSIDADE EMANCIPA

Disponíveis em: emancipapaulofreire.wordpress.com/sobre-certificados-e-atividades-extra-curso.

7 ago. 2021 — Conversa aberta 1

Apresentação da Rede Emancipa: educação popular como estratégia das periferias

14 ago. 2021 — Conversa aberta 2

Andanças da educação fora da escola

17 ago. 2021 — Conversa aberta 3

Patrimônio cultural: educação popular, pedagogia freiriana e política pública

Com Carlos Rodrigues Brandão

21 ago. 2021 — Conversa aberta 4

O teatro e a pedagogia do oprimido

28 ago. 2021 — Conversa aberta 5

Educar para a liberdade com Emancipa no Degase (RJ)

4 set. 2021 — Conversa aberta 6

Acessibilidade e legitimação dos direitos na educação e na cultura

11 set. 2021 — Conversa aberta 7

Mulheres contra a violência de Estado

18 set. 2021 — Conversa aberta 8

O que os trabalhadores de app nos ensinam sobre o mundo que vivemos?

25 set. 2021 — Conversa aberta 9

A educação emancipadora como alternativa à necropolitica

30 set. 2021 — Conversa aberta 10

Educadores da Geração 1968

Com Chico Alencar.

9 out. 2021 — Conversa aberta 11

A história da Educação de Jovens e Adultos e seus sujeitos: as contribuições de Paulo Freire

Organização de Emancipa EJA.

ATIVIDADES COMPLEMENTARES DE MOVIMENTOS E COLETIVOS PARCEIROS

10 ago. 2021 — Oficina

Educação ambiental, movimento indígena e Paulo Freire: diálogos no sul da Bahia

Organização de Maíra Tavares Mendes (UESC).

16 ago. 2021 — Oficina/Taller

Construcción de constelaciones freirianas para transformar el mundo desde otros nosotros, otras nosotras, otres nosotres, otrxs nosotrxs

Organização do Comiel.

20 ago. 2021 — Roda de conversa

Indignades: saberes, fazeres e ensinagens para a sensibilidade e a escuta. Do direito e dever de mudar o mundo

Organização de Bitta Bardo.

23 ago. 2021 — Oficina

Educação acessível no cotidiano

Organização da Comissão de Acessibilidade do IFCS-UFRJ.

23 ago. 2021 — Oficina

Tutoria e autonomia: um caminho para a aprendizagem

Organização de Janaina de Aguiar Chichôrro.

24 ago. 2021 — Oficina/Taller

Construcción de constelaciones freirianas para transformar el mundo desde otros nosotros, otras nosotras, otres nosotres, otrxs nosotrxs

Organização do Comiel.

25 ago. 2021 — Bate-papo

Ressonâncias de Paulo Freire no mundo anglófono

Inny Accioly (UFF), Sheila Macrine (UMass), Bernadette Farrel (Univ. Canterbury). Organização de Maíra T. Mendes (UESC).

30 ago. 2021 — Roda de conversa

Indignades: saberes, fazeres e ensinagens para a sensibilidade e a escuta. Amor-indignação-esperança

Organização de Bitta Bardo.

31 ago. 2021 — Oficina/Taller

Construcción de constelaciones freirianas para transformar el mundo desde otros nosotros, otras nosotras, otres nosotres, otrxs nosotrxs

Organização do Comiel.

3 set. 2021 — Cinemancipa

Esquenta — Capitalismo da desordem

4 set. 2021 — Cinemancipa

Serras da desordem

Com Cristina Amaral.

6 set. 2021 — Roda de Conversa

Diálogos freirianos: civilização × barbárie na pandemia

Organização de Adriana Pereira (Universidade Emancipa) e Ivoneide Bezerra (IFRN).

7 set. 2021 — Oficina/Taller

Construcción de constelaciones freirianas para transformar el mundo desde otros nosotros, otras nosotras, otres nosotres, otrxs nosotrxs

Organização do Comiel.

8 set. 2021 — Roda de conversa

O rap e o funk na produção de "inéditos viáveis"

Organização de Elaine Oliveira — Redepop (FFP-UERJ).

10 set. 2021 — Roda de Conversa

Educação como prática de liberdade, pesquisa como prática transformadora: camadas populares na pós-graduação

Organização de Educagera, Pós-Graduar e Itéramãxe/USP.

10 set. 2021 — Oficina

Educar para avançar, ações e seus desafios

Organização de Ester do Rosario Barros Santos.

11 set. 2021

Formação de educadores populares da Rede Emancipa Malês (Brasil, Cabo Verde e Angola)

Organização de Rede Emancipa e Unilab.

15 set. 2021 — Oficina

Como fazer um filme freiriano? Rastros de um processo

Organização de Thiago Rosado.

15 set. 2021 — Roda de conversa

Movimentos sociais como "inéditos viáveis": os pré-vestibulares sociais

Organização de Márcia Soares de Alvarenga (FFP-UERJ).

16 set. 2021 — Oficina

Como fazer um filme freiriano? Rastros de um processo

Organização de Thiago Rosado.

17 set. 2021 — Bate-papo

Trajetos e dicas de pesquisa coletiva e comunitária

Organização de De Olho na Quebrada (Unas-Heliópolis).

17 set. 2021 — Círculo de cultura

Alfabetização na EJA

Organização de Líbia Maria Serpa Aquino (Rede Emancipa RS).

24 set. 2021

Cinedebate sobre o filme *Fora de série*

Organização de Mariana Lima.

25 set. 2021

Freire na docência: relatos de experiências
Organização de Bárbara Souto, Kléber Oliva, Maria Alice Pereira, Mônica Amorim e Samira Xavier (Emancipa MG).

27 set. 2021 — Roda de conversa

Leitura de mundo, leitura da palavra: reflexões sobre a pedagogia freiriana na experiência da EJA em São Paulo (2001-2004)
Organização de Maria Aparecida Cabral (UERJ).

29 set. 2021 — Oficina de rap

Organização de Elaine Oliveira — Redepop (FFP-UERJ).

1º out. 2021 — Oficina

Educação popular para a formação política: ferramentas metodológicas
Organização da Red Nacional de Educadores Populares (Renaep) del Instituto Nacional de Formación Política (INFP), México.

5 out. 2021 — Oficina

Paulo Freire e intelectuais amefricanas: influências da África, América Latina e diáspora africana nas pedagogias freirianas
Com Bárbara Carine Soares Pinheiro (UFBA/USP), Denilson Lima Santos (Unilab/UEFS- PPGDCI), Sidinea Pedreira (Círculo Palmarino/GELC-UEFS). Organização de Maíra T. Mendes (Uesc).

SOBRE AS ORGANIZADORAS

Joana Salém Vasconcelos * Historiadora pela USP (2010), mestra em desenvolvimento econômico pela Unicamp (2013) e doutora em história econômica pela USP (2020). Atualmente, é professora de história contemporânea na Faculdade Cásper Líbero e professora colaboradora do Programa de Pós-Graduação em Economia Política Mundial da UFABC. Especialista em história da América Latina nos séculos XX e XXI (sobretudo Cuba e Chile), é coordenadora editorial da revista *Latin American Perspectives*, nos EUA, e pesquisadora do Centro de Estudos de História Agrária da América Latina, no Chile. Cofundadora da Rede Emancipa de Educação Popular em 2007, foi professora de história do Brasil e coordenadora de círculos de cultura em três cursinhos populares do movimento, entre 2010 e 2019 (CP Carolina de Jesus, CP Antônio da Costa Santos, CP Salvador Allende). Desde 2019, é coordenadora da Universidade Emancipa. Suas publicações e pesquisas estão disponíveis em: fflch.academia.edu/JoanaSalemVasconcelos. E-mail: joana.salem@gmail.com.

Maíra Tavares Mendes * Bióloga formada pela USP e cofundadora da Rede Emancipa. Realizou pesquisas com e sobre a Rede Emancipa no mestrado em educação (UFGRS) e no doutorado em educação (UERJ). Fundou e coordenou cursinhos da Rede Emancipa em São Paulo, Porto Alegre e Rio de Janeiro, dedicando-se especialmente à formação de professores na perspectiva da educação popular. Desenvolveu estágio de pós-doutorado na Faculdade de Educação da USP sobre estratégias de permanência estudantil de estudantes negres, indígenas, quilombolas, com deficiência, mães e trans. Professora adjunta na Universidade Estadual de Santa Cruz (Ilhéus-BA), onde é colíder do grupo de pesquisa Grapeuni, investigando acesso, permanência e evasão na universidade. Participa da Rede Universitas/Br. Concilia as atividades de professora, pesquisadora e militante com a maternagem de uma criança incrível que se chama Jorge. Suas publicações e pesquisas estão disponíveis em: uesc.academia.edu/MaíraTavaresMendes. E-mail: mtmendes@uesc.br.

Daniela Xavier Haj Mussi * Cientista social pela Unicamp e jornalista pela UFPR, mestra (2011) e doutora (2015) em ciência política pela Unicamp. Realizou estágio de pós-doutorado na USP (2020). Foi pesquisadora visitante na Universidade de Columbia (2013). Atualmente, é professora da UFRJ, onde coordena o projeto de extensão EduPolítica, e professora do Programa de Pós-Graduação em Ciência Política da Unicamp, onde coordena o Laboratório de Pensamento Político (Pepol). Faz parte do Núcleo Democracia e Desigualdades do Cebrap. É especialista no pensamento político de Antonio Gramsci e foi coordenadora científica no Brasil da International Gramsci Society. É editora da revista *Outubro*. Quando estudante, foi diretora da UNE Mulheres e coordenadora da Executiva Nacional de Estudantes de Comunicação Social (2005-2006). Ativista da Rede Emancipa desde 2016, é fundadora da Universidade Emancipa, movimento social que coordena desde 2017. Suas publicações e pesquisas estão disponíveis em: https://ufrj.academia.edu/DanielaMussi. E-mail: danixhm@gmail.com.

Universidade emancipa

rede emancipa Educação Popular

Primeira edição, março de 2023
São Paulo, Brasil

Dados Internacionais de Catalogação na Publicação (CIP)
Angélica Ilacqua CRB-8/7057

Paulo Freire e a educação popular: esperançar em tempos de barbárie / organização de Joana Salém Vasconcelos, Maíra Tavares Mendes & Daniela Mussi. — São Paulo: Elefante, 2023
560 pp.

ISBN 978-85-93115-81-3

1. Educação popular 2. Freire, Paulo, 1921-1997 I. Vasconcelos, Joana Salém II. Mendes, Maíra Tavares III. Mussi, Daniela

23-0375 CDD 370.115

Índice para catálogo sistemático:
1. Educação popular

elefante

editoraelefante.com.br
contato@editoraelefante.com.br
fb.com/editoraelefante
@editoraelefante

Aline Tieme [vendas]
Katlen Rodrigues [mídia]
Leandro Melito [redes]
Samanta Marinho [financeiro]

FONTES Degular & Signifier
PAPÉIS Cartão 250 g/m² & Ivory cold 58 g/m²
IMPRESSÃO BMF Gráfica